ELMAR FABER

Verloren im Paradies

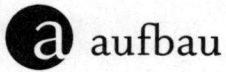 aufbau

ELMAR FABER

Verloren im Paradies

EIN VERLEGERLEBEN

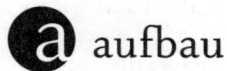 aufbau

FSC
www.fsc.org
MIX
Papier aus ver-
antwortungsvollen
Quellen
FSC® C083411

ISBN 978-3-351-03572-3

Aufbau ist eine Marke der Aufbau Verlag GmbH & Co. KG

1. Auflage 2014
© Aufbau Verlag GmbH & Co. KG, Berlin 2014
Einbandgestaltung hißmann, heilmann, Hamburg
Satz LVD GmbH, Berlin
Druck und Binden CPI – Clausen & Bosse, Leck
Printed in Germany

www.aufbau-verlag.de

1

»Dorf am Abgrund. Ein Dokument deutscher Not aus dem Jahre 1932«, so betitelte der *Weltspiegel* der *New York Times* am 9. Oktober 1932 in einem Thüringer Sonderbericht ein Panorama des Elends in dem kleinen Glasbläser- und Waldarbeiterdorf Deesbach im Thüringer Wald. Bilder zeigten einen »Marsch des Elends«, Ährenleserinnen mit ihren kärglichen Tageserträgen, den Gemeindevorsteher bei der Ausgabe von Bettelscheinen, eine Mutter von 23 Jahren, die wie fünfzig aussah, tief zerfurcht im Gesicht und voller Angst vor dem kommenden Winter.

In dieses Dorf wurde ich hineingeboren, am Ostersonntag 1934, als die Nazis die Not umgestülpt hatten in eine Verheißung, die Bettler jetzt Straßen bauten, die Mütter nun »deutsche Mütter« hießen und in einem Gefängnis am Nordrand des Thüringer Schiefergebirges meine Großmutter für ein paar Wochen einsaß. Es hieß, sie hätte ein loses Maul gehabt und sie hätte an ein Fabriktor eine fatale Losung gepinselt.

Vieles habe ich seitdem von der Welt gesehen. Ich bestaunte die Große Chinesische Mauer und den Eiffelturm in Paris, spazierte über die Golden Gate Bridge in San Francisco, der Kreml in Moskau erinnerte mich an die Macht der russischen Großfürsten und Zaren, ich durchstreifte die ukrainischen Birkenwälder, die Heidel- und Preiselbeerhänge Mittelschwedens, badete im Schwarzen Meer,

überflog das kanadische Felsengebirge, ich hörte die Glok-
ken des Petersdoms schlagen und die Rufe der Muezzins
verhallen, ich bin über die Katalaunischen Felder gelaufen
und über die dürren Grassteppen der ungarischen Puszta.
Ich habe in den traumhaften Fjorden Norwegens gekreuzt.
Mein Gott, die Welt war schön, aber was konnte sie aufwie-
gen gegen diesen winzigen Punkt der Erde, in dem mein
ganzes Leben steckte, dieses kleine Dorf im Thüringer
Wald, das in den letzten Hungerjahren der Weimarer Republik am Abgrund gestanden hatte.

In großen Kolonnen zogen Wolken über das Land, türm-
ten Berge auf, schnöselige Hügel zuerst, dann ganze Felsen-
ketten. Ein schlechtgelaunter Wind zerzauste die kunstvol-
len Bauwerke, zerfetzte Fassaden, Erker und Mansarden,
schlug Krater in die porösen Schlösser aus Wasser und Eis.
Der Regen zertrümmerte die Schwüle, zerstampfte sie zu
kühlen Temperaturen. Wie Kristalle schlugen die Tropfen
auf Dächer und Pflaster. Von den Berghängen rauschten
die Wasser ins Tal. In den Mulden gurgelte und brodelte es
wie in Hexenkesseln. Am Glasbläsertisch donnerte Großvater eine wetterharte Ballade in die Flamme, daß einem
Hören und Sehen verging, als Gleichnis für Wasser, Wellen, Geister und Gespenster und bekundete damit seine
Teilhabe an der verrückten Welt.

So war es immer. Für jedes Wetter, jede Jahreszeit, jedes
sich wandelnde Bild der Natur hatten die Alten, Großvater
und Großmutter, die Strophe eines Gedichtes in den Schubladen ihres Gedächtnisses, das sich fortpflanzte auf die fol-
gende Generation und wieder Samen legte ins jüngste, ins
kommende Geschlecht. Vom »Frühling läßt sein blaues
Band wieder flattern durch die Lüfte« über »Es wallt das
Korn weit in die Runde und wie ein Meer dehnt es sich
aus« oder »Es war, als hätt' der Himmel die Erde still ge-
küßt« sprangen die meist romantischen Verse bis in den

Herbst und den Winter, bis zum »Herbsttag, wie ich keinen sah«, bis zu Knecht Ruprecht und dem Lied, hinterm Ofen zu singen: »Der Winter ist ein rechter Mann, kernfest und auf die Dauer«. Eingebettet alles in einen Strom von poetischen Bildern, die abgerufen wurden, wenn es an der Zeit oder wenn Not am Manne war, und die den heranwachsenden Knaben erstaunten, ins Grübeln brachten oder Angst einflößten, so daß er sich lange an der Schürze der Großmutter festhielt, wenn ein Gewitter heranzog oder aus dem Talkessel nicht herauskam, weil er an das schauerliche Geschehen denken mußte von »Urahne, Großmutter, Mutter und Kind in dumpfer Stube beisammen sind«, die dort alle vom Blitz niedergestreckt werden.

Es war die Großmutter, die den Kindern, den Enkeln, die Lichter aufsteckte. In den Wintermonaten, wenn die Dämmerung hereinbrach, schichtete sie einen Stapel Bücher, Kalender und Familienblätter hin und her und las Geschichten vor. Aus Grimms Märchen, den Erzählungen aus Tausendundeiner Nacht, Reisenotizen von Sven Hedin und Karl May, Wirkliches und Erfundenes dieser und anderer Globetrotter, Protziges aus der Thüringer Sagenwelt, Schauergeschichten von Goethes Schwager Vulpius, dem Erfinder des Räuberhauptmanns Rinaldo Rinaldini. Wir lauschten den Kalendergeschichten von Johann Peter Hebel mit dem leicht erhobenen christlichen Zeigefinger. Die Fabeln von Lafontaine dagegen hatten eine eiserne Moral. Verzückt beugten wir uns über Friedrich Justin Bertuchs *Bilderbuch für Kinder*, von dem einige Bände auf nicht aufklärbare Weise in den Glasbläserhaushalt gelangt waren. Auf elysischen Streifzügen wanderten wir damit durch die Kontinente. Die Kinderenzyklopädie der Goethezeit, wahrscheinlich ein Unikum der Bücherwelt jener Tage, sammelte alles Wissenswerte über Mensch, Getier und Pflanzenwelt und beflügelte unsere Phantasie.

Die Bücher- und Blättersammlung der Großmutter war keine erlesene Bibliothek. Die gebundenen Bücher hielt ein einziges Regal zusammen, unsortiert, in einem Raum des langgestreckten Schieferhauses, der »die Vorratskammer« hieß. Eigentümlich war es, daß man die bedruckten Papiere streng auseinanderhielt. Im Regal die Festeinbände. Das war »die Dichtung«, sagte Großmutter. Das andere, die Hefte, Kalender, die alten Zeitungen und Zeitschriften, hieß »der Papierkram«. Der wurde zusammengerollt und mit Stoffbändern zusammengeschnürt. Diese Bündel kamen in ein Holzfaß, wie zu Gutenbergs Zeiten, als die ungebundenen Bücherlagen in Holzfässern auf die Jahrmärkte und Warenmessen transportiert wurden. Es hat Jahre gegeben, wo neben dem Papierfaß ein Faß mit Geselchtem stand, ein Faß mit Gurken oder Sauerkraut. Vorratskammer eben, Lebensnotwendiges. Vornehm war das nicht, aber fürsorglich. Nobel behandelt im Haus wurden nur die Bibel, von Luther übersetzt, der Katechismus, das kirchliche Gesangbuch, vor allem aber die Kräuterbücher und Rezeptsammlungen aus alter Zeit. Die standen in der guten Stube in einer kleinen Vitrine oder auf dem Spiegeltisch neben dem Kanapee. Diese Bücher waren ein Vermächtnis, und so wurden sie auch behandelt, als Solitäre. Als Kind durfte man sie nur unter Aufsicht anfassen. Sie waren Erbstücke des Urgroßvaters, eines Zimmermanns, der in den langen arbeitslosen Wintermonaten sein Handwerk vertauschte und sich als dilettierender, aber beschlagener Heilkundler einen Namen machte. Er konnte Erstickte wieder zum Leben erwecken, Erfrorene mit ausgeklügelten Abreibungen vor Amputationen bewahren. Er kannte die Geheimnisse der Pflanzen, den Zauber der Kräuter, die Wunderwirkung der Tees und die Giftküchen in der Natur. Er konnte Liköre und Arrake und andere Getränke aus ätherischen Ölen und Essenzen herstellen. Ein wundersamer Mann, dem

freilich einmal ein Malheur passierte, als ihm ein paar Toll-
kirschen in einen Schlehenwein hineingerieten und die
stillen Zecher fast daran krepiert wären. Jedenfalls warf
dieser Urgroßvater lange Schatten in mein Elternhaus, so
daß nicht nur sein Büchervermächtnis auf feinen Borden
stand, sondern auch die Pflanzen- und Kräuterliebe sich in
Generationen fortpflanzte wie ein heiliges Feuer. Die Apotheke der Natur überträfe alle Weisheit der Menschen,
zitierte man den alten Paracelsus, wenn Zweifel an der
Naturheilkunst aus dem Felde zu schlagen waren. Kräuter-
Else sagte man zu meiner Mutter in ihren letzten Lebens-
jahren, und sie fühlte sich durch den Spitznamen geehrt.
So wäre es meinem Großvater auch nie in den Sinn gekom-
men, in der schlimmen Zeit nach 1945 die Kräuter- und
Essenzenbücher zu verscherbeln. Da hätte er sich eher die
Finger abhacken lassen. Von dem Bücherregal in der Vor-
ratskammer nahm er allerdings die besten Stücke weg,
verstaute sie in einer Spankiepe, schleppte sie im harten
Winter 1946/47 über die Thüringer Berge hinweg in ein
Großbauerndorf nahe Großkochberg und machte daraus
Mehl und Butter. Frau von Stein, die einst in dem kleinen
Wasserschloß in Großkochberg residierte, hätte sich im
Grabe umgedreht, wenn sie von dem Geschäft erfahren hätte, zumal sich auch die Bände von Bertuchs *Bilderbuch für
Kinder* unter der Tauschware versteckt hatten. Bertuch
war ja der Beaumarchais der Goethezeit, ein Tausendsas-
sa, der, allen Freuden aufgeschlossen, als Unternehmer ein
wohltätiger Mann war und Goethes spätere richtige Frau,
Christiane Vulpius, ein »Mädchen der mittleren Klassen«,
durch die Herstellung künstlicher Blumen ernährte. Mit
dem Verlust ging für mich ein Stück Kindheit zu Ende. Es
war, als hätte mir jemand das Schaukelpferd geraubt.

Großvater konnte ich nicht böse sein. Er hatte an Vaters
statt die ersten bewußten Jahre meines jungen Lebens be-

gleitet, hatte mich durch die Thüringer Wälder geschleppt, Blüten und Blätter erklärt, Schnecken, Schlangen und Käfer bezeichnet, den Gesang der Vögel ihren Verursachern zugeordnet, die Wolkenbahnen beschrieben, Sternbilder entschlüsselt. Er hatte meine ersten Schneeschuhe gebaut, meine lecken Schuhe mit Holzstiften besohlt, Bucheckern für die weihnachtlichen Pfefferkuchen gesammelt, die Osterlämmchen ans Licht geholt, die Pfingststräuße gebunden und die Haustür damit geschmückt. Großvater konnte nicht böse sein, auch wenn er den Bertuch verscherbelt hatte. Mit seinen lachenden Augen, dem gezwirbelten Schnurrbart, dem Kautabak in der Kinnbacke, den bunten Hosenträgern im Gewand. Er hatte Wespennester mit mir gestürmt, der Kreuzotter den Kopf abgeschlagen, wenn sie mir zu nahe kam, beim Tieffliegerangriff mich in die Akkerfurche gedrückt und mich mit seinem Körper geschützt. Großvater war voller Schalk, wenn er die Großmutter neckte. Er hatte Wörter und Namen auf Lager, die ich noch nie gehört hatte. Zur Preiselbeere sagte er Helperl, zum Schneider Beinschläger, zum Schuster Schuhknecht. Teufelsakramenthimmelhoch, sagte er, wenn ihm der Blasebalg ausging, weil die Gasanstalt seiner Meinung nach zu dünnes Gas in die Rohre blies.

Meinem Vater, der im Krieg war, war er nicht grün. Er nannte ihn einen Hallodri. In einer einzigen Ballnacht hatte der meiner Mutter den Kopf so verdreht, daß sie nicht wieder von ihm loskam. In Knickerbockern, einem grellgelben Sakko und einer Schirmmütze, die einem Modejournal entnommen schien, hatte er die Eroberung gemacht und war bald darauf mit einer knatternden Maschine durch die Dorfstraßen gebraust. Nachdem er am Glasbläserhaus angehalten, erzählten die Beobachter, hätte er sich eine dicke Zigarre zwischen die Zähne geklemmt und wäre wie ein Baron die Treppe zum Schieferhaus hinaufgestiegen. Der Kaufmann, der in Nürnberg gelernt hatte, war aus seiner Firma ausgerissen, weil er dem stürmischen Verlangen der alternden Patronin entweichen wollte, so sein Bericht, und schnurstracks in den Armen meiner Mutter gelandet, mit der er, seinen Auskünften nach, ein eigenes Kaufmannsgeschlecht begründen wollte. Mein Großvater war nicht verstimmt über das forsche Auftreten des fränkischen Eindringlings, aber wie er nach der Hochzeit meine Mutter zu seiner Dienerin machte, das erboste ihn zusehends. Das Glasbläserhaus hatte Platz für zwei Familien, aber wie mein Vater die freizügige Lokalität in kurzer Zeit umstülpte in einen Warenbasar, in dem man über mannigfaltige Produkte aus den sogenannten Kolonien, Schokoladen- und Bonbonkisten, Zigaretten- und Tabakbehältnisse, Eimer, Büchsen, Warenkoffer und -kästen, hinwegstolperte, das ist bedrückend gewesen, auch wenn er fortlaufend erklärte, er würde schon bald für geeignete Räumlichkeiten sorgen, die den kulinarischen Allerweltskram aufnähmen. Mein Vater hatte selbst keinen Knopf in der Tasche. Er war auf Zuschüsse beider Großeltern und meiner Mutter angewiesen, um seinen Traum vom Südthüringer Großkaufmann zu realisieren, seine Idee vom Engroshändler eines ganzen Landstrichs aufzublasen zu einem bunten Luftballon, der durch die Landschaft segelte und seinen Namen zu den Kunden trug, in Läden, Cafés, Restaurants, Wirtshäuser groß und klein. Was Vater verstand, war parlieren. Auf einen soliden Hausstand im Schieferhaus gegründet, auf verläßliche Heimarbeit, Sparsamkeit, Häuslerwirtschaft mit sechs Morgen Land in Wald und Flur, hatte er sich bald durch blendendes Aussehen und geschulte Konversation bis an die Stammtische der Wohlhabenden emporgearbeitet. Zustatten gekommen sein mußte ihm dabei eine Art Kompagnonschaft mit einem Schnapshersteller, dessen Magenbitter später zum

11

Markenzeichen eines ganzen Wirtschaftswunderlandes werden sollte, der aber zu Vaters Zeiten im verwinkelten Thüringer Bergland noch nichts anderes hatte als eine kleine Schnapsbude. Vater – hochtrabend – ihr Generalvertreter.

Bevor sein Aufstieg perfekt war, bevor sein Firmenschild den ersten Rost ansetzte, war der Traum vorbei, der Friede auch. Mein Vater zog die Knobelbecher an, um fremde Erde festzutrampeln. Ich war inzwischen sechs, übte das Einmaleins, kratzte mit dem Schieferstift die ersten Buchstaben ins schwarze Tafelgerüst und übte Sütterlin, eine steile, rundgeschliffene Schreibschrift, die ein Berliner Graphiker Anfang des Jahrhunderts für die preußischen Grundschulen entwickelt hatte. Mein erster Lehrer, Dr. Dornheim, ein breiter Hüne, Stachelkopf, schlug mit dem Lineal auf die Finger, wenn wir später, als wir schon die Feder benutzten, Tintenkleckse in die Hefte gespritzt hatten. Mir zog er einmal die Samthosen stramm und zischte mir mit einer Haselrute zwölf Schläge auf den straffen Hintern, weil ich mit einem Blaserohr, gefüllt mit grünen Ebereschenbeeren, eine Dorfschöne beschossen hatte und es herausgekommen war, daß ich der Täter sein mußte, versteckt in einer Feuerluke unseres Hausanbaus. Berüchtigt waren Dr. Dornheims Nasenkrabbel und Kehlkopfkitzel. Wenn die Nasenspitze zwischen seine kräftigen Bauernfinger oder die dünne Haut am Kehlkopf in seine militanten Hände geriet, dann hörte man rasch die Engel pfeifen oder wünschte sich, ein Mann mit einer Wunderlampe zu sein, der den Gewalttäter aufs Schafott führen konnte. Im nächsten Augenblick war Dr. Dornheim wieder gütig und fromm, und nur einer in der Klasse hatte sich richtig über ihn zu beklagen, ein kleiner, untersetzter Bursche mit stetiger Rotznase, der einem einzigen Diktat neben ein paar richtigen Buchstaben sechsundsechzig Fehler einverleibt hatte. Mit diesem ars delicti, hoch über seinem roten Kopf wie zum Fanal erhoben, rannte Dr. Dornheim wie ein Spießrutenläufer durch das Klassenzimmer und klagte den verkommenen Rotzlöffel an, der in einer deutschen Schule nichts zu suchen hätte. Das Zerwürfnis war nachhaltig, es bekam eine Art Ewigkeitswert. Der stolze Dr. Dornheim mußte das Diktat als eigene Schmach empfunden haben, als Niederlage seiner Lehrmethoden, nicht als Ausfluß einer grandiosen Dummheit, deren Mutter die Faulheit war.

Die Dorfschule war ein landschaftsarchitektonisch fein angepaßter, schöner Zweckbau aus dem laufenden Jahrhundert mit zwei hoch hinausstrebenden großen Erkern, die als Wohnungen für die Lehrerschaft ausgeschrieben waren. Im Parterre zwei große Klassenzimmer, eins für die unteren, eins für die oberen Klassen, dazwischen Verwaltung und Schulbibliothek. Häufig Zweiklassenunterricht, manchmal mehr Klassen, in einem Raum. Dorfschule. Das Nötigste für Lesen, Schreiben, Rechnen. Bildungsfern. Herzens- und Charakterbildung aber möglich. Fleißig und tapfer sein. Sparsam. Und eigensinnig wie die germanischen Stämme aus den ältesten Zeiten einer sagenumwobenen Thüringer Geschichte.

2

Das Dorf hat die steilste Dorfstraße Deutschlands. Steigung 4:1. Eingeklemmt in die Kerbe eines Gebirgsspalts, liegt es da wie ein erschöpfter Riese. Ein straffer Körper mit Kopf, Armen, Beinen. Wachstum ausgeschlossen und unerwünscht. In guten Zeiten eintausend Einwohner. Heute etwa dreihundertfünfzig. Berge und Wald ringsum. Wild- und Vogelstimmen. Das Knarren und Ächzen der Fichten und Buchen. Der Klang gurgelnder Quellen, das Plätschern

der Bergbäche. Der Ruf des Eichelhähers. Die Vorbrutge-
sänge des Zeisigs, des Hänflings, des Distelfinks. Auf den
Bergwiesen die Arnika, der Augentrost, das Eisenkraut.
Wilder Lavendel, hingestreut im Kräutergarten als blau-
violette Tupfer. Wilder Kümmel, ein Geruch wie Vaterland.
Im Tal das Veilchen, die Schlüsselblume, der Wasserpfef-
fer, die großen Farne. Im Herbst die strahlenden Früchte
des Rotdorns, die blausamtigen Kugeln der Schlehe. Ha-
selnüsse, so groß wie Augäpfel, in mageren Jahren klein
wie Pfefferkörner. Heidelbeeren, Preiselbeeren, Brombee-
ren, Schlemmerzeit unter freiem Himmel. In den Gärten
der frische Salat, die Zuckererbse, die Schwarze Johannis-
beere, Himbeerhecken wie Burgen, wie Höhlen, die Knor-
pelkirschen und die Stare, die alten Apfel- und Birnensor-
ten voller Sonne und Süße, wo sind sie geblieben? Die
Getreidemahd, die Kartoffelfeuer im Herbst, die Schreie
der Schneegänse am Himmel, die Abschiedslaute der
Schwalben, die Mistfuhren auf das zu umbrechende Acker-
land.

In den elysischen Gärten der Natur wandelte ich als
Kind vom Frühling bis in den Herbst, und wenn der Winter einbrach in das beschenkte Land, die Stimmen verstummten, die Düfte versiegten, die Schlote zu rauchen begannen, dann wurde man hineingeworfen in ein neues
Abenteuer, den Schnee. Der höchste Punkt des Dorfes lag
800 m über dem Meeresspiegel, schneesicher, meist rauh
und stürmisch bei Tag und Nacht, Ausgangspunkt verwe-
genster Rodelpartien, Nahtstelle zum nächsten Ortsge-
lände, Kreuzweg, den die Alten gern als Teufelstreff und
Hexentanzplatz beschrieben. Dort oben konnte man im
Winter einbrechen in meterhohe Schneewehen, lebensbe-
drohlich, wenn man nicht aufpaßte. Geschichten über Verdruß und Rettung gab es genug. Die kindliche Phantasie
tat ihre Bilder dazu, und schon landete man in den augen-

blendenden Eis- und Schneepalästen der Märchenwelt und fand den Ausgang erst wieder, wenn man aus den bedrükkenden Träumen erwachte und schwer atmend die Mutter um Beistand rief.

Das Dorf, die Kindheit. Sonnenland. Leicht übersieht man die Schattenseiten, verdrängt die gruseligen Erlebnisse, verbannt Böses und Schlechtes in die Geheimkammern der Erinnerung. Den schaudererregenden Ruf des Käuzchens in der Nacht, den Widerschein der Haus- und Straßenlampen des einen Straßenarms auf der Nordseite des Tals in den Denkmälern des Friedhofs im Straßenarm auf der Südseite, so daß beim nächtlichen Laufen von der einen Dorfseite zur anderen auf dem Friedhof die Spiegelungen wie Irrlichter herumhüpften. Überirdisches vermutete man erschrocken und dachte an die Verlockungen von Irrlichtern in wohnnahen Sümpfen, auch nichts anderes als sich spiegelnde Lichtpunkte in kleinen Wasserlachen, die manchem Neugierigen das Leben kosteten, wie es Großmutter aus Geschichten von Theodor Storm oder anderen Erzählern belegte. Einmal hatte sich einer erhängt. Liebeskummer, hieß es. Wir Kinder verstanden zu wenig davon. Zwei Mörder sollten in Königsee hingerichtet worden sein. Männer aus Deesbach. Es war unglaublich. Mit Drahtseilen den Kameraden erdrosselt? Mehr war nicht herauszukriegen. Einer im Dorf wackelte immer mit dem Kopf, ein anderer mit den Beinen. Das Zipperlein, sagten die Leute, und böse Kinder verspotteten sie. Einem Buckligen riet man, seinen Buckel doch lieber unter dem Arm zu tragen, worauf der dem Spötter einen Fußtritt verpaßte, als wäre es ein Hufschlag. Wochenlang schleppte sich der Bestrafte mit einer Krücke durchs Dorf, woraufhin man ihm riet, ob es nicht besser wäre, wenn er auf Stelzen ginge. Wieder eine Tücke der Bosheit. In der Kopfzeile des Dorfes, in Umkehrung gewohnter Muster, nistete die Armut.

15

Dort standen die Häuser wie auf luftigem Boden und drohten in den Dorfbach zu stürzen. In einer selbstgezimmerten Hütte mit Balken aus schwankenden Holzstämmchen wohnte eine arbeitslose Familie und kämpfte gegen die Tuberkulose, die am besten, behauptete man, mit Hundefett abzuwehren sei. Wenn ein Hund nicht heimkehrte, und das geschah öfters, mußte der Hundefänger naturgemäß ein Tuberkulöser sein. Krankheit und Verleumdung gingen Hand in Hand. Ein schreckliches Paar. Ausgleichende Gerechtigkeit bestand vielleicht darin, daß die Krankheit, aus mysteriösen Gründen, auch um die noblen Familien keinen Bogen machte, aber die hatten ja glücklicherweise auch die Flinten. Auf *die* Logik kam niemand.

Das Dorf, durch Naturbett und Ansiedlung zerklüftet in Körper, Kopf, Arme und Beine, hatte seine Straßennamen, die wenigen, die es gab, sinnstiftend nach praktischen Erfahrungen ausgesucht. Die Treibe war das Dorfstück, wo das Vieh auf die Weide hinausgetrieben wurde. Die Wagengasse war der Teil, wo die meisten Wagen, Leiterwagen, Kuh- und Pferdegespanne, auf- und abwärts fuhren. »Vorneraus« hieß ein Straßenzug, der in die Felder und auf anderem Wege als über die Treibe ins nächste Dorf führte, in das mit dem bedenklich schiefen Kirchturm, der ein ganzes Kirchspiel von insgesamt fünf Dörfern um sich raffte. Ich behaupte, daß nicht einmal der Postbote den richtigen Namen dieser wichtigen Ausfallstraße kannte. Er ging auch immer bloß »vorneraus«. Dann gab es die Friedhofsstraße, das Untere Dorf und Neu-Deesbach, den Unterschenkel, der einem Dorfbein erst viel später zuoperiert worden war. Das Dorf lebte vom Wald und von Heimarbeit. Holzfäller, Pflanzer, Harzschürfer, in älterer Zeit Köhler, Glasbläser, Porzellanmaler beherrschten das gewerbliche Terrain. Die wenigen Manufakturen, den Steigungswinkeln geschuldet, hatten sich einen Platz im Ortskern und in den ebeneren

Dorfarmen gesucht. Sie mußten ihre Produkte ja einigermaßen sturzsicher abtransportieren können. Viel war es ohnehin nicht, was das Dorf verließ. Bemaltes Porzellan, Thermosflaschen, Glühlampen, medizinische Apparate aus Glas und ein bißchen Firlefanz: Glasperlen, kleine Schmuckpilzchen, Tierfiguren für Vitrinen und Vertikos, die in Mengen abgezählt wurden, die uns nicht mehr geläufig sind: eine Mandel, ein Gros, ein Schock, ungeläufig längst wie ein Scheffel Salz. Bemaltes Porzellan mit Veduten vieler Landstriche und manch medizinischer Apparat gingen freilich in alle Welt, bis Argentinien und Brasilien, und machten Herz und Rede ihrer Erzeuger weit und stolz. Mitten im Dorf gab es eine kleine Pappfabrik, mehr eine Art Pappsalon, in den unteren Räumen des Wohnhauses von Pappkerns Marie, ein Paradies für Entdeckungen. Der Papierkram, den man dort sammeln konnte, öffnete das Tor zur Welt. Vor allem die Makulaturen, die verklebt wurden, brachten Nachricht von den kuriosesten Erscheinungen des Erdballs, und was man lesend noch nicht verstand, setzten Bilder ins rechte Licht. Es war, als wenn man im Knopfkasten der Mutter stöberte, ein Gefühl, als könnte es jeden Moment eine neue Überraschung geben. Der Aufenthalt bei Pappkerns Marie war wie ein Lichtabend im Bekannten- und Verwandtenkreis, wenn die ewig plaudernden und plappernden Mütter an langen verschneiten Winterabenden zusammensaßen und Neuigkeiten austauschten, Kalenderwissen und Familienblätterweisheiten, über andere Leute herfielen, ihren Kummer, ihre Nöte ausspuckten, ihre Freuden und Neigungen kundtaten und wir Kinder in den dunkleren Ecken saßen und lauschten wie die Heftelmacher auf die Nachrichten von Gott und der Welt.

Durch die Räume der Pappfabrik wehte der Duft von Leim und Papier und wurde in Schachteln und Schächtel-

chen, Dosen und Döschen eingesperrt, die – nur ungern
sage ich es – »allerliebst« zu nennen waren, und zum Lie-
besdienst waren die meisten davon auch bestimmt mit
ihren glänzenden und matten Papieren, den Blumen- und
Vogelmotiven, den Kinderspielen, den Osterhasen und
Weihnachtsbäumen. Die größeren Behältnisse waren auch
beeindruckend und mitunter verblüffend ineinanderzu-
schachteln, so daß das Maß, das genaue Maß, eine besondere
Bedeutung erhielt. Was sich bei Pappkerns Marie herstellte, war ein Gefühl von Schönheit, welches das schwe-
bend-leichte Material auslöste, das befaserte, zurechtge-
schnittene Papier und der fertige Karton, die Form, die es
umhüllte. Es war wie Zauberkunst, was Hände und Maschine aus Lagen, Rollen und dicken Papppaketen heraus-
holen konnten an Anmut und Frische. Ich bin mir ziemlich
sicher, daß mir in diesem Pappsalon etwas eingehaucht
wurde, was mich nicht wieder losließ und was zusammen
mit Großmutters Vorlesestunden als eine Art Initialzündung für meine spätere Profession betrachtet werden
konnte. Die Prägungen des Menschen finden in seiner frühen Biographie statt.

Ich hatte inzwischen die Dorfschule in Deesbach verlassen und war ab Klasse fünf in eine Einrichtung ein-
gekehrt, die einen bedeutenden Namen trug, in die Fried-
rich-Fröbel-Oberschule in Oberweißbach. Der Schultyp
hieß damals Hauptschule. Die Nazizeit verband damit andere Begriffsinhalte als heute, worüber wir Schüler nicht
nachdachten. Wichtig war, daß man einem Schülerclub angehörte, der sich auf einen Mann berief, der hier geboren
war und die Welt verändert hatte. Friedrich Fröbel, der In-
itiator der Vorschulerziehung, war ein Experimentator,
und ich war schon, sporadisch, in einen seiner Kindergärten gegangen, ein Haus, meine ich, das nach seinen Erzie-
hungsmethoden arbeitete, so daß es mir folgerichtig vor-

18

kam, daß ich nun auch in eine Schule ging, die nach ihm benannt war, und zwar meist an der Hand oder im Schatten eines baumlangen Kerls, der drei oder vier Klassen älter war und mir Beine machte auf dem beschwerlichen Schulweg über den großen Berg hinweg.

Der Berg, kein Koloß im Thüringer Schiefergebirge, aber ein mächtiger Bordstein, der Wetter und Mundarten trennte, warum war er zwischen Elternhaus und Schule gesetzt? Wollte er das Herz und die Muskeln kräftigen, wollte er entzweien oder verbinden, wollte er etwas verbergen? Wenn man oben stand, leuchtete die Ferne, unten sah man in ein schwarzes Loch, in Wälder, die noch vor ein paar hundert Jahren der Wildnis glichen, undurchdringlichem Dickicht, Bewaldungsurformen, unter denen Eisenerze, Uran und Schiefer längst fertig waren, andere Metalle und Gesteine noch auf Vollendung warteten! Wer wußte es, der liebe Gott, der Pfarrer, der Führer oder das Vaterland oder gar Dr. Stadelmann, der feinsinnige, sanfte Lehrer in Chemie, der die Welt belächelte und die Prozesse, die er beschrieb, für nicht zu widerlegen hielt? Das erste Mal im Leben spürte ich, daß ich einem Lehrer zugehörig war, ein Schüler, der den Zweifel liebte wie er, Resultat von kindlicher Naturbeobachtung, nichts bleibt, wie es ist, stimmte plötzlich mit Lehrsätzen überein, die auf Experimenten, auf Beweisen gründeten. Endlich fing ich an, auch die Sinnsprüche am Portal unseres Dorffriedhofes zu verstehen, die mir, dem kleinen fleißigen Leser, je geordneter ich denken lernte, schwer zu schaffen machten und mich beständig ins Grübeln brachten: »Alle, die Ihr hier vorübergeht, bedenket, wie es um Euch steht/Denn was Ihr seid, das waren wir, und was wir sind, das werdet Ihr.« Ein paar gruselige Bilder hatte ich gesehen, in den Hausfluren, wo die Toten aufgebahrt waren – ein Leichenhaus gab es nicht – und dann hinausgeschafft wurden auf den irrlichternden Friedhof. Die Blaskapelle, ohne Posaune, traurige Musik, der Männerchor, ein trauriges Lied, Frauen unter schwarzen Schleiern, Männer mit schwarzen Hüten, lauter blasse Totengräber, die morgen in Bornkessels Bierstube schon wieder randalierten und Sauflieder in die dreckige Bude grölten. Auf dem Friedhof sammelten wir, Schulauftrag, Frauenmantel, der bei uns Kindern Regenmantel hieß, weil seine Blätter wie ein Regenschirm aussahen. Das Kraut gedieh dort besonders üppig, wie Rainfarn, gut gegen Würmer und Darmparasiten, die, wie die Warzen, zu den lästigen Kinderplagen zählten. Auch die wurden mit einem Kraut bekämpft, das der Friedhof in üppigen Formen aus der Erde schleuderte. Schöllkraut, Goldwurz sagten die Alten dazu, Warzenkraut schalten es liebevoll-bewundernd wir Kinder, weil sein Saft, ein Gift, die häßlichen Hauthuckel langsam zum Verschwinden brachte, und wenn das nicht glückte, wurden sie einfach abgesäbelt oder, bei den empfindlicheren Mädchen, mit einem Faden abgebunden. Wenn man die Kräuter, die man, heimlich, auf dem Friedhof sammelte, in der Schule abgab, hatte man ein makabres Gefühl in der Bauchgegend, das nur das Lob des Sammelstellenleiters über die prächtige Beute etwas eindämmte. Das schlechte Gewissen, die Ängste, der Tatort könnte herauskommen, waren vergleichbar mit dem Gefühl über einen bösen Streich, den wir Marieluise einmal spielten, als wir ihr einredeten, ein Priem aus Großvaters Hanewacker-Dose wäre die köstlichste Lakritze der Welt, und das Mädchen das teuflische Zeug in einem Anfall von Selbstzerstörung einfach hinunterschluckte. Danach verschwand sie in ihrem Bauernhaus und kam zwei Tage nicht zum Vorschein. Magenkrämpfe, Koliken wie beim Pferd, orakelte später ihr Vater, ein Hausmetzger. Wir, die Verursacher, schlichen zwei Tage lang bedeppert um den Hof herum und warteten auf ein Lebenszeichen.

Wir dachten, sie würde daran zugrunde gehen und wir müßten uns als Mörder verantworten.

Die Angst rumorte häufig als aufmüpfiger Begleiter durch unsere Kindertage. Als wir Poppens Oskar einen Nagel ins Fensterkreuz trieben, genau zwischen Glasscheibe und unterer Holzleiste, daran eine Hanfschnur knüpften und einen Eisenring, durch straff gespannten Faden und ständiges Hinundherziehen des Rings Musik machten wie die Katzen zur Mitternacht, was sich über die vibrierende Glasscheibe in die dumpfe ebenerdige Stube des armseligen Hausbesitzers und seiner Frau Ida, Pfeifenschusters Ida, übertrug als ein schauderhaftes Konzert in nächtlicher Stunde, da war der Teufel los. Zumbern hieß das schräge Ding, mit hartem p oder weichem b geschrieben, ich weiß es nicht. Hart war das Konzert selbst für taube Ohren. Der Gendarm, auf Tätersuche, durchkämmte tags darauf das umfeldige Straßenkreuz. Die zudringlichen Fragen des bärtigen Ordnungshüters, als er mich als einen der Verdächtigen ausmachte, schlug Kapps Wilhelm, der überlange ältere Schulkamerad, aus dem Feld, in dessen Schatten ich gerade auf dem Schulweg über den steilen Berg hinweg war, indem er dem Gendarmen erklärte, zu solchen Untaten hätte ich als Jünger Friedrich Fröbels gar keine Zeit und wir würden lieber in Lützows Korps kämpfen, als alte Leute einzuschüchtern und zu Herzflattern zu treiben, wie es den greisen Oskar und seine Frau offenbar befallen haben mußte.

Weniger glimpflich ging das Erstürmen eines weithin leuchtenden Birnbaumes aus, dessen rot und gelb strahlende Früchte wir uns erklettern wollten, die prall gefüllten Zweige aber unter der Last der Erstürmer zusammenbrachen. Unsanfte Landung und Peitschenhiebe des aufgescheuchten Besitzers auf Arsch und Kniekehlen verursachten tagelange Geh- und Sitzbeschwerden, die weder zur

Einkehr noch zu deutlicher Rachsucht Anlaß gaben. Solange nichts von den Übeltaten ins Elternhaus drang oder
die Schule beunruhigte, so lange hatte man Zeit, an den veritablen Streifzügen teilzunehmen, die quer durch das Dorf
und die angrenzenden Wald- und Wiesengelände führten
und meist von tolldreisten Knaben ausgeheckt wurden, die
sich an die Spitze der Kolonne stellten. Wir waren zu klein
noch, um Hitlerjugend zu spielen, aber Pimpfe spielten wir
allemal. Halstuch, Knoten und Koppel hatte jeder in der
Schublade, sollte das »Jungvolk« rufen, auch wenn Großvater und Großmutter es sich verbaten, das Teufelszeug im
Hause abzulegen. In ihren Augen waren Politiker Lumpen
und Verbrecher, Hitler auch, es gab keine Ausnahme. Ver-
söhnlicher waren sie gegenüber Rommels Armee, die ein
Nachbarsjunge gegründet – sein Vater kämpfte in Afrika –
und zu kargem Ruhm in der Dorfgemeinschaft geführt
hatte. Der Ruhm war ein zweischneidiges Schwert. Siege
und Niederlagen wechselten sich ab, und bei den Siegen
wußte man nicht, ob sie sich nicht schon am nächsten Tage
in Niederlagen verwandelten, wenn Mäders Armee aus dem
Unterdorf oder die Armee aus der oberen Dorfhälfte, die
der Schwarze und der Sauerteig befehligten, angriffen. Es
war ein Auf und Ab im Kampf der feindlichen Dorfbrüder,
das auf selbstgespannten Drahtseilen über eine große Wald-
wiese hinweg von Waldkante zu Waldkante gefunkt wurde.
Illusionen, lauter Illusionen, wie der große Krieg, der von
den Vätern so ernst genommen und von den unreifen Söh-
nen mit Steinen von Anker-Steinbaukästen nachgestellt
wurde. Zerstörte Brücken, zerborstene Tunnel, ruinöse Kirchen, Krieg hinter Häuserwänden, in den Kinderzimmern.
Danach schlief man ein und ging mit auf Peterchens Mond-
fahrt, und wenn man die Himmelsleiter wieder herabstieg,
träumte man von neuen Schlachten und daß man dem-
nächst Kohlrabis als Kanonenkugeln benutzen konnte und

22

Zuckerrüben mit Krautgriff als Panzerfäuste. Derweil betete Großmutter, und Großvater versuchte unter einer Zeitungshaube dem spilligen Volksempfänger ein Wort aus London zu entlocken. Sperr die Ohren zu, Junge, befahl Großmutter, schmissig im Ton wie eine Luftwaffenhelferin, dem Eleven der Fröbel-Schule, und irgendwie dämmerte mir, daß irgendwas nicht ganz geheuer war. Ich verstand es spät, aber der Zweifel gehörte zum Lebenselixier von Großvater, und das war wohl gut so. Die Natur hatte die Alten abwarten gelehrt, genau hinhören, hineinhorchen in die Dinge und skeptisch zu sein gegenüber Menschenwerk. Man war im Aufbruch, aus dem Dorf ins große Ganze, aus den wäldlerischen Gefilden der Gebirgsschneise in die Welt, und wollte wissen, was die Kriege und Revolutionen ausrichten konnten, die nationalen und internationalen Beutezüge, von denen Tag und Nacht berichtet wurde. Alles Lumpen und Verbrecher, wiederholte Großvater. Alles vergänglich.

Nur die Heimat, der Himmel mit seinen blauen Fernen, den Wolkentürmen, mit Blitz und Donner, Eis und Schnee, das sei beständig, ergänzte Großmutter selbstbewußt. Dann holte sie aus einem Geheimfach unter ihrem Blasebalg eine Flasche Kräuterlikör hervor und nahm einen kräftigen Schluck.

3

Über das Dorf sausten in einer Nacht die Granaten hinweg und zerschlugen in Neuhaus am Rennweg ein paar unscheinbare Fassaden. Der Ort lag etwa 1000 m über dem Meeresspiegel, war von Deesbach 6 km entfernt und wurde wahrscheinlich als strategischer Punkt angesehen. Es war die einzige Nacht in diesem Stück des Thüringer Waldes, in der der Krieg ganz nahe kam, von den Geschwadern abgesehen, die über den Himmel gezogen waren, und ein paar verirrten Tiefffliegern, die wahllos auf alles schossen, was ihnen in die Quere kam. Tags darauf fuhren amerikanische Panzer durchs Dorf, schwarze Steuermänner auf den Raupenungetümen und flinken Jeeps winkten den strammen Bauernmädchen zu. Kaugummis flogen wie Goldregen durch die rauhe Bergluft. Auf der Sommerseite des Dorfes, direkt unterm Fröbelturm, einem Wahrzeichen der lieblichen Gegend, wurde eine Radarstation errichtet. Maschinengewehre lagen herum wie wertloser Schrott. Die Stare waren zurückgekommen und pfiffen ihre werbenden Lieder von spitzen Haus- und Scheunendächern. Mitunter grieselte es. Sonnig, rauh und stürmisch waren die klimatischen Wechselbäder des April 1945. Sie machten den Leuten mehr zu schaffen als der Einzug der Besatzer. Aus mancher Dachluke hingen weiße Fetzen, flatternde Grüße schicksalsergebener Bergbewohner. Es wird schon werden, lautete die Devise, schlimmer als unter Hitler konnte es auch nicht kommen, orakelte der Großvater.

Im Juli oder August kamen die Russen. Es waren schwüle Tage, als ihre Gelände- und Panjewagen durch die holprigen Straßen stampften. Gewehre mit aufgepflanztem Bajonett erschreckten jung und alt. Unser Schieferhaus durchsuchten sie vom Keller bis zur Tenne, stachen mit dem Bajonett in die Heuschober und in die Federbetten, suchten »Frau« und »Faschist«, beide zum ungleichen Preis. Den einen suchten sie wegen der Vergeltung, die andere wegen der Sinneslust. Erbost waren sie, wenn sie keine Beute machten. Es war verständlich. Der Austausch von Thüringen gegen einen Teil Berlins war ein diplomatisches, ein politisches Geschäft. Die betroffenen Kleindeutschen, großdeutsch war vorbei, hatten das Nachsehen. Was hätte aus uns werden können, wenn wir Amerikaner geblieben wären, flennten später die einen, andere sahen es als Unglück

24

an, daß der Russe nicht ganz Deutschland eingenommen hatte.

Wir vertauschten unsere durch Fliegeralarm unterbrochenen Schultage, öfters verbracht in einem klammen Felsenkeller, wieder mit alter Ordnung und mit neuen Lehrern und warteten mit den Frauen auf die Heimkehr der Soldaten. Vater würde nicht zurückkommen, stellte sich heraus. Mutter hatte es schon lange gewußt, Schmerz und Leid aber in sich hineingefressen. Vater lebte. Während des Krieges hätte er gelernt, sich mit anderen Damen zu vergnügen, lautete das verbitterte Urteil. Mit dieser Auskunft hatte ich mich zu begnügen. Fragen? Nein! Es gab genug zu tun, um mit den Nachkriegsnöten fertigzuwerden. Brennholz heranschleppen, Kohlenklau in Gang setzen, Stallmist auf die Felder buckeln, Waldbeeren sammeln, Wiesen räumen, Ähren lesen, Kartoffeln hacken. Ein Jahr wie die anderen. Kinderarbeit war Pflicht, wenn die Väter fehlten und die Mütter ihre Wunden heilten. Die Zeit war knapp. Ich trauerte. In der Schule traute ich mich nicht, jemandem zu sagen, daß ich den Vater verloren hatte, nicht durch eine Granate oder einen Gewehrschuß, also kein Heldentod, sondern durch ein Weib. Ich empfand es als Schande. Es wäre besser gewesen, dachte ich, wenn ich nicht mehr aufgestanden wäre, als mir beim Schlagball ein Mitschüler den Stock mit voller Wucht gegen die Stirn schmetterte und ich umfiel wie ein nasses Kalb. Die Trauer zerriß mir fast das Herz. Es war damals noch ungewöhnlich, so kommt es mir heute vor, daß ein Vater seine Familie im Stich ließ, auf dem Dorf zumal. Man trug ein Schandmal auf der Stirn. Als er 1947, zurück aus der Gefangenschaft, in der Gegend wieder auftauchte, jetzt ein Kaufmann ohne Sitz, ohne Frau und Kind, ohne Kunden und Personal, und in seiner alten Schnapsbude ein wenig Zuflucht fand, da jubelte mein Herz, weil der Mann, der erst vierzig war, alt und verschlissen wie ein Geschlagener ankam und ich denken konnte, das hat er nun davon, und Großmutter ihren Kommentar wie ein Gebet ausstieß: Gottes Gerechtigkeit sei unwiderlegbar. Ich konnte das freilich nicht nachempfinden, weil bald darauf der neue Staat mir den treulosen Vater zum Vorwurf machte, mich als Sohn eines Gewerbetreibenden einstufte, einen Benachteiligten gegenüber den ihm heiligen Arbeiter- und Bauernkindern, und Schulgeld verlangte. Das veranlaßte Mutter, über ein Ende meiner gehobenen Schullaufbahn nachzudenken und für mich einen Brotberuf ins Auge zu fassen.

Aber so weit waren wir noch nicht, auch wenn ich mit dem Leben eines Kräutersammlers, Apothekers oder Försters durchaus liebäugelte. Noch war ich Friedrich Fröbels Jünger in der Schule seines Namens und versuchte, dem alten Experimentator alle Ehre zu machen. Das Schulgebäude, licht und hell, ein wenig Bauhaus, ein bißchen Neurenaissance, an ausgesuchtem Fleck nahe einer gelb getünchten Kirche mit bedenklich schiefem Turm, unübersehbar für den schweifenden Blick der Einheimischen und der Sommerfrischler, war Herberge des guten Geistes und Schauplatz eines aufreibenden Bruderkampfes zugleich. Wir Schüler merkten es an Kleinigkeiten. Große Entwürfe, die dahintersteckten, konnten wir nicht übersehen. Eine Schar, die Neulehrer geheißen wurde, mehrheitlich begeistert für Sport und Spiel, wurde beklatscht und verhöhnt. Beklatscht von Gleichgesinnten, verhöhnt von Männern, die das Bild der Schule vor der Niederlage geprägt hatten, nicht etwa von nazitreuen Kumpanen, sondern Feingeistern, die den Rang der Einrichtung nach den in Thüringen beliebten und bekannten Freien Schulgemeinden wie Wickersdorf oder Keilhau bestimmt haben wollten. Aber nun kamen die Noblesse und das Kulturgeschwätzige von Lehrern wie Dr. Stadelmann, dem Chemiker, oder Dr. August, dem Lateiner, in Konflikt mit dem forschen Draufgängertum einer nachrückenden Lehrergeneration, die ihre karge Bildung auf Antifa-Schulen in Rußland oder in ein paar Nachkriegskursen erworben hatte und – vergröbert ausgedrückt – manchmal selbst noch nicht richtig lesen und schreiben konnte. Es war keine Seltenheit, daß Korrekturen der Korrektoren wieder korrigiert werden mußten. Man lachte darüber oder schmunzelte oder sang ein politisch Lied dazu, weil, wenn Arme, Unterdrückte, Ungebildete an den Thronen rüttelten, immer ein politisch und meist garstig Lied gesungen wurde.

Trost fand man genug, vergaß die großen und kleinen Unbilden der Zeit, wenn man in die Kirche ging, im gewaltigen Kirchenschiff oder auf einer der drei raumumgreifenden Emporen saß, die Himmelsbilder betrachtete, die unbekannte Hand an die Decke gemalt hatte, und dem Pfarrer zuhörte, wenn er Paul Gerhardts und Martin Luthers treffliche Lieder »Geh aus mein Herz und suche Freud« oder »Ein feste Burg ist unser Gott, ein gute Wehr und Waffen« über die gläubigen Köpfe hinwegschmetterte und in der Tonstärke mit der Orgel wetteiferte, der ein geschulter Mann am anderen Ende des Kirchenraumes in die Pedalen trat. Noch kannte man keine Leute, die einen abzuhalten versuchten von Kirchgang und Gemeinde. Warum auch? Kirche war ein Erlebnis, wenn man am Sonntag herausgeputzt durch die Felder zog, über den Berg hinweg, und aus allen Richtungen die festlich gekleideten Leute in die Oberweißbacher Kirche strömen sah, aus fünf Orten des Kirchspiels, die Glocken läuteten und die Natur das Schauspiel einrahmte, maienhaft, hochsommerlich, herbstlich. Mutter im grauen Kostüm, eine Blume am steifen Revers, einen mit schmalen Bändern geschmückten ausladenden Hut auf dem pechschwarzen Haar. Ich war stolz auf sie. Etwas aus Goethes *Osterspaziergang* rührte mich an, den Dr. August, wie große Teile des *Faust*, dieses gewaltigen intellektuellen Epos, auswendig hersagen konnte, nicht ohne feinsinnige Belehrungen daran anzuheften. Es mußte eine geheime Abmachung zwischen ihm, dem donnernden Rezitator, und dem Pfarrer mit dem gewöhnlichen Namen Schmidt geben, daß sie das Spirituelle in unseren Gemütern wachriefen und uns belobigten, wenn wir den Hauch der Unvergänglichkeit einatmeten, aber auch züchtigten, wenn wir ihren Eingebungen nur hinterhertrotteten. Der Lehrer durch das Wort, der Pfarrer durchaus auch mit Hand und Stock. Ich war beiden Heilsbringern zugetan, weil sie eine frühe Vorliebe von mir bedienten, Lied und Gedicht, und weil beide immer pünktlich in meinem Elternhaus erschienen, wenn geschlachtet wurde oder mein Geburtstag war und frisch gebuttert wurde. Dann fraß der Pfarrer – im Wortsinn – wie ein Scheunendrescher, ließ sich noch ein Stück Butter einpacken und einen Henkelkrug mit Buttermilch, worauf noch die Flocken schwammen, sanftmütig unterhaken. Das machte Gottes Stellvertreter sehr sympathisch. Man sah, die Ewigkeit hatte auch ein irdisches Gewand, in dem sich viel verstecken ließ. Sein Dank: Ich wurde sein »Konfirmationssprecher«. Jedenfalls was danach aussah. Um seine kirchenerzieherischen Leistungen in ein gutes Licht zu rücken. Wenn meinen Mitkonfirmanten zur Einsegnung am Palmsonntag die Glaubens- und Erinnerungspuste ausging, mußte ich einspringen und die verlorenen Bibelverse und katechetischen Gedanken revitalisieren, was meine Großmutter, die dem kirchlichen Festakt beiwohnte, auf den verrückten Gedanken brachte, ich könnte doch auch Pfarrer werden.

In der Schule wurde gepaukt. Die Söhne und Töchter der Glashütten- und Sägewerksbesitzer, der Glasfabrikanten, der Fenster- und Türentischler, der Cafébetreiber, der Meuselbacher Pharmazeuten, die Apothekeradepten aus den

Kirchspieldörfern waren ehrgeizig und wollten etwas erreichen. Ich wollte beweisen, daß ich als vaterloser Adept
gleichermaßen die Grammatik beherrschen, die Schönheit
von Schrift und Sprache weitergeben, die Mathematik verstehen, Chemie durchschauen, Geographie und Biologie
verzahnen, Tacitus zitieren und dessen Sprache deklinie-
ren konnte, so daß das kleine Manko in Physik, wo ich mich
vor dem Lehrer stets hinter dem Rücken meines Vorder-
mannes verstecken mußte, um unauffällig zu werden, nicht
schwer ins Gewicht fiel. Ich war es Mutter schuldig, durchzustehen, nicht als Schulzwerg, der nur lange Schatten
warf, wenn die Sonne tiefer stand, sondern als Zeremoni-
enmeister, der die Schulfächer – wie gesagt: bis auf Physik –
beliebig vertauschen konnte und daraus immer wie ein
Strahlesieger hervorging. Es war dramatisch, und unauf-
richtig war es auch, wenn ich vor Mitschülern mit Kennt-
nissen über Matthias Claudius oder Johann Peter Hebel,
über Seume, den Wandersmann, oder Amundsen, den Süd-
polüberflieger, prahlte, nur weil ich von diesen oder über
diese Größen etwas gelesen hatte, um damit die bitteren
Rückstände zuzudecken, die mich vom Bildungsstand
eines Mädchens trennten, das auf den eigentümlichen
Nachnamen Bornkessel hörte und dem ich hinterher war
wie ein Fuchs hinter der fliehenden Gans. Schulliebe. Un-
erforschbar. Meist nicht erkannt, nicht erwidert. Ich hätte
sie geheiratet, dachte ich als unreifes vierzehnjähriges
Bürschchen, wenn ich nicht zufällig in ihre Handtasche,
ein ungewöhnlich vornehmes, perlenbesticktes Utensil
der reichen Villenerbin, geblickt hätte. Dort strudelte alles
durcheinander wie Kraut und Rüben, es sah aus wie in
einem beschissenen Starkasten, und auch ihr Ranzen, den
ich danach verstohlen besichtigte, hatte eher die Qualität
eines bekleckesten Ramschladens als die einer bestimmten
Ordnung unterworfenen Schultasche. Das Mädchen war

für mich erledigt. Die Liebe erloschen, von der sie vermutlich nichts wußte. Da gefiel mir, wenn ich über den Berg nach Hause kam, die schwarze Rosemarie viel besser, die nichts anderes besaß, als was sie auf dem Leibe hatte. Das Umsiedlermädchen war klug und zurückhaltend. Sie mußte mitarbeiten in der kleinen Pappfabrik, wo sie mit den lädierten Eltern ein Dachgeschoß bewohnte, und kam nur zu den großen Rodelpartien aus dem Haus, die die Dorfjugend an den Sonntagen veranstaltete und die vom höchsten Punkt der Ortschaft bis weit hinab in das Tal, in den »Grund«, führten. Nach einem Winter, einem einzigen Winter, war sie verschwunden, mit den lädierten Eltern ausgerückt in den anderen Teil des Vaterlands, der gerade eine neue Währung einführte, von der es später in einem Buch hieß, die Westmark fiele weiter, eine blöde Verheißung, eine Eulenspiegelei. Auch der Lateiner verschwand in einer dunklen Novembernacht über einen durchlässigen Grenzpfad in der Rhön und siedelte sich woanders an. Die Rochaden eines Neulehrers hatten dem freundlichen, aber skurrilen Humanisten so zugesetzt, daß er die aufkeimende »Russenordnung« gleich mitverdammte und sich bei einem Kommunisten, der das Fach Gesellschaftskunde vertrat und so etwas wie ein gymnasialer Prorektor war, nicht Liebkind machte.

Das Leben war grau und bunt durch den Ablauf der Jahreszeiten, aber auch durch das Hin und Her der Zu- und Abreisenden. Mutter hatte einer Familie aus Böhmen gegen Kriegsende Quartier versorgt, einem arroganten Bankdirektor und einer über die Maßen trostlosen Frau, die ihr Leid über den Verlust der Heimat vor einem heranwachsenden Knaben zu verstecken suchte. Auch sie dankten bald für einen Sommer und einen Winter und machten sich auf einem Pferdefuhrwerk auf das erste Stück der Reise in die rheinische Stadt Mönchengladbach davon. Ande-

re rückten nach, brachten ungewohnte Rezepte und ungewohnte Laute mit, so daß der Deesbacher Dialekt, die
Sprachkunst eines bislang zwischen den Bergen abgeschot-
teten Sprachreservats, eine unverlangte Aufmöbelung erfuhr. Es wurden Brocken aus dem Böhmischen, dem Schlesischen und dem Elsässischen heimisch, die Anpassung
nicht vertrugen und ein neues Sprachgemisch herstellten,
das wahrscheinlich nur mit dem Wirrwarr nach dem Drei-
ßigjährigen Krieg zu vergleichen war. Sprich deutsch,
raunzte die Großmutter mitunter die Fremden an, obwohl
ihr Dialekt selbst, ihr »Diesbsch«, mehr ein Husarenstück
denn ein verständlicher Teil der deutschen Sprache war.
Und wenn man gar bei der Arbeit war und sich nicht mehr
in Acht nahm, wenn man den Dreschflegel schwang oder
an der Dreschmaschine stand, Garben schnürte, Kartoffeln
rodete oder Rüben aus den verunkrauteten Äckern zog,
konnte man Wortpassagen wahrnehmen, die ans Wunderbare grenzten, die schon fast etwas Literarisches hatten
und die ohnehin nicht sanften Weisen der Einheimischen
auf sonderbare Weise konterkarierten. »Hund, verfluchti-
ges, gehst du raus aus Rabikohl meiniges, sonst kriegst du
Tritt in Arsch, daß du fliegst bis Elsemühle/Schneidemüh-
le«, ließ sich vernehmen und andere derbe Wortfolgen
mehr. Das Dorf war Wandlungen ausgesetzt, die im Kleinen widerspiegelten, was die Gesellschaft insgesamt betraf.
Neue Mischformen entstanden in den Gemeinschaften, es
dampfte und brodelte überall wie in einem Laboratorium,
soziale und ethnische Spannungen wurden ausgefochten,
politische Konzepte ausgetauscht, ein Amalgam war entstanden, eine neue Legierung, von der man noch keine Ahnung hatte, ob sie die tiefen Furchen und Falten, die der
Krieg in die Gesellschaft gerissen hatte, glätten oder ver-
tiefen würde.

4

Die Schule lag hinter mir, bis zur achten Klasse, wie es normal war für einen mit Eliteanteil; ich befand mich auf dem geraden Weg bis zum Einjährigen, als Mutter den jähen Entschluß faßte, der Bildungsstraße das Pflaster auszureißen und mich auf einen Nebenpfad zu lenken. Grund war das Schulgeld, das sie nicht mehr aufbringen wollte, zumal es einem Vater angerechnet wurde, der längst in fremde Zelte kroch und aus seinen Kaufmannserlösen angeblich keinen Pfennig mehr für mich übrig hatte. Die Rigorosität der Abkehr erzürnte und ernüchterte, wurde aber weichgespült durch viele Ablenkungen. Ich spielte Geige, schrammelte in einer Hausmusik, gehörte als Youngster der Tanzkapelle »Ilona« an, die mein Musiklehrer Hermann Horn gegründet hatte. Wir zogen in der Gegend herum, Anlässe und Feste gab es genug, die Gier nach Sinnes- und Lebenslust war groß. Manchmal war ich noch müde, wenn ich zur Post ging, Briefe austrug, Telefongespräche vermittelte, Paket- und Geldsendungen annahm, sortierte, stempelte, Postsäcke packte oder mit der Bahnpost durchs Land fuhr, – die schönsten Augenblicke meiner Lehrlingszeit beim gelben Riesen, die mit einem Paukenschlag endete.

Wir hatten ja eine neue deutsche Republik seit Oktober 1949, mit aufregenden Angeboten und Interessen. Es sollte anders werden, jubelten die neuen Lieder. »Du hast ja ein Ziel vor den Augen«, hieß die Devise und »Bau auf, bau auf«, kaputt genug war das Land. Unser Zeichen war die Sonne. Die Jugendorganisation FDJ versprach, daß sie strahlte. Dazu kamen die Lieder der alten Garde: »Wann wir schreiten Seit' an Seit'« oder »Spaniens Himmel breitet seine Sterne über unsern Schützengräben aus«, Erinnerungen an schlimme und zuversichtliche Tage, und der Lichtstrahl der Völkerfreundschaft, meist russisch, sprich, so-

32

wjetisch gefärbt: »Drushba, Drushba«, das heißt Freund-schaft, oder das Lied von den »Partisanen am Amur«, kämpferisch war es allemal. Ein Schwung lag in den Melo-dien und Rhythmen, der ansteckte und sich in Lebens-feldern einnistete, die, scheinbar fest gefügt und alther-gebracht, nicht zu erschüttern waren. Eins davon war die Bildung, ein Privileg seit Jahrhunderten für die Besser-gestellten. Jetzt wurde es umgestülpt in ein Privileg der Jugend. Hier hielt man Angebote feil, die begeisterten. Im Schnellzugtempo raste ich durch meine Ausbildungszeit bei der Post. Dort erlernte ich nicht nur die Geographie der Eisenbahnstationen und -knotenpunkte, die Haltestellen der Postbusse, die Schwingungen des Telefon- und Tele-grammverkehrs, die Bewegungsspiele des Zeitungsver-triebs, den Wust der Gebührenordnungen und anderen wichtigen Kleinkram, sondern bekam auch ein Gefühl für den Weltverkehr, für Gesellschaftsdienst. Beamtenrechte erstrebte man nicht. Man bekam eine Lebensstellung. Man konnte glänzen, selbst als Lehrling. Man durfte sich mes-sen in einem landesweiten Wettbewerb.

Eine Sonntagslaune des Schicksals wollte es, daß ich einen dieser Berufswettbewerbe gewann und, bei dreijähriger Lehrzeit, bereits nach einem Jahr und sechs Monaten zur Facharbeiterprüfung zugelassen wurde. Meine Mutter war aus dem Häuschen. Dies alles geschah in der Thüringer Kreisstadt Saalfeld, Residenz alter Geschlechter und des Schokoladenkönigs Ernst Hüther, der der Marke *Mauxion* mit seinem Namen das Signet geliehen und an der Saale ein landschaftsgärtnerisches Kleinod, den Bergfried, hinterlas-sen hatte. Als Vorzeigelehrling wurde ich – undenkbar für konservative Zeiten – wenige Monate darauf Lehrausbilder im Hauptpostamt Jena und zum Studium an die Arbeiter-und-Bauern-Fakultät in der berühmten Zeiss-Stadt ge-schickt, um das Abitur nachzuholen. Der Vorgang ist nicht die eitle Belichtung einer Selbstbiographie. Er beschreibt vielmehr das Maß der Unbedenklichkeit, das in der Umbruchzeit Mode war. Daß ich damit zusätzlich Vater und Mutter einen Streich spielte, die Treulosigkeit auf der einen Seite überlistete, Liebe und Fürsorge auf der anderen belohnte, im Gefährt eines verrückten Zeitgeschehens, war nur eine Nebenwirkung, daß ich aber als Kaufmannssohn in die von der neuen Republik gehätschelte Phalanx der Arbeiter- und Bauernkinder einbrach, war ein Kabinettstück politischer Selbstironie. Es sollte Folgen haben.

Das größte Leseerlebnis jener Jahre war die Entdeckung Wolfgang Borcherts. Es war ein relativ unscheinbarer Band, der sich als Gesamtwerk ausgab, 1949 bei Rowohlt in Hamburg erschienen und, überraschenderweise, vom arroganten, aus Böhmen vertriebenen Bankdirektor in Mönchengladbach der Protagonistin seiner ersten Zuflucht im besiegten Deutschland, meiner Mutter, nach Deesbach geschickt. Mutter empfand den Band als Trostbüchlein. Des Bankdirektors Beweggründe für den Buchtransfer blieben unbekannt. Vielleicht war es die Heimatlosigkeit, die sich in dem Band versteckte und den eher kaltblütigen Mann angerührt hatte. Für mich wurde das Buch zu einem Grunderlebnis. Wie wehende Fahnen trug ich fortan Borcherts Verse voran, vom »Ich möchte Leuchtturm sein in Nacht und Wind« bis zum aufrüttelnden Manifest »Dann gibt es nur eins! Sag Nein!«, dazwischen die unvergeßlichen Sentenzen aus dem Text »Generation ohne Abschied« oder die wie in Beton gemeißelten Sätze »Wir sind die Kegler / Und wir selbst sind die Kugel / Aber wir sind auch die Kegel, / die stürzen / Die Kegelbahn, auf der es donnert, / ist unser Herz.« Borchert wurde mein Lieblingsdichter. Mit seinen großartigen, bis ins Lapidare reichenden Rufen steckte ich einen Kreis von Jugendlichen an, und als ich später in Leipzig studierte und der Freund Adolf Dresen, der ein deutschlandweit tätiger Theaterregisseur werden sollte, Borcherts Antikriegsstück *Draußen vor der Tür* in der Leipziger Studentenbühne inszenierte, dachte ich gar, daß er mir einen heimlichen Wunsch erfüllte und daß ich ihm über spirituelle Wege das Vorhaben eingeflüstert hätte, was aber nicht den Tatsachen entsprach. Tatsache dagegen blieb, daß *Draußen vor der Tür*, diese beklemmende Suche nach einem menschlichen Deutschland, ein Bestseller auf dem Nachkriegsbuchmarkt wurde, mit zwei Millionen verkauften Exemplaren, und daß mir, nach den Märchen und Sagen der Kindheit, den romantischen Versen und Reisebeschreibungen, den Balladen und Gruselgeschichten, die die Großmutter vermittelte, Wolfgang Borchert das Eingangstor aufstieß zur politischen Dichtung der Zeit.

Wir hatten mit dem Aufbau-Verlag Berlin, was ich zu dieser Zeit noch nicht wußte, ein Unternehmen im Land, das zu den führenden Verlagen in ganz Deutschland gehörte und mit der Dichtung der verbannten, verbrannten und verfemten Autoren Bücher zurück nach Deutschland brachte, die ein Jahrzwölft ausgeschaltet waren. Manches davon hatten wir schon als Schüler gelesen, weil es zu den Literaturempfehlungen unserer Deutschlehrer gehörte, darunter *Das siebte Kreuz* von Anna Seghers und Theodor Plieviers Roman *Stalingrad*, zwei Bücher von 1946, ein erstaunlicher Start des Verlagshauses in der Französischen Straße in Berlin. Daß auch Gottfried Kellers Novellen *Die Leute von Seldwyla*, die in den Deutschstunden hin und her gewendet wurden, schon 1946 in einer vierbändigen Ausgabe im Aufbau-Verlag erschienen, nahm man natürlich als Schüler nicht wahr, weil man von dem klassizistischen Modell noch gar nichts verstand, das sich der Verlag als Rahmen gesetzt hatte. Auch den Roman von Maxim Gorki *Die Mutter*, der von der neuen Regierung und ihren Behörden hochgepriesen wurde, suchte man nicht in den Aufbau-

Verlagskatalogen, obwohl er dort auch schon 1946 auftauchte. Man vermutete dahinter nur ein »Russenbuch«, was es ja auch war, und Gorki hatte man schon einmal gesehen, mit der Leninmütze auf dem bedeutenden Schädel. Als die Leseempfehlung in der Schule ankam, zuckte man mit den Schultern, die russischen Namen – ein Alptraum, wurde dann aber von der Spannung überwältigt, die das Geschehen ausstrahlte, das später Bertolt Brecht nicht zu gering war, ein Theaterstück daraus zu machen, mit Helene Weigel in der Hauptrolle, einer unvergleichlichen Mutterfigur, die uns Leipziger Germanistikstudenten tief beeindruckte, aber nicht dazu bewegen konnte, den sozialistischen Realismus etwa zum Tagesschlager zu küren. Ein Vorgriff.

Noch war ich in meiner Thüringer Heimat, hatte zwar dort die Plätze meiner Leidenschaften gewechselt, das Dorf, die Schulorte, die Städte und die Mädchen, aber nichts nahm mich so gefangen wie ein Nebel in den Bergen und ein Prasselregen, wenn die Wasser wie Bäche vom Himmel schossen und in weißen Nebelschwaden wieder zurückgestoßen wurden. Oder wenn der Wind um alle Kanten pfiff und man im schneidenden Schneegestöber um das eigene Fortkommen kämpfte. Oder wenn sich die Schneegänse hochschraubten, um den Abstand zwischen den Bergen und ihren Himmelstouren zu vergrößern, oder die Kreuzschnäbelschwärme und die der Bergzeisige in die Nadelhölzer einschlugen, um den Kustelsamen zu sammeln, Wolken von Vögeln, die den Himmel verdunkeln konnten und in den Jahren nach 1945 oft genug in Bratpfannen und Einmachgläsern landeten, eine Beute der Zunft der Vogelsteller, die inzwischen fast ausgestorben ist. Ein zivilisatorischer Fortschritt. Betörend auch der Duft von frischem Heu, die großen Fuder mit den Gespannen oder ein Hain von Ebereschenbäumen mit der rotglühenden Pracht der Beeren, da und dort schon eine Amsel oder ein Dompfaff, die an den Früchten zupften. O Welt, wie bist du schön, wollte man da singen, selbst- und zeitvergessen. Aus den Beobachtungen schmolz sich ein Ferment heraus, das den Herzschlag veränderte und das Gehirn zum Nachdenken zwang. Hatten die Alten recht mit ihrer Gottesgläubigkeit, und durften die Jungen den Schöpfer leugnen? Durften die neuen Mächte ihn gar verunglimpfen? Der Schöpfer, ein Opiumhändler, ein Halluzinator? Was hatte er getan gegen die Kriege und die Verheerungen, fragten sie, wo versteckte er sich während der Inquisition, warum schlug er die Flammen nicht zurück bei den Autodafés, warum brauchte er so viele Stellvertreter, so viele selbstverliebte Interpreten, warum schützte er die Juden nicht, wo war er, als der deutsche Faschismus Leichenberge über Leichenberge auftürmte? Es waren Fragen, die junge Leute irremachten, den Glauben nur als Ritual erscheinen ließen, um den Mächtigen zu helfen. Die Zeit war günstig, Glaubenslehren zu zertrümmern. Marx und Engels und ihre heilige Familie hatten leichtes Spiel, sie waren sprachgewaltig wie die Bibel, und Parteien und Verbände, die sich zu den Heroen des 19. Jahrhunderts bekannten, hatten einen Zulauf wie kaum vordem. Die Kirche, die an allem zweifelte, an jeder Neuerung, an jedem Fortschritt, an jeder gottgefährdenden Entdeckung, nur nicht an sich selbst, das machte sie suspekt in einer Zeit, wo Zweifel und Selbstzweifel die Philosophie des Jahrhunderts zu dominieren begannen.

Freilich, auch bei anderen Machthabern als den Göttern und den Kirchenfürsten war nicht alles Glanz und Gloria. Noch wußten wir jungen Leute nichts über die Irr- und Abwege des sowjetischen Sozialismus, wenn man auch von ein paar Büchern gehört hatte, die es in sich haben sollten. Es reichte, was man selbst wahrnahm. Wie man mitunter

Andersgläubigen das Hemd vom Leibe riß, wie man Lehrer aus ihren Ämtern jagte, wie manche Zusammenkunft der FDJ zum Tribunal zu werden drohte, weil ein Jugendfreund eine verheiratete Frau gepimpert hatte. Das tat man nicht. Schattenseiten stürmischen Vorwärtsdrängens oder Menetekel von Intoleranz und Herrschsucht? Der Mensch war manipulierbar. Und was war mit der Wismut, die in meinen geliebten Thüringer Bergen nach Uran schürfte? Blutete die geschundene Natur für die Bombe, für neue Kriege oder den Wohlstand im Sowjetland? Die Wismut war eine gemischte Unternehmensgesellschaft der Russen und der DDR mit offenbar geteiltem Nutzen. Hier die Arbeit, dort der Ertrag. Sie war das weiße Band um das graue Lumpenbündel der deutsch-sowjetischen Zusammenarbeit. Später wurde vieles besser, aber der ganze Rummelplatz machte so viel Krawall, daß den Leuten ringsum angst und bange wurde. Die Kumpel, Maulwürfe im festen Gestein, platzten vor Lebensfreude, wenn sie ans Licht kamen. Sie verdienten gutes Geld, mehr als anderswo, und konnten die Puppen tanzen lassen. Was ihnen vor den Lauf kam, machten sie nieder, junge Mädchen und betagte Damen, und wenn sie besoffen waren, Deputate gab es genug, zerlegten sie Gartenzäune und Hydranten. Auf den dörflichen Bällen gab es kaum eine Nacht, wo nicht Gläser und Flaschen durch die Gegend flogen, so daß man mitunter nicht genug Zeit hatte, sich in Deckung zu bringen. Es waren rabiate Gestalten, die einem entgegenblickten. Im nächsten Moment waren sie gutherzig wie treue Hunde. Wenn man sie fragte, warum sie die Plackerei und die Gefahren auf sich nahmen, die damit verbunden waren, sagten sie, sie arbeiteten für die Zukunft. Konnte man das glauben?

Jedenfalls war der Horizont an Erfahrungen, den man aufbaute, ein gutes Startkapital, um das Studium aufzunehmen, erst an der Arbeiter-und-Bauern-Fakultät zum verspäteten Abitur, und dann wollte man ja weitermachen, im Film oder Theaterfach oder artverwandten Studiengängen. Der Wunsch hatte etwas mit der Ausstrahlungskraft zu tun, den die glanzvollen Nachkriegsfilme der DEFA gerade auf Jugendliche ausübten, und mit dem Inszenierungspotential, das in vielen Vorgängen des Alltags steckte: den Enteignungen, den Beschaffungskünsten und den Tauschgeschäften, denn gerade darin war ja der Mensch einmalig. Oder hatte man die großen Tiere und die kleinen Käfer je etwas miteinander tauschen sehen?

Als ich mit meinen Studienideen heimkam, war der Teufel los. Ich dachte, die Alten würden aus den Latschen kippen. Es zieme sich nicht für einen bodenständigen Jungen, sich solchem Plunder zu verschreiben, jammerte die Mutter, und die Großeltern packten ein Arsenal von Vokabeln aus, das Kunst und Künstler wie Lumpensäcke aussehen ließ, weil sie sich an einen Wanderzirkus erinnerten, in dem nach den Vorstellungen rumgehurt wurde und der zum Schluß zwei Dorfmädchen dazu verführte, auf die Planwagen zu steigen und den Elternhäusern ein »Auf Nimmerwiedersehen« zuzurufen. Warum rannten aber Mutter und Großeltern in jedes Kino, wenn ein neuer Film auftauchte? War nicht eine stattliche Filmreihe zusammengekommen, wenn man einmal aufzählte, was alles Gesprächsstoff im Schieferhaus geworden war? Von *Die Mörder sind unter uns*, dem ersten DEFA-Film überhaupt aus dem Oktober 1946, war alles in häuslichen Gedanken und Gefühlen aufgehoben worden, was Rang und Namen hatte. *Ehe im Schatten*, die *Affaire Blum*, *Die Buntkarierten*, *Der Kahn der fröhlichen Leute*, der unvergeßliche *Rat der Götter*, *Semmelweis – Retter der Mütter*, *Das kalte Herz* und *Saure Wochen – Frohe Feste*, *Der Untertan* von Heinrich Mann, *Corinna Schmidt* oder *Das verurteilte Dorf*, ein Film über einen Rückkehrer aus sowjetischer Gefangenschaft, einen Bauern, der sein Land für einen amerikanischen Militärflugplatz hergeben soll. Dies alles beflügelte die häuslichen Debatten, als ich gerade meine späteren Studienaussichten zur Schau stellte. Ich dachte, den Widerspruch zwischen den Gewohnheiten der Kinogänger und ihren Ansichten über die Filmleute und die Akteure der Schauspielkunst könnte ich ausnutzen, um noch eine andere unbequeme Sache loszuwerden, das Geständnis über meine Entfernung von der Religion. Dies wurde nicht mit Entsetzen wahrgenommen und nicht mit Verleumdungskanonaden begleitet. Man dachte über die Verursacher nach und trauerte leise. Schnell stellte sich ein eigenartiges Einvernehmen her, daß ohnehin Gott nichts anderes bedeute als Natur, große und kleine, so daß dem Musterschüler aus dem Konfirmandenunterricht schnell verziehen und die unchristliche Zukunft halb abgesegnet war.

Man schrieb das Jahr 1952. Es war September. Ein samtener Frühherbst. Ein sanfter Wind trieb weiße Fäden wie Engelshaar durch das Land. Da und dort erste Farbtupfer im Blätterwald, von den Hängen leuchtete es gelb und rot. Ich rollte mit der Eisenbahn durch das Saaletal. Die Wagen hüpften auf unruhigen Schienen, und wenn man um die Kurven pfiff, mußte man sich in Seitlage bringen wie ein Rennfahrer. Das Tal war an den Berg- und Hügelrändern vollgestellt mit Schlössern und Burgen. Aus Fabriken und Kontoren grüßten alte Unternehmer- und Kaufmannsgeschlechter. Man grüßte den Mundartdichter Anton Sommer und dachte an seine umwerfenden Verse über Rudolstadt. Man roch die Bratwurscht und schmeckte die Thüringer Kartoffelklöße. Die Anker-Steinbaukästen der Firma F. Ad. Richter, deren Fabrikgebäude in roten Klinkern strahlten, riefen zurück ins Kinderland. An den Dornburger Serpentinen begegnete man Goethe, prostete auf den sonnigen Höhen dem Weinkenner und -genießer zu wie einem freundlichen Zechkumpan und beneidete ihn um seine Liebeshändel. Über Jena wußte man als Thüringer viel, über die Weltfirma Zeiss, über das Glaswerk Schott und Genossen, über das feuerfeste Material, über Ernst Abbé, den Erfinder, Stifter und sozialen Unternehmer, über Karl Marx, der hier zum Doktor der Philosophie promoviert worden war, und, da man Student werden wollte, wußte man auch etwas über die deutschen Burschenschaften, die von den Ideen eines Jenenser Professors, von Johann Gottlieb Fichte, beflügelt wurden und deren Bestrebungen 1817 in einem Wartburgfest mündeten, einem Protestschrei gegen die Reaktion.

Man war angelangt, nun konnte er also beginnen, der neue Lebensabschnitt, die Epoche des Stellungnehmens, des Zupackens, des Zweifelns, die Erkundung des Sozialismus, der in vieler Munde war, von dem aber kaum einer wußte, wie er aussah.

5

Ich glaube, den gültigen Roman über die Arbeiter-und-Bauern-Fakultät (kurz ABF genannt) hat Hermann Kant geschrieben. Sein Buch *Die Aula* rückte wie kaum ein anderes Werk viele Probleme ins rechte Licht, die mit der Bildungsrevolution in der DDR verbunden waren, ging den verästelten Schicksalen der Leute nach, die dort ihre eigenen Fesseln zu sprengen versuchten, und besprach heiter, ironisch und mit poetischer Kraft Wandlungen und Kümmernisse und machte um nichts einen Bogen, auch nicht um die Moral. Es war kein Wunder, daß der Roman bei den heranwachsenden Bildungsbürgern und den Sitzengebliebenen ein gleichermaßen massenhaftes Interesse fand, ein Bestseller wurde und inzwischen in wohl mehr als einer Million Exemplaren verkauft worden ist.

Freilich, ausschöpfen ließ sich das Thema nicht. Die Korona von Leuten, die in den Vorstudienanstalten zusammengespült wurden aus allen Winkeln des nach dem Willen der Alliierten benachteiligten deutschen Landstrichs, der nun DDR hieß, war so bunt und vielfältig wie die Heerscharen der römischen Feldherren, nur wesentlich friedlicher, und ob sie siegreich sein konnten, war noch dahingestellt. Soldaten, Arbeiter und Bauern, Kundige aus allen Berufen, Eisenbahner, Bergmänner, Zimmerleute, Schlosser und Monteure, Museumswärter, Dachdecker, Dekorateure, Maler und Berufsrevolutionäre aus politischen Parteien und Gewerkschaften, alles versammelte sich, um den Wissenschaften ein paar Sätze abzuluchsen, die vielleicht helfen konnten, das Chaos zu verkürzen, das im Lande herrschte. Etwas Unglaubliches war verlangt. Man sollte lernen, um andere zu belehren, und das in kürzester Frist. Aus Geduckten, von der Bildung her gesehen, sollten Aufrechte werden, Mannhafte, die nicht nur mitredeten, sondern Anführer wurden, schlichtweg die neue Intelligenz für die Schalthebel der neuen Macht. Man muß sich die seelischen Physiognomien einmal vergegenwärtigen, die diese Abiturientenzöglinge, diese neuartige Studentenschaft, hergaben. Es mußte nachgeholt, aufgeholt, zusammengerafft, weggeworfen, neu geordnet werden. Vor vielen Verrücktheiten der deutschen Geschichte und deren famosen Interpretatoren durfte man nicht mehr den Buckel krumm machen. Es mußte, zusammen mit den Lehrern, über andere Brücken gegangen werden als über die zusammengestürzten, um an die Wahrheit heranzukommen, was die Welt zusammenhielt oder sie aus den Fugen geraten ließ. Marx half, ein paar Zusammenhänge zu erkennen, welche mißglückten Stücke das Welttheater aufgeführt hatte, wer von den teuren Inszenierungen profitierte, wer davon geblendet, wer verblendet wurde und wer schließlich die Kosten trug. Der Russischlehrer Mohr, sein Name sei ein symbolischer Gruß an Marxens Kosenamen, meinte er spitzbübisch, wußte zusammen mit dem Kollegen, der Geschichte lehrte, Ordnung zu schaffen unter den Klassen und Parteiungen. Bald konnten wir über die düsteren Geschäfte der bürgerlichen Gesellschaften miteifern, aus Überzeugung. Wir wurden stolz darauf, daß das Denken, das größte Vergnügen der menschlichen Rasse, wie Brecht es beleumundete, unser eigenes Vergnügen wurde. Tag- und Nachtarbeit scheuten wir nicht. Wir wurden nicht müde, hinter die Rätselhaftigkeiten der Welt zu kommen. Auf unseren Bücherborden standen die Bücher der politischen Klassiker von Marx bis Lenin. Wir empfanden uns als Musterknaben in der studentischen Arena, weil wir, Studenten der Arbeiter-und-Bauern-Fakultät, als »politische Denker« den Stier bei den Hörnern packen konnten wie unser Studiendirektor Dr. Otto Stamfort, ein alter Spanienkämpfer, der den Franco-Faschisten gezeigt hatte, was eine Harke war. Der Zweifel, mit dem man angetreten war, wurde langsam zugeschüttet, nur Georg de Reese, unser Deutschlehrer aus Altenburg, mit einer Frau, die dort Theater spielte, warf immer wieder ein Giftkorn in den standfesten politischen Suppentopf, wenn er genüßlich Goethe zitierte: »Zwei Seelen wohnen, ach, in meiner Brust«, oder wenn er mit einem feisten Grinsen des Weimarers »Beherzigung« anmahnte: »Eines schickt sich nicht für alle! / Sehe jeder, wie er's treibe / Sehe jeder, wo er bleibe / Und wer steht, daß er nicht falle.« Wenn man bei ihm lieb Kind war, durch musterhafte und durch phantastische Elemente ausgeschmückte Aufsätze, er war ein Romantiker, konnte es leicht passieren, daß er einem in einer Pause eine Leseempfehlung zuraunte, die in den Lehrstoffplänen nicht zu finden war. Lies mal Friedrich Nietzsche, sagte er dann, *Menschliches, Allzumenschliches*. Nachdem man den Band in

43

einem nicht sehr frequentierten Antiquariat mit religiösem Hintergrund, auch ein Hinweis von ihm, aufgestöbert hatte, staunte man über die sanfte Gewalt der menschlichen Eitelkeiten und über die Formen der vernünftigen Unvernunft und dachte, was de Reese doch für ein erstaunlicher Dialektiker war.

Ich erzähle das, um zu zeigen, daß die Arbeiter-und-Bauern-Fakultäten nicht allein Kaderschmieden der neuen Gesellschaft waren, das waren sie auch, nicht geistige Kasernen des Befehlens und Gehorchens wie manche geistigen Brutstätten der Kirchen, sondern Stätten immensen Fleißes und der Suche nach neuen Weltbildern, um die zerstörten zu ersetzen. Die ABF gehört für mich bis heute zu einer meisterhaften Erfindung der Umbruchzeit, die es verdiente, internationalisiert zu werden.

Die Spannungsfelder innerhalb der Einrichtung steckten freilich voller Elektrizität. Die zahllosen und grundverschiedenen Berufe, die sich hier trafen, die ungleichen Lebensalter, das verheerende Ausmaß an Bildungsunterschieden, die unterschiedlichen Landsleute von der Küste bis zum Erzgebirge, der Zusammenprall von noch fast kindlichen und schon ausgereiften Charakteren schufen eine Gemengelage, die nur von einem politischen Band zusammenzuhalten war, das genug Freiheit für den Individualisten ließ. Daran haperte es mitunter. Vor allem wenn es um moralische Gelassenheit ging. Die Studenten waren nicht nur einem großen Leistungsdruck ausgesetzt. Sie sollten politisch aktiv und Ausbünde moralischer Sauberkeit sein, Vorbilder für morgen. Dabei versetzte sie manchmal schon ein kleiner Leistungsschub in Russisch oder Mathematik oder im Umgang mit den Regeln der deutschen Grammatik so in Hochstimmung, daß sie sich in den wunderbaren Kneipen Jenas, in der Zeise, in der Sonne, im Paradies oder im Palastcafé, selbst vergaßen und mitternächtlich durch die Saale schwammen. Ich erinnere mich, daß wir eines Nachts reihenweise auf dem Pflaster lagen und die Schiefheit der Häuser bestaunten und die Architekten verfluchten, die diesen Schund in die Straßen gestellt hatten. Unser Zimmermann, Kosename für einen Kommilitonen wegen seines ursprünglichen Berufs, der dieses Urteil fachkundig sekundierte, mußte es ja wissen. Als allerdings Klaus Trommer, ein schmächtiger, aber umso pfiffigerer Interpret sonderbarer Naturerscheinungen, den Mond aus dem Wasser holen wollte, wurde es einem halbstarken Knaben, der später Kriminalist werden sollte, doch zu arg. Er verbat sich die gottlose Dummheit mit dem Argument, der Mond stünde doch viel zu tief im Wasser, um an ihn heranzukommen. Trommer wurde später Fernsehjournalist in Afrika und vermutlich Zeuge weiterer Fata Morganas. Wenn die trunkenen Begängnisse die Fakultät erreichten, gab es bei den Dozenten ein bedenkliches Stirnrunzeln und eine mitunter spitz formulierte Moralpredigt. Besonders krasse Fälle von Selbstvergessenheit wurden weitergereicht an Studiendirektor Dr. Stamfort, den Spanienkämpfer, die Verfehlungsinstanz par excellence. Der war sanft und gutmütig. Der hatte die Sterne an Spaniens Himmel verglühen sehen und schon ganz andere Granaten platzen hören als die Knallbonbons unserer kleinen Missetaten. Der fragte nur, mit Wärme im Blick, ob es einem in Jena gefalle. Man sagte ja, und schon war man raus aus dem Verhör und stürmte in eine der bacchantisch-heiteren Versammlungen der neo-biologischen Volkspartei auf dem Jenzig, einem der Kalkberge, die die Stadt von verschiedenen Seiten einrahmen. Die Partei war nach einem Biologieseminar gegründet worden, in dem der Dozent Dr. Berger die kuriose genetische Beschaffenheit des Sternwurms beschrieb, der im Uterus des Weibchens lebt. Trommer war sofort von seinem Sitz aufgesprungen und hatte in den

Seminarraum gedröhnt, das sei der Platz an der Sonne. Darauf Dr. Berger: »Nur schade, daß er sofort nach dem Begattungsakt sterben muß.« Ein entsetzliches Geschrei. Bewunderung und Schadenfreude mischten sich in krausen Tönen. Im Anschluß daran wurde die Partei gegründet. Sie sollte weitere Kuriositäten im Tierreich bekanntmachen, wenn sie davon erfuhr. Trommer wurde ihr Vorsitzender. Er hatte die einzige Aufgabe, die Mitglieder vor Schmach zu beschützen, wenn sie jemals von Schmähungen betroffen sein sollten. Die Bekanntgabe neuer Forschungsergebnisse besorgte ein Pressesprecher. Sogar Dozent Dr. Berger, ein jovialer Mann mit viel Sinn für verschmitzten hintergründigen Humor, wurde Mitglied. Als die Sache publik wurde, gab es einen Rüffel seitens der obersten FDJ-Leitung. Dort saß ein besonders tiefsinniger, steifer Funktionär, Brillenträger, mit einem Hang ins Melancholische, der die Parteigründung sehr ernst nahm, der irgendwelche Verstöße gegen waltende Gesetze erkannte, aber nichts weiter als dümmliche Angst vor einer Fraktionsbildung hatte. Die neo-biologische Volkspartei mit manch Nachtgelage und tosenden Ansprachen tagte unregelmäßig, bis sie schließlich am Ende des ABF-Studiengangs in einem feierlichen Akt sich selbst auflöste.

Gestalten hatte der Studiengang von seltener Skurrilität und einsamer Größe. Es waren ganz hausbackene Leute dabei und Figuren mit genialischen Anwandlungen. Manche rückten später in nationales Interesse, wie Roland Gräf, der Kameramann und Regisseur der DEFA, der so bedeutende Filme verantwortete wie *Das siebente Jahr* oder *Die Flucht* oder *Der Tangospieler* nach einem Roman von Christoph Hein. Auch Hans Feindt behielt ich in Erinnerung, den Mann mit dem Mikrophon, der immerzu irgendwelche Happenings moderierte, von großer schöner Gestalt, in stets blendenden Klamotten, ein Verführer, ursprünglich Offizier in der jungen DDR, der nach der ABF im Roten Kloster in Leipzig Journalistik studierte und Klassenkampf propagandistisch begleiten sollte, aber nach den üblichen Querelen gegen den Individualismus nach Tübingen ausstieg und nochmal von ganz vorn anfing, im Fach Klinische Psychologie, Professor wurde und eine Klinik in Düsseldorf leitete. Ein besonderes Exemplar im Kuriositätenkabinett war der Baltendeutsche Harry Magaram, ein Geschäftemacher ohne Beispiel, gewandt, mehrsprachig, ein Frauenheld, Leuchtfisch in vielen Wassern, den ich nach der Wende in einem Leipziger Nobelhotel wiedertraf, mit gedämpften Manieren, wo er mich zu einem Trip nach Spanien einlud, wozu es aber nie gekommen ist.

Als die jungen Sturmvögel das Quartier verließen, war es Sommer, der Sommer 1954. Man hatte das Gefühl, als wollte er das Land mit Früchten überschütten, so prall gefüllt waren Baum und Strauch. Mein Fernziel, ein Studium der Filmregie oder -dramaturgie am berühmten Moskauer Institut für Kinematographie, konnte ich nicht erreichen, obwohl ich den dafür geforderten Abiturdurchschnitt erbracht hatte. Mein Vater errichtete die Barriere, fern der DDR, in Nürnberg. Der treulose Verwandte 1. Grades schob sich zwischen das erträumte Tête-à-tête mit dem Sowjetreich. Westverwandtschaft dieses Zuschnitts, versteckt in einem zwanzigjährigen Studenten, gefährdete die Sowjetmacht. Ich blieb froh und heiter. Die bösen Bewegungsspiele in den Manövern der politischen Systeme gingen uns jungen Menschen nicht so unter die Haut, wie man es vermuten könnte. Das Leben ging weiter, Albernheiten wurden abgehakt, Schlüsse daraus, daß mit dem ganzen Sozialismus-Schema etwas nicht stimmen könne, zog man noch nicht. Im Gegenteil. Die Begeisterung für das Aufbauwerk war ungebrochen. Wir sammelten für den Aufbau Berlins, wir standen auf den Feldern und fuhren die Getreidemahd mit ein, wir strömten zum Wartburgfest der studentischen Jugend und feierten die großen Traditionen der Freiheitsbewegung. Als Stalin starb, im März 1953, bewachten wir Schulen und Kirchen. Wir verstanden zwar nicht, warum und woher die Angst kam. Wir traten in die Partei ein, massenhaft, wie ich mich erinnere, weil wir glaubten, es sei nötig.

Ich weiß, daß ich mit der Beschreibung des Studentenlebens an der ABF einen Lebensbereich reflektiere, der nur einen Teil von DDR-Leben widerspiegelt, daß draußen im Lande tausend andere Befindlichkeiten herrschten, mutige wie an der ABF auch, zögernde, verzweifelte, zornige, daß es außer Marx, Stalin und Ulbricht Jesus gab, Adenauer und Erhard, daß der Sozialismus ein Versuch, die Marktwirtschaft ein privates Abenteuer und die ganze Scheiße mit der deutschen Teilung ein Fehlgriff der Geschichte war. Wir wollten aber an die Silhouette eines anderen Deutschlands glauben, die die neue Herrschaft entwarf. Ideale machen anfällig. Es war Umbruchzeit. Und daß ich gezwickt worden war, mit dem verpfuschten Moskauer Studienwunsch, konnte ich bald als Sonntagslaune des Schicksals betrachten, weil ich in Leipzig landete, im berühmten Hörsaal 40, bei Professor Hans Mayer, als Jünger der Germanistik, aus der heraus man ja auch alles werden konnte, was mit Film und Theater, Geschichte, Literatur und Kunst zu tun hatte, Leidenschaften, die ich während der ABF-Zeit in Jena gut bedienen konnte, zumal wenn man Weimar, die Klassik, die Romantik in sein Blickfeld einbezog.

6

Es ist viel über den 17. Juni 1953 in der DDR nachgedacht und geschrieben worden. Schlagworte waren und sind im Umlauf. Arbeiteraufstand, Putschversuch. Diametral ent-

48

gegengesetzte Bewertungen beherrschten das Interpretationsfeld. Das Potential der Unzufriedenheit über die Versorgung, die Arbeitsnormen, das Bild des Sozialismus schlechthin, das sich bis in die Aufmärsche der Arbeiter hochschraubte, fand ein vielfältiges literarisches Echo. Die Besten der Autorenzunft machten an dem unerwarteten Ereignis eigene Überzeugungen fest, weniger Begabte bliesen in das Horn der einen oder anderen Seite und sogen am Gift des Opportunismus. Es sind Texte zurückgeblieben, die bis heute die Gemüter bewegen, von Stefan Heym, von Stephan Hermlin, von Günter Grass und anderen literarischen Seziermeistern der Zeit. Bertolt Brechts damaliger Vorschlag, die Regierung könnte sich doch auch ein anderes Volk suchen, ein unglaublich reifer Gedanke in frühester Stunde, ist als Möglichkeit moderner Politik ja aktuell geblieben bis heute. Derweil der Dichter Kuba seine poetischen Kolonnen gegen den Aufstand aufmarschieren ließ, meldete sich auch Erich Loest zu Wort. »Wer noch den geringsten Zweifel hegte, wo die Leute herkamen, die den offenen, schamlosen Terror in Berlins Straßen tragen wollten«, schrieb er, bekam von ihm im *Neuen Deutschland* vom 21. Juni 1953 Auskunft. Erich Loest, der später von der, wie er sagte, »ideologischen Tiefprovinz Leipzig« aus nach den »Dunkelmännern« der Nachwendezeit suchte, war 1953 ein eifernder Verächter des Aufstands, dessen Nachgeborene er 1989 mit hehren Worten feierte. Die Zeiten sind eben wundersam. Wir Studenten aus den Arbeiter- und-Bauern-Fakultäten haben uns ja auch um die Konturen eines sozialistischen Menschenbilds bemüht, das uns später als Maske erschien. Jeder konnte irren. Karneval freilich war der 17. Juni nicht. Wer in die rabiat entschlossenen Gesichter der Jenaer Aufrührer schaute, in die stechenden Blicke der trotzigen Marschierer, der wußte, was die Glocke für das regierende Personal und die gläubigen

Untertanen geschlagen hatte. Auf das Gebäude der Arbeiter-und-Bauern-Fakultät fand der Ansturm gegen Mittag statt. Es war eine Art Barrikadenkampf, der sich entwickelte, weil wir in den Seminarräumen und Fluren, verängstigt durch den Radau und die Turbulenzen auf den Straßen, alles verriegelten und mit Schulmöbeln zustellten, was leicht zu stürmen war, Fenster, Türen, Kellerluken, der Topographie des alten Spanienkämpfers und Studiendirektors Otto Stamfort folgend, der zugleich die Devise ausgab, ruhig mit den aufgebrachten Menschen zu sprechen, wenn sie doch in das Gebäude eindringen sollten. Als unser Widerstand gebrochen, die Kraft der Anstürmenden übermächtig schien und die Fakultät massenhaft überflutet wurde, schien es mir zur logischen Konsequenz zu gehören, daß zu den ersten Beutetrophäen die an den Wänden hängenden Bilder der DDR-Staatsführer und ihrer sowjetischen Beschützer gehörten. Schnell war aus dem ersten Beutegut ein Scheiterhaufen errichtet und angezündet. Ein makabres Fest, an dessen Fanale man sich nicht gern erinnerte, weil man als Bücherliebhaber plötzlich an die Bilder denken mußte, die man von Ereignissen auf dem Berliner Opernplatz und anderen deutschen Städten aus dem Jahre 1933 kannte. Gut, dachte man, Bilderstürmerei, das kannte schon die alte Ostkirche. Man kannte es aus der Völkergeschichte, wenn es den Herrschenden an den Kragen ging. Der Volkszorn brauchte ein Ventil. Als aber bald darauf die Einrichtungen und Aggregate der Chemie- und Physiksäle auf dem Scheiterhaufen landeten, da hörte das Verständnis auf, und man dachte, ob es recht war oder nicht, an den Faschismus und den Schwur der Besten, daß sich die Unterdrückung Andersdenkender nicht wiederholen durfte, selbst wenn der Aufstand die Reaktion auf Erfahrungen mit gesellschaftlicher Unvernunft war. Zur gleichen Zeit, als die Arbeiter-und-Bauern-Fakultät demoliert wurde, öffnete ein anderer Trupp die Tore der Gefängnisanstalt, die direkt neben dem Fakultätsgebäude lag, und weitere Scharen bemächtigten sich der Chemischen Institute der Universität auf der anderen Seite der ABF, was auch nicht ohne Schaden abging. Man hatte schon darüber gelesen, wie sich Gewalt fortbewegte, zu verschiedenen Zeiten, in Berlin, in Wien, Paris oder Madrid, und welcher Zunder sich aus großen Ansammlungen entwickeln konnte, ein Phänomen der Massen, der Rausch. In Jena hatten wir es mit einer kriechenden Form der Auflehnung zu tun, mit Häuserkampf, der sich wie ein Vielfüßler durch die halbe Stadt fraß und Scherben und Blessuren hinterließ in den Gebäuden der Macht, in Kopf und Seele. Als wir wieder zu Bewußtsein kamen, standen russische Panzer in der Stadt, und als wir Tage später die Geschehnisse eifernd resümierten, stellte sich heraus, daß der Wirt unserer Lieblingskneipe in den Wirrnissen auch irgendwo abhandengekommen war, weil er die Parolen des Aufstands durch einen Blechtrichter in die Stadt schrie. Ich habe nie den Resultaten des Aufstands nachgeforscht; man hörte von standrechtlichen Erschießungen. Als junger Mensch wollte man sich schnell von den Ereignissen entfernen, das Fenster schließen, durch das man ohne Fernrohr in die Welt der politischen Kämpfe hineingesehen hatte, in die Gewalt auf allen Seiten. Man wollte der Vernunft wieder die Türen öffnen. Vernunft hieß Diskurs, hieß Gespräch, das ehedem in Goethes *Märchen* König und Schlange schon herrlicher als Gold und erquicklicher als Licht empfunden hatten.

Als ich später, mehr als drei Jahrzehnte später, meine Geschichte, meinen Erlebnisspiegel vom 17. Juni 1953 noch einmal aufstellte, warf dieser ein verblüffendes Bild zurück. Der Anlaß war eine anstrengende Diskussion, die 1985 der Veröffentlichung eines Romans von Christoph Hein vorausgegangen war. Das Buch hieß *Horns Ende*, war ein Kabinettstück glänzender Rollenprosa, in dem Splitter von Erinnerungen zusammengetragen wurden, um hinter die seelischen Geheimnisse des Todes eines sensiblen Wissenschaftlers zu kommen. Was die handelnden Akteure, ein Halbwüchsiger, ein Bürgermeister, ein Arzt, eine Krämersfrau und eine ein wenig verdrehte Dame Marlene, sich ins Gedächtnis riefen, warf nicht nur ein Licht auf Lebensbilder in den Wänden einer sächsischen Kleinstadt, sondern beförderte zugleich Zeitbilder über ein schwieriges Stück deutscher Geschichte herauf. Der Roman erhielt ein Jahr lang oder länger keine Druckgenehmigung, weil Leute der Druckgenehmigungsbehörde und vor allem fachfremde Parteizensoren herausgefunden hatten, das wären nicht »unsere«, das hieß nicht »ihre« fünfziger Jahre, die dort beschrieben waren. Ich war zu dieser Zeit Verleger des Berliner Aufbau-Verlags, Christoph Hein mein Autor, und ich mußte aus Selbstachtung den Entschluß fassen, den Roman auch ohne Druckgenehmigung drucken zu lassen. Als wir die Vorwürfe gegen das Buch im kleinen Kreis, Autor, Verleger und Lektor, diskutierten, blickte ich beiläufig auf meine quälenden Erlebnisse vom 17. Juni 1953 in Jena. Ich konnte meine inzwischen »geschichtliche Erregung« nicht verbergen. Meine Gesprächspartner erinnerten daraufhin, wie sie den Tag erlebt hatten. Beide waren zehn Jahre jünger als ich. Einer sagte: »Es war ein schöner Tag. Wir hatten schulfrei.« Der andere sagte, wegen der Wirrnisse in Berlin sei er um Stunden später nach Hause gekommen und hätte von seinem Vater den Arsch vollgekriegt. »Sehen Sie, Herr Verleger«, sagte Christoph Hein in seiner unvergleichlichen Noblesse, »es gibt nicht nur die eine Wahrheit, es gibt stets viele Wahrheiten.« Dies war ein Schlüssel zu seinem Roman, und es war zugleich die Maxime eines bewußten Lebens und einer sezierenden Profession. Ursprünglich sollte sein Buch deshalb auch *Der zerbro-*

chene Spiegel heißen, denn erst wenn man die Spiegelbilder aller Scherben zusammengesetzt hat, kommt man der Wahrheit ein Stück näher. Ich kann nicht verheimlichen, daß mich die Zueignung stolz machte, die mir Christoph Hein in das erste Exemplar der Ausgabe, am 9. September 1985, hineinschrieb: »... dem Mann, der dieses Buch machte und mir in der 2. Hälfte meines Jahrhunderts der Kollektive, Apparate und Dienstwege zeigte, daß es möglich ist, ein Verleger zu sein.« Der zerbrochene Spiegel. Ach ja! Ich sah in seinen Scherben noch einmal aufleuchten das ganze Gewimmel des Aufstands, sah die vielen kleinen Feiglinge und die großen Helden, die Anführer und die Mitlatscher, die Maulhelden und die Stummen. Ich sah, wie der Direktor unserer Anstalt, der sonst die großen Reden schwang, ausriß durch ein Fenster der Hinterfront, sah, wie Dr. Stamforts winziges Haarbüschel das Einzige an dem Mann war, was sich erkennbar erregte, und wie er, mit stoischer Ruhe und großem Verstand, das Chaos langsam zu ordnen begann. Ich erkannte einen Freund nicht wieder, der sich auf die Seite der Aufständischen schlug und plötzlich schon lange gewußt hatte, was wir an der ABF für eine Bande von Reichenhassern und Emporkömmlingen waren, wie umgekehrt, ein paar Leute aus den Marschkolonnen sich lösten und auf unsere Seite stellten und versicherten, daß sie das nicht gewollt hätten. In den Stunden des Aufstands leuchtete ein Spektrum von Charakteren auf, wie sie jeder revolutionäre Brodelkessel aus sich herausschleuderte. Man staunte über die Vielfalt der Gesichter. Als die Erregung vorbei war, schaute man in den Himmel und kam als Engel zurück.

53

7

Wieder war Herbst. Ich hatte Grummet geschnitten, war mit der Sense in ein Wespennest gesegelt, hatte ein paar Stiche mit Franzbranntwein betupft und war danach auf dem Rücksitz einer MZ 125, des kleinen Lustkrads eines närrischen Freundes, auf dem Kirmesball einer nicht weit entfernten Gemeinde gelandet. Dort roch die Luft nach Quendel und Salbei und anderen veritablen Kräutern, als müßte sie die Düfte forttragen, die in den altmodischen Laboratorien der Olitätenhändler dieser kleinen wohlhabenden Sozietät freigesetzt wurden. Die Töchter dieses dörflichen Hochadels waren wie Lockvögel, die uns in gewissen Abständen immer wieder in ihre Richtung zwitscherten.

Für mich war dieser Herbst 1954 ein Abschied. Ich ließ die Berge hinter mir. Die Leipziger Tieflandsbucht sollte meine neue Heimat werden. Die Stadt, in der ich ankam, warf ein diffuses Licht. Ruinös fast jedes Bauwerk. Mancherorts ragte eine mörtelverrieselnde Backsteinwand oder ein verkohlter Eisenträger wie eine Speerspitze gen Himmel, um vom Allmächtigen Sühne zu fordern für die Verheerungen, die er zugelassen hatte. Die Alma mater lipsiensis, an der ich studieren sollte, war nur noch ein historisches Denkmal. Zerschossen die ehernen Granitfronten. Große Steinquader säumten die Wege, die an Universitätskirche und Sturms Weinstuben vorbei in das Germanistische Institut führten. Versöhnlich das Leibnizdenkmal, um das herum Trauben von Studenten hingen wie frische Blüten an den Hängenden Gärten der Semiramis. Weltwunder konnten sie nicht werden oder vollbringen, aber später vielleicht etwas davon erzählen, wie wundersam sie aus Trümmern aufgestiegen waren. In das alte Bildermuseum sah man durch hohle Fenster hindurch wie in ein schwarzes Loch. Ein gespenstisches Faszinosum, das sich wiederholte, durch welche Straßen und Gassen man auch ging und – eine Entdeckung nach der anderen machte. Die halbzerstörte Stadt war nämlich nur eine Simulation von Tod und Verwesung. Drinnen, in den zerstörten Häusern und Fabriken, regte sich das Leben und der sächsische Erwerbssinn, und in den Schatzkammern des Geistes, als die man die Leipziger Antiquariate und Kunsthandlungen vorfand, regierten neben den feinsinnigen Vermittlern der heiligen Güter der Weltintelligenz auch noch die königlichen Kaufleute. Beim Besuch dieser Knopfläden der Kultur kam plötzlich das Gefühl auf, als hätte man mit und in dieser Stadt schon seit Luthers, seit Thomasius', seit Menckes, seit Leibniz' oder seit Goethes Zeiten gelebt, als hätte man ihren Aufstieg zur Metropole der Bücherwelt begleitet, als wäre man mit ihren illustren Kaufleuten durch die Gärten, Kolonnaden, Höfe und Promenaden gewandelt, hätte die Marktschreier verflucht, die Tuch- und Pelzhändler bewundert, Schumann oder Mendelssohn Bartholdy zugejubelt, den Kolporteuren des Buchhandels die ersten Exemplare des 476 Seiten dicken Versailler Vertrages aus der Hand gerissen, der in Millionenauflage in nur drei Tagen in der Spamer'schen Druckerei auf Englisch, Französisch und Deutsch gesetzt, gedruckt und broschiert worden war und eine Niederlage beschrieb, die der jetzigen wie ein Verkehrsunfall vorkommen mußte. Es stellte sich – das soll deutlich werden – ein Einvernehmen mit dieser zertrümmerten Stadt her, als hätte sie ein südliches Flair, unwiderstehlich in Ausstrahlung und Anziehungskraft.

Wenn man das alte Universitätsgebäude betrat, wehte ein Luftzug wie aus gesegneten Zeiten, es war aber der Wind, der durch Ritzen und Spalten pfiff und durch die Noblesse eines grauhaarigen bebrillten Pedells, der das Foyer umkreiste, zu einer Art Jahrhunderthauch emporgeweiht wurde. Dann stieg man die Freitreppe hinauf und nahm in Besitz, was der große Krieg übriggelassen hatte, und wenn man herunterkam, war man etwas klüger und durfte sich auf ein Wort Napoleons besinnen, als er in Warschau die Schloßtreppe hinuntergeschritten war. Hier bleiben wir! Der große Kaiser hatte der Weltgeschichte ja nicht nur diesen einen Treppenwitz überliefert. Was man drinnen erfuhr, in den Seminarräumen und Hörsälen, war spektakulär, vor allem spektakulär wegen der Verschiedenheit der Ansichten, mit der die Literatur und deren Sprache in den verschiedenen Jahrhunderten bemustert wurde. Schon in den ersten Tagen wurden die Kose- und Spitznamen vererbt, die vorangegangene Studentengenerationen, ältere Semester, für Professoren, Dozenten und Personen des wissenschaftlichen Hilfspersonals erfunden hatten. Man wußte, bevor man die entsprechenden Lokalitäten betrat, in welchen Räumen der »Geist der Goethezeit« wehte und wer die Inkarnation dieses idealischen Gebildes war, der gepflegte, nach dem vornehmen Paris duftende Hermann August Korff. Man wußte, warum man eine vornehme Blondine mit Bubikopf und dem latinisierten Namen Agricola die »Schöne Seele« oder eine kantige, dickbeinige Brünette das »Stahlroß der deutschen Sprachwissenschaft« nannte. Kurz darauf konnte man die Stimmigkeit der illegalen Namensgebung mit eigenen Erlebnissen belegen, da kannte man schon die Schwärmereien der »Schönen Seele« für die deutsche Romantik und für Novalis' *Blaue Blume*, und unausweichlich traf einen auch der Bannstrahl der couragierten Frau Dr. Linke, wenn man mit den mittelhochdeutschen Texten von Walther von der Vogelweide oder Wernher dem Gartenaere nicht zurechtkam. Zum Erstaunen und Entsetzen brachte einen auch der junge Sprecherzieher Heinz Fiukowski, zum Erstaunen, wenn er sich als Bauchredner delektierte, zum Entsetzen, wenn er einem das Zeugnis ausstellte, daß man nicht richtig sprechen konnte. Mich erreichte diese Botschaft schon nach dem ersten Semester, weil Fiukowski meinte, ich hätte Schwierigkeiten mit dem harten und dem weichen p/b und t/d und ich könnte kein ch bilden und würde dafür immer bloß den Zischlaut sch ausstoßen. Er hatte recht, dies waren Eigenheiten meiner Thüringer Mundart. Man fühlte sich heimisch, wenn man misch und disch oder Milsch zischend artikulierte oder andere es auf diese unverstellt thüringische Weise den Ohren anvertrauten. Erfrischend war es, daß auch die feinstens hochdeutsch anmutenden Landsleute aus den niederdeutschen Ländern, die sich häufig als Musterknaben der deutschen Hochsprache darstellten, mit auf die Strafbänke mussten wegen wieder anderer Mißtöne als der von uns Thüringern und Sachsen, so daß, sprachlich gesehen, keine Arroganz unter den Landsmannschaften heranwachsen konnte. Schlimm war, daß die Strafrunden in Sprecherziehung immer samstags stattfanden, man aber nicht schwänzen konnte, weil man später das Testat dieses Kurses brauchte, um zur Diplomprüfung zugelassen zu werden. So trabte man reichlich mißvergnügt eine Zeitlang jedes Wochenende ins Haus der Wissenschaftler, wo Fiukowski dozierte, um sich dort aufzuheitern und das gastliche Haus frohgemut zu verlassen, weil man glaubte, wieder wäre man dem sprachreinen Ebenbild des Lehrers ein Stück näher gekommen. Das Unternehmen endete als Fiasko. Als Fiukowski nach geraumer Zeit genießerisch seine Testate ausreichte, stand auf meinem Zettel: »Regelmäßig, aber ohne Erfolg teilgenommen«. Das Papier bedrückte mich nicht. Es erfüllte seinen Zweck und hielt die Tür offen für das erst Jahre später anstehende Diplom. Fiukowski wurde mein Autor. Sein Lehrbuch *Sprecherziehung* bekam einen Platz in einer von mir gegründeten Reihe von Hochschullehrbüchern zur deutschen Sprache und Sprachwissenschaft im Bibliographischen Institut Leipzig. Bis heute schmunzeln wir, wenn wir uns treffen, über die Ironie des Schicksals, die manchmal aus Strafgefangenen Aufseher macht und umgekehrt und die sich doch nie als Delinquenten fühlen.

Die Universität war ein Koloß. Weithin über das Stadtgebiet verstreuten sich ihre Institute und Einrichtungen, und wir sausten in jede Gasse, um an die Professoren heranzukommen, von denen wir gehört hatten, sie seien so etwas wie Koryphäen. Als wir den Strauß unserer Erkundungen zusammenbanden, hielten wir ein Bukett in der Hand, aus dem manche Namen wie Orchideen hervorstrahlten: Ernst Bloch, der Philosoph, der Religionsgeschichtler Emil Fuchs, Werner Krauss in der Gletschersteinstraße und sein Reich der französischen Aufklärung, Walter Markov, ein Universalhistoriker, der einem Institut für Weltgeschichte vorstand und sich für die Befreiungsbewegungen in Asien, Afrika und Lateinamerika interessierte, Ernst Engelberg, der Mann für deutsche Geschichte, der später Bismarck für die Ost-Deutschen revitalisierte, und natürlich der große Theodor Frings, ein Akademiepräsident und Sprachgeschichtler von internationalem Format. Zu allen konnten wir in die Vorlesungen rennen oder Seminare besuchen, in Nachbarschaft zum eigentlichen Studienfach Literaturgeschichte, das ein König regierte: Hans Mayer. Das akademische Leben litt noch nicht unter Beschränkungen und Einengungen, die Idee der universitas litterarum war noch nicht ausgehöhlt, Landschaften von ungebildeten Böotiern waren nicht erkennbar, trotz der großen Niederlage, und daß der Zustand des Altehrwürdigen bewahrt werden könnte – die Universität war 1409 gegründet –, dafür schien bei allen Neuerungen, allem Umbruchgeist ein Mann zu stehen, der sich 1950 an die Spitze der Universität gestellt sah, der Nationalökonom Prof. Dr. Georg Mayer. Der Mann hatte die Statur eines Göttersohns, war ein Schwabe aus Horb am Neckar, hatte in Tübingen studiert, trug den Schmiß eines Korpsstudenten, hatte sich 1928 habilitiert für wirtschaftliche Staatswissenschaften, war Privatdozent in Gießen und hatte sich in einer Arbeitsgemeinschaft 1931 für die sowjetische Planwirtschaft interessiert, was ihn forthin im bürgerlichen Deutschland suspekt machte und Drangsalierungen der Nazis aussetzte. Er war 1948 aus Hessen nach Leipzig gekommen und hatte das Institut für Weltwirtschaft übernommen. In Mayer fand sich die denkbare Personalunion zusammen von Geist und Macht, er war wie ein Scharnier zwischen Alt und Neu, zwischen den aufbrechenden Fronten des sogenannten Klassenkampfs. Er konnte aus Goethes *Faust* und Heines *Wintermärchen* frei zitieren, seitenweise, wenn es sein mußte, er konnte aus jedem Buch des *West-östlichen Divans* weltgewandte Sprüche hersagen und Heines *Harzreise* wehklagend oder begeisternd kommentieren, so wie er Marx, Hegel oder Kant, Schopenhauer und Nietzsche im Repertoire hatte, um sie abzurufen als Zeugen der Geisteswelt für fatale Geschehnisse, die sie gar nicht erlebt hatten. Dieser Georg Mayer, im Leipziger Volksmund auch Rauf-, Sauf- und Huren-Mayer genannt, regierte die Universität und hielt die gravierenden Ansprachen zu den großen Immatrikulationsfeiern in Leipzigs Kongreßhalle, und wenn er abends im Klubhaus Kalinin einkehrte, einer sagenumwobenen Studentenmensa mit bunt mosaikierten Kellerräumen, und den Text seines glanzvollen vormittäglichen Auftritts von einer Empore aus ins Volkstümliche übersetzte, dann jubelte das studentische Volk, und die Bierströme flossen trotz knapper Kassenlage. Ein Bier kostete, wenn ich mich recht erinnere, 30 Pfennig. Gingen wir heim, liefen wir im Gänsemarsch die Universitätsstraße und die Grimmaische entlang, den einen Fuß auf dem Trottoir, den anderen auf

dem Straßenpflaster, eine Herde sangesfreudiger Klamauk-
brüder, die bei der Rückkehr zu ihren Wirtinnen Mühe
hatten, das Schlüsselloch zu finden. Das ungezwungene
Dasein ließ ein Lebensfreund und ehemaliger Kommilitone der Romanistik, Fritz Rudolf Fries, ein paar Jahre später Literatur werden. Sein bezaubernd-leichtlebiger Roman namens *Der Weg nach Oobliadooh*, der in den Westen
geschmuggelt werden mußte, um veröffentlicht zu werden, war wie ein Widerspiel unserer Studentenzeit und
setzte vielleicht auch den jungen Tagen von Magnifizenz in
Tübingen ein Denkmal, die er ziemlich leichtlebig verbracht haben mußte. Seine reifen Jahre verstand er noch
immer zu genießen, wenn er aus dem Prokrustesbett des
Rektorats, wo einem die Glieder für politisches Tageshan-
deln gestreckt wurden, für Stunden ausbrach und in einer
Fuhrmannskneipe in der Ritterstraße oder im berühmten
Kaffeebaum einkehrte und die Hasardspiele der Politik in
Bier ersäufte.

Prof. Dr. Georg Mayer war, trotz mancher Geisterstunde,
ein Mann von hohem Ansehen. Er konnte Sätze bilden, die
scheinbar nicht aufhörten, am Ende aber doch den Faden
in die rechte Masche knüpften. Er konnte Gegensätze entdecken, verstehen, aufdröseln und zu gegenseitiger Friedfertigkeit verwandeln. Er konnte Bestehendes bestehen
lassen, Veränderbares verändern, am Ende war jegliches
dem anderen ähnlicher geworden, als hätten sich die Gegensätze verwandelt, wie in einem Ginkgoblatt, bei dem ja
auch immer das eine, wie uns Goethe lehrte, zugleich eins
und ein anderes ist.

Die Universität, der Koloß, mit den meisten Studieren-
den an einer Bildungsstätte der DDR, erhielt 1953 den Namen Karl-Marx-Universität, unter dem sie bis zur Wende
im Jahre 1989 firmierte. Georg Mayer trompetete die Na-
mensweihe in ein sozialistisches Horn, und herausfiel eine

Melodie über die bürgerlichen Tugenden. Marx gehörte, seiner Ansicht nach allen.

Georg Mayer wurde vieles nachgesagt. Viel Gutes und manches Schlechte, vor allem aus den Giftbeuteln drittrangiger Parteifunktionäre. Was den Zauber seiner rektoralen Persönlichkeit wirklich ausmachte, hat einmal der Anglist und damalige Dekan der Philosophischen Fakultät auf einen Nenner gebracht. Es sei seine »Jugendlichkeit, fast Jungenhaftigkeit neben Weisheit, Nonchalance neben ausgesprochenem Gefühl für Zeremonielles, soviel Verstand neben soviel Herz, soviel Offenheit gegenüber jedem Lebensgenuß neben soviel Gezügeltheit und Disziplin, soviel Sinn für Tradition neben soviel echtem revolutionärem Elan«. Und tatsächlich konnte man sich schulen, Mayers Vermögen, Mentalitäts- und Charaktergegensätze auszugleichen, ja fast alle Gegensätze des Erdballs miteinander zu versöhnen. Später, als ich einer seiner Mitarbeiter geworden war, Redakteur und Chefredakteur der Wissenschaftlichen Zeitschrift der Karl-Marx-Universität, eines ebenso profilierten wie umstrittenen Wissenschaftsperiodikums, dessen Herausgeber er war, und bei der Aufgabe ich mich fühlte wie eine junge Kuh beim Pferderennen, da dachte ich, wenn es gelungen wäre, die Utopie Sozialismus mit Leuten von seinesgleichen zu bevölkern, also mit Wandlungsfähigen, mit Widerspruchsgeistern, mit Versöhnern und Querköpfen, vielleicht wäre das Land Utopia dann doch erreichbar gewesen.

Unterdessen drehte die große Politik ihre atemberaubenden Pirouetten. Im Westen bastelte Ludwig Erhard am »Wohlstand für alle« und blies den Duft der freien Marktwirtschaft durch eine dicke Zigarre. Für den Osten verzichtete die Sowjetunion auf weitere Reparationen. Bischöfe zankten über die atheistische Jugendweihe. Thomas Mann lobte Friedrich Schiller in Weimar. Der Kommunistenfresser Adenauer streckte in Moskau Arm in Arm mit Chruschtschow die Hände hoch und holte die letzten Kriegsgefangenen heim. Wolfgang Koeppens Roman *Der Tod in Rom*, mit dem er nach *Tauben im Gras* und *Das Treibhaus* die Trilogie über die Adenauer-Ära vollendete, sickerte in die DDR ein und wurde Gesprächsstoff in den gebildeten Zirkeln.

Georg Mayer leistete für das Fach »Gesellschaftliche Manieren und politische Versöhnungskraft« Meisterliches, und er hatte eine Menge Humor. Ich hatte Magnifizenz eine Rede für ein Burschenschaftsjubiläum vorbereitet. Er bedankte sich dafür auf ungewöhnliche Weise. Selbst ein großer Verehrer bacchantischer Leidenschaften, nahm er mich mit an seinen Stammtisch im *Kaffeebaum*, die älteste Restauration der Stadt, und bedachte diese Einkehr mit einem Lob auf die Zunft der Biertrinker, der ich fortan als Youngster angehören sollte. Es war ein Kreis von Honoratioren, der – so schien es mir – aus allen Lebensbereichen der alten Handelsstadt zusammengewürfelt war. Zur illustren Gesellschaft gehörte ein Immobilienmakler, ein Elektrohändler, ein Zahnarzt, ein Buchhändler, der Chef des Poliklinischen Instituts der Universität, eine bunte Truppe von seßhaften und mitunter wechselnden Gesichtern. Die frohgemute Tafelrunde sprühte vor Vergnügen. Schwänke und Anekdoten, Nachrichten von Gott und der Welt tauschten die Erfinder. Manchmal tauchte als Gast der Volkskammerpräsident Prof. Dr. Johannes Dieckmann auf, ein liberaler Mann mit freimütigen Ansichten, und beträufelte die Leipziger Stammtischinnung mit Berliner Geschichten. Es war eine Lust, Mayer und Dieckmann, zwei Meistern des gesprochenen Wortes, zuzuhören, wenn sie zu parlieren begannen über die Skurrilitäten der Politik. Den bärtigen Ulbricht ließen sie wie einen kleinen Hütejungen aussehen.

Ebenso stil- und charakterbildend für uns junge Menschen war ein anderer Mayer, der Professor für deutsche Literaturgeschichte Hans Mayer. Er sorgte für unseren literarischen Sachverstand und den Umgang mit den geistigen Welträtseln, also für das, was man später für die Kulturberufe brauchte. Der Mann aus gutbürgerlichem jüdischem Elternhaus war aus der Schweizer Emigration, wo er mit Stephan Hermlin zusammengetroffen war und eine kleine gemeinsame Schrift, *Ansichten über einige Bücher und Schriftsteller*, verfaßt hatte, über Hessen und dessen Nachkriegsrundfunk nach Leipzig gekommen. Der studierte Jurist galt, obwohl er 1946 ein Buch über *Georg Büchner und seine Zeit* veröffentlicht hatte, als Quereinsteiger der Literaturgeschichte und Literatursoziologie. Er wirkte wie eine verirrte Bombe in einem blühenden Apfelbaum. Als er seine ersten Vorlesungen hielt, fühlte sich die traditionelle Leipziger Germanistik aus ihrer Sonnenverträumtheit gerissen und wie von einem Hagelschlag getroffen. Symbolisch für den grandiosen Musikliebhaber, hatte er eine Wohnung in der Tschaikowskistraße bezogen, die er zu einer Festung seiner Launen zu machen suchte, was nicht allen Hausbewohnern gefallen wollte. Sobald er auf dem Katheder stand, strahlte er vor Glück, und die flinken Augen erfaßten jede Nuance von Unruhe, die sich im Hörsaal regte. Jede Ungereimtheit empfand er als störend für die Spaziergänge durch seine literarischen Gedankenwelten. Als einmal ein Kommilitone eine Wette abgeschlossen hatte und als Verlierer sein Kopfhaar einbüßte, aussah wie einer von Iwans stachligen Igeln, sich schämte, mit einer solchen Drahtbürste herumzulaufen und sie mit einer etwas schrägen Kopfbedeckung zu kaschieren versuchte, stand Mayer am Pult und fixierte den nervösen Delinquenten. Er hätte Zeit, seine Vorlesung zu beginnen. Wenn der Mützenträger sich auch genug Zeit nähme, um sein Denkpflaster abzunehmen, könnte es sein, daß lange Stille herrsche, daß wir eine der knappsten Vorlesungsstunden der Universitätsgeschichte erlebten. Der Stachelkopf verließ eilends die geheiligten Hallen. Es handelte sich um den berühmten Hörsaal 40 der Leipziger Universität, der in den fünfziger Jahren zum Paradies intellektueller Begegnungen wurde. Hier entwickelte Hans Mayer die Topologie seiner Ansichten über die Literaturgeschichte, hier entwarf er sein Vademekum der Weltliteratur. Hier vertieften wir die in den Abiturientenjahren geknüpfte Bekanntschaft mit den verfemten Autoren, die aus aller Herren Länder ins Land zurückströmten oder sich wenigstens wieder näher an Deutschlands Grenzen heranwagten. Hier wurde Heinrich Manns Mahnung: »Das Saatkorn darf nie wieder aufgehen« als Frontstellung aufgebaut. Dort oben auf dem Katheder stand ein Mann, der Faschismus erlitten, der Antifaschismus nicht erklären mußte, sondern lebte und dessen Erwartung eines *anderen* Deutschlands selbst krumme Wege über die innerdeutsche Grenze bzw. die alliierten Demarkationslinien hinweg nicht scheute, um dieser Nachkriegserwartung näher zu kommen. Dort oben auf dem Katheder im Hörsaal 40 stand ein Weltbürger. Das war es, was den Spezialisten in den Winkeln und Krümmungen einer zum Teil wirklichkeitsfremden Universitätsgermanistik solche Angst machte. Hans Mayer holte das literaturgeschichtliche Weltwissen zusammen. Heute besichtigte er John Gays *Bettleroper* und mit ihr ein ganzes Jahrhundert englischer Barockliteratur, morgen Dostojewski und das psychologische Zeitalter der Russen, um es zum Minenfeld seiner Geistesblitze werden zu lassen. Aus seiner Wundertüte purzelten Betrachtungen über das *Junge Deutschland* und den *Vormärz* ebenso frisch und sprudelnd wie über die großen Realisten des 19. Jahrhunderts, über die er offenbar mit dem ungarischen Philosophen Georg Lukács im Streit lag. Ich erinnere mich, wie er mich in einer entscheidenden Prüfung mit einer Überraschung foppte. Er legte mir Marxens *Kapital* vor und sagte, ich möchte einmal das Vorwort dazu sorgfältig durchlesen. Danach forschte er, ob mir etwas aufgefallen wäre, etwas mit poetischem Anstrich. Ich wäre machtlos gewesen gegen diese Zumutung, wenn ich nicht Tage zuvor, ein Wink des Himmels, das interessante Buch des österreichischen Kulturphilosophen Ernst Fischer mit dem Titel *Dichtung und Deutung* gelesen hätte und dort auf ein Zitat aus Nikolaus Lenaus gewaltiger Dichtung *Die Albigenser* gestoßen wäre: »Das Licht vom Himmel läßt sich nicht versprengen,/ Noch läßt der Sonnenaufgang sich verhängen / Mit Purpurmänteln oder dunklen Kutten;/ Den Albigensern folgen die Hussiten/ Und zahlen blutig heim, was jene litten.« Das hatte ich in Erinnerung, das war einprägsam, das konnte man nicht gleich wieder vergessen. Von Lenau selbst kannte ich wenig. Marx verwandelte das Zitat, nachdem er die Umwälzung der bestehenden Verhältnisse von Kapital und Arbeit in den europäischen Kulturstaaten ins Auge gefaßt hatte, in: »Es sind dies Zeichen der Zeit, die sich nicht verstecken lassen durch Purpurmäntel oder schwarze Kutten. Sie bedeuten nicht, daß morgen Wunder geschehen werden.« Ich erkannte die poetische Leihgabe. Mayer jubelte. Der Zufall machte mich zum Krösus dieses Prüfungstages. Dies ist nur ein Beispiel, wo Mayer überall hingriff, um Literarisches als Stoff des Lebens, als Gesellschaftssoziologie zu begreifen, nicht als totes Material, das man nur fortwährend umdrehte, um es vor Verwesungsgeruch zu bewahren. Und so durchwanderten wir mit ihm über Jahre hinweg den Kontinent seiner eigenen Entdeckungen, sahen in die Wallfahrtsstätten des Expressionismus, saßen in den Herbergen und Villen der kritischen Realisten des 20. Jahrhunderts, wanderten mit ihnen aus und wieder ein, bejubelten die Radaubrüder von Georg Kaiser bis Bertolt Brecht, bestaunten die gewandten Franzosen von Flaubert, Maupassant oder Balzac bis zu Cocteau und Aragon, streiften durch die goldenen Auen des europäischen Existentialismus, ernteten dessen pompöse Erträge, schrieben Jahresarbeiten über Brochs *Schlafwandler-Trilogie* oder Musils *Mann ohne Eigenschaften*. Besonders Mutige machten sich mit Marcel Proust *Auf die Suche nach der verlorenen Zeit* oder kaperten die schwankenden Schiffe von André Gide und Albert Camus. Wir waren glücklich, wenn wir den Stein des Sisyphos ein wenig bewegen konnten. Später, in den 90er Jahren und danach, als die deutsche Nachkriegsgeschichte umgeschrieben wurde, hieß es, wir hätten an den DDR-Universitäten weder schreiben noch lesen gelernt. Dabei trugen wir ein Weltgebäude in uns, das Leute wie Hans Mayer errichtet hatten und von dem uns die neuen Pharisäer wie Erich Loest, mit ein paar Bildungsfetzen ausgerüstet, erzählen wollten, wir hätten nur hinter den tristen Mauern des sozialistischen Realismus gelebt.

Hans Mayer, detailverträumt, aber fern von positivistischer Faktenklauberei, war der große Anreger, ein Zertrümmerer und Wiederzusammenbauer. Er war der politische Interpret politischer Dichtung aller Räume und Zeiten. Wie selten werden doch diese Universalgeister im modernen Wissenschaftsbetrieb! Kein Wunder, daß sich die Schüler von ihm angezogen fühlten wie die Motten vom Licht. Wir kamen uns als Neuankömmlinge wie in einer Zwergengalerie vor, wenn wir auf die Ahnenreihe blickten, die vor uns auf den Bänken des Hörsaals gesessen hatte. Werdende Riesen der intellektuellen Szene in Deutschland waren darunter. Der Filmregisseur und Erzähler Egon Günther, Brecht-Forscher Werner Mittenzwei, Christa Wolf, Uwe Johnson, der sich 1959 mit dem Roman *Mutmaßungen über Jakob* in die vordere Linie der deutschen Autoren katapultierte, die »hexische« Erzählerin Irmtraud Morgner,

die als Bibelforscherin der Frauenemanzipation erste Anregungen für ihre Erzählkunst der interpretatorisch tief-
schürfenden Hexenküche Hans Mayers verdankte. Das
hochrangige intellektuelle Personal, das aus der Studentenschaft im Hörsaal 40 hervorging, ist nicht an den Händen abzuzählen. Es wurde weit verstreut an Universitäten
in Ost und West und dominierte später die nobelsten Einrichtungen, so etwa in Gestalt von Professor Walter Dietze
die Nationalen Forschungs- und Gedenkstätten der klassischen deutschen Literatur in Weimar. Auch die eigene Se-
minargruppe und das eigene Studienjahr brachten die Kul-
turszene prägende Persönlichkeiten hervor. Adolf Dresen
wird ein über die Grenzen hinweg anerkannter Theater-
und Opernregisseur, Joachim Nowotny ein bekannter Kin-
derbuchautor. Hans-Joachim Schädlich, in vogtländischer
Mundart aufgewachsen und eifrig um deren Bestands-
sicherung bemüht, wurde ein ziselierender Erzähler, der
seine zwiespältigen DDR-Erfahrungen ins Netz der deutschen Sprache einzuspinnen versuchte, mit den komplizierten deutschen Zuständen aber nie richtig fertigzuwerden
schien. Schädlich war so etwas wie unser Seminargruppen-
sekretär. Jedenfalls verfaßte er unsere Semesterbeurteilun-
gen, klug, besonnen, zurückhaltend, ein wenig langweilig,
wie er selbst war, mit einem kleinen Halleluja am Ende auf
unsere gesellschaftlichen Aktivitäten, von denen er nichts
hielt, aber es war Mode, nicht darüber zu schweigen. Er
war uns dadurch etwas suspekt, daß er uns eine der auffäl-
ligsten Frauen des Semesters wegschnappte, was ihm keiner zugetraut hatte. Schädlich war durchaus ein imponie-
render Mann, nur zu langsam in seinen Bewegungen, und
so verblüffte die Schnelligkeit, mit der er der Tochter eines
bekannten Berliner Slawisten den Antrag machte. Als der
liebe Gott Hans-Joachim Schädlich schuf, hatte der Teufel
offenbar auch das Gegenmodell parat in der Gestalt von

Dieter Strützel, der in den Seminaren von Hans Mayer besonders lautstark auffiel. Übermobil, wie kaum ein zweiter mit dem neuen Herrschaftswissen ausgestattet, raunte und raunzte er in verblüffender dialektischer Akrobatik die Manifeste der neuen Zeit daher, daß man nur so staunen konnte. Die Geschmeidigkeit, mit der er die Literatur in Politik einfaßte und umgekehrt, war hinreißend. Erst wenn man genauer hinhörte, wurde man gewahr, daß immer ein Vorwurf mitschwang, wenn man mit seinen Ansichten über Gesellschaft und Literaturszene nicht konform ging. Die marxistische Ästhetik, sofern es eine solche schon gab, war für ihn das herrschende Maß aller Dinge. Es war eine frühe Beobachtung, daß Leute aus bürgerlichem Hause bzw. aus gebildeten Kreisen, die die tradierten Gewohnheiten abwerfen wollten oder abgeworfen hatten, immer besonders rabiat gegen die alten Muster zu Felde zogen. Strützel war ein Ausstellungsstück für solche Wandlungen, und so konnte es unangenehm werden, bei ihm anzuecken. Seine Augen funkelten dann durch die geschliffenen Brillengläser wie gereizte Feuersteine. Wenn er sich aus dem Rausch seiner Argumente löste, sich aus dem Strudel seiner meist hochintelligenten, aber zugleich verwirrend einseitigen Gedankenspiele befreite, war er milde und gottgefällig. Dies geschah immer erst einen Tag nach dem Zusammenstoß. Nur wenn es um die Verteidigung der Republik ging, dann schossen seine Worte hervor, als hätte er eine Knarre in der Hand. Das Leben spülte ihn weicher. Irgendwann wurde er Cheflektor des Mitteldeutschen Verlages Halle und selbst zum Geprügelten. Das Vermächtnis Hans Mayers, das wir alle in uns trugen, holte auch die politischen Draufgänger ein und machte sie zu bedachtsamen und abwägenden Zeitgenossen.

Das Leben im Hörsaal 40 war bunt und ereignisreich. Leicht konnte jemandem das Blauhemd vom Leibe gerissen werden, wenn er nicht in die Fasson der revolutionären Kleidung passen wollte. Vormittags konnte man behaupten, daß die Erde eine Kugel, nachmittags, daß sie eine Scheibe sei. An einem Tag war Rußland das Paradies, am anderen die Hölle. Schopenhauer war früh der große Frauenfeind, abends der fröhliche Spießgeselle. Als Ausbeuter und Abgucker stand Brecht am Pranger, wenn die Sonne aufging, wenn sie sich senkte, war er wieder das große Genie. So vielschichtig die Anschauungen, so weitgereist waren die Gäste, die Hans Mayer ins Auditorium führte und ihre Überzeugungen präsentieren ließ. Es kam Günter Grass, der später mit dem Text *Die Plebejer proben den Aufstand* ein *deutsches Trauerspiel* vorführen wollte, aber dafür von der DDR-Elite als Verfasser eines Antirevolutionsstückes geziehen wurde, und las aus der *Blechtrommel*. Hans Mayer ließ es nicht zu, dass der Autor, den er frühzeitig als eines der großen Talente der deutschen Literatur gepriesen hatte, tabuisiert wurde. Eine pfiffige Studentenschaft guckte der Doppelbegabung unter ihre sieben Röcke und warf Grass vor, daß er bei einem Skat falsch gereizt hätte. Leonhard Frank stellte sein Herz zur Schau, obwohl man längst wußte, daß es links schlug. Wieland Herzfelde versank in sein Malik-Einmaleins und reiste auf immergrünen Pfaden durch seine literarischen und verlegerischen Welten. Alfred Kurella verteidigte eine stringente Kulturpolitik und lobte den Kaukasus. Wo man auch hinhörte, ein neues Faszinosum. Sortieren mußte man danach und auch entscheiden, was man annehmen, was man beiseitetun wollte. Das füllte mehr als einen Zwölfstundentag aus. Es mußten ja auch die profanen Leidenschaften bedient werden, man mußte essen, trinken, tanzen, skaten, lesen, antiquariatisieren, bummeln, nachtschwärmen, Briefe schreiben, Theater und Kabaretts frequentieren, Konzerte und Chöre besuchen und die Botschaften der Partei und des

Staates verinnerlichen, sofern man ein guter Staatsbürger werden wollte. Freilich, da war die Nachfrage geteilt, und vielleicht durfte man Ernst Bloch, den zweiten großen Kathederhelden im Hörsaal 40, als den philosophischen Nachfrager darüber verstehen, was in einem Staatswesen gefalle, sich gezieme und gehöre. In einer Vorlesung, mit der er das Semester im Fach Geschichte der Philosophie einleitete, packte er sogleich ein großes Bonmot aus. Er erzählte die Geschichte von Pythagoras. Als der seinen Lehrsatz entdeckte, wurden ihm zu Ehren auf dem Olymp hundert Ochsen geopfert. Seitdem, schloß Bloch an, würden immer hundert Ochsen brüllen, wenn eine neue Wahrheit ausgesprochen würde. Tosender Beifall. Eine Wahrheit, die einen guten Staatsbürger zum Zweifler machen und die Staatsdiener zu gefährlichen Muskelspielen anregen konnte. Man wußte sofort, was die Glocke geschlagen hatte. Alles war zu hinterfragen.

Wie sonst sollte man Hoffnung und Enttäuschung, Tag- und Nachtträume, die Erfahrungen der kulturellen Weltgeschichte zu einer großen utopischen Phantasie zusammenfassen, die die Welt, vor allem das eigene Jahrhundert, mehr denn je brauchte, um die spannungsreichen sozialen und politischen Probleme zu lösen. Bloch leitete in den Jahren, als wir erwachsen wurden, das Laboratorium, das die Versuche dazu machte, Weltveränderung eingeschlossen, ohne die Hoffnung, auch Blochs *Prinzip Hoffnung*, verkümmern müßte. Irmtraud Morgner hat auf einer Lesung im Weimarer Nationaltheater Bloch einmal »den großen Erzähler auf dem Katheder« genannt, und tatsächlich, was er aus den geistigen Schaubuden und Geheimfächern der Welt mit genialem Blick zusammenraffte und ihm neue Gestalt gab, das wurde nicht nur eine kühne Philosophie, sondern zugleich ein poetisches Werk. Der Mann stand ja ohnehin wie eine Ikone im Raum, wenn er seine

Vorlesungen zelebrierte. Der prächtige Charakterkopf, das graue Haar, noch dunkel durchstreift, die dicke Brille, die für einen Philosophen fast zu niedrige Stirn, der Schmiß rechts am Kinn, die asketische Gestalt, alles erinnerte mehr an einen Dichter aus archaischer Zeit als an einen praktizierenden Idealisten des 20. Jahrhunderts. Und auch manche Gewohnheit, von der man wußte oder hörte, paßte nicht so recht ins Bild einer strengen Hochschulordnung. Seine Vorlesungen begannen nicht vor 12 Uhr mittags. Ein großer Geist brauchte seine Trödelstunden, und manche Seminare verlegte er in den Sonnenmonaten einfach an den Ostseestrand, in angepaßter Kleidung, um, wie die alten Griechen oder Römer, die Welt mit seinen Jüngern bacchantisch und in vollen Zügen zu genießen. Für die Zeit nach Hitler haben Politiker, Ökonomen, Künstler auf je besondere Weise Programme für »ein anderes Deutschland« entwickelt. Ernst Bloch entwickelte für uns Studenten die Fortsetzung und Neufassung der Marx'schen Hoffnung auf eine bessere Welt.

Es bleibt das Geheimnis der Politik, warum Bloch nach den Enthüllungen des 20. und 22. Parteitags der KPdSU über den Personenkult und nach dem Aufstand in Ungarn von 1956 wegen seines kritischen Verständnisses von Weltgeschichte bei den Herrschenden in der DDR in Ungnade fiel. Die großen Entwürfe seiner philosophischen Gedankenspiele konnte er nicht mehr, befreit von aller Resignation, vortragen und mußte sich 1961 einen anderen Wirkungsort suchen, im anderen Teil Deutschlands, der so wenig zu seiner Philosophie paßte wie Bloch zum praktizierten Sozialismus. Kleingeisterei fing wieder an zu triumphieren über gedankliche Weltkonstruktionen. Es schien wie zu Metternichs Zeiten, nur daß die Häupter der »Heiligen Allianz« sich jetzt auf Marx und Engels beriefen und immer noch verbohrt waren wie Stalin.

8

Es war Anfang der 50er Jahre, als ich mit einer Gruppe angehender Abiturienten nach Berlin fuhr, um Brechts Berliner Ensemble und eine seiner weitgerühmten Inszenierungen zu erleben. Die Reise hatte ein Deutschlehrer, ein Theaternarr, angeregt, mehr wohl zum eigenen Vergnügen, aber wir wurden die Profiteure. Gespielt wurde der *Urfaust*. Käthe Reichel gab das Gretchen, und wenn ich mich recht erinnere, kam die Aufführung, damals noch im Deutschen Theater, mächtig ins politische Gerede. Es war Aufbruchszeit, in der sich die DDR als Fausts III. Teil empfand. Als ein paar Jahre später das Ensemble ins Theater am Schiffbauerdamm umgezogen war, war ich dank der von Hans Mayer initiierten Leipziger Theaterzüge mehrfach Gast in Berliner Brecht-Inszenierungen. Wenn die Zeit reichte, konnten wir anschließend Schauspieler des Ensembles, voran Helene Weigel, treffen und dumme Fragen stellen. Was uns als junge Leute so beeindruckte, war die rigorose Vernunft, mit der uns Brecht zum Denken zwang. Wenn wir wieder daheim waren, in den Leipziger Universitätsgemäuern, lief Adolf Dresen durch unsere Reihen und hielt das *Kleine Organon für das Theater* oder eine andere aktuelle Brecht-Schrift hoch und forderte: »Das müßt ihr lesen, und jenes müßt ihr lesen.« Bald waren wir so Brecht-kundig, daß wir für fast jede Lebenssituation einen treffenden Spruch des Meisters parat hatten, und wenn es mal haperte, schob Dresen neue Lektüre nach und machte neugierig auf ein neues Weltverhältnis, das Brecht gerade für sich entdeckt hatte. Das *Lob der Dialektik* und viele andere Lobpreisungen behandelten wir wie Stammbuchverse aus unserem Lebensalbum und konnten sie hersagen, selbst wenn wir aus tiefstem Schlaf geweckt wurden:

Wer noch lebt, sage nicht: niemals!
Das Sichere ist nicht sicher,
So, wie es ist, bleibt es nicht.
Wenn die Herrschenden gesprochen haben,
Werden die Beherrschten sprechen.
Wer wagt zu sagen: niemals?

Sekundiert wurde das Verhältnis zu Brecht, die literarische Liebschaft, die viele von uns zu dem großen Dialektiker verspürten, von Werner Hecht, der schon mit einem Brecht-Band in der Nabelschnur auf die Welt gekommen sein mußte. Der Brecht-Hecht war vor dem Studium Lehrer und hatte sich einen Vorsprung an Brecht-Wissen erarbeitet, den wir, bei aller Besessenheit, nicht einholen konnten. Man scheute sich, mit ihm über den Dichter und Stückeschreiber ins Gespräch zu kommen, weil man sich sofort als Unterlegener, als Belehrter fühlte, und das hatte man nicht gern. Hecht wurde ein Experte, schrieb viele Bücher über den Bürgersohn aus Augsburg. Aber später wurde ich ihm doch wieder ebenbürtig: Ich wurde sein Verleger, er mein Autor. Aber noch lauschten wir den Interpretationskünsten des Großmeisters Hans Mayer und staunten gemeinsam über seine Verträumtheit, wenn er die Verse von Brechts *Erinnerung an die Marie A.* hersagte:

An jenem Tag im blauen Mond September
Still unter einem jungen Pflaumenbaum
Da hielt ich sie, die stille bleiche Liebe
In meinem Arm wie einen holden Traum.
Und über uns im schönen Sommerhimmel
War eine Wolke, die ich lange sah.
Sie war sehr weiß und ungeheuer oben,
Und als ich aufsah, war sie nimmer da.

Hans Mayer konnte nicht fertigwerden mit der Wolke, die man lange sah. Sie schwamm nicht am Himmel oder vollführte andere Kunststückchen, nein, sie *war*, grandios in dieser Einfachheit. Sie war nicht weiß, sie war »sehr weiß«, ein Absolutum, nicht steigerungsfähig, und »ungeheuer oben«, wo war das eigentlich? Man kam nicht darüber hinaus, dafür reichte unser Verstand nicht. Mayers Auftritt war ein Erlebnis. Das Gedicht vergaß man nicht wieder. Ich dachte damals nicht daran, daß ich wenig mehr als fünfundzwanzig Jahre später Brechts Verleger sein könnte, für die DDR und die sozialistischen Länder, wie es hieß, und daß ich 1985 mit Siegfried Unseld, dem Verleger des Suhrkamp-Verlages, der die Brecht-Rechte für die übrige Welt vertrat, von einer Frankfurter Bühne aus das Erscheinen einer Großen kommentierten Berliner und Frankfurter Ausgabe der Werke Bertolt Brechts in 30 Bänden verkünden würde. Es war dies ein solch kompaktes, kraftvolles und in seiner paritätischen Gemeinsamkeit von Ost und West so singuläres Unternehmen, daß die Presse im geteilten Deutschland allenthalben von einer Sensation sprach, einer Sensation in Sachen Grenzüberschreitung. Zur gleichen Zeit plagte ich mich als Verleger des Berliner Aufbau-Verlags mit Werner Mittenzwei durch die Tücken eines Druckgenehmigungsverfahrens zu seiner zweibändigen Brecht-Biographie, Untertitel: *Der Umgang mit den Welträtseln.* Ich mußte manches Rätsel knacken, um den fortschreitenden Verlust von Widerspruchsdenken abzuwehren, der, auf dem Hintergrund einer steigenden Angst vor Machtverlust, den Literaturbetrieb in der DDR lähmte.

Von Brecht konnte einen dies nicht abbringen. Das Lesen seiner Texte wurde wichtiger denn je. Es war nicht die Unverbesserlichkeit, die wahrscheinlich jedem Brecht-Verehrer anhaftete, es war vielmehr die fortschreitende Erkenntnis, daß wir es bei Brecht mit dem vielleicht politischsten

Dichter des letzten Jahrhunderts zu tun hatten, einem der erfolgreichsten ohnehin, und wahrscheinlich mit einem der lebendigsten auch des 21. Jahrhunderts, nur das wußten viele noch nicht. Gerade am Anfang des Säkulums war mancher Unkenruf über ihn zu hören und mancher Versuch wahrzunehmen, ihn zu entpolitisieren und dadurch kleinzureden. Als Brecht 1956 die Kegelbahn verließ, auf der wir mit ihm um unsere Zukunft spielten, unaufgeregt und gänzlich unerwartet, ergriff uns ein entsetztes Erstaunen. Der Mann war kein Gesundheitsprotz, kein Hüne, eher zierlich, aber zäh und widerständig. Anfällig für den Tod, man konnte es sich nicht vorstellen. So wie es Lion Feuchtwanger am anderen Ende der Welt, an den Gestaden des Pazifiks, nicht begriff, daß ihm der streitbare Freund abhandengekommen war, so glaubten wir Eleven des neuen Zeitalters in der jungen DDR, daß wir ohne Brecht wieder in finstereren Zeiten leben müßten, was er uns »Nachgeborenen« eigentlich ersparen wollte. Ohnehin hatte die Regierung ein gebrochenes Verhältnis zu dem großen Dichter. Sie bevorzugte Becher, Johannes R., den sie in den Rang des Nationaldichters des sozialistischen Deutschlands erhob. Wir jungen Studenten kannten wenig von ihm, ein paar prächtige Zeilen, die sich wie Losungen lesen ließen, über der »Sterne unendliches Glühen«, über das »Glück der Ferne – leuchtend nah« oder daß wir »Vollendung träumend« unsere Bahnen zogen, Überschriften, die sich gut benutzen ließen, um Vages, Nebelhaftes zu beschreiben, das mit der sozialistischen Utopie in Einklang kam. Der Autor der DDR-Nationalhymne wurde der geheimnisvollere Mann, wenn man in seine frühen Jahre hinabtauchte und Blätter hervorzog von gewaltiger Explosionskraft, die seiner selbstzerstörerischen Jugend entsprossen waren. Aber die wollte auch keiner. Da war Brecht viel praktischer. »Alles braucht Veränderung« war eine der

Grundüberlegungen der Brecht'schen Modernität. Bei dem bejubelten Meisterstück bürgerlicher Gesellschaftskunst, das uns die Gelddemokratien vorführten, würde es ja auf Dauer auch nicht bleiben. »Alles braucht Veränderung.« Es lohnt sich, Brecht auf dem Laufenden zu halten über die Zustände auf unserem Planeten, ihm Nachricht zu geben in seinem gegenwärtigen Quartier, dem Limbus, der bei Dante bekanntlich eine Art Vorhof der Hölle ist, zugleich aber auch der Vorhof des Paradieses sein kann. Vielleicht schickt er uns einen neuen großen Empörer, der die heute häufig kleinmütigen und affirmativen Muster der Literatur abschüttelt und den Streusand der sogenannten freien Marktwirtschaft aus den Augen der Schreibenden wäscht. Not täte es, die Paragraphen des herrschenden politischen und sozialen Regelwerks – wie Brecht es getan hat – wieder kräftig durcheinanderzurütteln und die Wahrheit laut auszusprechen, die viele nur heimlich zu denken wagen, daß der Kapitalismus auch nicht der letzte Weisheitsschluß der Götter ist.

9

Leipzig war eine verwegene Stadt. Sie blutete zwar noch aus vielen Wunden, aber parliert wurde schon wieder wie zu Goethes Zeiten. In Kaschemmen und Restaurants saßen die Klüngel der alten Bürgerstadt beisammen und verwetteten in Glücksspielen ihr wertloses Geld. Sie träumten vom nächsten Pferderennen oder wie man an ein Schlachtschwein herankam oder wie man eine zerbombte Immobilie schnell ins Leben zurückholen konnte. Auf den Straßen rumpelten die Straßenbahnen wie alte holprige Pferdefuhrwerke. Ein Gnadenakt der Natur hatte nicht stattgefunden, als die großen Gletscher die Landschaften zusammenpreßten und Gebirge auftürmten; bis hierher hatte die

Kraft der Moränen nicht gereicht, um die Ebenen der Leipziger Tieflandsbucht mit ein paar Wellen zu schmücken. Dafür hatten die Musengötter Stadt und Umland beschenkt mit großen Geistern. Luther und Melanchthon, Leibniz, Seume und Goethe, Bach, Mendelssohn und Robert Schumann hatten hier ihre Spuren hinterlassen. Eine Schar weltberühmter Verleger, Ambrosius Barth, Teubner und Thieme, Reclam, Otto Spamer, Joseph Meyer, Brockhaus und Baedeker, Breitkopf und Peters, Anton Kippenberg, Kurt Wolff und Ernst Rowohlt, hatte die Physiognomie der Buchmetropole geprägt. Meine Generation, glaube ich, hat wie kaum eine andere von diesem Erbe gezehrt. Deren Häuser und Wirkungsstätten hatte der große Krieg zwar zerstört, wir blickten in die ruinöse Architektur, sahen aber umso heller die geistigen Anstrengungen, denen sich diese Leute unterworfen hatten, um eine gebildete Bürgergesellschaft zu begründen. Der ungeliebte Schopenhauer hatte einst den Gründer des Brockhaus-Verlages wissen lassen, daß sie zusammenhalten wollten wie Leib und Seele, auf daß ein Werk zustande komme, daran der Herr Wohlgefallen habe. Der Herr. Wohlgefallen durch Solidarität. Mit solchen Randnotizen aus der Bücherwelt versorgte uns Hans Mayer auch, wenn er seine Spaziergänge durch die großen Literaturen machte. Er blickte stets auf die Texte und ihr Umfeld, den eigentlichen Hexentanzplatz der Literatur, wo sie ein zweites Mal geboren wurde, in die Verlagshäuser und auf das Publikum. Literatursoziologie. Auch das hatte er vielen seiner Kollegen voraus. So nahm man über Goethe eben nicht nur, wie es Brecht einmal bitterböse anmerkte, die weihrauchgeschwärzten Gesänge über dessen großartiges Leben und Werk wahr, sondern erfuhr auch etwas über die Irritationen seiner Alltagsgeschäfte, über seinen unermüdlichen Kampf um stramme Honorare, den er schon von Anfang an mit seinen Leipziger Verlegern Weygand und Göschen austrug und bei Cotta in verschärfter Form fortsetzte. In der Leipziger Germanistik gewann der Kontext *Literaturvermittlung und Literaturrezeption* Kraft und Leben. Man konnte damit die semesterlangen Plattitüden über Goethes frühe Begehrlichkeiten, über die Schönkopf oder das Nettchen, über Lottchen und über Käthchen oder wer die Kosepartnerinnen auch immer waren, leichter ertragen. Goethe stieg herab und wurde einer von uns, zumal wir, wie wir selbst es sein wollten, einen »Revolutionär« in ihm vermuten konnten, wenn wir an seine Gott und die Götter herausfordernden Verse aus dem *Prometheus* dachten: »Hier sitz' ich, forme Menschen / Nach meinem Bilde, / Ein Geschlecht, das mir gleich sei, / Zu leiden, zu weinen, / Zu genießen und zu freuen sich, / Und dein nicht zu achten, / Wie ich!«

Auch Thomas Mann war einer von uns. Ihn hatte Hans Mayer mit dem Roman *Buddenbrooks* auf dem DDR-Buchmarkt seßhaft gemacht, was Bermann Fischer in Frankfurt/Main eigentlich verhindern wollte. 1952 war das gewaltige Familienepos in der Reihe *Bibliothek Fortschrittlicher Deutscher Schriftsteller* (BFDS) erschienen. Ein illegaler Einkauf. Mayer hatte ihn benachwortet, mit Leidenschaft, so wie er uns Hermann Hesses *Glasperlenspiel* oder den *Steppenwolf* ins literarische Gedächtnis schrieb oder Wolfgang Koeppens Trilogie über die Adenauerzeit, die Romane *Tauben im Gras*, *Das Treibhaus* und *Der Tod in Rom*, die er als Kontingentliteratur in unsere Seminare holte. Thomas Mann wurde zu einer Chiffre unserer literarischen Bildung. Wir nahmen in den fünfziger Jahren alles in uns auf, was wir von ihm bekommen konnten. In den schönen frühen Ausgaben des Aufbau-Verlags feierten wir des *Hochstaplers Felix Krull* frivole Scherze, besichtigten im *Zauberberg* eine von Krankheit und Untergang bedrohte Welt oder versuchten den großen Rätselhaftigkei-

ten im Schicksal des deutschen Tonsetzers Adrian Lever-
kühn auf die Spur zu kommen. In unserer Studentengruppe
bewunderten wir jeden, der die fast 700 Seiten des Romans *Doktor Faustus* bewältigte, und noch mehr jene, die
vorgaben, alles verstanden zu haben.

Das intellektuell anspruchsvolle Buch hatte ich mir 1955
als Sommerlektüre ausgesucht. Ich wollte mein Wissen um
das Faust-Thema verbreitern, eine Neugier zufriedenstel-
len, die mir mein Deutschdozent Georg de Reese als Abitu-
rient in Jena eingepflanzt hatte. Die Stellung des Intellektuellen, Spielball zwischen Geist und Macht, das war ein
faszinierender Stoff. So packte ich Goethes *Faust* noch mit
ins Sommergepäck, von dem ich den ersten Teil schon
mehrfach, den zweiten aber noch nie gelesen hatte. Und
ich trug ein Opernlibretto mit in die Ferien, Hanns Eislers
Johann Faustus. Der Text war 1952 im Aufbau-Verlag erschienen und hatte in der DDR für Lobpreisungen und Zer-
würfnisse gesorgt. Ein Stück brillante Literatur über ein
Mentalitätsproblem der deutschen Intelligenz: Durfte man
sich heraushalten aus vielem, vor allem aus den politischen Entscheidungen der Zeit? Eislers Stück lieferte unvergeßliche Dialoge. Manche bewahrte ich lange in meinem Gedächtnis auf. Da war die Unterwelt unzufrieden
mit den menschlichen Durchschnittsexemplaren, die des
Teufels Agenten heranschleppten. Man suchte nach berühmten Gestalten. Schnell kam Faust ins Blickfeld des
Teufels. Und nun fragte Pluto: »Mephisto, warum ist (der
Faust) viermal Doktor worden? Hat's ihm einmal nicht ge-
nügt? War's Fleiß, Drang nach Erkenntnis, edles Streben,
hoher Geistesflug?« Mephisto: »Nein, Herr, es war Verzweiflung.« Pluto: »Dieses Deutschland! Da wird einer aus
Verzweiflung viermal Doktor!«

Was würde des Teufels General heute über Deutschland
sagen, wo die Doktoren nicht nur am Fließband hergestellt,

sondern auch noch reihenweise gefälscht werden? Ist die Verzweiflung über dieses Land noch größer geworden?

Ich war in den Semesterferien zu Hause in den Thüringer Bergen, genoß die kulinarischen Gedankenfolgen und strengte mich an, den spröden Kunstfiguren von Goethe, Thomas Mann und Hanns Eisler auf die Schliche zu kommen. Da war es eine willkommene Abwechslung, als mich an einem Wochenende ein Freund überredete, zu einem Tanzabend in ein Nachbardorf mitzukommen. Das Lokal hatte den etwas zwielichtigen Namen *Die Biene*. Der Tanzsaal lag eine Treppe höher als die Restauration und war mit ausgelassenem Personal besetzt, einheimischen sinneslustigen Mädchen und Burschen und vielen Sommerfrischlern, die ihre kargen Beutel in Wein und Bier und andere harte Getränke schütteten. Mitunter machte ein Tisch mit Wismutkumpeln, die in der Gegend nach dem strahlenden Gestein schürften, lautstark Radau. Ich saß, etwas versteckt, an einer beengten, in den Anfangsstunden des Vergnügens noch wenig bevölkerten Bar und dehnte ein kleines Bier, in winzigen Schlückchen eingenommen, zu einem Saufgelage aus. Die wenigen Pfennige, die ich in der Tasche hatte, konnte ich mit zwei Fingern festhalten. Es war der Rest von 3,20 Mark, mit dem ich, abzüglich des Eintrittsgeldes von 1,10 Mark, das abendliche Spektakel begleiten konnte. Meine Laune war dennoch prächtig. Ich hatte im Lichtspalt zwischen Bar und Ballsaal ein Mädchen entdeckt, das mir gefallen konnte, eine kleine Exotin, pechschwarz, mit Bubikopf und einem lustigen Wirbel, der frech aussah und den ich ihr später in einen Dutt hinüberredete, so daß er nicht mehr auffiel. Die Strecke von meinem Thekenplatz bis zu ihr war lang. Ich kam nicht an sie heran. Andere Burschen waren ebenso hellsichtig und schneller als ich. Ich mußte sie abpassen, wenn sie einmal Luft schöpfte. Das Arrangement für einen Tanz besorgte ich auf den Treppenstufen, die zum Ballsaal führten. Ich ließ sie für den Rest des Abends nicht mehr aus meinen Fängen. Am nächsten Tag, einem sonnigen Augustsonntag, wanderten wir durch eine von Laubbäumen und Kiefern eingefaßte Allee auf einer luftigen Höhe nahe dem Fröbelturm und bestaunten die reifenden Hagebutten und die prall leuchtenden Preiselbeeren. Ich zeigte ihr den Kreuzweg, den die Großmutter immer fatalisiert hatte, und knüpfte ein paar kecke Sprüche daran. Am Tage darauf überraschte ich meine Mutter, sie stand auf den steilen, abschüssigen Waldwiesen meines Heimatdorfes und wendete das Grummet, den zweiten Heuschnitt, mit der kurzen Bekanntmachung, ich hätte nun meine Frau gefunden. Sie ließ den Rechen aus den Händen fallen, schaute in den tiefblauen Himmel und sagte, es wäre auch an der Zeit. Ich war 21. Es war Mode in jenen Tagen, daß man frühzeitig heiratete.

Ein paar Tage darauf saß ich mit dem Mädchen in einem Eisenbahnzug nach Leipzig, der uns zuerst durch die laubigen Gewölbe des Schwarzatals trug, vorbei an den quirlenden und schäumenden Strudeln des fröhlichen Wassers, aus dem wir als Kinder in trockenen Sommern die Forellen mit der Hand unter den sie schützenden Steinen hervorgeholt hatten. Dann ging es das Saaletal entlang, eine sagenumwobene Gegend, die uns Zeit zum Träumen ließ. Es war eine tolldreiste Liebesfahrt, der wir uns aussetzten, sie trug, auf beiden Seiten, den Stempel von Draufgängertum und endete in meiner Studentenwohnung in der Leipziger Seckendorffstraße, wo es meiner Wirtin das blanke Entsetzen ins Gesicht trieb, als ich mit der jugendlichen Eroberung auftauchte. Meine Wirtin war eine vornehme Frau, alter deutscher Beamtenadel, in den freilich schon einmal ein Querschläger in Gestalt des Spaßmachers Heinz Quermann eingeschlagen hatte, der mit Macht die Haustochter begehrte, was auch gelang, aber bald wieder schiefging. Und nun stand wieder jemand vor ihr, der nicht in ihr Weltbild paßte, ein zwar schönes, aber noch minderjähriges Wesen, das lebhaft einen Kaugummi zwischen den Zähnen zu Klebemasse zerdrosch. Sie glaubte sich wieder den Tollheiten eines Spaßmachers ausgesetzt und traf schnelle Entschlüsse. Ihre Noblesse verbot es ihr zwar, das irrlichternde junge Geschöpf einer Vernehmung zu unterziehen oder gar aus dem Hause zu weisen, aber in Sekundenschnelle ordnete sie an, daß die Gespräche mit dem unvermuteten Ankömmling nicht in meiner Studentenbude, das hätte ja sexuelle Gefahr bedeuten können, sondern nur unter ihrer Kuratel in der Wohnstube stattzufinden hatten, die das Flair eines anspruchsvollen Gesprächsraums ausstrahlte. Sie wuchs geradezu über sich hinaus, als sie später verkündete, das Mädchen solle auf ihrem feinen Kanapee schlafen, um unnötige Kosten für das Studentenportemonnaie zu vermeiden, was meine Partnerin am nächsten Morgen allerdings damit honorierte, daß ihr vor lauter Aufregung im Bad ein Fehlgriff gelang, der ein solches Scheppern auslöste, als würde sie die halbe Toilettenausstattung von den Borden fegen. Aufgescheucht sauste meine Wirtin auf dem Korridor hin und her. Ich konnte froh sein, daß ich bald darauf das aufgeregte Haus verließ und die wilde Existenz in Sicherheit brachte.

Jetzt muß ich freilich sagen, daß die ganze Aufregung dieser Liebesreise einem höheren Zweck geschuldet war. Ich war deshalb überraschend aus den Semesterferien nach Leipzig zurückgeeilt, weil am 12. August 1955 Thomas Mann gestorben war und ich glaubte, mein Professor Hans Mayer würde dort spontan eine Manifestation veranstalten, des traurigen Ereignisses würdig. Es war ihm zuzutrauen, und man wollte ihm in der Folge unschuldig in die Augen sehen können, indem man seinem spirituellen Ruf vorauseilend folgte. So verschlungen waren in dieser Zeit die Bande zwischen einem fordernden, aufregenden Lehrer und seinen Schülern. Das Mädchen, das dieses Zauberwerk begriff und sich der Reise ins Ungewisse anschloß, wurde meine Frau.

Ich will mich fernhalten von Schwärmereien für geliebte Frauen, wie sie die Literatur in Hülle und Fülle aufbewahrt, will ausweichen den wortreichen Arabesken der Leidenschaft, wie sie in Briefwechseln eingeschlossen wurden und manchmal in emphatische Ausrufe mündeten. Du »süßer Regenbogen vor dem aufziehenden Gewitter«, du »Flamme über dem Schnee«, »leuchtendes Gespinst«, »du mit den Taubenfüßen« ließ der sonst so knallharte Erich Maria Remarque einmal aus sich herausprudeln, als er sich in Marlene Dietrich verliebt hatte, und nun, selbst jung verliebt, wollte man sich darüber nicht mehr nur pikieren. Diese schönen Albernheiten gehörten zum Leben, aber besser noch ist eine Liebe, die Bestand hat. Indem ich das niederschreibe, bin ich mit dem Mädchen von damals fünfundfünfzig Jahre verheiratet, und ich denke noch immer, daß es keine schöneren Augusttage gegeben hat als die des Sommers 1955.

Fortan hatte ich ein neues Fernziel, Brieskow-Finkenheerd, einen Ort nahe Frankfurt/Oder, wo das Mädchen zu Hause war, das die Lateiner »die Wiedergeborene« nannten, Renata, ein Name, der im Deutschen nur das wohlklingende a am Ende in ein dumpferes e vertauscht hatte. Sie war keine Königstochter wie manche ihrer seligen Namensschwestern, und sie bekam auch keinen Herzog zum Partner, aber dort, wo ich einritt, fand ich ein neues Königreich, ein Königreich der Natur. Ihr Vater war Fischermeister und besaß einen damals wildromantischen See, in dessen sanften Wellen sich ein Kraftwerk widerspiegelte, der bei Hochwasser einen ganzen Eichenwald zu sich heranraffte und an dessen weiten Ufern die Vögel jubilierten wie im tropischen Regenwald. Dieses Naturparadies habe ich genossen wie eine Badekur, wenn auch nicht auf weichen Matten hingestreckt, sondern tätig, in hohen Gummistiefeln, schwere Fischernetze an Land ziehend oder im Morgengrauen an Hunderten von Aalschnüren die später im Rauchfang immer köstlicher werdenden Gourmetbissen in den Kahn hereinholend.

Fernziel war der neue Landstrich, der mir als zweite Heimat zuwuchs, dadurch, daß in der DDR der 50er Jahre die Bahnfahrt von Leipzig in die Nähe von Frankfurt/Oder einer Tagesreise gleichkam. Erst holperte man auf einer Schnellzugstrecke bis in das polennahe Cottbus, in dessen Umgebung die Schlote der Braunkohlenindustrie das nasse Gestein zu Staub und Ruß verrauchten und die schönen landschaftlichen Offerten der Niederlausitz und des Spreewalds fast vergessen machten. Dann tuckerte die Eisenbahn kurzatmig von Nest zu Nest, durch ödes Zinsland, ließ nichts ahnen vom nahen Schlaubetal, den schönen Erlengründen, den klaren Seen. Irgendwann erreichte man Guben, die Geburtsstadt eines Tischlers, der nunmehr unser erster Staatsmann war, und von da an brauste der Zug los nach Stalinstadt, als gäbe es kein Halten mehr, obwohl auf jeder Station halbe Hundertschaften von Stahlwerkskumpeln einstiegen, um das neue Mekka der DDR-Industrialisierung zu erreichen. Diese langen Fahrten von Leipzig nach Brieskow-Finkenheerd und zurück, die ich als Liebeslos gezogen hatte und nun vierzehntägig wiederholte, auf den ersten Blick langweilig und strapaziös, manchmal wegen Überfülle der Waggons nur auf einem Bein stehend oder auf dem Tender hockend, der steifen Zugluft ausgesetzt, brachten eine neue Lebenserfahrung. Ich wurde, als Student, eingeklemmt in die derben Späße der Arbeiterschaft, ihre widersprechenden Überzeugungen, ihren Zauder und ihr Draufgängertum, ihre politischen Losungen und ihre sexuelle Offenheit. Was ich auf diesen Strecken für urwüchsige, urkomische Dialoge aufgeschnappt, welche Situationskomik sich mir eingeprägt, welche Herzenswärme ich wahrgenommen habe, welche Liebe und welchen Überdruß gegenüber ihrer harten Arbeit, das war stimulierend für mich, wenn ich in die Universitätsseminare zurückkam mit ihren teilweise weltfremden Schwärmereien oder in manche Parteiversammlungen, in denen die Führungsmannschaften die Siege des Weltkommunismus bestaunten. Dort, in den Arbeiterzügen, erlebte ich den Werktag und seine Sorgen, das Alltagsringen um gute Arbeitsresultate, deren Lohn die Stahlwerker, wie andere Leute auch, nach Westberlin schleppten, in karge Westmark umtauschten, um ihren Frauen und Kindern ein paar schicke Klamotten umzuhängen. So wie meine heranreifende Schwiegermutter den Aal, den ich selbst an Fangpuppen an Land gezogen, an Westberliner Fischläden und Edelkneipen verteilte, um ihre Töchter mit Kreppschuhen, Pumps, Markenjeans und Taftkleidern zu versorgen. Wenn die Kumpel und die kommende Verwandtschaft von den verschwiegenen Einkaufstouren ins DDR-Revier zurückkehrten, stellten sie den RIAS oder den Sender Freies Berlin an und spionierten die neuen Wechselkurse aus. Dann kehrten sie Straßen und Höfe vor ihren Häusern und hängten die DDR-Fahne heraus, weil die Regierung einen staatlichen Feiertag verordnet oder einen anderen politischen Sieg angekündigt hatte. Ach, der Deutsche, dachte ich manchmal. Jeden Tag schaute er in einen zerbrochenen Spiegel und pflegte seinen Opportunismus.

An manchen Mauern und Brücken prangte der verheißungsvolle Spruch »Deutsche an einen Tisch«, während Ulbricht verkündete, es gäbe keinen »dritten Weg«, also keine Vereinigung. Dabei hatte man noch nicht den ersten, nicht den zweiten Weg sinnstiftend ausprobiert, noch wußte man nicht, welcher überhaupt begehbar war, der neue Kapitalismus als soziale Marktwirtschaft oder der noch jungfräuliche Sozialismus. Oben kreiste der erste Sputnik, unten standen die sowjetischen Panzer im aufständischen Ungarn, oben die unendliche Freiheit des Raums, unten die alten Spiele. In der Bundesrepublik verbot man die KPD, beschlagnahmte ihr Parteivermögen und machte Tausende durch Berufsverbote zu unglücklichen Menschen. Die junge Demokratie, schon mißbraucht, bevor sie richtig zu atmen begann. Die Herrschenden am Rhein wiederholten die Dummheiten von vorgestern, schwadronierten aber mit dem Blick auf die DDR, das andere Stück Deutschland, davon, daß es nichts Weihevolleres gäbe als die Freiheit des Andersdenkenden.

Derweil erschütterte uns junge Studenten ein Dokument des Schreckens, das zugleich Zeugnis für den Glauben an das Gute im Menschen war. Ich meine das *Tagebuch der Anne Frank*, das Angst und Verfolgung zu einem ergreifenden Gebet umformte und als Taschenbuch bei S. Fischer eine Bestsellerauflage erreichte. Man staunte darüber, daß auch diejenigen den Mut des bedrängten Mädchens mitfeierten, die deren bittere Tage im holländischen Exilversteck überhaupt erst heraufbeschworen hatten. Schon wieder eine verkehrte Welt nach erst kürzlich erlebtem Sonnenuntergang. Die aufsteigenden politischen Gestirne, auf die viele ihre Hoffnung setzten, trugen wieder eine Maske, außen das schöne Gesicht, drinnen die glühenden Augen des Antikommunismus. Während ich dies reflektierte, wurde in Leipzig Ernst Bloch zwangsemeritiert. Man wollte seine Lehrmeinungen nicht haben. In Berlin wurde Walter Janka verhaftet, ein Staatsfeind, hieß es, der die staatliche Ordnung gefährde. Dabei wollte er weiter nichts als das politische Regiment verbessern. Waren wir, hüben und drüben, auf dem Weg nach Deutschland, nach einem besseren Deutschland, oder marschierten wir zurück in die traumatisierten Zustände des preußischen Militärreichs oder der fadenscheinigen Weimarer Demokratie? Heiter bleiben, war man geneigt, sich zuzurufen, und kehrte zurück zu den Dingen, die die Seele weiteten, zur Liebe und zu den Büchern, der Liebe an der Oder, den Büchern an der Pleiße. Was dazwischenlag, war das eigentliche Leben, und so will ich weitererzählen von meiner verwegenen Stadt, in die ich nun den neuen Hausstand hineinträumte, den zu gründen ich fest entschlossen war.

10

»Die Natur, wo finde ich sie hier? Alles durch Kunst verschnörkelt. Kein Thal, kein Berg, kein Wald, wo ich so recht meinen Gedanken nachhängen könnte; kein Ort, wo ich allein sein kann, als in der verriegelten Stube, wo es unten ewig lärmt und spektakelt.« So hatte sich einst Robert Schumann ein wenig boshaft über Leipzig vernehmen lassen. Dabei war es so arg nicht. Die schönen Auen, die die Stadt sprenkelten, im Frühling die Buschwindröschen, im Sommer der Sanddorn, im Herbst die orangene Buntheit des Ahorns machten die kleinen Senken zu anmutigen Landschaften. Auf dem Scherbelberg, den versteckten Trümmern des großen Krieges, konnte man rodeln, im Stötteritzer Wäldchen auf Brettern und Kufen eine kurze Strecke, gespickt mit Stein- und Wurzelwerk, hinuntersausen. Wollte man in den Wald, so fand man auch Angebote genug, im Oberholzer Forst, in Naunhof oder Waldsteinberg, nach himmlischen Fahrradtouren, bei denen der Klamauk auf den Rücksitzen mitfuhr und sich Luft machte, wenn er die geflickten Reifen oder die verrosteten Ketten sprengte.

Von der verschnörkelten Kunst war viel zerbrochen, neue

apokryphische Gebilde hatten sich in die Mauerwerke geritzt, aber mit viel Phantasie ließ sich die Pracht der alten Handelsstadt noch erahnen. In manchen Stadtteilen standen ganze Regimenter alter Bürgerhäuser und verbreiteten den Charme verblaßter Bauzeiten und Kunstrichtungen, die an Häusern und Palästen ihre Zeichen hinterlassen hatten. Geduld nur, dachte man, ein wenig Geduld, dann würden frischer Putz und frische Farbe alte Schönheit wieder hervorzaubern, so wie es in zerbombten Städten der Bundesrepublik bereits geschah. Es war ein Irrtum.

Nicht in die Irre führten dagegen die vielen schönen Bücher, die in den Katakomben der Stadt lagerten und auf Befreiung warteten. Die zum Teil unterirdischen Lager der Antiquare waren prall gefüllt mit Raritäten und papierner Tagespost. Immer wenn wieder etwas zum Vorschein kam, staunten wir jungen Studenten über die Vielfalt des Weltgeistes und die entzückenden Gefäße, in die er hineingegossen worden war. Wir sammelten während der Studienzeit unsere poetischen Hausapotheken zusammen und zerpflückten die Neuerwerbungen in spitzfindigen Gesprächen. Einer wollte immer klüger sein als der andere. Das Wunder jener Nachkriegsjahre bestand für Buch- und Literaturliebhaber darin, für welch kleines Geld man die prächtigsten Ausgaben, die seltensten Erstdrucke, die schönsten Graphiken erwerben konnte. Wenn man in Buchausgaben unterschiedlichster Art, in Papp-, in Pergamentbände und auf die Rückseiten der Graphiken Monat und Jahr des Erwerbs und die Preise aufgetragen hätte, würde man denken, die Kunst- und Literaturwelt sei verrückt geworden, wenn man diese Eintragungen aus den fünfziger Jahren mit den Preisen von heute vergliche. Ein pekuniärer Aspekt, ein Fortdenken in eine Welt der Spekulation, der Gedanke, Bücher könnten eine Geldanlage sein, war der Zeit fremd. Zu abgründig waren die Erfahrungen mit dem gescheiterten Kapitalismus. Was wir mit den erworbenen Büchern oder Kunstwerken dagegen anhäuften, war ein immenses Wissen um Autoren und Verlage, um deren Meisterschaft oder Stückwerk, um deren Rang oder deren Unterbelichtung. Wir hörten viel in den Vorlesungen und Seminaren, aber erst mit den Büchern und ihrer Reihung zu häuslichen Bibliotheken fanden wir heraus, wer und welche Verlage den Ton angaben, wer von den Autoren wie ein Komet aufgestiegen war, weil er einen glänzenden Verleger und eine attraktive Buchreihe gefunden hatte, in der er präsentiert wurde. Schon bald nannten wir klangvolle Verlagsnamen mit Respekt, die auf Buchkörpern oder Titelblättern standen, wußten über die Anfänge von *Reclams Universalbibliothek*, die noble *Inselbücherei*, über *Kiepenheuers Liebhaber-Bibliothek*, über Kurt Wolffs *Jüngsten Tag* einen eigenen Sermon zu machen. Wir lernten unterscheiden zwischen Klein- und Großoktav, zwischen englischen Broschuren, Papp-, Leinen-, Leder- und Halbfranzbänden und konnten bald die Bestrebungen einzelner Verleger einordnen, mit denen sie sich auf einem schon am Anfang des 20. Jahrhunderts strapaziösen Buchmarkt durchzusetzen suchten. Unser Büchergedächtnis registrierte, welcher Verlag sich welchen literarischen Strömungen angeschlossen hatte. Wir untermauerten mit den Antiquariatserfahrungen unsere germanistischen Kenntnisse über einzelne Literatur- oder Kunstperioden.

Die Liebschaften, die wir in den Antiquariaten schlossen, hatten häufig Bestand für das halbe Leben. Anton Kippenberg und der Insel-Verlag, Wieland Herzfelde und Malik, Kurt Wolff, Ernst Rowohlt, beide Leipziger Urgesteine, oder selbst der für nationales Gedankengut etwas anfällige Eugen Diederichs aus Jena eigneten sich vorzüglich für Betrachtungen zur Verlagsgeschichte, die sich bereichernd in germanistische Jahres- oder Diplomarbeiten einschlichen.

Mit den Fundsachen im Antiquariat stiegen auch Anekdoten herauf, die manche Verleger berühmter gemacht hatten als ihre Bücher. Der freche Hans von Weber kam ins Blickfeld, der mit seinem Hyperion-Verlag in München residiert hatte und dort zum Spaß manchmal eine ganze Nacht lang Autoren in einem Zimmer zusammensperrte, die wie Hund und Katze gegeneinander waren. Genug Prozesse hat er solcher Extravaganzen wegen angezettelt. Mit seiner kleinen Zeitschrift *Der Zwiebelfisch*, deren Untertitel er mehrfach modifizierte, die sich aber immer als Blatt »für Geschmack in Büchern und anderen Dingen« verstand, hat er ein außergewöhnliches Periodikum geschaffen, das die Bibliophilie in den 20er Jahren mit vielen lockeren Geschichten, Glossen und Rezensionen versorgte und vor satirischen Zuspitzungen keine Angst hatte. Ein Beiheftchen zur Zeitschrift, das ich 1956 in einem Leipziger Antiquariat erwarb, hieß *Das kleine Zwiebelfisch Kulturkratzbürsten Vademecum*. Darin wurde die deutsche Literaturlandschaft mit so zauberhaft boshaften Aperçus und Ratschlägen überschüttet, daß man sich voll strotzender Heiterkeit im Büchersessel zurücklehnte und den lieben Gott einen frommen Mann sein ließ. Später fügte ich diesem Kuriosum noch eine Nacherwerbung hinzu, Titel: *Der fröhliche Zwiebelfisch*. Nicht so volkstümlich broschiert wie das *Kulturkratzbürsten Vademecum*, sondern in Halbpergament gebunden, ein »Wildschößling«, der nur in 22 Abzügen auf holländischem Papier in der Schelmenmühle vor dem Böhmerwald hergestellt war. Ich ergatterte davon die Nr. 18, ein Kauf, der mit einem studentischen Stipendium nicht zu bezahlen gewesen wäre. Die Eskapaden des witzigen Münchners haben meinem eigenen Verlegerleben genutzt. Ich erinnerte mich gern an Hans von Weber, revitalisierte seinen Witz für eigene Verlagsalmanache, um dem Publikum Freude zu machen. Außerdem verleitete er mich dazu, in polemischen und satirischen Beiträgen zur Verlagswelt, in Anlehnung an seinen Adel, das Pseudonym Gert von Weber zu benutzen.

Ohnehin brachte München manche die Verlagswelt prägende Gestalt hervor, die uns Spätere ansportnte oder abstieß, je nachdem, aus deren Ensemble wenigstens der forsche Albert Langen und der feinsinnige Georg Müller hervorgehoben werden sollen. Albert Langen als Vater der berühmten Satirezeitschrift *Simplicissimus*, Georg Müller als Stratege der Buchkunst am Jahrhundertanfang, dessen verlegerisches Œuvre noch heute Büchergourmets und Buchkunstliebhaber in helle Begeisterung versetzt. Alle diese Bekanntschaften hätten sich ohne die Antiquariate in unserer Jungmännerzeit nicht hergestellt. Wir kramten dort herum wie in den Spielkisten unserer Kindheit und beeinflußten mit den Fundsachen, wie mit frühem Spielzeug, die Physiognomie unserer eigenen Biographien.

In Leipzig befand man sich in den 50er Jahren wie auf einem fliegenden Teppich, der einen durch die Stadt trug und an verschiedenen Punkten der Stadtgeographie absetzte. Wenn man vom Augustusplatz aus ins Zentrum wollte, stieß man zuerst auf das Antiquariat Genth in der Grimmaischen/Ecke Ritterstraße, mit unterirdischen Gewölben, in denen das halbe Land seine Sammlungstorsos hätte auffüllen können. In der Nikolaistraße fand man Heinz Schroers, einen Mann mit dicker Brille und strähnigem Haar, der von der Antiquariatsware, die er feilbot, nur wenig verstand. In der Universitätsstraße die Roßberg'sche Buchhandlung (oder hieß der Laden Hahns Antiquariat?), jedenfalls eine Fundgrube für Liebhaber des Expressionismus, wo ich Hans Marquardt, den langjährigen Reclam-Chef, feilschend kennenlernte. Dann zog man den Kreis weiter und landete bei Paul Koehler in der Quer- oder bei Lorentz in der Grünewaldstraße, zweistöckig, mit geräumigem Korridor, mit viel Platz zum Schmökern und Stöbern. Dann kam man in die Liebknechtstraße zu Heinz Goedecke, dem etwas untersetzten, gemütvollen und gebildeten Herrn, der, sobald man sich kannte, immer schon ein Paket Bücher bereithielt, das er auf einen zugeschnitten hatte. Er mußte ein Papiersäufer sein. Über die Bücher, die er anbot, erzählte er ganze Geschichten, repetierte Schicksale und Konflikte der handelnden Personen. Ein Kulturbringer, ein Missionar, der mit sanfter Gewalt in unser Leben eingriff und dort bleibende Eindrücke stationierte, manchmal einem auch nur Flausen in den Kopf setzte, die andere Kollegen wieder konterkarierten, Markert in der Hauptmannstraße, Paul Eger am Thomaskirchhof oder Bernhard Liebig am Markt. Leipzig, die Schatzkammer der Bücherwelt, war nach dem zerstörerischen Krieg immer noch wie ein bunter Globus, auf dem die Meridiane mit Buchhandlungen und Antiquariaten besetzt waren wie die Oase mit üppigen Blüten und Früchten. Die Austrocknung fand erst später statt.

Aber nun war es beileibe nicht so, daß wir in Bücherbergen versanken oder in den staubigen Kemenaten der Antiquare vertrockneten. Wir gossen auch genug Bier in die literaturfreundlichen Hälse. Gelegenheiten dafür gab es genug, und wenn ein seltenes Reclambändchen oder ein im Trödelhaus in der Fleischergasse zu Spottpreisen erworbenes Bücherregal oder eine Bücherleiter für eine bacchantische Hochstimmung herhalten mußten. Kumpane für ein Trinkfest fand man reichlich, wenn man in der Magazingasse einkehrte, im *Schwalbennest* oder im *Fuchsbau* oder den *Drei Rosen*. Dort staunte man über die sonderbaren Akteure, die sich ein Stelldichein gaben. Ich werde es nicht vergessen, wie im *Schwalbennest* einmal der lebenstrunkene Besitzer des renommierten Spielwarengeschäfts Hinkel & Kutschbach am Neumarkt seine Tageseinnahmen auf den Stammtisch knallte und beschloß, damit die ganze Kneipe freizuhalten. Es sei sowieso nur wertloses Papier, schmetterte er in den Raum, was uns Studenten wie ein großes Vermögen vorkam. Oder wie der dürre Buchhändler, Chef eines prächtigen Ladenrundbaus an vornehmer Ecke, im *Fuchsbau* seine Unterhose beschrieb, als Landkarte mit Wasserflächen und Abraumgruben, besprenkeltes Unterholz. Oder wenn man in der *Wilhelmshöhe*, Hofkneipe zwischen Hain- und Katharinenstraße, in die Separata eindrang, wo der dickleibige Immobilienhändler Schuchardt das große Wort führte, Blumen-Richter und anderen gewerbetreibenden Lokalgrößen das Geld aus der Tasche zog, Bündel von Scheinen auf dem Zockertisch die Besitzer wechselten. Da kamen Erinnerungen an Monaco hoch, einen Ort, den man noch nie gesehen hatte, dessen Abbild man hier verschwommen wahrnahm. Wir jungen Spanner, in knapper Entfernung geduldet, konnten den Verlockungen erliegen und mit einsteigen oder besser das Hasenpanier ergreifen und Trost für das verpasste gefährliche Vergnügen in einem Spielsaal ein paar Häuser weiter suchen. In *Bartels Hof*, als der noch nicht zum Barockidyll hochgestylt war, skatete in mancher Nacht an zehn bis fünfzehn Tischen das halbe Universitätspersonal und erstickte fast in den Rauchschwaden billigster Zigarettensorten der Marken Sondermischung und Real. Dort traf man den Verwaltungsdirektor der Universität und den akademischen Weltstar, den Laufburschen der Universitätsbibliothek wie den Veterinär, der vor Stunden noch Pferde und Kühe kuriert hatte. Alle fasziniert von den zehn Karten, die sie in der Hand hielten, vereint in der Absicht, den Gegner durch List und Können niederzustrecken. Man wollte es nicht glauben, daß ein Professor, der sich in den Wirren der Französischen Revolution ebenso gut auskannte wie in der folgenden Kaiserzeit, der feinsinnigste

Urteile über Jacques Roux und Montesquieu oder über Napoleon, den Wirbelwind der Weltgeschichte, abzugeben und in druckreife Sätze zu kleiden wußte, am Skattisch schnell die despektierlichen Sentenzen bereit hatte, die jede besessene Skatrunde beherrschten wie »der Arsch hat sich gespalten« oder »Scheiße hoch drei« und dergleichen mehr. »Die Dreckskerle«, sagte Prof. Dr. Walter Markov, der durch seine Studien zur Großen Französischen Revolution bekannte Gelehrte, aber auch, wenn er in der Weltpolitik einen bedenklichen oder schmutzigen Vorgang beurteilte. Er hatte mit einem Team begabter Wissenschaftler die halbe Welt im Blick. In Asien, Afrika, Lateinamerika verfolgte seine Crew Geschichte und Gegenwart der kolonialen Befreiungsbewegungen und gab dazu ein Jahrbuch heraus, das ich redigierte. Die Sitzungen waren ein Erlebnis. Walter Markov, im österreichischen Graz geboren, im multikulturellen Dreiländereck der k. und k. Monarchie aufgewachsen und zum Revolutionsforscher von Weltrang aufgestiegen, liebte den drastischen Ausdruck. »Die Dreckskerle«, das umschloß eine Welt voller Spannungen, den Austausch von Sieg und Niederlage, Akteure voller Blut und Leben, die auf der falschen Seite des historischen Würfelspiels um die Fortbewegung der Gesellschaften standen. »Die Dreckskerle« prägte sich mir ein als ein Synonym für schillernde Geschichte.

Die vornehmeren Etablissements der Stadt wie das *Cabaret Perner*, die *Femina-Bar* oder *Haffners Casino* konnten wir mit unseren Studentengroschen nicht oder nur selten besuchen. Die *Pony-Bar* dagegen, am Peterssteinweg/ Ecke Münzgasse, kannten alle. Auch das berühmte *Corso*, im ersten Stock eines versehrten gutbürgerlichen Hauses im Gewandgäßchen, war erschwinglich, zumal man dort die Manieren des einen oder anderen Universitätslehrers studieren konnte, wenn er seinen Kaffee und Kuchen einnahm. Wenn einem die Pferde durchgingen, schlug man auch keinen Bogen um die ruchlose *Elephantenschänke* am Nicolaikirchhof, wo die Leipziger Vergnügungsteufel ihre Hexen suchten, um sie noch in derselben Nacht am Spieß zu braten. Der *Kaffeebaum*, Leipzigs berühmteste Lokalität, verwinkelte Struktur treppauf, treppab, mit Kellnern, die sich wie Gräten durch die Aufstiege zwängten, mit Gästen von schillernder Provenienz, ob arm, ob reich, duftete nach den Köstlichkeiten kulinarischer Jahrhunderte. Zwischen den Zähnen zerkauten seine betuchtesten Besucher dicke Zigarren, als sei nichts gewesen, kein Krieg, keine Niederlage, nur Auferstehung. Den Rauch bliesen sie bis in die Fleischergasse, wo um die Ecke die *Regina-Bar* rief, um nach den Zechabenden die bedudelten Gestalten in die Arme sehnsüchtiger Weiber zu treiben.

Das Leipzig der fünfziger Jahre war ein »Etablissement der Schmetterlinge«, nicht so wie es Hans Werner Richter für die Farm seiner Mitstreiter und Autoren in der Gruppe 47 empfunden hatte, sondern im Sinne von »sich am Nektar laben«, den die Zeit übriggelassen hatte. Man konnte durch die Stadt wandern, im Streifzug *Zills Tunnel*, *Auerbachs Keller*, die *Feuerkugel*, *Pragers Biertunnel*, die *Grüne Schänke* und hundert andere Wirtschaften berühren. Monate hätten nicht ausgereicht für einen Kneipenspaziergang. Überall schlug einem ein besonderes Flair entgegen. Bräustübel oder Garküche, Kaschemme, Spelunke, Rasthaus, Tanzdiele, verkehrte Bälle (nur Damenwahl), Cafés und Restaurants im alten Plüsch, Leipzig sprudelte vor verblaßter Vergangenheit und suchte einen Wechsel auf die Zukunft, was bald auf das Mißtrauen der Herrschenden stieß. Noch vergnügte man sich im Übermut jugendlicher Gefühle und der feurigen Aufbruchstimmung der Aufbaujahre. Der Körper hatte genug Kraft, Studium und Lebenssucht zu vereinen. Paukte man bei Tag den Stoff prächtiger oder überflüssiger Fächer, wanderte vom Mittelhochdeutschen bis zum Marxismus des 19. Jahrhunderts, von der Welt der Goten bis in die der Sowjetmenschen, vom alten Aristoteles bis zum ewig jungen Hegel, von Christus bis Luther, von Walther von der Vogelweide bis zu Brecht und Benn, so wollte man wenigstens bei Nacht den lässigen Flaneur hervorkehren, der im Menschen steckte und auch vor Sozialisten nicht zurückschreckte.

11

Im November 1957 fiel der Ofen ein. So nannte man in meiner Thüringer Heimat den Freudentaumel, wenn ein Mensch zur Welt kam. Mein erster Sohn, in Eisenhüttenstadt geboren, das vormals Stalinstadt hieß, der erste Stadtpatron ein teuflischer Herrscher, stieß Vater und Großvater, den Studenten und den Fischermeister, eine Nacht lang in die Fänge des Alkohols, der erst in den morgendlichen Nebelschwaden des Brieskower Sees verdunstete, aus dem wir Zander und Schleie, Rotfedern, Hechte und Aale herausholten. Wenn wir auf den schäumenden Wassern hätten rätseln müssen, was aus dem neuen Menschen werden könnte, wäre keiner auf die Idee gekommen, daß der sprechfaule Knabe nach *Mama* und *Papa* – wie es auch immer zusammenhängen mochte – als drittes Wort seiner unentwickelten Sprachkunst *Apotheke* triumphierend hervorstieß oder daß er mit knapp fünf Jahren seiner Großmutter das in Verse gesetzte Kinderbuch *Helga im Garten* zum Erstaunen aller Umstehenden lückenlos vorlas, vorlas aus dem Gedächtnis. Später holte er, der Professor für Gynäkologie, selbst neue Erdenkinder ans Licht, befreite sogar gesunde Vierlinge, seltenstes Ereignis, aus der Dunkelheit des Mutterleibs und operierte erfolgreich eine Krebsgeschwulst am ungeborenen Kind.

In der Politik schwafelten die Eliten in Ost und West unentwegt von der Berlin-Krise. Im Mai 1958 wurden in der DDR die Lebensmittelkarten abgeschafft. Letzte Rationierungen für Fleisch, Zucker und Fett wurden hinfällig. Ich bewahrte das Dokument dieser trübseligen Zeit, eine rubrizierende Kartentasche aus Kunstleder, in meinem papiernen Sammlungsgut. Verglich ich es mit dem gestanzten Pappband aus der Hitlerzeit, von der Großmutter überliefert, so stellte ich die gleichen Kartentypen fest wie im DDR-Katalog: Brotkarte, Fleischkarte, Fettkarte, Nährmittelkarte, Eierkarte, Zucker- und Marmeladenkarte, Seifenkarte, Kleiderkarte, Kohlenkarte, Raucherkarte und Kartoffelkarte. Die Rationierungsdokumente der Nazizeit erfuhren nur eine pompöse Hochstilisierung und hießen Reichsseifenkarte, Reichskleiderkarte, Reichsfettkarte, waren wenig anmutige Papiergeschöpfe mit dem Hakenkreuz, das die Nachfahren durch Stadtembleme oder Landesvermerke ersetzten. Auf manchen stand: Achtet auf die Gütemarke! Man wußte nicht, was das bedeuten mochte. Kriege und Zusammenbrüche ebneten die Gewohnheiten ein.

Paukenschläge auch im Literaturbetrieb. *Die Blechtrommel* von Günter Grass erschien, jener seltsame Roman um den kleinen Oskar Matzerath, den Hans Mayer einen Schelmenroman nannte. Ein Verdunklungs- und Erhellungsbuch, schreckhaft, ermunternd und erheiternd. Das Buch wurde ein Welterfolg. Uwe Johnsons *Mutmaßungen über Jakob* dagegen blieben in den Senken des Buchmarktes stecken, obwohl das Buch ein groteskes Ereignis darstellte. Es sei, feierte es Hans Magnus Enzensberger, der erste deutsche Roman, der weder der ost- noch der westdeutschen Literatur angehöre. Er sei schlechthin gesamtdeutsch. Er katapultierte Johnson in die erste Reihe deutscher Erzähler, und man durfte sich von Johnson eins merken: »Die Erfahrung DDR sollte nicht verkleinert werden durch die Tricks der Erinnerung.« Ein Menetekel für spätere plumpe Hinschlächter historischer Erfahrungen. Beide Texte kamen 1959 ins Blickfeld von literarisch interessierten DDR-Intellektuellen und lösten erbitterte Wortgefechte aus. Die politischen Lager verbuchten beide Bücher als gefundenes Fressen, um ihre Ansichten über das geteilte Deutschland und seine schleierhaft auseinandertriftenden Literaturen festzuschreiben. Beide Bücher wirkten wie ein Katalysator, der den Erzählstoff umwandelte in Diskussionen über Gesellschaftsmuster, über Tabuzonen politischer Befindlichkeit. Begriffe wie Umsiedlung, Vertreibung, Heimat, Religion lösten sich aus bewußten und ungewollten Verengungen. Deutsche Literatur bekam mit diesen Büchern ein pausbäckigeres Gesicht. »Greif zur Feder, Kumpel!« war eine DDR-Losung. Der *Bitterfelder Weg* für das Bewußtwerden einer sozialistischen Nationalkultur in der DDR, manifestiert auf einer *Bitterfelder Kulturkonferenz* der führenden DDR-Partei, mochte ein möglicher Trampelpfad sein in unerprobtem Gelände. Erkundungen waren ehrenwert. Aber es gab, wie man sah, noch andere Straßen, auf denen in literarischer Manier das historische Gedächtnis geschult und die Phantasie über das kommende Deutschland beflügelt werden konnte.

Ich legte derweil in meiner ersten Arbeitsstelle nach dem Studium, als Redakteur der *Wissenschaftlichen Zeitschrift* der Karl-Marx-Universität Leipzig, ein Depot von Bekanntschaften an, die mein baldiges Verlegerleben wie ein goldener Schatz begleiteten. Bald kannte ich die halbe Professorenschaft der 1409 gegründeten Universität, dieser ehrwürdig hohen Bildungsstätte, manche Jahre geschunden wie ein gefesselter Prometheus. Auch die halbe Gelehrtenschar der anderen DDR-Universitäten tangierte meine publizistischen Aktivitäten. Mit welchem Wissensgebiet ich später als Lektor, Programmchef und Verleger bekannter DDR-Verlage auch in Berührung oder in die Klemme kam, ich konnte einfach anrufen. Aus einer der Universitätsstädte von Greifswald bis Jena bekam ich immer einen Rat. Ein zinsloses Kapital an Geistesblitzen, politischer Gewitztheit und Sachkunde konnte ich benutzen, um Bücher zu machen, für oder gegen den Zeitgeist, je nachdem. Es wuchsen mir Freundschaften zu, die lange hielten.

Der monatliche Ertrag meiner Arbeit ließ sich freilich in einer kleinen Schatulle unterbringen. Ich bekam 600,– DDR-Mark brutto, 475,– Mark in den eigenen Beutel. Wöchentlich belagerte ich das Wohnungsamt, um der jungen, getrennt lebenden Familie in Leipzig eine Bleibe zu verschaffen. Meine Frau kam in die Stadt und weinte. In der 1½-Zimmer-Erdgeschoßwohnung am Floßplatz, die uns zugewiesen worden war, liefen die Schaben und Silberfischchen scharenweise in Küche und Toilette herum. Penetranter Gasgeruch ließ baldige Explosionen vermuten. Nach Monaten konnte ich umtauschen. Ein verblaßtes Herrschaftsgemach in Gohlis, 3 Zimmer in Teilhauptmiete. Das Bad gehörte zum anderen Teil der Wohnung. Teilhauptmiete 107,– DDR-Mark pro Monat für Zimmer, die wie Ballsäle aussahen. Ein mühsam erworbenes Nierentischchen, ein paar Polsterstühle auf wackligen Beinen, ein Vitrinenschrank sahen aus wie Spielzeug für das Riesenfräulein aus der Thüringer Sagenwelt. Im Schlafzimmer ein Bett aus finnischer Birke, dem Trödelladen in zähen Preisverhandlungen abgerungen. Im dritten Zimmer eine Holzkiste, Umzugsgut, und ein auf Klötze aufgestütztes Holzbrett für unsere familiären Sitzblockaden. Kärgliche Utensilien, die ein wenig Wärme in die kalten Säle bringen sollten. Das Herrschaftszimmer, 36 qm groß, denkbar unangemessen für eine junge Familie, war der Spielplatz des von der Großmutter heimgeholten Sohnes. Mit dem Nachttopf ruderte er von Zimmerecke zu Zimmerecke und verdrängte den

Mißmut, der sich in uns breitmachte. An Gardinen war in diesen gewaltigen Räumlichkeiten nicht zu denken. Das Budget wurde ohnehin von Monat zu Monat kleiner, die Monate von Mal zu Mal kürzer, bis wir uns etwas zuborgen mußten. Überrascht sahen wir ins Portemonnaie, als wir eines Abends aus der Stadt zurückkehren wollten in das Bürgerhaus der Gründerzeit und kein Geld mehr vorhanden war, um eine Straßenbahnfahrkarte zu lösen. Marschschritt auf den Heimathafen zu. Durchnäßt kamen wir an, die Zimmer stierten uns an aus hohlen Augen. Das Kind, in den Betreuungsarmen einer Nachbarin, jubilierte mit quietschenden Lauten. Wir waren mit der Welt versöhnt.

Wir überlegten, wie wir der Unterbesoldung Herr werden konnten. Ich schrieb Glossen für die *Leipziger Volkszeitung* und andere Blätter. Abenteuerliche und skurrile Geschichtchen. Geborgte Weisheiten zu ländlichen Genossenschaftsträumen, aufgelesen im Thüringer Bergland. Aktuell und belobigt, aber keinen Schuß Pulver wert, keine literarischen Erbauungen. Ein paar Geldlinsen streuten sie ins Töpfchen, löteten ein paar lecke Stellen. Ich vervollkommnete eine Sommergeschichte, Vorbild Tucholskys *Rheinsberg*, das Pärchen nur mit Kind, das schon einen Namen hatte und Wirklichkeit geworden war. Straff arbeitete ich an einem Hörspiel. Lehrergeschichte, bleibende Vorbilder und gräßliche Schicksale. Die beschenkten Zeitungen und Rundfunksender ließen grüßen. Machen Sie weiter, schrieben sie, Sie müssen feilen an den Charakteren. An den Konturen. Ich warf Manuskripte und Zettelkästen in den Papierkorb. Geld verdienen ließ sich damit nicht. Ich redigierte Manuskripte, korrigierte Fahnen werdender Bücher. Das Zubrot verbesserte sich. Wir wurden, wie wir meinten, langsam wohlhabend, nachdem wir einen Kinderkrippenplatz bekommen hatten und Renate wieder arbeiten konnte. Ein Schreibtisch verdrängte die Holzkiste, ein

Stuhl das auf Klötze gestützte Holzbrett, ein Stillleben aus dem Trödel schmückte die kahle Wand. Es fanden sich ein paar Fayencen aus dem Elternhaus ein, Prunkstücke in kahler Wohnlandschaft, die wie Windlichter leuchteten und eines Tages samt Tragebord von der Wand stürzten. Renate steuerte ein Bücherregal bei, präzise Tischlerarbeit, die alles tragen konnte, was studentische Antiquariatsbesuche zusammengetragen hatten. Zögernd nahm die Zukunft Konturen an, wir sangen und lachten, sammelten Freunde, die noch ärmer waren als wir und noch lustiger. Wir nahmen die Pfennige zusammen und stürmten die Kinos. Kultur war ein herrliches Land, so ein gängiger Spruch, heute hier, morgen dort, und kein Pfennig ohne Geld. Kinozeit genossen wir wie eine zweite Geburt. Die anspruchsvollen deutschen Nachkriegsfilme der DEFA, gedreht in Babelsberg, das Adenauer zur »Soffjet-Zone« zählte, obgleich es in Preußen lag, im deutschesten Stammland. Die Italiener, der klassische Neorealismus. *La Strada, Fahrraddiebe.* Die Franzosen. Ihre großartigen Literaturverfilmungen. *Die Elenden, Die Kartause von Parma.* Gérard Philippe. Jean Gabin. Die elegischen Schweden. *Sie tanzte nur einen Sommer.* Die träumerischen Russen und ihre revolutionäre Epoche, ihr Vaterländischer Krieg. *Die Kraniche ziehen, Tschapajew, Der stille Don.* Wir wurden hinübergetragen in die sechziger Jahre. Die erste Mondrakete der Sowjets war gelandet. In der Sahara explodierte die erste französische Atombombe. Der DDR starb ihr erster Präsident weg. Ulbricht machte sich zum Staatsratsvorsitzenden. In Bayern übernahm Franz Josef Strauß das Regiment in der CSU. Quälende Zeiten für die deutsche Verständigung, für den internationalen Frieden. Die Bevölkerung der DDR nahm ab, die der Bundesrepublik nahm zu. Auf die Frage eines Journalisten erklärte Ulbricht, ein Mauerbau in Berlin sei nicht vorgesehen.

12

Plötzlich gingen die Lichter aus. Am 13. August 1961 wurde Westberlin abgeriegelt. Der stummen, in den ländlichen Provinzen teilnahmslosen Masse wurden einfache Denkmuster vorgeführt. Was der DDR die offene Flanke zu Westberlin gekostet hätte. Ein vielfaches Milliardenvermögen. Ganz volkstümliche Formeln machten die Runde. Da kaufte einer in Ostberlin einen Kasten Bier, trug ihn nach Westberlin, trank, löste das Flaschenpfand ein, tauschte die Westmark zum »Schwindelkurs« von 1:4 oder 1:5 in Ostmark um, holte in Ostberlin wieder Bier etc. etc. Der Mann soff sich dumm und dämlich und zahlte zum Schluß keinen Pfennig. Im Osten liefen die Bierhähne leer, und das Bier versickerte in den durstigen Kehlen der Badegäste am Wannsee. In solchen einfachen Formeln steckte die Wahrheit der Lüge. Abgelenkt wurde vom Hauptproblem. Die DDR war für viele nicht attraktiv genug.

Wenn man dem Mauerbau etwas Attraktives abgewinnen konnte gegenüber den vielen Verschmutzungen, die er ins deutsche Nationalgeschehen spülte, so war es die Überlegung, daß bei geschlossener Grenze der wirtschaftliche Aufschwung schneller vonstatten gehen und die politische Demokratie wundertätiger werden könnte. Ich glaube, daß – wie ich selber – viele Intellektuelle in den sechziger Jahren dieses Glaubens waren und deshalb die Aufforderung von Günter Grass an seine DDR-Kollegen, dem Mauerbau Widerstand entgegenzusetzen, bei aller Demut vor der Heiligkeit seiner Erscheinung nicht verstanden. Wichtige DDR-Autoren ließen sich vielmehr in einem Band des Verlages Rütten & Loening, Berlin, mit dem Titel *Die Stimme heißt Frieden* die Mauer zum antifaschistischen Schutzwall zurechtstutzen, wie es die Politik vorgegeben hatte. Historisch betrachtet, steckte darin sogar das kleine Körnchen bitterer Wahrheit, das aus den Schemen der geschichtlichen Ereignisse herausleuchtete und alle zu Verlierern machte. Günter Grass landete auf einer Liste in der DDR unerwünschter Autoren, die die DDR-Mächtigen fortschrieben, nachdem er sich in seinem »deutschen Trauerspiel« *Die Plebejer proben den Aufstand* (1966) dem 17. Juni 1953 zuwandte, der wie ein unverdauter Brocken in den Mägen der Regierenden lag und den man sich nicht durch fremde Belehrung wieder hervorrülpsen lassen wollte. Andererseits bekam auch einem Bekenner der DDR-Maßnahmen, der sich zeitweilig, wie wir wissen, positiv zum Mauerbau geäußert hatte, seine Parteinahme schlecht. Erwin Strittmatter büßte durch sein Bekenntnis zur Mauer das Erscheinen seines im S. Fischer Verlag Frankfurt/Main bereits fertiggestellten Buches *Der Wundertäter* (Band 1) ein, von dem offenbar schon Leseexemplare im westdeutschen Buchhandel im Umlauf waren. Es verdampfte in den Recyclingkesseln der Papiermühlen zu neuen Werkstoffen, auf denen den Allüren des Kalten Krieges gehuldigt werden konnte. Für mich blieb dieser gräßliche Befund, Grass auf der einen, Strittmatter auf der anderen Seite, ein Zeichen für die Unfähigkeit der herrschenden Meinungen in beiden Teilen Deutschlands, sich den widersprüchlichen, meist koproduktiven Mustern Andersdenkender zu öffnen. Später, wenn ich über die deutschen Zustände nachdachte, kam mir das Wort eines Italieners zu Hilfe, der sinngemäß einmal gesagt hatte, wenn die Beherrschten klüger würden als die Herrschenden und sich das nicht in einer Generation ausgleiche, käme es zur Katastrophe. Durch Grass ging das geteilte deutsche Leben hindurch und machte ihn klüger als die Politik. In ihm stritt die Vernunft mit dem Zeitgeist. Das machte ihn als Aufklärer verläßlich und sympathisch und sicherte ihm, unabhängig vom Urteil der Mächtigen, auch in der DDR viele

Bewunderer. Vielleicht läßt sich sagen, daß sich mit Christa Wolf, die nach der Erzählung *Der geteilte Himmel* (1963) mehr und mehr zur großen Dame der DDR-Literatur emporwuchs, ein Ebenpart aufstellte, den Grass im geteilten Deutschland brauchte wie sie ihn. Fortschreiten und Stillstand deutscher Geschichte in beklemmenden Schicksalen literarisch zu gestalten war beider forthin wichtigstes Pläsier.

Als *Der geteilte Himmel* erschien und in beiden deutschen Staaten als literarisches Ereignis registriert wurde, lag ich in der Leipziger Universitätsklinik und bekämpfte, wie man damals sagte, die infektiöse Asiatische Gelbsucht. Die Sache war langwierig, der Bazillus nicht ausgeforscht, Medikamente unerprobt. Man orientierte sich auf Nebenschauplätze, Pampelmusenkuren und dergleichen, um die Kräftigung der Patienten zu erreichen. Mehr als irgendwann brauchte man die Fürsorge der Ärzte und Schwestern. Just in dieser Situation stand die Hepatitisstation eines Morgens ohne ihren Professor und ohne Oberschwester da. Das zwiespältige Wort Republikflucht pflanzte sich auf den Fluren fort. Man munkelte etwas von einer Fahrt über die Ostsee, an der noch andere Mediziner beteiligt sein sollten. Überprüfen konnte man es nicht. Zur gleichen Zeit erreichte mich die Nachricht vom Fortgang meines Lehrers Hans Mayer aus Leipzig nach Hannover. Jeder konnte raten, wie beglückt ich über die Grenzwanderer war und was ich empfand, Achtung oder Zorn, Verständnis oder Mißmut, zumal man bald hörte, daß der welterfahrene Literaturkönig von Leipzig an seiner neuen Universität zeitweilig behandelt wurde, als wäre er ein marxistischer Possenspieler aus der Provinz. Die Erzählung Christa Wolfs »über die junge Pädagogikstudentin Rita S. und ihr zweites Leben bezog ihre ungewöhnliche Spannung aus einer Liebe und deren exemplarischer Verknüpfung mit den verworrenen Zuständen unseres geteilten Landes und einer politisch gespaltenen Welt«, schrieb ich später im Klappentext einer Neuausgabe des *Geteilten Himmels*. Man wußte vieles. Aber woran litt man? Litt man an der Asiatischen Gelbsucht? Oder litt man an Deutschland? War man krank und die Menschen blieben weg, die zum Gesundwerden nötig waren, und wenn sie einfach verschwanden, empfand man das als Verrat? Diese Spannung ließ sich nicht auflösen, es blieb ein bedrückender Seelenzustand.

Ich hatte vor der Krankheit Polen besucht. Warschau, Krakau, Breslau. Warszawa, Kraków, Wrocław hießen die Städte auf Polnisch, so wie es in unseren Schulbüchern stand, wie sie die westdeutsche Ostforschung aber nicht nennen durfte. Alt-Österreich konnte vielleicht wieder großdeutsch zurückgewonnen werden. Ich beriet die zuständigen Gremien der polnischen Universitäten in Sachen *Wissenschaftliche Hochschulzeitschriften*, wie sie in der DDR existierten und im internationalen Wissenschaftsaustausch eine Rolle spielten. Die Mission war spannend und heikel, die Wißbegierde beeindruckend, der Schmerz der Vergangenheit übermächtig, das Mißtrauen gegen die Deutschen groß und ungebrochen. Gleiwitz, die Westernplatte, das Warschauer Ghetto waren nicht vergessen. Durch fast jede Familie ging ein Riß, in den ein Mensch hineingestürzt war. Ich traf auf der Reise den Marburger Mediävisten Gottfried Schramm, einen hochsensiblen intellektuellen Nachkommen des Rowohlt-Herausgebers Percy Ernst Schramm, der – soweit ich es erinnere – die polnische Reformationsgeschichte erforschte und eine ähnliche Reiseroute verfolgte, wie ich sie vor mir hatte. Die Nächte waren lang, zwei Deutsche an einem Tisch, in Polen, das ihre Väter überfallen hatten. Wir waren frei von dem schlesischen Vertriebenendünkel, der über die deutsch-polnische Geschichte alles besser wußte, nur weil man in der Kindheit ein paar Körnchen Kohlenstaub aus den Gruben um Hindenburg, das jetzt Zabrze hieß, gefressen hatte, aber vergaß, was von den Streifzügen der alten deutschen Ostkirche an bis zu Hitlers Größenwahn angerichtet worden war. Demütig betrachteten wir das Nachbarland, durch Teilungen geschwächt, durch Zugewinne gestärkt, und palaverten über die deutschen Zustände. Marburg und Leipzig waren drei Stunden voneinander entfernt, die politischen Systeme dreihundert Meilen. Wir fanden einen Weg, der zusammenführte. Die Geschichte, mit ihren schrecklichen Grimassen, half uns. Als ich nach Hause kam und von der Krankheit niedergestreckt wurde, fanden sich schnell wieder die unbelehrbaren Pharisäer, die sofort wußten, wo ich sie aufgelesen hatte. Natürlich in Polen und seinen verwahrlosten Provinzen. Dabei kam der Infekt aus dem Kindergarten meines Sohnes. Die böse hochmütige deutsche Nachrede steckte noch in vielen Köpfen, das »Nationale«, das Kurt Tucholsky so treffend angeprangert hatte. »Die spanischen Frauen geben sich leichter der verbotenen Liebe hin als die deutschen. Alle Letten stehlen. Alle Bulgaren riechen schlecht. Russen unterschlagen Geld. Das ist alles nicht wahr – wird aber im nächsten Kriege gedruckt zu lesen sein.«

Was die Reise auch heraufbeförderte, war ein neues Nachdenken über Rußland und die Sowjetunion. Nicht für möglich gehalten hätte ich vorher, daß in Polen der Haß auf Rußland und die Sowjets noch größer war als der auf die deutschen Faschisten. Das hatte mit vielem zu tun, mit den geraubten Gebieten in Ostpolen, mit Katyn, mit den neuen Heerführern und Staatsrepräsentanten. Plötzlich erschien der Warschauer Vertrag, Gegenpol zur NATO, wie ein Pulverfaß, wie ein löchriger Wanderstab, der jeden Moment zerbrechen konnte. Wenn man dagegen zu Hause in den Parteiversammlungen saß, fühlte sich die sozialistische Welt wie ein unzerstörbares Bollwerk an, gestreichelt und liebkost vom Fortschreiten der Weltgeschichte. Die professionellen Propagandisten der neuen Weltordnung, die viele von uns sogar guthießen, die besonders lautstarken Claqueure der sozialistischen Notgemeinschaft waren stets in Sonntagsstimmung. Die Alltagsprobleme, die vielen inneren Widersprüchlichkeiten sahen sie nicht oder wollten sie zudecken. Man dachte nicht, daß sich Geschichte wiederholen könnte. Fast fünfzig Jahre später war alles wieder da, die Notgemeinschaft Europa, wie immer, zum Nutzen des Kapitals, der grandiose Realitätsverlust der Herrschenden, die Mißachtung der kleinen Leute, ihrer Meinungen und Gefühle, die Vabanquespiele der Macht: Wir wurschtelten wieder munter drauflos. Vergessen der Faustschlag, der über Nacht ein System auf die Bretter warf, durch die Kraft der Schwachen.

Die Leipziger Universität, die mich zum Meinungsaustausch nach Polen ausgeborgt hatte, verhalf mir in gleicher Mission zu einem Aufenthalt in der Sowjetunion. Ich lernte die Ukraine kennen. Kiew. Den mächtigen Dnjepr. Schewtschenko, den Nationaldichter, Schöpfer – wie es hieß – der ukrainischen Literatursprache. Ich fuhr mit einer Delegation weit ins Land hinein, zu einem Forschungszentrum. Birkenwälder, so weit der Blick reichte. Unendliche Weiten, unendliche Stille. Ich dachte an die große russische Literatur des 19. Jahrhunderts, an Puschkin, Tolstoi, Turgenjew, Leskow. Ihre verzaubernden Naturschilderungen. Von der ukrainischen Literatur kannte ich wenig. Ich sah auf die Erde und in den Himmel. Das Land hatte kein Ende. Welch Irrtum, es unterjochen zu wollen. Hitler und der deutsche Kapitalismus, ein kleinkariertes Schauerstück vor der Größe dieser Landschaft, vor der urbanen Kraft dieses Landes.

Wir arbeiteten und feierten. Wir schoben Brot und Speck in die Mundwinkel und gossen Wodka darauf. Die Tische bogen sich. Gargantua feierte Auferstehung. Aus den Kesseln dampfte die Fischsuppe. Hatte man sich an der Tafel abgearbeitet, wartete ein köstliches Dessert. Sauerkirschen, groß wie Walnüsse, in goldgelbem Honig drei Tage eingelegt. Wir nahmen das Rezept mit nach Hause. Die Gastfreundschaft, sprichwörtlich. Gütige Mütter und Väter im Spiel mit ihren Kindern. Schönes, reiches Sowjetland. Das Sonntagsgesicht. Wenn man sich das Wasser und anderen Abraum abschlagen wollte, mußte man aufs Klo wie anderswo auch. Auf ein sibirisches Klo. Eine Klostation. Zehn Abtritte nebeneinander. Jeder im offenen Visier. Man hielt sich an einer Stange fest, wie in mittelalterlichen Festungen, und streckte den Arsch von sich, um den Feind abzuhalten. Es stank wie in den Festungsgräben der frühdeutschen Wehranlagen. Wir waren in der Provinz. In den verträumten Dörfern, die wir durchfuhren, waren die Fenster mit Zeitungspapier beklebt. Gardinenersatz. Auf den Markttischen in den Zentraldörfern sortierten sich die Frauen ihre häuslichen Braten zusammen. Die Fleischbrokken nahmen sie in die nackten Hände, begutachteten sie und legten sie zurück, wenn sie ihnen nicht gefielen. Dann kam der nächste Interessent und vollführte dieselbe Prozedur. Die stationären Fleischtheken sahen aus wie Tapetentische, auf denen man vor kurzem erst den Kleister angerührt hatte. Schnappschüsse, gewiß. Man mochte den Sozialismus gutheißen, die Utopie bestaunen, aber waren die Sowjets, Jahrzehnte nach ihrer großen Revolution, nicht doch noch weit entfernt von dessen lichten Höhen, die die Zeitungen propagierten? Es war kein Wunder, daß die Leute zurückschauten in die Geschichte und ehrfürchtig die ukrainischen Revolutionslieder sangen, die Taras Schewtschenko dem Volk hinterlassen hatte. Vor seinem

Denkmal, tief in der ukrainischen Provinz, hatten wir uns über die vielen Menschen gewundert, die ihm dort huldigten. Wahrscheinlich ein Ausdruck der Liebe eines lesenden Volkes gegenüber seiner Literatur, aber gewiß auch eine Verbeugung vor dem unerschrockenen Kämpfer für die Überwindung fremdverschuldeter Unmündigkeit. Das ukrainische Dorf mit seinen einmaligen Reizen, seinen verwurzelten bäuerlichen Strukturen schien noch ein Stück entfernt von der europäischen Moderne, und man wußte gar nicht, ob das als rückständig aufzufassen oder als bewahrenswert anzusehen war.

13

Die sechziger Jahre. Ein zweites Leben begann. Mein zweiter Sohn, Michael, war jetzt sechs Jahre alt. Ein Erzengel sollte er nicht werden, ein Raufbold auch nicht. Vielleicht konnte er dem Kohlhaas, auch einem Michael, etwas abgewinnen an Rechtschaffenheit und Gerechtigkeitssinn, ohne brandschatzend durch die Welt zu ziehen. Er ging seinem großen Bruder mächtig auf die Nerven, weil er immer an dessen Rockzipfel hing und ihn mit einem beträchtlichen Maß an Wahrheitsliebe beeindruckte. Der Große, ein Wirklichkeitserfinder, hatte viel Phantasie und trickste gern und – ein Skorpion – befeuerte seine Umwelt mit Nicklichkeiten bis zur Weißglut. Jüngst hatte er in Thüringen, in den Großmutter-Ferien, Wölfe getroffen und mit ihnen gesprochen. Michael wirbelte ein paar Takte auf seiner Kindertrommel und kommentierte die Erzählung gelassen mit dem Wort: Klapskopp. Wir wohnten jetzt im Grünen, in einem Leipziger Vorort. Das schöne Haus war ein Geschenk meiner Großeltern, mein Erbteil, hieß es. Großmutter hatte zu Kaisers Zeiten in der Stunde zwölf

Pfennig verdient, Großvater vierundzwanzig, am Glasbläsertisch, bei rauschender Flamme und knarrendem Blasebalg, in der Weimarer Republik etwas mehr. Das war dabei herausgekommen. Mir war mulmig zumute, wie verschwenderisch wir zwei Generationen später mit Zeit und Gewinn umgingen.

Ich wechselte aus dem Universitätsbetrieb ins Verlagsfach. Am Bibliographischen Institut Leipzig wurde ich Assistent des Verlegers, eine im staatlichen Verlagswesen der DDR ungewöhnliche Anstellung, die ich den sonderbaren Allüren eines Thüringer Landsmanns verdankte, der häufig querdenkerisch handelte. Es war wie Auflehnung gegen herrschende Konventionen, die er glaubte seiner schmalkaldischen Herkunft schuldig zu sein. Der Schmalkaldische Bund, der in einem Krieg endete, war ja auch eine Auflehnung. Die protestantischen Reichsstände rebellierten gegen die Politik des Kaisers, Karl V. Heinz Köhler, der Verleger des Bibliographischen Instituts, war ein kleiner Rebell, nur daß sich seine Methoden von denen im 16. Jahrhundert unterschieden. Jedenfalls profitierte ich von seinem Eigensinn. Ich lernte fast alle Verlagsabteilungen kennen, nahm an allen wichtigen Verlegersitzungen teil, beteiligte mich an strategischen Entscheidungen der Verlagspolitik und schnappte viele neue Feinheiten im Umgang mit Autoren und Herausgebern auf, die in der Zeitschriftenarbeit an der Universität nicht nachhaltig genug zu erkunden waren. Außerdem betreute ich ein Lektorat im Bereich Sprach- und Literaturwissenschaft. Eine Schule zur Erziehung des Verstandes und der Gefühle, drei Lehr- und Lernjahre höchster Anspannung. Dort legte ich den goldenen Fonds an Enthusiasmus, Geschmack, Entschlußkraft, Haltung und Stehvermögen an, ohne den eine Verlegerpersönlichkeit nur ein schwankendes Rohr im Winde der Zeit bleibt. Ich galt als jemand, der sich ein paar Meriten verdient hatte, was hier nicht mehr zählte. Ich lernte den Beruf nochmals von der Pike auf, stiftete Bücher an, lektorierte und redigierte, maß Schriften und Abstände, begutachtete Typographie und Inszenierungskunst, wählte Papier und Leinenstoffe aus, betextete Bücherklappen und Werbekataloge, staunte über und verinnerlichte die vielfältigen Formen des Vertriebs, prüfte wie ein Buchhalter Kosten und Ertrag der Arbeit, die man in Szene setzte. Später, als ich aus der Elevenzeit herausgewachsen und schon selbst Verleger war, schöpfte ich aus diesem Fundus und konnte eine heilende Hand auf viele Wunden legen, die im Verlauf des Büchermachens entstanden. Es war die sozialistische Zeit, aber im Bibliographischen Institut wurde man behandelt wie ein junger Unternehmer, mit Platz für Risiko, mit Raum für Freiheit und Eigensinn. Wenn etwas schiefging, fiel man in die weichen Kissen der Solidarität. Erst Wiederholungsfälle von Leichtsinn oder Dummheit wurden bestraft.

Das Schicksal wollte es, daß ich mit vielen Autoren zusammentraf, die einmal meine universitären Lehrer waren. Ich streckte bei denen die Brust heraus, wo ich geglänzt hatte, bei denen, wo ich verunglückt war, spielte ich den Weltmann und setzte mich wie ein Hütejunge heimlich auf den Hosenboden, um Rückstände aufzuholen. Im Fach Mittelhochdeutsch war ich in einer Universitätsprüfung einmal durchgefallen. Ich dachte, diese archaischen Sprachkünste würden im Leben nie gebraucht. Nun erwog mein Lektorat ein mittelhochdeutsches Hochschullehrbuch, einzelne Textausgaben gab es schon reichlich. Ich überwand meine Abneigung, büffelte in eigenverordneten Übungen viele Texte, die ich vormals verachtet hatte, und entdeckte die Schönheiten des Minnesangs und die verblüffende Aktualität der alten Tugendlehren. Mit Prof. Dr. Theodor Frings, dem Granden der deutschen Sprachge-

111

schichte und langjährigen Präsidenten der Sächsischen Akademie der Wissenschaften, der meine Wiederholungsprüfung in Mittelhochdeutsch geleitet hatte und jetzt einer meiner Starautoren war, konnte ich mich nun lustig machen über die Brücke, die er mir vormals gebaut hatte, damit ich nicht durch ein neues Prüfungsdebakel mein germanistisches Diplom gefährdete. Er bot mir die Latinisierungsbewegung zum wissenschaftlichen Diskurs an. Da war ich ein As, das war ich meinem Namen schuldig. Er machte mich zum Schmied meines Glücks. Der Schmied, der sich in der mittelalterlichen Zunft emporarbeitete, sich zu Schmidt verfeinerte, unter dem Einfluß der Humanisten zum Fabricius mutierte und schließlich bei Faber landete, hatte meinen Namen geprägt. Ich hätte Frings aus Dankbarkeit für dieses Fingerspitzengefühl keine Zinslast verweigert, die er mir aufgebürdet hätte, aber er war ein nobler Mann. Die Koryphäen waren häufig die bescheidensten Autoren, die Wadenbeißer in den Verlagsstuben waren mehr die Anfänger, die sich in Fach und Sprache erst erprobten und schon auftrumpften, als hätten sie den Nabel der Welt gefunden.

An der Universität hatte ich jahrelang dem wissenschaftlichen Meinungsstreit beigewohnt, hatte an Debatten über den hochschulpolitischen Kurs der Bildungsstätte teilgenommen, hatte in Parteiversammlungen Temperamente wie brünstige Hirsche aufeinander losgehen sehen, hatte die Dummheiten der Zeitungsnachbeter ertragen, die jede Verlautbarung aus Partei- und Regierungsbüros wie eine Fahne hochreckten, der man hinterherlaufen sollte. Ich hatte den Sud aufgewärmter Phrasen samt rhetorischer Blasiertheit über mich ausgießen lassen. Ich hatte vieles als lästig, aber nichts als Bedrohung empfunden. Man konnte sich in das klassische politische Denken zurückziehen und in die Sprachgewalt seiner Erzeuger, zu Marx und Engels oder zu Mehring, zu Rosa Luxemburg, auf literarischem Feld zu Büchner und Heine oder zu Brecht, und schon gewann der Sozialismus, Vorformen und Folgen, eine gewisse Attraktivität zurück, wenigstens so lange, wie in den aktuellen Debatten gegenseitiger Respekt im Anstandskatechismus stand. Die Universität war aber auch ein Schmelztiegel politischer Aktionen, wo die Gegner nicht respektiert wurden. Da war der Verlag, mein neues Wirkungsfeld, wie eine Oase. Toleranz und Friedfertigkeit beherrschten die Szene, dazu ein Maß an Humor, das gesellschaftlichen Sprengstoff oft wirkungsvoll entschärfte. Aufreger waren dort ganz andere Dinge. Die Besoffenheit halber Verlagsmannschaften auf der Messe oder daß man nach einer Skatnacht einem Skatbruder einen Teil der Auflage der *Kleinen Enzyklopädie Film*, die zum lästigen Ladenhüter geworden war, als Spielgewinn vor die Tür karrte. In aller Munde war auch der mißglückte Versuch eines wichtigen Verlagsmannes, bei sanfter Volltrunkenheit in der *Postkutsche* ein einziges Selters mit einem Scheck zu bezahlen, was einen Skandal verursachte. Oder die schreckliche Gewohnheit eines Mitarbeiters, der zum Gehaltstag seiner Frau immer einen Strauß künstlicher Blumen nach Hause brachte. Die fortschreitende Eskalation dieser Gewohnheit führte schließlich zu einer Gehaltssperre, weil er zuletzt ein ganzes Taxi künstlicher Blumen zu seiner Gefährtin transportierte. Aufsehen erregte auch die Gründung einer Thüringer Landsmannschaft, die dreimal im Jahr tagte, in Leipzig, in ihrem Stammland und einmal an neutralem Ort, aber immer mit Thüringer Klößen und Kaninchenbraten. Der Gag wurde als gefährliche Gruppenbildung angesehen. Die Kulturpolitik hatte schon genug Ärger mit Herbert Roth. Neue Heimattümeleien waren nicht erwünscht.

Richtig irritierend aber war etwas anderes. Man wußte es ja längst, daß Information und Wissen zu allen Zeiten und in allen Ländern dem Volk nach Herrschaftsregeln dosiert wurden, so auch in der DDR, natürlich auch in der Bundesrepublik. Dennoch erstaunte, wie rasch und kaltschnäuzig lächerliche Befunde und Befindlichkeiten der Herrschaft, vor allem in der lexikalischen Arbeit, in Weltwissen umgewandelt wurden und wie mitunter durch Zurufe aus den höheren Etagen der Politik ganze Textteile aus den Nachschlagewerken eliminiert werden sollten. Das hatte nichts mehr mit dem feierlichen Grundsatz zu tun, daß in den Büchern des Landes Kriegspropaganda und Völkerhetze keinen Platz finden durften, den vor allem die Emigranten in unser Bewußtsein annotiert hatten und nach dem man beispielsweise an der Universität wissenschaftliche Auffassungen bekämpfte, die den Leuten einreden wollten, der Krieg sei für manche Zweige der Wissenschaft wie eine Badekur gewesen, gut für den technischen Fortschritt und zur Bekämpfung der Geschlechtskrankheiten. Das Streben nach Wahrhaftigkeit in den friedfertigen Gesellschaften wollte man für den Bereich des Buchwesens ja akzeptieren. Aber wo gingen die Spitzfindigkeiten los, was man unter diesem Grundsatz unterbringen konnte?

Ich hatte in meinem Lektorat eine lockere Verlagsreihe *Sprachwissenschaftliche Hochschullehrbücher* befördert, die sich im Laufe der Jahre auf eine dutzendfach beschickte Bibliothek auswuchs, deren Meisterwürfe, wie Wolfgang Fleischers *Wortbildungslehre* oder Gerhard Helbigs zweibändige *Geschichte der Sprachwissenschaft*, germanistische Standardwerke wurden und im Falle Helbig dem Autor sogar mit zu Weltgeltung verhalfen. Aber bald hätte politische Borniertheit das großartige Werk verhindert. In der Sprachwissenschaft war zu dieser Zeit der sogenannte Strukturalismus Mode geworden. Noam Chomsky, einer seiner Vertreter, bekannter Professor am Massachusetts Institute of Technology, hatte die linguistische Richtung zum

Medienereignis gemacht und in Gerhard Helbig einen produktiven Rezeptor gefunden. Kam eine Anregung für modernes Denken aus Amerika, so war das anrüchig. Kleinkarierte Kritteleien der Druckgenehmigungsbehörde mußten dafür herhalten, das Opus in Frage zu stellen. Es war meine erste Begegnung mit einer Art von Zensur, die ich nicht gekannt hatte. So betrachtete ich Helbigs Werk als mein Gesellenstück, ob ich den Anfechtungen gewachsen war, die sich in den Kämpfen zwischen Geist und Macht einstellten. Der Zweibänder erschien, ohne Verluste, in solidarischer Gemeinschaft mit einem großartigen Gutachter und Fürsprecher, dem Berliner Linguisten Manfred Bierwisch. Es war ein Erfolg nach einer Niederlage.

Im Sommer 1967 hatte ich der Leipziger Fakultät für Journalistik meine Dissertationsschrift zum Thema »Entwicklungsprobleme der Wissenschaftlichen Hochschulzeitschriften der DDR« eingereicht. Prof. Dr. Hermann Budzislawski, der Dekan, der ursprünglich mein Doktorvater sein wollte, sich aber für mein Dissertationsthema über die Wissenschaftlichen Hochschulzeitschriften in der DDR gar nicht interessierte, betrachtete mich, den verlagshistorisch Interessierten, mehr als jungen erwartungsvollen Zuhörer seiner Geschichten über das Schicksal der *Weltbühne*, jener berühmten Wochenschrift für Politik, Kunst und Wirtschaft in der Weimarer Republik. Er hatte das »Blättchen« von 1934 bis 1939 als Exilzeitschrift in Prag unter dem Namen *Neue Weltbühne* herausgegeben, nachdem es die Nazis verboten und ihren Herausgeber Carl von Ossietzky in das KZ gesteckt hatten. Der noble Mittsechziger im gesteiften Hemd mit schrägsitzender Fliege war ein launiger Erzähler. Er zehrte von einer Vergangenheit, die man hochachtete, deren Vornehmheit man aber für eine den »Sieg des Proletariats« begleitende journalistische Ausbildungsstätte, wie es die Leipziger Journalisten-Fakultät war, die er leitete, als nicht ganz angemessen empfand. Für mich verkörperte der »Lehrer auf Zeit« jene unnachahmliche Verbindung von Literatur, Kunst und Politik, die in der Weimarer Republik und der Exilzeit die intellektuelle Elite ausgezeichnet hatte. Jedenfalls delegierte er mein Promotionsverfahren an einen mit eigentümlichen Rochaden operierenden wissenschaftlichen Betreuer, der es schließlich zum Scheitern brachte. Die Arbeit bekam vonseiten des wissenschaftshistorischen Gutachters, Prof. Dr. Johannes Müller, glänzende Noten. Der nachrangige Journalistikdozent, der überstürzt und verspätet zum Gutachter bestellt worden war, glaubte eine unzureichende journalistische Durchdringung des Themas feststellen zu müssen. Er konnte nicht erklären, was darunter zu verstehen sei. Hinter vorgehaltener Hand wurde souffliert, daß der eigentliche Stein des Anstoßes in den soziologischen Erkundungen lag, die ich bei Dutzenden von Universitätsprofessoren aus der DDR über das Profil der wissenschaftlichen Hochschulzeitschriften eingeholt hatte. Die Aussagen waren nicht erquickend und führten mich zu Vorschlägen für eine Neugestaltung des universitären Publikationswesens. Ich wurde zur Zurücknahme von Urteilen aufgefordert, die sich aus der Bündelung der Befragungen ergaben. Ich plädierte für Publikationsgewohnheiten, wie sie in der bürgerlichen Wissenschaftswelt beheimatet waren, für Universalität. Die Wissenschaftsorganisation in der DDR war auf den *Erhalt* der wissenschaftlichen Zeitschriften eingeschworen, nicht auf deren zaghafte Erneuerung oder gar auf Umsturz. Man glaubt gar nicht, wie groß partikularistische Interessen in der DDR geschrieben werden konnten. Für das Parteisekretariat einer jeden Universität war die *Wissenschaftliche Zeitschrift*, ein Organ der Universitätsleitung, ein Ausweis für Wissenschaftsproduktivität, mit der sich die Parteifürsten schmücken konnten, wenn das

Periodikum nur prall gefüllt war. Manchmal spiegelte sich in kleinen Kämpfen große Politik.

Durfte man, als sich das Jahrzehnt dem Ende zuneigte, schon eine Bilanz ziehen, was aus den Demokratisierungs- bemühungen und den erhofften innenpolitischen Freiräu- men nach dem Mauerbau geworden war? Es fiel schwer, zu einem gesicherten Urteil zu kommen. Das Leben war besser geworden. Landwirtschaft und Industrie stärkten sich, ohne schon die großen Versprechen einzulösen, die in Partei- und Regierungsprogrammen standen. Die Kul- tur hatte Rückschläge einstecken müssen, nachdem Intel- lektuellenträume nach 1961 aufgeblüht und manche davon Wirklichkeit geworden waren. Eine junge Kunst etablierte sich und schickte sich an, den Anschluß an die Weltkunst zu finden oder deren symptomatische Ausdrucksweisen mit Gegenentwürfen zu konterkarieren. Ich nenne nur das Schlagwort *Leipziger Schule*. Kafka und die Moderne in der europäischen Literatur wurden salonfähig. Die Fernseh- unterhaltung gewann an Profil und verließ die prüde Pro- vinz. Das Publikum trank den Nektar großer Literaturver- filmungen. Dahinter lauerten die Argusaugen der großen Vereinfacher, die meinten, Kunst und Literatur müßten die Wurmfortsätze der Politik sein und vor allem deren sozia- listische Gegenwart enthusiastisch illuminieren. Zukunft zu entwerfen, Bilder voller Phantasie für demokratische Ge- sellschaftsmuster zu etablieren, in turbulenten Schicksa- len und verrückten Charakteren, war nicht besonders er- wünscht. Die DEFA-Spielfilmproduktion von 1965 büßte mit zwölf verbotenen Filmen den ideologischen Veitstanz um die ewigen Mißverständnisse zwischen Kultur und Po- litik. Als könnte ein Film, ein Theaterstück oder ein Lied die Regierung stürzen. Doch jedenfalls nicht, wenn es dem Volke wohl erging. Man schuf, wie Honecker meinte, den sauberen Staat und ging in die Geschichtsbücher als Latrinenwächter ein, die die alte Scheiße der Bevormundung nicht loswurden. Dennoch glaube ich nicht, daß die Restriktionen des 11. Plenums der SED vom Dezember 1965 das Volk wirklich bewegten. Es war mehr die Sache erlesener intellektueller Bruderschaften, die sich in zum Teil flammenden Reden Luft verschafften, aber, wie Christa Wolf, nichts anderes wollten, als den Sozialismus zu vervollkommnen.

Viel mehr bedrückten die Ereignisse in der Welt. Der Vietnamkrieg, ein großes Trauma, dem Jahrhundert ein Stachel, Europa ein Menetekel. Es war noch nicht vorbei mit der großen Lügenzauberei, an welcher Ecke der Welt die Freiheit verteidigt werden mußte und doch nur Wirtschafts- und Weltherrschaftsinteressen gemeint waren. Nach Jahren der Vernichtung, als der Friede noch nicht in Sicht war, setzte ein Freund, der Leipziger Dichter Helmut Richter, den vietnamesischen Brüdern ein berührendes Denkmal. Ihre Zeit, die Zeit der Unterdrücker, ist nicht unsere Zeit, hieß sein Trost. »Ein Teestrauch wächst zweihundert Jahre! / Der Atem des Volks ist wie der Monsun / Er kommt von weit her, er geht weit hin / Ein Strom ist aus Flüssen / Ein Fluß ist aus Bächen / Binh Ca heißt Friedliches Lied.«

Das Jahr 1968 prägte das Jahrzehnt und auch das Denken im Osten. Die 1968er als geschlossene Kolonne. Studenten gegen die Macht, gegen die Konvention, gegen das Kapital. Rudi Dutschke lebensgefährlich verletzt auf dem Straßenpflaster in Westberlin. In Paris bebte die Erde. Cohn-Bendit begann seine Karriere. Die DDR hielt den Atem an. Sie war nicht betroffen. Feierte heimlich die Aufständischen im bürgerlichen Weltzirkus und spornte zur Erhöhung der Arbeitsproduktivität an. Schnappschüsse, doch erschütterten sie kräftig das Gerüst der gesellschaftlichen Harmonie, die Scheinheiligkeiten auf beiden Seiten des Eisernen Vorhangs. Was würde nach 1968 kommen? Die antiautoritäre Erziehung? Der Terror? Die Enteignung der Konzerne? Würde er bleiben, der alte Muff in den Amtsstuben? Die hohlen Versprechungen der Parteien? Die Drohungen der Politik, wenn ihr etwas gegen den Strich ging?

Auch das war 1968. Der Prager Frühling. Die Niederschlagung durch Truppen des Warschauer Paktes. Verlorene Illusionen oder gestärkte Hoffnungen? Meinungen prallten aufeinander, rissen Klüfte in scheinbar feste Freundschaften. Wer Verstand für Weltpolitik hätte, riefen die einen, hätte wissen müssen, wie es enden würde. Wer an die Zukunft glaubte, orakelten die anderen, wüßte, daß Dubček nur der Anfang, nicht das Ende war. Brecht tauchte wieder auf: Alles braucht Veränderung.

In Leipzig flog die Universitätskirche in die Luft und sank zu einer Trümmerlandschaft zusammen. Ulbricht und der störrische Leipziger Parteichef Fröhlich hatten den Sieg, das Volk ein neues Streitobjekt. Der kleine Anbeter eines großen Professors wußte seinen Zorn nicht zu zügeln und beschimpfte den Lehrer, weil der sich nicht gegen die Sprengung gewehrt hatte. Wir trauerten den Konzerten des Leipziger Universitätschores nach, die Max Pommer als Chorleiter dort zelebriert hatte. Andere waren frohen Mutes, daß der christliche Plunder im Universitätsrock endlich ausgelüftet worden war. Wir dachten, wer der Tradition ins Gesicht schlug, wer die Bilderstürmerei vergangener Jahrhunderte erneuerte, dem wird der Wind ins Gesicht blasen. Stürmisch wurde er vorerst nicht. Das Land genoß den Frieden und die kleinen Errungenschaften. Gestern ein paar Fliesen ergattert, heute eine Tonne Koks, morgen vielleicht den heißersehnten Badeofen oder auch nur ein paar Schiefernägel, um das lecke Dach zu flicken. Das Auto hatte man angemeldet, wechselseitig auf Frau und Mann, um die jahrelange Wartefrist zu verkürzen, bis es auf dem Hof stand. Dafür reichlich Theater, viel Konzert, manches Kabarett, ohne daß man hingetrieben wurde, wie es später hieß, alles ganz freiwillig. Ferien, mit der Gewerkschaft, ohne Bestechung. Noch reichte der Blick selten über die DDR hinaus, gelegentlich nach Budapest und zum Balaton, nach Prag, auf die Moldau, das Riesengebirge, ein bißchen Polen und Hohe Tatra. Was war das gegen die Welt, dachte man später, aber damals war es die Glückseligkeit. Wenn man in die Ostseebäder fuhr, in die Sommerfrischen nach Thüringen, in den Harz, ins Erzgebirge oder an die Mecklenburgische Seenplatte, empfing einen Vertrautheit, Familie, als wäre man schon immer da gewesen. Kleine Engpässe bei der Nahrungssuche wurden schnell vergessen, mangelnder Service mit Humor überspielt. Die Ferienmannschaften speicherten einen Strom von Warmherzigkeit, von dem jeder etwas abbekam, um die Urlaubstage zu erwärmen. Spiel, Sport und Geselligkeit verwandelten die steifsten Herbergen in muntere Gesellschaftshäuser.

Ohnehin ist ja die Zeit zwischen dreißig und vierzig eine Zeit zwischen den Zeiten. Da steigen die bunten Luftballons mit unseren Sehnsüchten in den Himmel, da greifen wir uns ein paar Sterne und schießen sie wieder in den Kosmos zurück, und wenn sie zerstieben, ist unten immer noch der Hexentanzplatz, auf dem wir gewagte Sprünge vollführen können. Wir waren ein Trupp von Freunden, der hart arbeitete, politisierte, lachte und weinte, das Leben genoß und über das Leben, unsere gestundete Zeit, so intensiv nachdachte wie Diogenes über die Bedürfnislosigkeit. Unsere jungen Gefährtinnen, keine Mädchen mehr und noch keine Frauen, ein Schwebezustand voller Leichtigkeit und Bewegung, Papierflieger, die von jedem Windzug davongetragen, von jedem Sturm zerrissen werden konnten. Wir wollten sie behüten für alle Tage. Denn was sie leisteten, würde morgen in den Geschichtsbüchern stehen. Gleichberechtigung war nicht nur eine Befreiung, sie war auch eine Last. Der Tag ging los, als es noch halbe Nacht war. Gestreckte oder fließende Arbeitszeiten – ein Fremdwort. Ermunterung, die Vorstufe von Antreiberei. Es mußte laufen wie am Schnürchen. Aufstehen, Morgenwäsche, Frühstück, die Sause zu Bus und Straßenbahn, die Kinder in die Obhut der Krippen, Kindergärten und Schulen, das eigene Tagewerk, zurück dieselben Wege, der Haushalt, die Mußestunden, vollgepackt mit Fragen und Antworten, Partnerschaft, der Zauber des sich Fallenlassens, die Wäsche auf der Leine, die überhäuften Bügeltische, der Abwasch ohne Spülmaschine, Wohnung, Haus und Keller ohne Fremdpersonal, das Füllen der Einkochtöpfe, das Schlangestehen nach Delikatessen, ein Mammutwerk, beklemmend und berauschend. Man wunderte sich, wie zwei Hände und Beine und ein betriebsamer Kopf das jeden Tag wieder schaffen konnten. Das tradierte Muster des Patriarchats war noch nicht aufgebrochen, es war gefährdet, erste Konturen verschwammen. Aber der Mann, das Heiligtum der Familie, galt noch immer als der Ernährer, der, obwohl inzwischen die Partnerin ein gleichrangiges Zubrot beisteuerte, für das Geld sorgte und der natürlich die großen Dinge regelte, das Weltgeschehen beurteilte, trudelnde Sterne wieder ins Lot brachte, den Fußball vor dem Untergang rettete und sich selbst vor Vereinsamung, indem er die eine oder andere Tür zu einer Kneipe aufstieß, bevor er im Heimathafen landete.

14

Samtblau glänzten die Schlehenbüsche, die Ebereschen schickten ihre blutroten Früchtetrauben wie Leuchtfeuer ins Land. Bald würden die Schwärme von Krammetsvögeln und Seidenschwänzen auftauchen und abräumen, was der Sommer für sie hatte reifen lassen. Die Bergzeisige würden wieder wie dunkle Wolken in die Wälder einbrechen, den Kustelsamen der Fichten und Kiefern als Beutegut einbringen und sich mit den Kreuzschnäbeln Wettkämpfe im Herbstgesang liefern. Als Boten des kommenden Winters betrachtete man sie, die Scharen, die aus dem Norden kamen und ein Gespür hatten für die Wechselfälle der Witterung. Sogar als Propheten wurden sie angesehen, ob die Nächte rau und bitterkalt würden oder die Tage feucht und warm blieben. Weiße Fäden zogen durchs Land und blieben im buntgefärbten Ahorn hängen oder in den Haselnüssen, die die Blätter kräuselten und die braunen Früchte auf Wiesen und Wege streuten. Herbstlied ringsum, wie es festlicher nicht hätte ertönen können. Sonntagslied in meiner Thüringer Heimat, im goldenen Oktober 1970. Hinter mir ein Sommer, der mich freundlich an die Hand genommen und in einen anderen Verlag geführt hatte. EDITION LEIPZIG, Verlag für Kunst und Wissenschaft, hieß das neue Unternehmen. Ich war jetzt dessen Programmchef und stürzte mich sofort in ein Abenteuer. Ich war ein Bewunderer von Friedrich Schillers akademischer Antrittsrede als Professor der Philosophie in Jena, die er zum Thema »Was heißt und zu welchem Ende studiert man Universalgeschichte?« im Mai 1789 im Griesbach'schen Haus gehalten hatte. Vor allem eine Stelle hatte es mir angetan. Diese war seit Abiturzeiten wie ein Wegzeichen in mir haftenblieben: »Selbst in den alltäglichsten Verrichtungen des bürgerlichen Lebens können wir es nicht vermeiden, die Schuldner vergangener Jahrhunderte zu werden; die ungleichartigsten Perioden der Menschheit steuern zu unsrer Kultur, wie die entlegendsten Weltheile zu unserm Luxus. Die Kleider, die wir tragen, die Würze an unsern Speisen und der Preis, um den wir sie kaufen, viele unsrer kräftigsten Heilmittel, und eben so viele neue Werkzeuge unsers Verderbens – setzen sie nicht einen Columbus voraus, der Amerika entdeckte, einen Vasco da Gama, der die Spitze von Afrika umschiffte?«

Ich weiß nicht, woher er rührte, der Hang zu historischem Grübeln, vielleicht war er angesteckt durch die kindheitliche Rezeption der Thüringer Sagenwelt, vielleicht war es einfach das genetische Vermächtnis der Gattung, das Eigenes immer auch als Fremdes empfand, jedenfalls konnte ich jetzt die heimliche Leidenschaft umwandeln in einen wahrnehmbaren gegenständlichen Körper, das Buch. Auf dem Untergrund bestaunter Anfänge, die der Verlag bereits unternommen, wuchs eine *Sammlung Kulturgeschichte*, die bald eine der begehrtesten Verlagsreihen beim DDR-Publikum und im internationalen Koproduktionsgeschäft wurde. Im Hotel Leipzig hatte ich in einer Verlagskonferenz zum Thema Kulturgeschichte, zusammen mit einer begeisterten jungen Verlagscrew, Dutzende von DDR-Historikern zusammengeführt, um ihre Ansichten auszuhorchen und der Verlagsreihe ein hochkarätiges Autorenpotential zu sichern. *Kulturgeschichte* war zu dieser Zeit in der DDR noch ein umstrittener Begriff. Von der Kulturpolitik wurde er beargwöhnt, weil man glaubte, die historische Wissenschaft könnte dahinter einen Mangel an Parteilichkeit gegenüber den »fortschrittlichen« politischen Strömungen in der Weltgeschichte verstecken. Von der Wissenschaft wurde er skeptisch betrachtet, weil man dachte, er könnte zur Verwässerung wissenschaftlicher Erkenntnisse führen, denn – das war auch die Forderung des Verlages – Kulturgeschichte mußte verständlich und bilderreich beschrieben werden, sie lechzte nach großem Publikum, sie mußte weg von einer komplizierten Fachsprache für kleine Bruderschaften, weg von der teilweisen Phrasendrescherei der politischen Geschichtsschreibung.

Hinzu kam, daß das Sachbuch, als das Kulturgeschichte dargeboten werden sollte, Stiefkind der Literaturkritik war, als Genre ohnehin zwischen vielen Stühlen saß. Seinen Siegeszug hatte es aber längst angetreten, und auch um die DDR machte es keinen Bogen. So fochten wir mit Säbel und Degen um die Inthronisation unseres Kulturgeschichtsbegriffs und verleibten ihm alles ein, dessen wir habhaft werden konnten. Wir beschrieben in glanzvoll ausgestatteten Büchern die Geschichte der Zinnfigur ebenso wie die Welt der Spielkarte, Becher, Humpen und Pokale gleich liebevoll wie Gebrauchszinn und Keramik, wie den Kaffee und das Kaffeehaus, das Reisen und das Jagen oder die phantastische Welt der Mischwesen, Fabeltiere und Dämonen. In Überblicksdarstellungen übten wir, Glanz und Elend ganzer Geschichtsperioden herauszuarbeiten, die die Interessen auch internationaler Käuferkreise abzudecken wußten. Die Schlachten der Weltgeschichte, die Völkerwanderung, die Kreuzzüge, der Dreißigjährige Krieg, das Ketzertum im Mittelalter oder die Sitten und Unsitten der Napoleonzeit fanden sich in den Kulturgeschichtsbüchern von EDITION LEIPZIG ebenso ein wie die Sittengeschichten der Frau von der Renaissance bis zum Sozialismus oder eine Vielzahl kulturgeschichtlicher Miniaturen. Die genußvollen Darstellungen, in buchkünstlerisch attraktiven Gefäßen, von den besten Buchgestaltern des Landes, meist Lehrern der Hochschule für Graphik und Buchkunst in Leipzig, in Szene gesetzt, wurden ein Markenzeichen für die Leistungsfähigkeit des DDR-Verlagsschaffens. Nahezu jedes Kulturgeschichtsbuch des Verlages wurde in Koproduktion an Verlage der Bundesrepublik, der Schweiz und Österreichs geliefert und strafte die politische Propaganda des Westens Lügen, daß aus den finsteren Verliesen der marxistischen Geschichtswissenschaft nur tendenziöse und furztrockene Arbeiten ausgeschwitzt werden könnten. Die Verlage in den deutschsprachigen Ländern, die mit EDITION LEIPZIG zusammenarbeiteten, lasen sich wie ein Who's who der vornehmen deutschsprachigen Verlagswelt jener Zeit von Wien und Innsbruck bis Zürich und Luzern, von Stuttgart, München, Frankfurt/Main bis Köln, Düsseldorf und Hamburg.

EDITION LEIPZIG war als Exportverlag der DDR gegründet worden. Er sollte ursprünglich, bevor er seine eigene Statur entwickelte, helfen, die besten Bücher jener DDR-Verlage zu verbreiten, denen durch deutsch-deutsche Spiegelfechtereien, Manieren des Kalten Krieges, ein Auftreten auf den Westmärkten verwehrt war. Es handelte sich um Verlage gleichen Namens in Ost und West wie das Bibliographische Institut, Brockhaus oder Reclam, ursprünglich Dutzende an der Zahl, deren Sitze und Dominatoren die amerikanische Besatzungsmacht in einer Nacht- und Nebelaktion im Jahre 1945 beim Austausch der Besatzungsgebiete in die Westzonen verlegt oder verfrachtet hatte. Ich komme darauf zurück.

Bald stellte sich heraus, daß dieses Verlagskonzept von EDITION nicht tragfähig war und eigene Programmkonturen herausgearbeitet werden mußten. Am Beispiel der Kulturgeschichte habe ich das exemplifiziert. EDITION LEIPZIG blieb aber der Exportverlag. Ein Verlag als Devisenbringer wurde zum Schmelztiegel kulinarischer Buchkunst in der DDR. Ein Solitär. Sonst war das Geschäft nicht zu meistern. Wir mußten Ausbünde an Erfindungsgeist sein. Wir konnten aus Scheiße Gold machen. Denn Scheiße war unsere Materialsituation. Papiere, Einbandstoffe, Farben, Maschinen fehlten oder waren veraltet. Weitgehend befreit waren wir von den Dunkelkammern der Bevormundung. Das Goldene Kalb, um das wir tanzten, war nicht die Ideologie, sondern die harte Mark, der harte Dollar. Als ich Mitte der siebziger Jahre den Verlag übernahm, fühlte ich mich wie ein ungekrönter König. Aus den Beschreibungen von unten und oben, ich sei der »kapitalistischste Verleger« der DDR, hörte ich Anerkennung und Argwohn, aber stimmte es mit den Realitäten überein?

Naturgemäß erforderte erfolgreiches Wirken ein Bündel deutsch-deutscher und internationaler Verhandlungen. Ich war viel auf Achse. In den Augen vieler Beobachter galt man als privilegiert, wenn man als DDR-Bürger ein sogenannter Reisekader war. Privilegiert mit 35,– DM Tagegeld in der Tasche abzüglich Frühstück und limitierter Übernachtungskosten, ich glaube, es waren zu jener Zeit 70,– DM pro Hotelbett. Ein winziges Geldpolster von 100,– DM hieß Sicherheitsbetrag. An Kultur war nicht zu denken, an Theater, Kinos oder Museen, was für die Fortbildung in Sachen Weltkunde, Geschmack und Urteilskraft wünschenswert gewesen wäre, wenn man von freundlichen Kollegen nicht bezuschußt wurde, was nach den Regeln der DDR-Reisevorschriften verboten war. Auch waren die Nebengeräusche dieser Verhandlungsreisen nichts für das feine Gehör. Wollte man als DDR-Bürger außer in die Bundesrepublik ins westliche Ausland fahren, brauchte man ein Visum, das über das sogenannte Travel Board Office in Westberlin zu besorgen war. Dort saß man, wenn man Glück hatte, ein paar Stunden, wenn man im Unglück war, den ganzen Tag. War es Schikane? Ich weiß es nicht. Von einem Verleger oder Buchhändler aus dem zu besuchenden Land war eine Einladung nötig. Vor einer Reise in die Schweiz schrieb ein Verhandlungspartner: »Kommen können Sie, aber eingeladen sind Sie nicht.« Im Züricher Hotel Trümpy verlangte ich ein R-Gespräch. Das wissensdurstige Fräulein, das zu dieser Zeit noch an einem Vermittlungsschrank saß, bat mich, den »Ort« Leipzig zu buchstabieren. Man kam sich vor wie in der Fotostelle der Universität Köln, die auf einer Karte an die Bibliothek der Karl-Marx-Universität Leipzig,

Beethovenstraße 6, als Adressatenland UdSSR angegeben hatte. In Amsterdam saß man einen Tag lang auf der Behörde der Fremdenpolizei, bevor man eine Tulpe, einen Matjes oder eine Tomate zu sehen bekam. In London erkundigte man sich in einem Pub, ob ich nicht einmal meine heimatliche Währung, den Rubel, zeigen könnte, und war voller Verwunderung, daß auf den Papier- und Blechstükken das deutsche Wort Mark stand, genauso wie in Bonn am Rhein. Ein angesehener Kunstverleger aus Stuttgart, zum Dr. phil. promoviert, der noch nie einen Fuß in die DDR gesetzt hatte, weil er glaubte, nach Sibirien entführt zu werden, empfing mich bei jedem Verhandlungsbesuch mit den Worten: »Nun, was macht Ihre Däderädä.« Er konnte den *Tasso* nicht gelesen haben. Er wußte nicht, was sich ziemt. Dafür gehörte ihm neben dem Verlag noch ein großer Druckereibetrieb, in dem gestreikt werden konnte. Er war nicht zu beneiden. Im Frankfurter Restaurant *Binding Faß* baten während eines Abendessens zwei weitere Personen um Zustimmung, am Tisch Platz zu nehmen. Nach einer halben Stunde freundlichen Floskelaustauschs kam es mir plötzlich so vor, als wollten Beamte des Bundesgrenzschutzes aus dem Interzonenzug ihre Befragung fortsetzen: Wo man wohnte, mit wem man zusammentraf, welche Art Geschäfte es waren, die man machte, usw. Als ich ihnen verwundert in die Augen sah und einen Witz von Radio Jerewan einflocht, der die komische Situation erhellte, packten sie die Keule aus, schlugen mit den Fäusten auf den Tisch und meinten, das sei nicht der Ort für kommunistische Propaganda, ich möchte den kommunistischen Dünkel zu Hause lassen und überhaupt, wir wären wohl fehl am Platze auf der Frankfurter Buchmesse.

Diese Absonderlichkeiten, diese ständigen Nadelstiche ins Selbstbewußtsein des DDR-Bürgers konnten sensible Naturen mürbe machen, was ja – im Großen gesehen – wohl auch das Ziel der sogenannten Hallstein-Doktrin war, ein Wertgefühl gegenüber dem sozialistischen Staat gar nicht erst aufkommen zu lassen. In den Jahren nach der internationalen Anerkennung der DDR, also nach 1972, wurde es besser, ohne daß die Abneigungen abnahmen. Ich ließ mich jedenfalls von dem Erlebten nicht einschüchtern, trank in Ruhe mein Bier aus und bezahlte. In der Frankfurter Oktobernacht dachte ich, welche Blessuren doch der gezüchtete Antikommunismus schon wieder hinterlassen hatte. Dabei war mir wohl bewußt, daß auch alles in der DDR hätte passieren können, nur mit umgekehrtem Vorzeichen, gewissermaßen als sozialistischer Realismus. Ich saß hier in Frankfurt in der Mittelschleife eines Prozesses, der erst nach der Wende enden sollte, der Entfremdung der zwei deutschen Sozialisationen. Wundern mußten wir uns nicht, daß nach 1989 die Schuljugend in Aachen, Worms, Speyer und Trier von Frankfurt/Oder, Bautzen oder Görlitz rein gar nichts mehr wußte, obwohl diese deutschen Städte mit bedeutenden zivilisatorischen Leistungen in Verbindung zu bringen waren. Die Mädchen und Jungen an Oder und Neiße wußten ebenso wenig mit den Reichstagen von Worms etwas anzufangen, daß dort Luther den Widerruf seiner Schriften vor dem Papst verweigert hatte oder daß Trier eines der bedeutendsten Römerdenkmäler besaß. Wir hatten es durch politischen Starrsinn auf beiden Seiten verschuldet, daß man dachte, Eisenach und Fulda seien Kontinente voneinander entfernt, dabei war es nur ein Katzensprung von der einen in die andere Stadt.

Freilich waren so einschichtig Zurückhaltung und Dummheit nicht verteilt. Neben den Verneinern und Verleumdern auf beiden Seiten gab es genug kluge Köpfe und lebenspralle Gestalten, die über die ideologischen Zäune hinweg, die Kapitalismus und Sozialismus trennten, die deutsch-deutsche Versöhnung lebten und sich vom Glauben an den Nutzen der Grenzüberschreitung nicht abbringen ließen. In unserer Zunft denke ich an Leute wie den großen Siegfried Unseld vom Frankfurter Suhrkamp Verlag, an Klaus G. Saur aus München, den lebensprallen Christoph Schlotterer von Hanser oder den großartigen Heinz Friedrich, Gründer und Leiter des Deutschen Taschenbuch Verlags (dtv) in der bayrischen Hauptstadt, an den souveränen Dominator von Kiepenheuer & Witsch in Köln, Neven DuMont, und an die noblen Brüchers sen. und jun. vom DuMont Kunstverlag, an Erwin Barth von Wehrenalp und seinen Geschäftsführer Eberhard Dursthoff vom Econ Verlag in Düsseldorf, die Sachbuchgurus der Bundesrepublik schlechthin, an den verschmitzt lächelnden Gerhard Beckmann von Claassen, der der gehobenen Unterhaltungsliteratur den Anstrich des Literarischen gab. Ich denke aber auch an viele Kollegen aus den Buchclubs, an Günter Geißler, Erhard Päßler und Juergen Seuss von der Büchergilde Gutenberg, und an eine Crew der in der DDR schlecht beleumdeten »Bertelsmänner«, darunter Leute, die zu Lebensfreunden geworden sind wie Dr. Ernö Zeltner, der Herausgeber und Übersetzer von Sándor Márais erzählenden Texten und Tagebüchern, mit seiner Frau Renate, einer lebensklugen Lektorin von hohem Rang, mit denen man anspruchsvolle Bücher machen und angenehm politisieren oder sich über die deutschen Zustände schwarzärgern oder bis zum Kranklachen lustig machen konnte. Ich werde nicht vergessen, wie ich bei meinem ersten Besuch in Gütersloh Anfang der 70er Jahre ganz überrascht war, als ich am Morgen an die Hotelrezeption kam und mein Zimmer bereits bezahlt war, bezahlt vom Verhandlungspartner Bertelsmann. Ich war ein wenig aufgeregt, weil ich keine Rechnung in die DDR mitbringen konnte, baute mich deshalb kampfeslustig vor dem ausladenden Schreibtisch meines Gesprächspartners auf und verbat mir die gönnerhaften Allüren, die uns DDR-Menschen zu armen Brüdern und Schwestern aus der Zone stempelten. Dr. Dieter Strutz, der Chef des Bertelsmann Kunstverlages, jahrzehntelang nicht anders vorstellbar als mit einer Fliege als Halsschmuck, schaute mich erschrocken an und erwiderte gelassen: »Aber Herr Faber, das gehört doch einfach zum Anstand.« Die Reaktion war entwaffnend und fegte mit einem Wimpernschlag die ganze ideologische Plörre beiseite, die die Pflege von Feindbildern unentwegt absonderte. Auf solchem stinknormalen Hintergrund entstanden Freundschaften, die bis ins hohe Alter, manchmal bis an den Rand des Todes und darüber hinaus Bestand hatten. In diesen großen Köpfen der Branche lernte man Leute kennen, die über die Geschäftehuberl, die es auch genug gab, erhaben waren und die wegen ihrer Zusammenarbeit mit DDR-Kollegen nicht etwa der Standpunktlosigkeit verfielen, sondern vielmehr mit Wärme und Verstand ihr bürgerliches Welttheater verteidigten, aber eben nicht ständig bärbeißig unfreundlich waren gegenüber dem anderen gesellschaftlichen Modell und durchaus auch einmal mit Neugier in die andere Richtung blickten.

Hans Marquardt, der langjährige Chef des Leipziger Reclam-Verlages, ein spitzfindiger Verlagsstratege mit taktischem Vermögen, ein unbequemer Querkopf und Anstifter überraschender Verlagsvorhaben, führte in Leipzig in den 70er Jahren so etwas wie einen Salon, wo sich Kunst und Literatur begegneten. Das Ambiente war danach. Seine Wohnung war vollgestopft mit expressionistischer Kunst, mit dekorativen Künstlerbriefen, mit Barockmöbeln und Miniaturen. Dort trafen sich öfters die Akteure wieder, die die deutsch-deutsche Verlagsbühne offen hielten. Man war erstaunt über die Ausgelassenheit, die die oft weinseligen Runden beherrschte, nachdem man sich mit dampfenden Pellkartoffeln, holländischen Matjes (aus Feindes Spende),

garniert mit großen Zwiebelringen, den Magen vollge-
schlagen hatte. Wenn man vom Glück begünstigt war,
konnte man den Hanser-Chef Michael Krüger auf dem
Kopf stehen sehen, dem allerdings eines Tages Lothar Re-
her, der künstlerische Leiter des Berliner Verlags Volk und
Welt die Show stahl, weil der das größere Stehvermögen
hatte. Später, viel später durften die Sterndeuter der DDR-
Welt ungestraft vermuten, daß solche Zusammenkünfte
von der Stasi organisiert waren. Sofort fiel einem Tucholsky ein. Nur ein kleiner Schritt noch, hätte er gesagt,
und heraus stieben die Funken der Dummheit. Denn wer
sollte andernorts, wie beispielsweise in Frankfurt am Main,
in den *Pfälzer Weinstuben* das Abräumen einer Weinleiter
angestiftet haben, in deren Rausch ich und ein anderer
DDR-Verleger auf einer Straßenbahninsel landeten, weil
unser Verleger-Chauffeur aus München das Steuer seines
Hightechwagens nicht schnell genug herumgerissen hatte?
Wer steckte hinter dieser Irrfahrt? Etwa der BND aus Pul-
lach? Die Deutung von Alltagsleben nahm später in
Deutschland groteske Züge an.

Aber zurück zum Verlag EDITION LEIPZIG. Wir hatten
in den *Pfälzer Weinstuben* gefeiert, weil wieder ein Koope-
rationsgeschäft zwischen Ost und West geglückt war. Die
Reihe *Historische Kinderbücher*, herausgegeben vom Direktor der Staatsbibliothek in Berlin, Prof. Dr. Horst Kunze,
einem Kenner der Materie, hatte der Münchner Heimeran-
Verlag zeitweilig in Lizenz genommen. Die Reihe war Be-
standteil eines bestaunten Programmsegments, das den
Verlag weltbekannt machte und mit dem Stichwort *Leipziger Faksimilekunst* umschrieben werden kann.

Die Leipziger Faksimilekunst der 70er und 80er Jahre er-
langte Weltruf. Dies hatte mit den lukrativen Buchobjek-
ten zu tun, die sich in den glanzvollen Beständen ostdeutscher Fürsten- und Forschungsbibliotheken ausgraben
ließen, und mit dem legendären Wiedergabeverfahren,
das der Verlag für seine Faksimiledrucke anbieten konnte.
In Dresden stand im Graphischen Großbetrieb »Völkerfreundschaft« noch eine Abteilung Lichtdruck zur Verfügung, wie man sie andernorts in der Welt schon in den po-
lygraphiehistorischen Abraum befördert hatte, während
die DDR – aus Armut traditionsbewußt – das Verfahren wie
einen Augapfel hütete. In fast mittelalterlicher Prozedur
entstanden dort die Gelatinereliefs für die mehrfarbige
Wiedergabe und verliehen den Faksimiledrucken von EDI-
TION LEIPZIG einen meisterhaften Farbglanz. Das »Fac
simile«: Mach es ähnlich, führten die befreundeten Ver-
lags- und Druckereileute zu solcher Perfektion, daß die Originale mitunter nicht mehr von den Nachdrucken zu unterscheiden waren. Hinzu kam, daß in Leipzig mit der
Buchbinderei Altmann, nachmals Kunst- und Verlagsbuch-
binderei, ein Handwerksbetrieb zur Verfügung stand, der
die durchgängig forcierte Arbeitsteilung noch nicht vollzogen hatte, wo der einzelne Buchbinder also noch ganzheit-
lich am Buchgefäß und dessen Schmuck arbeitete.

In der internationalen Bibliotheks- und Wissenschaftswelt gab es einen lebhaften Bedarf an Faksimiles. Viele der
alten Handschriften oder Frühdrucke standen nur in einzelnen Bibliotheken, Museen und Sammlungen zur Verfügung. Außerdem nagte das Alter an den Solitären, teilweise
durften sie nicht mehr berührt werden. Viele drängten auf
die Demokratisierung der alten Schrift- und Druckdenk-
mäler, das heißt auf eine Vervielfältigung, auf angemessene

Wiedergabe, auf Ähnlichmachung, so daß man sie auch an Orten zeigen konnte, wo die Originale niemals hinkamen.

Die Nachkriegszeit hatte viele neue Universitäten, Hochschulen, allgemeinwissenschaftliche Bibliotheken entstehen lassen, die auf die Demokratisierung des alten Schriftguts warteten, und auch ein buchbesessenes Privatpublikum lechzte nach hochwertigen Sammlungsobjekten. Geld war wieder genug vorhanden, im öffentlichen Raum und in den Privathaushalten. Das wurde auch gebraucht. Faksimilierungskunst in Szene zu setzen war durchaus ein teurer Spaß. Was herauskam, war kein Spielzeug für Hungerleider, stillte aber den Hunger nach Bildung und Schönheit.

EDITION LEIPZIG betrat die Bühne im richtigen Moment mit spektakulären Aufführungen. In den 60er Jahren hatte es als erstes Blinkfeuer das Faksimile eines *Proverbien-Kodex* gefunkt, eines koptischen Schriftdenkmals aus dem 3. bis 4. Jahrhundert. Ein altägyptischer *Jenseitsführer* war gefolgt, faksimiliert nach einem Unikat aus der Papyrussammlung der Staatlichen Berliner Museen. Erprobungen. Dann kamen die Großprojekte, eine leuchtend illuminierte hebräische Handschrift, der sogenannte *Machsor Lipsiae*, der den Novizen im Faksimilegeschäft wie einen Kometen davonziehen ließ. Und schon stand der riesige *Atlas des Großen Kurfürsten* auf den Retuschestaffeleien der Lichtdruckerei und wurde 1971 die Attraktion der Internationalen Buchkunst-Ausstellung (IBA) in Leipzig. Die Normalausgabe kostete 3500 Mark, eine Prachtausgabe 4140 Mark. Die internationale Presse feierte den Verlag. Er hätte das »größte Buch der Welt« faksimiliert, was nicht ganz korrekt war – das Original maß aufgeschlagen 170 x 222 cm und wog 125 kg. Der *Atlas* bewirkte eine Eintragung des Diners Club, der einen Teil der Auflage für seine Mitglieder reservieren ließ. Walter Ulbricht zählte zu den Besitzern eines Exemplars ebenso wie die indische Ministerpräsidentin

Indira Gandhi. Sinnigerweise überreichte der damalige Präsident der Bundesrepublik, Gustav Heinemann, Papst Paul VI. ein Exemplar als Spitzenerzeugnis deutscher Handwerkskunst und deutschen Verlegerfleißes, in Szene gesetzt von EDITION LEIPZIG, einem Verlag in der DDR. Eine kuriose Konstellation.

Auch ein auf Volvellen drehendes Lehrbuch von internationalem Rang, noch nach dem ptolemäischen Weltbild, versetzte die Kunst- und Wissenschaftskritik in helle Aufregung. Es war das Hauptwerk des Ingolstädter Mathematikprofessors Peter Apianus (1500–1552) mit dem Titel *Astronomicum Caesareum*, das heute noch ein gesuchtes Objekt des Antiquariatshandels ist. Die führende amerikanische Zeitschrift *Science* lobte den Leipziger Verlag in hohen Tönen. Er hätte für einen großen Tag in der Geschichte wissenschaftlicher Bücher gesorgt und in täuschend genauer Reproduktion einen Meilenstein der Wissenschaftsgeschichte wiedererschaffen.

Es würde eine Titellitanei ergeben, wollte ich alles aufzählen, was die Verlagskataloge offerierten: die makellose Wiedergabe der großformatigen Tafeln aus John James Audubons *The Birds of America*, die *Zerbster Prunkbibel* und die *Cranach-Bibel*, das *Stundenbuch Ludwig von Orleans*, das *Festepistolar Friedrichs des Weisen*, Prunkstücke für den großen Geldbeutel wie das *Meissener Musterbuch der Höroldt-Chinoiserien* und anderes, was selbst die DDR-Regierung als große Verlagstaten rühmte, nicht allein wegen des Prestiges, das sie durch die internationale Wertschätzung einheimsten, sondern auch wegen des Nebeneffekts, den sie erzeugten, nämlich überschüssiges Geld aus Privatvermögen abzuschöpfen. Es standen ja noch nicht genug hochwertige Industriegüter vom Auto bis zur komfortablen Waschmaschine zur Verfügung, um das Volk an einem Wohlstand zu beteiligen, wie er aus der Bundesrepublik herüberschimmerte. Wertvolle Bücher waren ein wundervoller Ersatzartikel, um das Gefühl von Reichtum zu vermitteln. Es war deshalb nicht verwunderlich, daß die Klientel der Sammler, die sich für die teuren Faksimiledrucke konstituierte, vor allem in Handwerkerkreisen zu Hause war, bei Seeleuten und Kunstschaffenden der Unterhaltungsindustrie, die nicht jeden Pfennig hin und her wenden mußten.

Der Verlag hat aber auch dafür gesorgt, daß der kleine Mann Teilhaber der faksimilierenden Erbepflege werden konnte, indem er Projekte und ganze Verlagsreihen anbot, die erschwinglich und nicht weniger perfekt revitalisiert waren, Spielzeugmusterbücher, historische Kinderbücher, Meisterwerke der historischen Kochkunst und viele andere Miniaturen, die Freude der Teilhabe an der Arbeit unserer Altvorderen erzeugten sowie Geschmack und Schönheitssinn ausbildeten.

Es muß noch von einer Odyssee erzählt werden, die sich Mitte der 70er Jahre zutrug. Mehr durch Zufall hatten wir erfahren, daß sich in der Leningrader Akademiebibliothek in unbearbeiteten Archivkästen aquarellierte Zeichnungen befinden sollten, die offenbar der Maria Sibylla Merian zuzuordnen waren. Stimmte es, konnte es für die westeuropäische Wissenschafts- und Kunstgeschichtsschreibung eine Entdeckung werden. Mein Russisch war mangelhaft. Es reichte zur Verständigung auf der Straße, im Hotel und Restaurant. Mehr nicht. Ein Freund konnte helfen, wollte man nach Leningrad fahren, um den Sachverhalt näher auszuforschen. Rolf Schrade, dem Verlag verbunden, Sohn eines deutschen Spezialisten, der nach 1945 die Zeiss-Werke in Jena leitete, beherrschte Russisch wie seine Muttersprache und war mit den Gegebenheiten der russischen Alltagswelt und ihrer sowjetischen Ausläufer bestens vertraut. Er hatte an der Moskauer Filmhochschule studiert und wurde mein beratender und dolmetschender Reise-partner. Als wir in Leningrad ankamen, war Januar. Das Thermometer zeigte 28 Grad minus, mit dem scharfen Wind vom Finnischen Meerbusen, der in die prächtige Stadt hereinwehte, waren es gefühlte 35 Grad unter dem Gefrierpunkt. Schrade hatte mich vor Beginn der Reise ge-warnt, ich möchte mich warm anziehen. Es würde schon nicht so schlimm werden, hatte ich entgegnet und die Rat-schläge in den Leipziger Dunst geschlagen. Nun stand ich mit einem Wintermäntelchen in der nordischen Kälte, durch das der Wind hindurchblies wie durch ein Seiden-netz. Die Russen steckten in Mänteln wie in Häusern. Wenn wir ein Stück zu laufen hatten, ging das nur strek-kenweise. Vier, fünf Häuser, dann rein in einen schützen-den Hausflur, danach der nächste Spurt bis zum nächsten Schutzraum. In einem dieser Hausflure trafen wir eine Alte, die eine Großraumschürze vor sich herschleppte, in der es klapperte wie in einem Zirkuszelt. An den Enden war sie mit flatternden Bändern verschnürt. Die Alte war auf dem Weg in ein Antiquitätengeschäft, um ein paar Ge-genstände zu verscherbeln, aus deren Erlös sich Holz und Kohle machen ließen, Überlebensutensilien für den stren-gen Winter. Wir baten sie, uns in das klappernde Versteck hineinschauen zu lassen, und erleichterten das Gepäck um einen Samowar aus dem Jahre 1896. Ihre Augen strahlten, als wir ihr die verlangten Rubel in die Hand drückten. Vol-ler Glückseligkeit nahm sie noch ein Zubrot entgegen, das sie mit Tränen in den Augen und zahllosen Verbeugungen honorierte. Wie würden wir das Glanzstück aber durch den Zoll bringen, war die erschrockene Frage, nachdem die Frau in der Kälte verschwunden war? Rolf Schrade rief einen Bekannten an, er kannte ohnehin halb Rußland. Als wir zwei Wochen später nach Hause flogen, erwartete uns Oleg Tabakow am Flughafen, der Schrade-Freund und

Liebhaber von EDITION-Büchern, die er sich in den internationalen Buchhandlungen in Moskau und Leningrad besorgte. Oleg Tabakow, Direktor und Schauspieler am Moskauer Sowremennik-Theater, der große Mime im Film *Leuchte, mein Stern, leuchte,* nahm den Samowar, tänzelte leichten Schrittes durch den Kordon von Zoll- und Abfertigungsbeamten, drückte jedem aus seinen prallen Jackentaschen einen Posten Sonnenblumenkerne in die Hand. Man sah, wie beehrt sich die Staatsdiener vorkamen, und schon war der Samowar auf der anderen Seite der Flughafenhalle, fern jeder Drangsal gegenüber den neuen Besitzern.

Bevor diese Erwerbungsgeschichte zum glücklichen Ende kam, mußten wir die Leningrader Kälte bezwingen. Wir lernten ein paar Tricks, wie man ihr begegnete. Ein Kraftfahrer der Bibliothek, der uns dann und wann vom Hotel in die prächtige Schatzkammer kutschierte, versuchte dem trotzigen Getriebe seines *Wolgas* dadurch beizukommen, daß er die Gänge des Autos mit einem Handkantenschlag in die rechte Lage brachte, um die Vorwärtsbewegung zu beschleunigen. Mitunter gewann man das Gefühl, man stünde mit den Füßen auf dem Pflaster, wenn der Wagen durch frostzerbeulte Nebenstraßen hüpfte. Entschädigt wurde man jeden Tag durch Warmherzigkeit der Gastgeber, durch leidenschaftlich gebildete Bibliothekare und einen großartigen Bibliotheksdirektor, Prof. Ter-Avanesjan, einen Georgier an der Spitze einer russischen Vorzeigebibliothek. Wir begutachteten die gefundenen Blätter, sortierten und selektierten und lauschten fasziniert den Launen der Geschichte. Peter der Große, der Zar, der Rußland dem Westen anzunähern versuchte, hatte in den Jahren 1697 und 1698 Deutschland, Holland und England bereist und, ob Wahrheit oder Legende, sich im holländischen Zaandam als Schiffszimmermann verdingt, was in der

Lortzing-Oper *Zar und Zimmermann* seinen musikalischen Abglanz fand. Es blieb zu vermuten, daß er während dieser Zeit mit Maria Sibylla Merian, einer Tochter aus der großen Schweizer Künstlerfamilie des Matthäus Merian, zusammengetroffen war und wahrscheinlich die großartige Wasserfarbenmalerei der umtriebigen Dame entdeckte, die in den tropischen Kolonien Hollands Blumen und Insekten aufs Papier gebannt hatte, und zwar mit Farbmischungen, die man in Europa nicht kannte. Hier, in Leningrad, lag ein Teil davon, der europäischen Wissenschaft noch verborgen. Wir, der Verlag EDITION LEIPZIG, sein kreatives Team von Mitarbeitern, Verleger, Lektoren, Hersteller, Buchgestalter, gaben den wundervollen Blättern ihr öffentliches Gesicht. 1974 und 1975 erschienen die *Leningrader Aquarelle* und das *Leningrader Studienbuch – Schmetterlinge, Käfer und andere Insekten* der Maria Sibylla Merian in zwei Editionen, Mappenwerken von seltener buchkünstlerischer Vollkommenheit. Die beiden Titel gingen in das Begriffsrepertoire der Kunstgeschichte ein.

Ich erzähle diese Geschichten, weil wir in den Leipziger Verlagen zu einer Größe zurückgefunden hatten, die sich mit der Kultur unserer buch- und verlagsgeschichtlichen Vorfahren messen konnte. Es war nicht EDITION LEIPZIG allein, die den Ruf der Buchmetropole wiederauferstehen ließ. Großartige Kollegen wie Reclam, der Leipziger Insel-Verlag und Kiepenheuer, das Bibliographische Institut oder der Fachbuchverlag zelebrierten mit gleicher Leidenschaft das Büchermachen und liefen öfter als bemerkt der Konkurrenz in den angrenzenden deutschsprachigen Ländern den Rang ab. So lassen sich, auf das ganze Land, die DDR, übertragen, Spitzenprodukte aus Wirtschaft- und Ingenieurwesen wie an einer Perlenkette auffädeln. Sie gehören als Dokumente unserer Lebensleistungen, ebenso wie unser Stolz darauf, in die Annalen einer gesamtdeutschen Kultur- und Wirtschaftsgeschichte und sollten die tolldreisten Nachwendesprüche und abgedroschenen Phrasen über die Bedeutungslosigkeit, gar über die Falschheit unseres Lebens rasch auslöschen.

16

Ich habe über den Verlag EDITION LEIPZIG meditiert, längst nicht sein Gesamtprogramm beleuchtet. Beiseite gelassen habe ich schönste Literaturreihen wie die *Weltstädte der Kunst*, viele kulturgeschichtliche Miniaturen, manche Schnurrpfeifereien der Bücherwelt. Ein neues Jahrhundert verspielt die Vielfalt des traditionellen Büchermachens in einer häufig aufgetakelten Medienlandschaft. Was viele Verleger in den vergangenen Jahrzehnten wie eine Religion beherrschte, war der Gedanke zu verführen, durch Inhalt und Form. Wir wollten den Gedanken von Rainer Maria Rilke beglaubigen: »Vom Winde draußen hörte ich nichts mehr, mein Buch war schwer. Ich sah ihm in die Blätter wie in Mienen, die dunkel werden von Nachdenklichkeit, und um mein Lesen staute sich die Zeit.«

Lesen als gestaute Zeit, weil die Spanne so kurz ist, die wir auf der Erde verbringen. Wir wollten die häuslichen Bibliotheken vollstellen mit aufregenden Geschichten und Schicksalen, mit Wissensstoff und vornehmer Unterhaltung. Wir wollten die Bücher leuchten lassen, wenn man an ihren Rücken vorbeihuschte, wollten der Schönheit Platz geben in Schränken und Regalen und in den Bücherzimmern ein wenig Wärme verbreiten. Wir wollten die frohen und die schlechten Botschaften der Jahrhunderte und der Zeitgenossen in die Häuser tragen, wollten Autoren und Verlegern den Rang einräumen, den sie verdienten.

Wir feierten den einen als König der Isolation, den anderen als König der Vergemeinschaftung.

Jedes Jahr im Mai saßen wir Leipziger Verleger einmal im Lesesaal der Deutschen Bücherei (heute Deutsche Nationalbibliothek) und lauschten den Urteilen von Juroren, ob wir unseren Ansprüchen gerecht geworden waren. Eine Jury kürte die fünfzig *Schönsten Bücher der DDR*. Auf dem Podium saßen Leute von zum Teil legendärer Gestalt. Wieland Herzfelde, der Verleger des Malik-Verlages, der zusammen mit seinem Bruder John Heartfield in der Weimarer Republik die Verlagsszene aufgemischt und der revolutionären Literatur ein Gesicht gegeben hatte. Dort saß der Illustrator Werner Klemke, ein Mann mit einer Milchstraße von Einfällen, und berlinerte frech-fröhliche Sentenzen ins aufgeregte Publikum. Führende Professoren der Leipziger Hochschule für Graphik und Buchkunst wie Albert Kapr, ein gebürtiger Schwabe, oder Walter Schiller, ein Hamburger, dämpften die Debatte mit feinsinnigen Abschweifungen in die Geschichte der Schrift oder versorgten die Zuhörer mit Lehrsätzen über die Funktion der Typographie. Der Chef der Deutschen Staatsbibliothek in Berlin, Prof. Dr. Horst Kunze, konnte geradezu zum Nörgler werden, wenn er in den zur Auszeichnung eingereichten Büchern die bibliothekarischen Regeln verletzt sah, also: War die Titelei perfekt, stand das Inhaltsverzeichnis an der richtigen Stelle, waren die Appendixe sorgfältig eingerichtet und dergleichen mehr. Ich erinnere mich mit Schmunzeln an eine gefährlich aufgeheizte Debatte zu einem Brockhaus-Band. Dort hatte ein junger Gestalter einen Titelprolog geschaffen, der wie ein Film abrollte, bevor er zum Haupttitel kam – Vorbote einer neuen Moderne, die zeitgleich in der Bundesrepublik von Gestaltern wie Juergen Seuss von der Büchergilde Gutenberg in Frankfurt am Main zur Vollendung geführt wurde. Man wunderte sich über die Stille Post, die kulturelle Bestrebungen in Ost und West ohne grelle Trompetenstöße miteinander verband. Jedenfalls war im Jurysaal der Teufel los, ein Kampf zwischen Verharren und Fortschreiten, zwischen Tradition und modernerem Denken. Für uns, die wir den Streitenden zu Füßen saßen, eine Lehrstunde in Sachen Buchkultur, die ein Moderator zum Festakt machen konnte, wenn er zur Höchstform auflief, der Berliner Sammler und Leiter einer Parteibibliothek, Prof. Dr. Bruno Kaiser, der in kein Parteitableau paßte, obwohl er einen Revolutionär, den wohl ersten proletarischen Literaten Georg Weerth, Freund von Friedrich Engels und Karl Marx, mit einer mehrbändigen Ausgabe zu Glanz und Gloria verhalf.

Daß sich in der DDR so sehr um das schöne und gut gemachte Buch bemüht wurde, hatte mit vielem zu tun. In Leipzig mit der grandiosen Tradition der Verlags- und Buchdruckerstadt, mit den Gewerbeausstellungen, die seit 1914 stattgefunden, und mit den Internationalen Buchkunst-Ausstellungen, die seit 1927 hier ihren Platz hatten und nach dem Krieg in die Stadt zurückkehrten. Ich glaube aber, daß die Konzentration auf das Thema auch in dem Mangel an Masse begründet war, der die Bücherlandschaft charakterisierte. Etwa 6 000 / Tendenz 7 000 Titel umfaßte die DDR-Buchproduktion, die der Bundesrepublik etwa das Zehnfache bei einem Bevölkerungsverhältnis von etwa eins zu vier. Es haperte aufgrund von Papier- und Devisenknappheit sowie kulturpolitischen Prinzipien an Welthaltigkeit im DDR-Bücherpaket. Das, was man hatte, wurde liebevoll umgarnt, von den Autoren und Verlegern, den Typographen und Inszenierungskünstlern, Herausgebern und Übersetzern. So tauchten DDR-Bücher in den Lobpreisungen vieler internationaler Foren und Ausstellungen auf und wurden mit Medaillen und Preisen geehrt. Manche Genres wie das Kinderbuch erreichten europäischen Rang.

Kunstbücher und Fachliteratur aus der DDR waren begehrt. Die Machart der Bücher fiel stark ins Gewicht und hätte ein Pfund werden können, mit dem sich wuchern ließ, wenn die strapaziöse Materialsituation nicht so häufig der technischen Perfektion der Buchkörper geschadet hätte. Die Sorgenfalten der Verleger waren groß, aber – ich sagte es schon einmal – wir konnten aus Scheiße Gold machen. Dafür hatte der Sozialismus gegenüber der Marktwirtschaft einen riesengroßen Vorteil. Man brauchte sich nicht um den Absatz der Ware zu kümmern. Die wurde einem meist aus den Händen gerissen. Auch auf dem Buchmarkt herrschten die Gesetze des Mangels, was die Nachfrage nach Büchern in Regionen trieb, die mit dem eigentlichen, dem realistischen Bedarf nichts zu tun hatten. Verlegte man, wie bei EDITION LEIPZIG, beispielsweise anspruchsvolle Katzen- und Hundebücher, Standardwerke über Aquarienkunde, Jagd- und Angelbücher, dann hatte man – wenn man es darauf anlegte – mit der Mangelwirtschaft nichts mehr zu tun. Die Türen zu Fliesen, Dachziegeln, Koks, Aal oder Pilsner Bier standen weit offen. Das gute Buch war eine effektive Tauschware. Es war wie zu Gutenbergs Zeiten, wo man ja auch getauscht hatte, Bücher gegen einen Scheffel Salz oder gegen Kalbshäute oder Wein oder gegen ein paar Dutzend Schafe. Das gute Buch schloß Türen auf zu den kuriosesten Gewerken, hinter denen man Lese- oder Abenteuerlust oder Bildungsdrang nicht vermutet hatte. Wir befanden uns auf dem Weg zur gebildeten Nation, wie es die führende Partei des Landes großherzig verkündete. Anzeichen dafür gab es genug, aber wir machten Geschäfte wie zur Zeit der alten britischen Ökonomen, nur daß die Hunde noch nicht gelernt hatten, mit anderen ihre Knochen zu tauschen.

Spaß beiseite. Das Lese- und Bildungsbedürfnis in der DDR war groß. Die Bibliotheken, in einem dichten Netz über das ganze Land gestreut, verzeichneten Rekordzahlen an Besuchern. Wenn man uns gesagt hätte, die Bibliothekslandschaft der DDR würde einmal zu einer verlassenen Gegend, Verlagsstädte wie Leipzig zu Buchdörfern mutieren, wir hätten uns krank gelacht. Die Nachwendezeit hat zu einem Kahlschlag geführt, den man der DDR in die Schuhe schob. Ein Kuriosum. Sie wäre in Tristesse erstickt, hieß es später.

Während wir Bücher machten, verwandelte sich das Land. Honecker festigte seine Stellung, um sie 1976 mit der Biermann-Affäre wieder aufs Spiel zu setzen. In der Bundesrepublik feierte man die Losung »Wandlung durch Annäherung« und setzte mit den Ostverträgen die Hoffnung auf eine lange Verträglichkeit zwischen Ost und West frei. Die Intellektuellen in der DDR stürzten in ein Wechselbad der Gefühle. Es war nicht entschieden, wem man glauben konnte, den Reinheitsaposteln aus der DDR oder den Schmeichlern aus der Bundesrepublik. Ehrlich meinte es am Schluß keiner. Vielleicht war es angebracht, doch nach einem dritten Weg zu suchen. Was war eigentlich mit China? Das Land war mir zuerst begegnet in einem Band *Chinesische Novellen* des Georg Müller Verlages München, den ich als Student aus den Regalen des Leipziger Antiquars Schroers gezogen hatte, der später seinen Anschaffungspreis vervielfachte und mich zur Vervollständigung einer Reihe *Meisterwerke orientalischer Literaturen* anregte, zu der er gehörte. Die Lektüre hatte mich beeindruckt. Ich sah, daß die Erzählungen aus der fernen asiatischen Welt Schicksale einfingen, die unserem europäischen Kulturempfinden nahe waren. Liebe, Verzweiflung, Hartherzigkeit, Unschuld und Enttäuschung spielten tragende Rollen wie in unserer Literatur auch, nur exotischer verkettet. Zu Studentenzeiten hatte mich Brechts *Legende von der Entstehung des Buches Taoteking auf dem Weg des*

Laotse in die Emigration gefesselt, so daß ich das 13-strophige Gedicht auswendig lernte. Die Schlußverse »Aber rühmen wir nicht nur den Weisen, / Dessen Name auf dem Buche prangt! / Denn man muß dem Weisen seine Weisheit erst entreißen. / Darum sei der Zöllner auch bedankt: / Er hat sie ihm abverlangt«, benutzte ich wie einen Führungsstab in unerschlossene Wissensbereiche, und ich kümmerte mich mehr um Laotse. Was konnte man von seinen Weisheiten noch ergattern? Behilflich war der Leipziger Universitätsprofessor Eduard Erkes, in dessen Vorlesungen ich gelegentlich hineinhörte und den ich später mit großer Gelassenheit politische Purzelbäume kommentieren hörte. Im realen Leben begegnete ich auch Zhang Li. Er studierte Germanistik wie ich, war an Fleiß unübertrefflich und fand in uns deutschen Studenten freundliche Begleiter, die ihm die Irrläufe der deutschen Sprache enträtselten. Er wurde in den Wirren der sogenannten Kulturrevolution als Intellektueller zum Reisverziehen auf das Land geschickt und erst Jahre später wieder in die Universitätsforschung einbezogen. Er leitete in den 80er Jahren das Institut für europäische Literaturen an der Peking-Universität und lud mich aus Dankbarkeit für die frühe Sprachhilfe zu einer mehrwöchigen Reise nach China ein, über die ich in einer Artikelfolge der Berliner Wochenzeitung *Sonntag* unter dem chinesischen Sprichwort »Die Reiskörner fallen nicht vom Himmel« berichtete.

Ins reale Leben gehört auch, daß ausgerechnet eine in Aussicht gestellte China-Reise mich auf eine moralische Probe stellte. Ich sollte, wie es hieß, als junger eloquenter Verleger einer Delegation angehören, die die DDR zu Studienzwecken nach China schicken wollte. Als die Sache ins Lot kam und die Reiseunterlagen ausgefüllt werden mußten, kam ein junger Mann in mein Büro, plauderte über die Exotik dieses faszinierenden Landes an der Großen Mauer und seine Unzuverlässigkeit innerhalb des sozialistischen Weltsystems. Er erklärte, daß es eine Auszeichnung sei, dorthin zu reisen, und stellte mir plötzlich unverhohlen die Frage, ob ich nicht ein professorales Delegationsmitglied, das mich kannte und schätzte, ein wenig im Auge behalten könnte. Ich wüßte wohl, daß der Mann mitunter beklemmende Ansichten über Entwicklungen im Sozialismus hätte und unser aller »patriotische Pflicht« es sei, ideologische Verstrickungen mit den chinesischen Partnern zu vermeiden. Ich lehnte das Ansinnen rigoros ab. Von der Reise nach China hörte ich nie wieder etwas. Ich weiß es nicht, glaube aber, daß ein anderer eloquenter junger Mann den Platz einnahm, der mir zugedacht war. Konnte man es ihm übelnehmen, das große China sehen zu wollen? Mir schien die Sache der Anlaß dafür gewesen zu sein, mich in ein Diagramm überwachter Schriftsteller und literarisch tätiger Personen aufzunehmen und mich dort als »OPK Spieler« zu definieren. Später, Jahre nach der Wende, versah Joachim Walther in einem Spiegel-Kommentar nach Erscheinen seines Buches *Sicherungsbereich Literatur* (1996) mein Verhalten mit folgenden Notaten: »Nur in seltenen Fällen bemühte sich die Stasi vergebens. In den Akten der XX/7 fanden sich wenige eindeutige Verweigerungen. Bei dem Verleger Elmar Faber, ab 1983 Leiter des Aufbau-Verlages, wurden die Werber gleich dreimal vorstellig und holten sich, löbliche Ausnahme, jedes Mal eine Abfuhr. Beim ersten Versuch (um 1960) lehnte Faber eine Zusammenarbeit mit der guten Begründung ab, er könnte es mit seinem Gewissen nicht vereinbaren, andere wegen unausgereifter Gedanken anzuschwärzen bzw. ins Gefängnis zu bringen. Später schützte er unter anderem gesundheitliche Gründe und Arbeitsüberlastung vor.« Ich nahm den Kommentar über die Bestimmtheit meiner jugendlichen Entschlüsse mit Rührung entgegen, dachte aber sogleich, wie ungerecht es war, Menschen, wie beispielsweise Christa Wolf, zu verurteilen, die in ihrer Jugend dem »patriotischen« Palaver einer Einrichtung, die als Ministerium der DDR-Regierung angehörte, kurzfristig auf den Leim gegangen waren. Ich wollte mit Denunzianten nichts zu tun haben, nichts mit denen von gestern und nichts mit denen von heute. Das Stasi-Thema war damit ein für allemal für mich erledigt.

Nach der Wende erinnerten mich nur noch manche Leute daran, die die Straßenseite wechselten, wenn ich ihnen entgegenkam, Verleger und Verlagskollegen aus dem westlichen Teil Deutschlands, die mich in geteilten Zeiten wie einen Freund, ja wie ein östliches Kronjuwel behandelt hatten. Ein dummdreister Redakteur eines Branchenmagazins, der sich von seiner Frau immer vorsagen lassen mußte, was er gelesen hatte oder was des Lesens würdig war, hatte vermeldet, ich hätte die Figur eines Stasi-Offiziers. Diese Wendung stellte den Abstand her. Als das Buch *Sicherungsbereich Literatur* erschienen war, rannten dieselben Leute von der anderen Straßenseite freudestrahlend auf mich zu, luden mich zu Banketten ein und machten Vorschläge, in welchen wichtigen Branchengremien der Bundesrepublik ich mitarbeiten müsse. Es waren die üblichen Taschenspielereien und opportunistischen Manöver, wie sie von Rhein, Main und Donau in jener Zeit herüberschwappten ins Ostgebiet. Längst hatte man ja auch aus Honeckers armseligem Waldsiedlungshäuschen ein strahlendes Etablissement gemacht. Man wußte bereits, wie viele Abhörgeräte DDR-Zahnärzte unter die Zahnplomben gebaut und wie viele Föten in unseren Geburtseinrichtungen in den Abfalleimern entsorgt worden waren. Mir war zum Kotzen zumute.

17

Die Studentenjahre in Leipzig hatten mich in die Antiquariate geführt, diese wundervollen Schatzkammern des Geistes. Ich hatte den Glanz und Duft der Bücher in mir aufgehoben. Diese seltsamen Einlagerungen vermehrte ich während meiner Verlagsjahre bei EDITION LEIPZIG. Viele Einflüsse waren es, die mich zum Sammler werden ließen. Die Bücher selbst, die wachsenden Kenntnisse über ihre Vergangenheiten, die Experimentierlust mit werdenden Ausgaben als praktische Tagesarbeit, die Lehrer, die Vorbilder, Vereine, die sich der Bücherliebe verschrieben hatten. Es war nur ein kleiner Schritt, das Sammeln von Büchern als Lust zu empfinden, als Entdeckerlust, als Lust am Besitz, aber auch als Lust und Freude daran, etwas weiterzugeben, was man selbst gewonnen hatte. Aber freilich, Sammeln war mehr. Es war eine atavistische Leidenschaft. Ich glaube, daß der Stachel in mir steckte, von Kindesbeinen an. Was wurde nicht alles gesammelt, wenn man im Thüringer Wald groß geworden war? Kräuter, Beeren, Pilze, Steine, Holz und Reisig, Kusteln, Nüsse, Federn und Trophäen. Nach dem Krieg kamen Dinge hinzu, die nicht ins schöne Bild paßten, Ähren, liegengebliebene angeschlagene Kartoffeln, die die Hackfrauen nicht in ihre Wurzelkörbe einsortierten, Zigarettenkippen der Amerikaner und Hirschnorbeln zur Verbesserung der Tabakversorgung der Väter und Großväter, Kartoffelkäfer, von denen es hieß, sie wären von amerikanischen Flugzeugen abgeworfen worden.

Hinter jedem Ding, das man in Taschen, Säcken oder Körben verstaute oder auf die knarrenden Holzwagen lud, steckte ein Schicksal, eine kleine Geschichte. Wenn man die Arnika sammelte, dachte man an Großmutters märchenhafte Erzählungen, wonach die Völker in unterschiedlichen Blumen die Sonne für versteckt hielten, die einen in der Lotusblüte, andere in der Lilie oder in der Tulpe, die Deutschen in der Sonnenblume oder eben auch in den orange strahlenden Blütenblättern der Arnika mit dem samtenen Blütenkelch. Wenn man dem Veilchen ins Gesicht sah, hörte man Frühlingsglocken läuten. In den Lindenblüten summte der Sommer. Es wurde Zeit, etwas heimzutragen, wie es die Bienen taten, die die nektarträufelnden Blütenzungen besuchten. Plötzlich spürte man die Fäden, die sich von den Dingen, den Pflanzen oder Steinen, ins menschliche Leben spannten. Ließ man die Heidel- oder die Preiselbeeren ins Töpfchen purzeln, sah man nicht nur das blühende Kraut, aus dem sie sich mühsam herausgearbeitet hatten. Man sah die getrocknete Frucht, die das Leibweh bekämpfte, und den duftenden Kirmeskuchen, der die Gerüche des Sommers und des Waldes in die Herbst- und Winterzeit trug. Sammeln machte Spaß. Es führte zum Gespräch mit sich selbst und zur Hochachtung vor den kleinsten, den nippernäppichsten Dingen der Welt. Mit einem Grashalm konnte man Musik machen, aus dem Löwenzahn Stirnkränze flechten, aus den Ruten der Eberesche Vogelpfeifen schnitzen und Verwirrungsspiele mit den kleinen Gesangeskünstlern treiben. Etwas sammeln machte schon das kindliche Leben lebenswert. Es beflügelte die Phantasie. Diese Grunderfahrung trug ich in mir, als ich mit den Büchern in Berührung kam. Noch etwas ließ sich ins Erwachsenenalter mitnehmen, was ich schon in der Kindheit erfahren hatte. Sammeln mußte man zur rechten Zeit. Das Schlimmste von allen Dingen sei die Unentschlossenheit, ließ uns Napoleon einmal wissen. Das blieb ein Grundsatz für jede Sammelei, ob Kind, ob Greis. Und auch das Gegenteil davon war eines Lehrsatzes würdig. Man mußte Geduld haben. Sammeln brauchte Zeit.

Während meiner Verlagszeit im Bibliographischen Institut und bei EDITION LEIPZIG habe ich die Bücher wahrgenommen wie die Blütenstände aus meiner Thüringer Kinderwelt. Man konnte daran zupfen und ihre Geheimnisse enträtseln, Blatt für Blatt, und manchmal lagen gar zwischen den Blättern die schönsten Früchte versteckt. Studium und Beruf hatten mich belehrt über die Literaturen der Völker, und sie hatten mir die schönsten Formen ihrer Aufbewahrung gezeigt. In den Antiquariaten fand ich das Wissen versinnbildlicht und verkörperlicht in den prächtigen Ausgaben vieler Verlage. Ich war Friedrich dem Großen dankbar für den Satz »Bücher sind kein geringer Teil des Glücks – die Literatur wird meine letzte Leidenschaft sein«, auch wenn ich dessen kategorischen Imperativ nicht teilte. Das richtige Leben schien mir noch wichtiger als das Leben in den Büchern. Das Sammeln dieser wundersamen Ware war aber selbst auch ein Stück Leben. Das Wort Bibliophilie, das als Synonym für das Büchersammeln benutzt wurde, hatte einen zärtlichen Klang. Es war dem Griechischen entlehnt und teilte sich in biblos = Buch und philia = Liebe. Man wußte also, daß sich dahinter eine große europäische Tradition verbarg. »Ein Leben ohne Bücher ist der Tod und das Grab des lebenden Menschen«, meinte der antike Philosoph Seneca und fand Jünger genug, die diese Weisheit zu ihrer eigenen Lebensmaxime machten. Die großen Namen waren Legion, die sich dahinter versammelten, vom Großkanzler des englischen Reiches Richard de Bury, der ein fortwirkendes Traktat über die »Liebe zu den Büchern« verfaßte, über die Humanisten der Renaissance, Petrarca, Boccaccio, Erasmus von Rotterdam und den Nürnberger Ratsherrn Willibald Pirckheimer, den Namenspatron der Bibliophilengesellschaft der DDR, bis zu Lessing und Goethe und anderen Wortführern der klassischen Literaturperiode. Auch das 19. Jahrhundert war reich an passionierten Bücherliebhabern. Die Brüder Grimm und Jean Paul, Stifter und Grillparzer, Wilhelm

Raabe und Friedrich Nietzsche, Christian Morgenstern und viele andere versorgten uns mit besinnlichen Sprüchen über ihre Lese- und Sammlerlust. Und gar das 20. Jahrhundert, undenkbar ohne die poetisch buchstabierten Alphabete des Büchersammelns von Leuten wie Rainer Maria Rilke, Stefan Zweig oder Hermann Hesse. Ein Glück war es, daß inzwischen die Bücherproduktion so weit fortgeschritten, die Vertriebswege und die Bücherpropaganda so weit ausgebaut, die sozialen Verhältnisse so verbessert waren, daß sich nun auch der einfache Mann seinen Teil von der geistigen Nahrung nehmen konnte, der ihm zustand. Das Volk konnte zwar nicht Ausschau halten nach alten Handschriften und Inkunabeln, die gehörten in die Bibliotheken. Aber die Wiegendrucke der Moderne vom Anfang des 20. Jahrhunderts, sogar die Erstausgaben aus den fünfziger, sechziger und siebziger Jahren waren ein mögliches Beutegut für jeden Geldbeutel. Die Verlage, die nun auf den Büchern prangten, standen den Produktionsstätten, Buchkontoren und -magazinen der Gutenberg- und Lutherzeit in nichts nach. Wie sie auch hießen, sie arbeiteten mit gleicher Eleganz und Akkuratesse an der Auswahl der literarischen Stoffe und an der Vollendung ihrer Buchkörper, wie es die Altvorderen vorgelebt hatten. In dieses Mekka pilgerte meine Generation, als sie das Sammeln als ein Lebenselixier begriff. Jeder sammelte etwas anderes, der eine die schönen Bändchen der Inselbücherei, der andere Kiepenheuers Liebhaberbibliothek, ein dritter den Verlag Georg Müller und seine strahlenden Bibliotheken. Einer sammelte Jugendstilausgaben, ein anderer die provokanten Heftreihen des Expressionismus wie »Der Jüngste Tag« oder »Die Silbergäule«. Einer begeisterte sich für die Bücher aus Wieland Herzfeldes Malik-Verlag, ein anderer für Titel der Büchergilde Gutenberg oder die preiswerten Ausgaben proletarischer Bücherkreise. Schon leuchteten die feinen

Literaturreihen des Aufbau-Verlags aus den Schaufenstern. Alles war fast für ein Handgeld zu haben, im Gegensatz zu den Buchpreisen von heute, auch wenn die Wünsche dem jugendlichen Sammler manchmal das Letzte abverlangten oder ihn zum Rückzug zwangen. Aber das gehörte ja auch zum Sammeln: verzichten, Opfer bringen.

Erst als Sammler habe ich bemerkt, was aus der Welt des Gedruckten alles gesammelt wurde: Buchhüllen, Bezugspapiere, Exlibris, Lesezeichen, Banderolen, Verpackungen, Verlagsprospekte und anderes mehr. Es hat mich überrascht, daß manchmal ein kleines Utensil so wichtig sein konnte wie das ganze Buch, wenn man Buchgeschichte beschreiben oder soziologische Befunde der Bücherverbreitung erhellen wollte. Aber freilich, eine Hauptsache waren sie nicht. Männer der Extraklasse, behauptete ein altes Buchbrevier, sammelten Bücher. An die Frauen dachte man da noch nicht. Sie wurden erst viel später als die Männer lesekundig. Heute sind sie mitunter die intelligenteren Teilnehmer der Sammlergemeinschaften, bedachtsamer, wie sie nun einmal sind, ohne das Draufgängertum des Mannes, das zum Leichtsinn verführen kann oder gar zur Bibliomanie, die bis heute genug Leid über manche Familien gebracht hat.

Die Sammelleidenschaft. Erst der verdient ein Gütesiegel, der sich mit seinem Büchersammeln auch nützlich macht, indem er seine Schätze zeigt, moderiert und andere ansteckt, ihr Herz für das Schöne und Wertvolle unserer Buchgeschichte zu entdecken. Jeder strebsame Sammler wird dazu beitragen, in noch Unaufgeklärtes unserer kulturgeschichtlichen Verfaßtheiten etwas Helle zu bringen und anderen Erkundern Anregungen für ihre Forschungen und Nachforschungen zu liefern. Gerade durch die speziellen Liebhabereien der Büchersammler wurden häufig die Blicke auf Gebiete gelenkt, die in den öffentlichen Bibliotheken nicht mit gleicher Verve verfolgt werden können. Ich habe beobachtet, daß beispielsweise verbotene, verfemte oder ausgewanderte Literatur in privaten Bücherschränken häufiger anzutreffen war als in den Bibliotheken. Von manchen heute schon vergessenen Verlagsprogrammen ist in privaten Sammlungen zuweilen mehr vorhanden als in öffentlichen Einrichtungen oder in den mitunter hanebüchen geplünderten Verlagsarchiven. Ganze Lebensbezirke der Bücherwelt konnten erst durch private Sammlertätigkeit wieder hinreichend belichtet werden. Ich weiß, daß unsere Kenntnisse über die Alltagskunst ohne private Sammelleidenschaften viel ärmer wären. Wir wüßten viel weniger über Kalender, Bilderbogen, Oblatenbilder, Kinderbücher und Kinderzeitschriften ohne den Fleiß und die Besessenheit der Sammler, die ich selbst in wurzellosen Tagen an ihren Schätzen habe festhalten sehen wie die Mutter an ihrem Kind.

Ich habe als Verleger viele Privatsammlungen besucht und viele davon mit in eindrucksvolle Bücher hinübergeleitet. Puppen, Spielzeug, Zinn und Ton, Gläser und Porzellan, durch Alltagsgebrauch gefährdete Objekte aus Papier: Graphik, Plakate, Exlibriszeichen, Spiel- und Bildpostkarten, Bilderbogen, Etiketten, Umschläge und Puzzlespiele, vornehmste Erzeugnisse und volkstümliche Alltagsprodukte, die etwas aussagten über die Gewohnheiten der Leute in vorgestriger und neuerer Zeit. Ich habe an Sammlerschicksalen teilgenommen, habe Ausdauer und Penetranz bewundert oder beklagt. Aus allem habe ich ein Maß an Zurückhaltung gewonnen, auch die kuriosesten Interessen nicht zu belächeln. Manchmal wurde ich durch Sammlungen zurückgeschleudert in entlegene Zeiten, manchmal blitzte die eigene Kindheit auf, und mir wurde warm ums Herz. So erging es mir mit der Sammlung des Leipziger Buchillustrators Heiner Vogel. Er hatte in jahrzehntelanger Sammeltätigkeit, beim Stöbern in Antiquariaten und Antiquitätengeschäften, auf Jahr- und Trödelmärkten, bei Haushaltsauflösungen und Manufakturräumungen, ein derart bezauberndes Arsenal von Kinderspielzeug aus Papier aus fast vier Jahrhunderten zusammengetragen, daß man staunen konnte. Das gesammelte Œuvre führte zu großen Ausstellungen in der Deutschen Staatsbibliothek in Berlin und im Stadtgeschichtlichen Museum von Leipzig, zu denen die Leute hinströmten, als gäbe es kostbare Juwelen zu besichtigen. Wenn man sah, wie er alles aufbaute, mit welchem Zartgefühl er die verletzlichen Exponate in die Vitrinen bugsierte, ihnen ihren Platz innerhalb historischer Zeitbilder zuwies, mit ihnen »erzählte«, daß nichts vergessen werde, auch nicht die allerkleinsten künstlerischen Äußerungen unserer verrückten Welt, da war das Staunen der Kindertage wieder da.

Warum kommt mir das in den Sinn? Als Plädoyer für die Sammler und ihre Leidenschaften, als Freundschaftsgruß, als Ruf an kommende Generationen? Ich weiß es nicht.

Ich weiß nur, daß wir die Erinnerung brauchen an alles, was uns umgibt, was uns begleitet, was uns gehört, in den hellen und den dunklen Jahren unserer gefährdeten Existenz. Wenn wir nämlich das Summen des Sommers nicht mehr wahrnehmen, nicht mehr seine Früchte sammeln, verlernen, auf dem Grashalm Musik zu machen, werden wir verstummen und schließlich auch die Bücher nicht mehr lesen können. Wir werden vergessen, daß die Literatur, einem alten Sprichwort folgend, ein Quell ist, der vom Paradies ausgeht und die Erde bewässert.

18

Was waren die siebziger Jahre? Ein turbulentes Jahrzehnt. Auf den Straßen der Bundesrepublik starben mächtige Männer oder wurden in dunkle Verliese verschleppt. Terrorzellen beklagten den mißglückten 1968er Aufbruch in ein antibürgerliches Zeitalter mit den denkbar schlimmsten Methoden. In der DDR wurden der Politbarde Wolf Biermann ausgebürgert, der Physikochemiker Robert Havemann, ein Kritiker des DDR-Sozialismus, unter Hausarrest gestellt, Reiner Kunze, der zärtliche Dichter, aus dem Schriftstellerverband ausgeschlossen und zur Ausreise motiviert. In intellektuellen Kreisen wurde viel diskutiert, die Zeichen von Intoleranz könnten den Staat erschüttern. Auch mir war beklommen zumute. Das DDR-Volk berührten – so schien es – die Winkelzüge der Mächtigen im Großen und Ganzen wenig. Das Volk war, wie zwei Jahrzehnte zuvor in der Bundesrepublik, mit sich selbst beschäftigt und lobte die Brecht'sche Mutmaßung, erst komme das Fressen und dann die Moral. Die Masse der Menschen in der Bundesrepublik hatte ja auch viel über sich ergehen lassen: die Revitalisierung der Nazi-Größen, das Mißtrauen gegen die emigrierten Autoren, die nach Deutschland zurückdrängten, die Beschimpfung junger Schriftsteller als »Pinscher«, die Kommunistenhatz mit Tausenden von Berufsverboten. Das Volk hatte sich eingerichtet in den warmen Winkeln des Wirtschaftswunderlandes und vergaß dort in seiner Überzahl die Solidarität gegen den schleichenden Sittenverfall und die Umdeutung geschichtlicher Erfahrungen. In der DDR war man, in bescheidenerer Form, auch wohlhabender geworden. Man hatte sichere Arbeitsplätze, meist wohlgesonnene Freunde und Kollegen, ein anspruchsvolles Kulturleben, und zu gutem Essen und Trinken reichte es allemal, auch wenn, anders als in der

Bundesrepublik, die veritablen Produkte der früher kolonialen und jetzt halbkolonialen Lieferpartner fehlten. Man verkroch sich in den Nischen der zentral gelenkten Wirtschafts- und Gesellschaftsordnung, in den Gärten, in den Bädern und Sommerfrischen der Berge, den Kur- und Ferienhäusern der Gewerkschaften, alles für billigstes Entgelt, und ließ das ideologische Säbelrasseln der Macht an sich vorüberziehen. Der Folgen dieser eigenartigen Interessenabstinenz, der Kluft zwischen dem Volk und seiner intellektuellen Elite, wurde man sich erst später bewußt. Ein eigenes Kapitel.

Tatsächlich hatte man auch, jeder an einem anderen Platz, viel mit sich selbst zu tun, als immer nur an die Folgen von Tagesereignissen zu denken, die – im geteilten Land und in geteilter Welt – kolonnenweise an einem vorüberzogen. Ich machte in dieser Zeit als Verleger von EDITION LEIPZIG Hunderte und Aberhunderte von Bekanntschaften, die den Blick auf die geteilte Welt schärften und zum Abwägen zwangen. In New York lernte ich Barthold Fles kennen, einen emigrierten Juden und passionierten Literaturagenten, der mir viel über die emigrierte Literatur und ihre spektakulären Protagonisten erzählte, feinste Verästelungen in den einzelnen Schicksalen kannte – erstaunliche Bereicherungen meiner an der Universität erworbenen literaturhistorischen Kenntnisse. Er war den Frauen und Männern begegnet und kannte ihre Eigenarten und ihren Eigensinn. Belesen und hochgebildet, konnte er aber auch schnell umschalten auf schöngeistig ganz ferne Themen, wenn es beispielsweise darum ging, Günther Sterbas *Aquarienfische* zu verkaufen, ein Handbuch, das in Deutschland gerade zum Standardwerk wurde. Mit Hilfe von Barthold Fles verkauften wir den Titel einem amerikanischen Riesen für Tierfutterproduktion und waren uns des Glücks im Augenblick gar nicht bewußt, das uns mit

Dollars überschüttete. Feinsinn und Geschäft konnten ganz nah beieinanderliegen. Die von Fles sekundierte Reiseroute führte mich zu Partnern in das feine Boston: altenglischer Charme, Kirchenlabyrinth, berühmte Universitätsstadt durch den Vorort Cambridge, Metropole der Schifffahrt, industrieller Umschlagplatz und Aufmarschgelände politischer Erhebungen. Ein Weltort zum Staunen. Ich sah Chicago und war erschrocken bis in alle Glieder. Das reiche Amerika und dieser Ort der Trauer! In San Francisco wurde ich bekannt mit Avery Brundage und seinen musealen Einrichtungen, die der Verlag für einen Band seiner Reihe *Weltstädte der Kunst* ausbeuten wollte. Brundage war jahrelang Präsident des Internationalen Olympischen Komitees (IOC) und verhalf der DDR zu weltweiter sportlicher Anerkennung, begünstigt durch eine lose Freundschaft, die ihn mit Heinz Schöbel verband, dem Präsidenten des Nationalen Olympischen Komitees der DDR, der als Chef eines Leipziger Fachverlags für Grundstoffindustrie zudem ein Kollege war. EDITION LEIPZIG hatte dessen Bemühungen um Anerkennung unterstützt mit ein paar Büchern, die sich mit dem Sport in alten Kulturstaaten beschäftigten, im alten Ägypten und in Mexiko. Wir wollten zeigen, daß wir uns in der Kulturgeschichte des Sports auskannten und als DDR die Wertschätzung der zerstrittenen Gegenwart verdienten. Auf einem der Bände war der Verlag sitzengeblieben, was allerdings einen beträchtlichen Zugewinn an Erkenntnis auf dem Feld kapitalistisch geprägter Geschäftstüchtigkeit erbrachte. Auf einer Frankfurter Buchmesse verkaufte ich das festgefrorene Bestandskonvolut an einen Londoner Antiquar, den legendären Henry Pordes, einen etwas grobschlächtigen, aus hartem Holz geschnitzten Mann, der seine Geschäfte in einem Frankfurter Nobelhotel abwickelte, umstellt von intakten und bereits entkorkten Sektflaschen. Ich war froh über das

Geschäft. Als ich an den Messestand kam, erwartete mich ein namhafter holländischer Verleger zu einer Kooperationsverhandlung und berichtete mir freudig, daß er gerade telefonisch einen Titel von EDITION LEIPZIG eingekauft hätte. Es war das erst vor Stundenfrist an Pordes verscherbelte Buch *Sport im alten Mexiko*. Pordes hatte aufgeschlagen, Geld im Handumdrehen gewonnen, ohne die Ware überhaupt zu berühren. Wir lieferten direkt nach Amsterdam. Man mußte sich den Trick gut merken. Heißhunger und Morbidität in einer Gestalt. Fixer habe ich nur noch ein paar Geschäftspartner aus der Bundesrepublik agieren sehen, die sich mit Spielgeld aus der DDR ein Millionenvermögen verdienten. Die Sache ging so. Man kaufte Bücher von DDR-Verlagen, manche in hohen Auflagen, zu einem Einkaufspreis, den man auf den Multiplikator 1:5 hochkalkulieren konnte. Die DDR brauchte Devisen, im deutsch-deutschen Geschäft wichtige Verrechnungseinheiten. Wenn die Bücher geliefert waren, entdeckte man einen kleinen Makel, der sich nur durch Preisminderung wegreden ließ. Die DDR war ein geschundenes Land. Sie mußte Beanstandungen in Kauf nehmen, die in der Bundesrepublik nicht zählten. Bei den Büchern war es nicht anders als bei Waschmaschinen und Kühlschränken, die aus dem Erzgebirge zum Versandriesen Neckermann wanderten. Eine stumpfe Stelle in der Emaille am Waschmaschinenfuß konnte ausreichen, um den billigen Einstandspreis weiter zu drücken. Bei den Büchern kam ein dritter goldener Springquell hinzu. Man holte sich für das getätigte Geschäft beim Ministerium für innerdeutsche Beziehungen in Bonn noch eine Prämie in Form von Steuererleichterung ab. Wenn es böse zuging, wußte der Geschäftspartner vom Rhein oder Main auch noch ein garstig Lied auf die Buchproduktion in der DDR zu singen, an der sein Vermögen fortschreitend partizipierte, weil es sich gut machte, über die kräftig zu schimpfen, die man ausnutzte. Einen Mann wußte ich besonders zu schätzen, der im Laufe der Jahre Hunderte von Buchtiteln in der DDR einkaufte, aber befragt, was er von DDR-Büchern halte, mit einem Witz antwortete: Ob man den Unterschied zwischen Kuba und der DDR kenne, frohlockte er. Nein? Na, über Kuba lache die Sonne, aber über die Buchproduktion der DDR lache die ganze Welt. Hier war etwas vorgeprägt an garstigem Entzücken, das sich nach der Wende in besonders lasziven Ablagerungen wiederfinden ließ.

In geteilten Zeiten hatte uns der Mann von seinen Reisen immer etwas vorgeschwärmt. Außer dem Balaton waren Gebiete in den Ostblockländern davon ausgeschlossen, dies waren für ihn schwarze Löcher. Ob Riesengebirge, Hohe Tatra oder Kaukasus, dieser Teil der Erde war für ihn unbewohnt. Wir kannten die Toskana, Rom, Paris, London oder das schottische Hochland mit allen Kultur- und Naturschätzen, die dazugehörten, wenigstens aus der Literatur. Er hatte eine Vorliebe: Südtirol. Nach der Wende glaubte er, ein paar DDR-Verlegern einen Gefallen tun zu müssen. Er bot sich als Quartiermeister für dieses Urlaubsgebiet an. Als wir nach Oberbozen kamen, waren wir wie die Bettelmänner untergebracht. Wir mußten noch in derselben Nacht ausziehen, um nicht unsere Heiterkeit aufs Spiel zu setzen. Er wohnte in einer fürstlichen Residenz. Ich konnte ihm als geschulter Thüringer Bergwanderer das Ungemach heimzahlen. Bei einer Tageswanderung war ich vor ihm auf dem hohen Berg angelangt, der zu bezwingen war. Er konnte es nicht fassen und kommentierte den Sieg mit einem blasierten Ausruf. Es war ein kleiner Mann. Von Napoleon hatte er nichts weiter als die Nase.

Es war auf beiden Seiten des Eisernen Vorhangs ein und dasselbe. Prächtige Kerle gab es hier und dort und Borniertheit und Opportunismus auch in Hülle und Fülle. Toleranz und Loyalität mußte man sich erarbeiten, man konnte sie nicht kaufen, aber aufzufinden waren sie quer durch die deutschen Sprachlandschaften. Ich förderte ein Buch *Goethe in Weimar* und lernte den großartigen Fotografen Michael Ruetz kennen, der mich bei dieser und anderen Arbeiten mehrfach in Verlegenheit brachte. Für ein Buch über das Leben in der DDR bestieg er einen Industrieschornstein in Dresden, des besseren Überblicks wegen. Dies konnte in jenen angestrengten Zeiten als Spionage ausgelegt werden. Den Rüffel bekam ich. Im Weimarer Goethehaus am Frauenplan räumte er, vielleicht ein wenig pietätlos, das Interieur um, um seinen fotografischen Intentionen bessere Perspektiven zu verschaffen. Ich wurde von den Museumsleuten fast gesteinigt, weil ich ihnen einen »Barbaren« auf den Hals geschickt hätte. Sie hätten die großartigen Aufnahmen sehen müssen, mit denen Ruetz malerische Caspar-David-Friedrich-Impressionen fotografisch nachgestellt hatte, die in Ausstellungen halb Europa erreichten und die Weimarer Museumshüter bestimmt versöhnt hätten. Mit Ernst Büchner, dem jungenhaften quirligen Chef der ars mundi Collection in Hannover, einem großartigen Unternehmen, das Repliken von Kunstwerken aus aller Welt unter die Leute, vor allem auf dem Lande, brachte, verband mich bald eine belebende Freundschaft, nachdem er die schönen Schnurrpfeifereien von EDITION LEIPZIG entdeckt und in sein Angebotsprogramm aufgenommen hatte. Ich half ihm, die Türen in die Generaldirektion der Meißner Porzellanmanufaktur zu öffnen, aus deren Fundus der Verlag die *Höroldt-Chinoiserien* in einem fulminant ausgestatteten Mappenwerk veröffentlicht hatte und seither als Elitepartner der Manufaktur galt. Bald standen Erzeugnisse aus Böttger-Steinzeug in den noblen ars-mundi-Katalogen. Er besorgte mir daraufhin Naturdärme für ein häusliches Schlachtfest und ließ es sich nicht nehmen, die ausgefallene Ware selbst vorbeizubringen, als er einen Verwandtenbesuch in Sachsen machte.

Ich könnte ein abendfüllendes Programm über diese wundersamen Besorgungsgeschäfte einflechten, die jeden Tag zwischen Ost und West und umgekehrt abliefen, von denen Behörden und Statistiken keine Ahnung hatten oder keine Notiz nahmen, ohne die aber bestimmte Produkte gar nicht auf den Markt gekommen wären. Wir mußten ja in der DDR mit vielem improvisieren, um unsere Ideen zu verkörperlichen. Heute fehlte es an bestimmten Papiersorten, morgen an transparenten Leimen oder brillanten Farben. Einmal war Mangel an Blattgold, ein andermal an Metallsägen, mit denen Beschläge wertvoller Editionen konturiert werden mußten. Auf der anderen Seite gab es ein Verlangen nach Meißner Wein. Man konnte sich im Westen nicht vorstellen, daß in unseren nördlichen Breiten ein vergleichbar gutes Gesöff heranreifte wie an Mosel und Rhein und war neugierig. Vom Seniorchef von Langewiesche in Königstein/Taunus, dem Verlag mit den *Blauen Büchern*, einem sanften Bildungsbürger alter Prägung und einem profunden Weinkenner, kam das Prädikat *Vorzüglich*, das er auch über die weinseligen Abende in der Meißner Kultkneipe von Vincenz Richter hinaus aufrechterhielt.

Auf beiden Seiten traf man Ausbunde an Erfindungsgeist, die die Straßen für den verdeckten Austausch frei machten. Beide Seiten waren anders sozialisiert, gewiß, aber im grenzüberschreitenden Verkehr dachte keiner an Sozialismus oder Kapitalismus und deren theoretische Hintermänner. Wir waren besessene Arbeiter auf dem Gebiet der Literatur und Buchkultur, wir wollten das Beste leisten, und wir alle waren Deutsche, erfindungsreiche Pragmatiker und praktizierende Idealisten, die mit dem Leben

fertigwerden mußten, das uns die deutsche Teilungsgeschichte auferlegt hatte, verschuldet von den Vätern,
die über ihre Verbrechen nicht sprachen.

19

Das deutsche Land hatte nicht nur eine Spaltung. Es gab
viele Spaltungen. Oft wurde an den kleinen Fronten genauso erbittert gekämpft wie an den großen, nur daß es
dort keine Toten gab. In der »Sowjetzone«, wie Adenauer
das Land zwischen Elbe und Oder in unglaublicher politischer Aufgereiztheit bezeichnete, hatten die Amerikaner
1945, als sie bei den Russen Thüringen und Teile Sachsens
für Westberlin eintauschten, in der Kulturlandschaft für
reinen Tisch gesorgt. Mehr oder weniger hatten sie in einer
Nacht-und-Nebel-Aktion den bekanntesten deutschen, zum
Teil weltberühmten Verlagen aus Leipzig die Wurzeln ausgerissen und sie samt Verlegern und Archiven in westdeutsche Städte versetzt, darunter das Bibliographische Institut, B. G. Teubner, der Insel-Verlag und Brockhaus. Andere
wie Reclam, bekannte naturwissenschaftliche und medizinische sowie Musikverlage folgten. Die Verlage wurden im
Osten Deutschlands zwar dadurch nicht ausgelöscht, hier
war ja ihr Stammsitz, aber durch den Anspruch der Hallstein-Doktrin wurde ihre Bewegungsfreiheit eingeschränkt
oder unterbunden. Plötzlich hatte es die deutsche Verlagslandschaft mit der kuriosen Situation zu tun, daß gleich-
namige Verlage in Ost und West agierten und sich im Bru-
derzwist zerzausten. Die großen Prediger der Einheit der
deutschen Kultur hatten in einem entscheidenden historischen Moment nur an die eigenen Pfründe gedacht. Sie
zeigten ihr demagogisches Gesicht und machten sich bald
international zum Gespött, weil sie ihre Zauberkunststück-

chen selbst nicht beherrschten. Den Verlagsrudimenten, die man in Leipzig hinterließ, hatte man nicht zugetraut, daß sie sich von dem Aderlaß erholen könnten. Diese aber prägten neue Profile aus und machten den Westablegern Konkurrenz. Auf dem Hintergrund der großen Leipziger Tradition als Welthandelsplatz des Buches mit allem, was dazugehörte, den Setzern, Druckern, Buchbindern und Reproduktionsfachleuten in den sich wieder aufraffenden graphischen Betrieben und mit hochmotiviertem Personal an Herstellern, Gestaltern, Lektoren und Vertriebsleuten in den Verlagen, konstituierten sich die ihrer Verleger und Rechte beraubten Unternehmen neu als volkseigene Betriebe oder gemischte Gesellschaften und bauten Programme auf, die den alten Mustern nahekamen, sie wiederbelebten und modifizierten.

Jetzt hätte man denken müssen, daß man sich gegenseitig mit Achtung begegnete, daß man – zumal die westliche Seite immer besonders großen Geschäftssinn für sich reklamierte – die Vorteile ausnutzte, die sich aus der Doppelgesichtigkeit der gespaltenen Verlage in einer politisch gespaltenen Welt ergaben. Weit gefehlt. Der Antikommunismus verfinsterte die Mienen in Stuttgart, Mannheim, Wiesbaden und anderen westdeutschen Städten und setzte die Helden der Spaltung in eine selbst erfundene Gefangenschaft.

Eine Reihe der ausgelagerten Verlage konnte den Knoten schnell lösen und kehrte zu politischer Vernunft zurück. Nicht selten wurden in den nach Verständigung suchenden Unternehmen die Programme verglichen und solitäre Titel von Ost in die Westprogramme eingetauscht, seltener auch umgekehrt. In manchen Fällen, wie beim Insel-Verlag, ursprünglich Wiesbaden, dann im Verlagsverbund mit Suhrkamp, entwickelte sich eine auf Achtung und Toleranz gegründete Zusammenarbeit, was den Denkmustern der Verleger Peter Suhrkamp und Siegfried Unseld entsprach. Ein harter Kern blieb unversöhnlich und schleppte den Alleinvertretungsanspruch der großen Politik spiegelbildlich mit sich fort bis zur Wende. Die Hardliner waren Brockhaus und das Bibliographische Institut in Mannheim und Reclam in Stuttgart/Ditzingen. Um es vorwegzunehmen, diese Verlage, voran Reclam, standen zum Zeitpunkt der Wende als erste auf der DDR-Matte, um die Privatisierung ihrer Stammhäuser anzumahnen einschließlich der Programme, die sie lange als kommunistisch unterwandert verteufelt hatten. Die Gier auf den Altbesitz ließ ihnen plötzlich Verhandlungsmuster einfallen, die ihnen in schwieriger Zeit nicht zur Verfügung standen. Plötzlich konnten sie uns den ganzen klebrigen Honig über Einheit und Zusammengehörigkeit um den Mund schmieren, den sie jahrelang vergessen hatten. Die Einheit war plötzlich ihr höchstes Gut. Sie waren besonders glaubwürdig.

Die Zellteilung deutscher Verlage, von den westlichen Alliierten befördert, trieb kuriose Blüten. Die in Leipzig seßhaften Stammhäuser mußten nach Wegen suchen, um die Blockade ihrer westlichen Namensvettern zu durchkreuzen. Das geschah auf unterschiedliche Weise. Das Bibliographische Institut Leipzig beispielsweise stellte in seinen Verlagsverbund eine Neugründung ein, den Verlag Enzyklopädie, der sich vornehmlich auf Wörterbücher und Sprachlehrmaterialien spezialisierte und in alle Winkel der Welt seine Bücher vertreiben konnte. Er kaufte nun, ob als Scheingeschäft getarnt oder ökonomisch unterlegt, Lizenzen vom Bibliographischen Institut und brachte diese Titel unter seiner Verlagsfirmierung auf die Märkte der Bundesrepublik und anderer westeuropäischer Staaten. Das Bibliographische Institut Mannheim staunte. Auch EDITION LEIPZIG besorgte als Exportverlag solche Unterwanderungsgeschäfte gegenüber den aufgetürmten Blokkaden. Plötzlich verdienten sich ganz andere Leute als die gleichnamigen Verlage im Westen goldene Nasen, indem sie mit Büchern der ursprünglichen Stammhäuser handelten. Die deutsch-deutschen Verwerfungen blieben nicht auf die gleichnamigen Verlage beschränkt.

In Leipzig wurde das Messegut westdeutscher Verlage sortiert, wenn sie auf der Leipziger Buchmesse ausstellen wollten. Der Zoll selektierte unter Zuhilfenahme von ostdeutschem »Verlagsverstand« Bücher in eine Rubrik »staatsgefährdende Literatur«, über deren »revolutionäre Sprengkraft« man sich hätte totlachen können. Politthriller wie *Der Schakal* von Frederick Forsyth waren ebenso darunter wie die Bücher von Autoren, die die DDR verlassen hatten, selbst wenn es sich um Liebesgedichte oder Naturlyrik handelte. Umgekehrt wurde der Nationalstand der DDR auf der Frankfurter Buchmesse jährlich von illustren Figuren heimgesucht, die sich an den Ausstellungswänden anketteten. In lautstarken Deklamationen zogen sie über Honecker, Marx, Lenin, Mao Tse-Tung her oder zerlegten den Warschauer Pakt in seine mißratenen Einzelteile. Diese Leute hätten sich ebenso gut an der nicht immer friedfertigen NATO abarbeiten können, um ihren Bekehrungseifer zu befriedigen, was es auch gab, aber häufig ging eben die Stoßrichtung nach dem Osten.

Auf einer Frankfurter Buchmesse in den siebziger Jahren wurde ich von einem Schweizer Verleger eingeladen, mich an einer Kreuzfahrt im Mittelmeer zu beteiligen. Auf dem Schiff sollten sich etwa dreißig Kunstverleger aus aller Welt einfinden, um bei frischer Seeluft über internationale Koproduktionen zu beraten. Ein höchst amüsantes Rendezvous, von dem die Verleger für gewöhnlich mit prall gefüllten Vertragsmappen die Heimkehr antraten. Als ich meinen zuständigen Behörden in Berlin davon erzählte, um mit ihnen über die Reiseformalitäten und die paar Westmark zu beratschlagen, die ich dazu in der Tasche haben müßte, erntete ich ein süffisantes Lächeln, als wollte ich mich einer Mafia ausliefern und Partei und Regierung müßten mich vor deren Machenschaften beschützen. Das war eine von den Dummheiten im DDR-Kulturbetrieb, daß die Funktionäre kraft ihrer amtlichen Wassersuppen ihre von Sachkenntnis meist ungetrübte Arroganz in einer Weise feilbieten konnten, daß handgreifliche Erfolgsmöglichkeiten der Fachleute aus ideologischer Borniertheit zugeschüttet wurden. Der Schweizer Kunstbuchverleger Jürgen Braunschweiger, lange Zeit Chef des bekannten Luzerner Bucher Verlages, der meine Teilnahme an der Kreuzfahrt wünschte, ein auf vielen geisteswissenschaftlichen Gebieten bewundernswert kenntnisreicher Mann mit ausgeprägt sanften bürgerlichen Manieren, hatte keinen guten Leumund in der DDR-Kulturbürokratie, weil er nach 1968 die literarischen Texte der sogenannten Prager Dissidenten in seinen Verlag geholt hatte. Ich war mit Braunschweiger befreundet, hatte manches Kunstbuch mit ihm koproduziert, bevor er 1978 ein Buch des DDR-Kunstkritikers Lothar Lang mit dem Titel *Malerei und Graphik in der DDR* in sein Programm nahm. Dieses Buch hatte eine für das getrennte Deutschland bezeichnende Geschichte. Ich hatte dem Titel als Geburtshelfer zur Seite gestanden, nachdem es für die zuständigen DDR-Verlage als nicht opportun erklärt worden war. Es bezog seine Suggestivkraft aus den subjektiven Kunsturteilen seines namhaften Autors, der seine Ansichten mit denen der offiziellen Kulturpolitik öfters nicht in Übereinstimmung bringen konnte. Künstler wie Gerhard Altenbourg und Ralf Winkler (nachmals A. R. Penck) wurden dort Gegenstand der Kunstbetrachtung. Es sah nach Belehrung aus, was Lothar Lang an Verstecktem und Verborgenem, an Zartem und mitunter Abstraktem aus den weniger belichteten Winkeln der

DDR-Kunstproduktion hervorholte und den kraftvoll realistischen und figürlichen Bildergeschichten in den DDR-Kunstausstellungen ebenbürtig zur Seite stellte. Als Verleger von EDITION LEIPZIG, der um das Goldene Kalb harter Devisen tanzte, die das Haus als Exportverlag einbringen mußte, konnten mich die ideologischen Geplänkel um Langs umstrittenes Manuskript nicht stören. Ich stellte ihm nach der Lektüre seines Manuskripts kurzerhand einen Verlagsvertrag aus und machte mich auf die Suche nach einem Koproduktionspartner, dem ich das Buch für das Lizenzgebiet BRD, Schweiz und Österreich verkaufen konnte. Ich sprach zuerst mit dem DuMont Buchverlag Köln, mit dem ich gute Erfahrungen bei der Realisation eines *Kunstreiseführers DDR* gemacht hatte, der im Jahr zuvor dort erschienen und von dem ich selbst Mitautor war. DuMont verfügte über ein glänzendes Führungspersonal in Gestalt seines Geschäftsführers Sommer und seiner Programmchefin Karin Thomas, die auf dem Weg war, sich zur besten Kennerin von DDR-Kunst in der Bundesrepublik hochzuarbeiten. Mit Ernst Brücher stand ein souveräner Verleger an der Spitze des Unternehmens, der über die Dummheiten des deutsch-deutschen Literaturbetriebs erhaben war. Aber siehe da, Langs Buch stürzte in ein Beurteilungsritual, das nach Schabernack aussah. Man vermutete nämlich, daß mit A. R. Penck eine Kunstfigur eingeführt werden sollte, die es gar nicht gab, an der die DDR aber ihre Abneigung gegenüber Experimentatoren und Konzeptkünstlern abreagieren konnte. Und foppen lassen wollte man sich nicht. So kam das Buch an den Bucher Verlag am Vierwaldstädter See und belebte von der Schweiz aus die Diskussion über die Welthaltigkeit der DDR-Kunst, die seit der 6. Documenta in Kassel im Jahre 1977 voll im Gange war.

An mancher Stelle hatten wir schon über Gewohnheiten

der Zensur gesprochen, hatten Spielregeln erkundet, wie es in diesem gefährlichen Revier zuging. Eins ließ sich festhalten. In der DDR hing die Zensur am staatlichen Gängelband, mehr aber noch an den ideologischen Präliminarien der Partei, die eigentlich, entsetzliche Doppelherrschaft, die erste Macht im Staate war. In der Bundesrepublik, unter der Herrschaft des Privateigentums, besorgten private Verleger die Zensur durch Selektion. Das erschien nicht als Eingriff, es galt als Souveränität im freiheitlichen Gesellschaftssystem. Der Staat stand als Freiheitshüter da, also auch als Hüter der Gedankenfreiheit. Freilich, manchmal stand die Übereinkunft auf wackligen Füßen, der gute Eindruck erwies sich als Chimäre. Als wir den *Kunstreiseführer DDR* über den Kunstverlag DuMont Köln auf den bundesrepublikanischen Markt bringen wollten, war ein Gutachten des Bonner Ministeriums für innerdeutsche Beziehungen notwendig. Es wachte darüber, daß der Preußische Kulturbesitz publizistisch nicht in die Hände der DDR fiel. Berlin sollte nicht als DDR-Hauptstadt ausgewiesen werden. Wir trafen auf Sprachregelungen und Spitzfindigkeiten deutsch-deutschen Machtgerangels, wie sie nur der DDR zugewiesen wurden. Die Partner setzten sich über die Bedenken hinweg.

Weniger aufreibend waren Geschäfte, die EDITION LEIPZIG über Jahre hinweg mit sogenannten Kuriosa der Bücherwelt und Gedrucktem schlechthin machte. Mit Heiterkeit erinnere ich mich an ein *Erotisches Kartenspiel des Biedermeier.* Wir hatten das Original aus der Schatulle eines leidenschaftlichen Sammlers gezogen, der sich auf historische Spielkarten spezialisiert hatte, und uns über die historischen Spuren amüsiert, die diesem anhafteten. Viele der Karten waren an den Rändern angesengt. Es waren Karten, die gegen das Licht zu halten waren, nur dann kamen die erotischen Bilder zum Vorschein, die dem nor-

167

malen Kartenblatt unterlegt waren. Man konnte sich vorstellen, wie sich die öffentlich prüden Honoratioren über
ihre Stammtische beugten und der flackernden Flamme
der Kerze oder des Kienspans die frevelhaften Szenen ent-
rissen, die in den Kartenblättern gespeichert waren. Das
Kartenspiel kam aus der Zeit zwischen 1830 und 1840,
einem biederen Jahrzehnt. Die DDR war auch ein biederes
Land, öffentlich abhold den lasziven Spielen der Dunkelheit. Man konnte gespannt sein, wie das DDR-Publikum
reagierte, wenn ein Verlag ein verführerisches Produkt aus
der Tasche zog, das in unbändiger Sinnesfreude an die
Grenzen der Pornographie stieß. Die Verblüffung war groß.
Es war wie in der Biedermeierzeit, wo die Sittenwächter
auch (heimlich) den größten Spaß an den schlüpfrigsten
Angelegenheiten hatten. Diejenigen, die dem Verlag als Erste die Bude einrannten, um an ein Exemplar des Kartenspiels heranzukommen, kamen aus den Regierungsstellen
und dem zentralen Parteiapparat. Goethes Spruch »Seid
reinlich bei Tage und säuisch bei Nacht« hätte man plötzlich als Parteilosung ausgeben können.

Die schöne Spielerei, die der Verlag wegen Mangel an
Masse nur als Bückware unter dem Ladentisch verkaufen
konnte, wurde in den angrenzenden Ländern sehr begehrt.
Es fanden sich Abnehmer für größere Auflagen in der Bundesrepublik, der Schweiz, in Österreich und Holland. Später, nach der Wende, wurde das Spiel vom Verlag Faber &
Faber Leipzig, der das Segment *Buchcuriosa und andere
Schnurrpfeifereien der Bücherwelt* weiterpflegte, in Zehn-
tausenden von Exemplaren abgesetzt. Die Beschränkung
in DDR-Zeit, also das Phänomen Bückware, war auch dadurch entstanden, daß wir für die technische Perfektion
des Kartenspiels, dessen hintermalerische Bilder sich nur
offenbarten, wenn man die Blätter »gegen das Licht« hielt,
nicht sorgen konnten. Uns fehlte im DDR-Materialangebot

eine Kleinigkeit, ein Leim, der transparentfähig war und blieb, auch wenn er verarbeitet wurde. Wir mußten die Leimbüchsen ins Land schmuggeln, nachdem uns der Mangel bewußt geworden war. Ein Partner aus Holland half und machte den Weg frei für eine massenhafte Rezeption, die nur ihre Grenzen vor den Toren der katholischen Kirche fand, als Jahre später eine Übernahme des *Erotischen Kartenspiels* in das Programm des Weltbild-Verlages in Augsburg erörtert wurde.

Auszeichnungen und Preise für seine *Schnurrpfeifereien* konnte der Verlag bis nach Indien einheimsen. *Das kleinste Buch der Welt,* ein Bilder-ABC, stellte EDITION LEIPZIG in den Abmessungen 3 x 2,5 cm her. Es war vor allem eine buchbinderische Meisterleistung der Leipziger Buchbinderei Altmann, die an Risiken und Nebenerscheinungen nichts zu wünschen übrigließ. Ein verschnupfter Buchbinder fegte mit einem einzigen Nasenstoß ein paar hundert Buchblöcke in die Abfallkörbe, ohne die Chance, sie wieder aufzufinden. Die Rarität, die in einigen Ländern für Aufsehen sorgte, führte den Verlag zum wiederholten Male mit dem Belser Verlag in Stuttgart zusammen, wo eine vornehme Dame, Frau Weitbrecht, die Gattin eines silberhaarigen Senators mit einem Tiefdruckimperium, die Geschäfte führte. Sie war eine hinreißend kluge Frau, die auch einen Band von EDITION LEIPZIG mit dem Titel *Gespräche über die Dresdner Gemäldegalerie* in Lizenz nahm, die Louis Aragon und Jean Cocteau anhand von Kunstpostkarten in Paris geführt hatten, als die nach 1945 ins Sowjetland verfrachteten Gemälde an die DDR zurückgegeben wurden. Der Band war ein Faszinosum. Er rief einen Mann auf den Plan, den ich schon lange vermißte. Es war mein Lehrer Hans Mayer aus Leipzig, den es danach drängte, für die westdeutsche Ausgabe des Bandes ein Vorwort zu schreiben. Als Verehrer der beiden Franzosen und als Übersetzer von Aragon tat er dies mit Bravour. Mich beschenkte er mit einer Wiederbegegnung. Wir tauchten in Erinnerungen ein und durchstöberten den zauberhaften Kramladen der Leipziger Universitätsgermanistik in den fünfziger Jahren. Er befeuerte mich mit einer erlesenen Auswahl von Buchtiteln, die seiner Meinung nach unbedingt in der DDR erscheinen müßten. Es war, als sei er nie fortgegangen und immer noch der erfrischende Mentor wichtiger DDR-Verlage, als der er viel bewirkt hatte. Es klang nicht nach Abschied, als wir auf Wiedersehen sagten.

Abschied nahmen wir nur von einem Jahrzehnt, das widersprüchlicher nicht hätte sein können. Wandlung durch Annäherung, hieß eine gebräuchliche sozialdemokratische Losung, zu der unsere Bücher beitragen wollten. Aber während wir Bücher machten, wurden von den Mächtigen auf beiden Seiten des Eisernen Vorhangs die Waffenarsenale vollgestopft mit den gefährlichsten Raketen, die Namen bekamen, als wären es gesellige Papierflieger. Vielleicht konnte die Literatur, meinten wir Intellektuellen, ein utopischer Gedanke, die Vernunft zurückrufen und die Waffenkammern schwächen, die Profit- und Weltmachtstreben hatten entstehen lassen.

20

Durfte man in einer solch anstrengenden Zeit träumen? War Eigenliebe erlaubt? Konnte man mit dem eigenen Leben und verwegenen Gedanken spielen, wie man lustig war? Gerade hatte mich ein Münchner Verleger gefragt, was ich als Verlagschef in Leipzig verdienen würde. Als er Auskunft erhielt, tanzte ein mitleidiges Lächeln um seine Mundpartie, und er beschrieb mir in hellen Farben die bayrische Landeshauptstadt als Paradies. Ich fuhr zu Buchclub-Verhandlungen nach Zürich weiter. Dort traf ich am

Bahnhofskiosk – welch Zufall!, rief er ins muntere Treiben – einen anderen DDR-Verleger, der mir Avancen machte und der Stadt am See mit Leidenschaft einen verdienten Schönheitspreis verlieh. Müßte man immer wieder nach Hause zurückkehren, sinnierte er laut vor sich hin und wollte erfahren, ob die Schweiz, ein Ursprungsland der mitteleuropäischen Demokratie, nicht für uns alle ein lohnenswertes Lebensziel sei. Ich hatte keine schwarzen Gedanken. Später wurde der Mann mit einer Verdienstmedaille des Ministeriums für Staatssicherheit ausgezeichnet. Welchen Abklatsch böser Verführungsspiele konnte doch das Leben liefern! Freilich, Dampf hatte man genug unter den Rädern, um noch selbst in rätselhafte Welten vorzudringen. Immer dachte ich, einmal einen großen Betrieb zu leiten, ein Imperium, wie ich es in Gütersloh bei Bertelsmann wahrgenommen hatte, ein paar tausend Leute, verzwickteste Vernetzungen. Das gab es in der DDR in der Buchbranche nicht, aber mich reizte ein solcher Koloß. Ich wollte herauskriegen, ob die Erfahrungswerte ausreichten, die man mit der Führung kleiner oder kleinerer Kollektive gesammelt hatte, um einen, natürlich fachlich angestammten, Großbetrieb zu leiten. War das strapaziöser oder nur dasselbe Spiel auf einem anderen Brett? Mußte man dafür gebildeter sein oder dümmer, besser gesagt: dummdreister? Ich hatte eigenartige Beobachtungen gemacht in Ost und West über die Manager in den großen Betrieben. Ich nahm diesen unerprobbaren Traum mit ins zweite Jahrzehnt meiner Verlegerjahre.

Als hätte das Schicksal einen guten Ratschlag parat, bot es mir für das Unerfüllbare eine Abfindung an. Länger schon dachte ich darüber nach, einmal einen belletristischen Verlag zu leiten. Ich war begeisterter Verlagshistoriker, hatte viele Aufsätze zu einschlägigen Themen geschrieben und hatte aus der Geschichte Persönlichkeiten heraufsteigen sehen, die mir imponierten: Samuel Fischer, Ernst Rowohlt, Gustav Kiepenheuer, Peter Suhrkamp, alles »Verleger in widriger Zeit«. Sie hatten Sprüche in mir hinterlassen wie »Die Dichtung darf niemals aufhören« und damit einen Imperativ gesetzt für das Ethos des Verlegerberufs. Ich wollte mich als Vermittler in diesen literarischen Prozeß eingliedern, brauchte dazu allerdings den Zuspruch der Hauptverwaltung Verlage und Buchhandel, die in der DDR die Verlagschefs und Programmleiter in ihre Funktionen berief. Angebote hatte ich schon abgelehnt, EDITION LEIPZIG war ein Königreich, aber nun munkelte der »Buschfunk«, wie wir in der DDR sagten, etwas vom Aufbau-Verlag in Berlin und brachte mich, der selbst nichts wußte, mit entsprechenden »Geheimmeldungen« in Verbindung. Aufbau war kein Königreich. Es war eine Weltrepublik. Und wenn die Gerüchte sich bewahrheiten sollten, dann könnte eine Schatzkammer des Geistes zugleich meinen Traum erfüllen, einmal einen größeren Betrieb zu leiten, wenn man – sündigerweise – von einem Verlag überhaupt als »Betrieb« sprechen wollte. Aber ein Verlag ist ja tatsächlich nicht nur ein literarisches Traumhaus, sondern zugleich eine Wirtschaftsgröße. Der Aufbau-Verlag Berlin und Weimar hatte über 180 Mitarbeiter, brachte fast jeden Tag ein Buch heraus, 300 bis 350 Titel jährlich, mit einem Jahresumsatz von über 30 Millionen Mark bei empfindlich kargen Buchpreisen, wie sie nun einmal in der DDR Mode waren. Ein Vorgriff.

Wir schrieben die Jahreszahlen 1980/1981. Es lag – unbewußt – ein Hauch von Abschied über meinen Leipziger Jahren. Ich schrieb an der Biographie des ungewöhnlichen Verlages EDITION LEIPZIG und nannte den Text vorsichtig *Ansichten zu einer Verlagsgeschichte*. Das Manuskript lag ebenso lange in der Druckgenehmigungsbehörde, wie ich zum Schreiben des Textes Zeit gebraucht hatte, eine knappe Jahresfrist. Ich hatte vergessen, die Parteiorganisation des Verlages in meine verlagshistorischen Erörterungen einzubeziehen. Ich hatte von deren »führender Rolle« dort nichts bemerkt. Die Erwartung grenzte an Albernheit. Ich zog Bilanz über 20 Jahre Verführung zur Buchkunst. Das Buch erschien 1985. Derweil hatte EDITION LEIPZIG 1980 sein 20-jähriges Verlagsjubiläum gefeiert. Wir zelebrierten das Ereignis genüßlich mit einem »Bancket der Bürger« im Leipziger Kultrestaurant »Kiew« nach Rezepten des ersten deutschsprachigen Kochbuchs, das vom »weitbeschrieenen Churf. Meintzischen Mundtkoch« Marx Rumpolt im Jahre 1581 herausgegeben worden war und in der Verlagsreihe *Bibliothek alter kulinarischer Werke* in einem meisterhaften Reprint Platz gefunden hatte. Mit zeitnaher Kandelaberbeleuchtung, bei Kammermusik und frechen Sprüchen (in Mittäterschaft von Radio DDR/Sender Leipzig) wurden von abends bis Mitternacht in drei Gängen fünfzehn Speisen serviert. Bald darauf wurde das Ereignis in der DDR, nicht nur in der Nähe des Leipziger Rathauses, wie ein Weltwunder kolportiert, weil die Üppigkeit des Festes für DDR-Verhältnisse ungewöhnlich war. Vergessen war, daß der Verlag fast ein Dreivierteljahr lang, zusammen mit dem Chefkoch des Hauses, Andreas Müller, mühselig die Ingredienzien für das Fest zusammentragen mußte. Mit bestaunenswürdigem Organisationstalent hatten wir alte Bierkrüge und altes Holzbesteck herstellen lassen, um den Zeitbezug deutlich zu machen. Das internationale Fernsehen der Vereinigung INTERVISION hatte Appetit auf Bildschirmübertragungen bekommen. Bei den DDR-Mächtigen war nicht die Originalität, nicht der Unterhaltungszauber, nicht die nachhaltige Wirkung des Abends angekommen, sondern allein die auf 75 Mark bemessene »Freß- und Saufsteuer« hängengeblieben, die ein jeglicher zu berappen hatte, der an der Festivität teilnahm.

Ausnahmen gab es nicht. Selbst die Verlagsangehörigen mußten bezahlen. Von den Eingeladenen in den städtischen und überregionalen Regierungs- und Parteibüros kam keiner außer Klaus Höpcke, der Buchminister, aber der war ein anderes Kaliber. Sozialistischer Geiz wurde großgeschrieben, wenn es um den Funktionärsbeutel ging. Ich wurde gerüffelt wegen unangemessener Lebensweise. In der für Literatur und Buchhandel zuständigen ZK-Abteilung in Berlin sprach man von der Leipziger Dekadenz und fuhr anschließend selbst in mehrwöchigen Urlaub nach Sotschi und ins kaukasische Bergland. Honecker plagte sich derweil mit einem Entschluß, in die Bundesrepublik zu reisen. Die Kleinmütigkeit in den Parteibüros war oben und unten zu Hause, und die Provinzialität auch. Alles wäre nicht des Aufhebens wert, wenn es nicht um ein DDR-Alltagsproblem gegangen wäre. Allenthalben maßten sich die kleinen Gernegroße in den Parteiämtern Urteile an, ohne etwas selbst erfahren, selbst genossen, selbst erlebt, selbst erarbeitet zu haben. Es entstand eine Politik auf Zuruf. Man hatte etwas gehört. Einer hatte einem anderen etwas erzählt. Einer hatte erzählt, die *Blechtrommel* von Grass sei ein pornographisches Buch. Also war Grass ein pornographischer Autor. Gelesen hatte man nichts von ihm. Wenn es ein paar gebratene Wachteln gab, pflegte man eine dekadente Lebensweise, und *Historische Kochbücher*, nach denen diese zubereitet wurden, waren ohnehin bedenkliche Muster feudalen Geschmacks. Auch das hatte man irgendwo gehört. Mehr brauchte es nicht. Die Partei besaß die Meinungshoheit. Der Verdruß darüber war manchmal groß. Übermächtig werden konnte er nicht. Den Adel der eigenen Meinung genoß man bei diesen Gelegenheiten wie groben Unsinn und hatte seine Freude daran.

Viel schwerwiegendere Dinge passierten im gespalte-

nen Land und in Berlin. Die Grünen gründeten ihre Partei
und zogen damit 1983 erstmals in den Bundestag ein. Die
Bundesrepublik – ein freies Land, hieß es – boykottierte
zusammen mit den USA die Olympischen Spiele in Moskau. Afghanistan warf lange Schatten. Helmut Schmidt
blieb Bundeskanzler und setzte den NATO-Doppelbeschluß
durch. In Bonn protestierten 300 000 Menschen. In einem
mecklenburgischen Nest notierte eine einsam nachsin-
nende Frau am 27. April 1981 in ihr Metelner Tagebuch:
»Schreiben ist auch ein Versuch gegen die Kälte«, was später in der *Dritten Vorlesung* zu ihrem Buch *Kassandra* aufgehoben wurde. Christa Wolf war auf dem Weg zu einer
Weltautorin. Die Tücke der politischen Geschichte Deutschlands brachte es aber mit sich, daß das Buch, um das im
Berliner Aufbau-Verlag und in der Druckgenehmigungsbehörde lange gerungen wurde, zuerst in gekürzter Fassung
erschien. 36 Zeilen mußten ausgespart bleiben, die der
Zensurbehörde und ihrer Obrigkeit nicht ins ideologische
bzw. waffentechnische Konzept paßten. Aufrüstung konnte
angeklagt werden, aber nur auf der anderen Seite. Auf der
guten Seite hieß Wettrüsten Verteidigung. Man sollte nicht
glauben, daß sich diese Demagogie dreißig Jahre später in
der deutschen politischen Geschichte wiederholen könnte.
Jedenfalls blieb der Vorgang eine bittere Marginalie in der
DDR-Verlagsgeschichte. Die Prophetin galt viel und wenig
im Lande. Ihr Buch aber wurde zum geistigen Korrektiv,
das ein Millionenpublikum erreichte. Der Verlag konnte es
gar nicht so schnell nachdrucken, wie es von den Leuten
verlangt wurde, nachdem es 1983 erschienen war. Es wurde
ein Musterbeispiel für die Wirkungsgeschichte von Literatur. In beiden deutschen Staaten verkauften sich im Laufe
der 80er Jahre etwa 700 000 Exemplare. Christa Wolf hatte
mit *Kassandra*, der Prophetin vom Untergang Trojas, die
die Gabe der Weissagung besaß, aber damit keinen Glau-

ben fand, eine mythologische Gestalt revitalisiert, die sich wie eine Schablone über die Gegenwart der 80er Jahre legen ließ, mit der wir unser Leben im Kreislauf Rüstung, Krieg und Untergang neu bedachten. Das Buch wurde in mehr als 25 Sprachen übersetzt. Es zog eine Flut von Briefen nach sich, die die Autorin nicht erwartet hatte. Ihr Buch traf ein Lebensgefühl. Es wurde adaptiert von zahllosen Studiobühnen, Theatern, Musikschulen, Buchillustratoren und Künstlern in aller Welt. In der DDR trug es dazu bei, neue Kräfte in der Intellektuellen- und Kunstszene freizusetzen, die dem Ausgleich der verfeindeten Gesellschaften das Wort redeten, Versöhnungskraft also als das bessere Modell von Politik empfanden als Konfrontation.

Es war der Augenblick, in dem ich eintauchte in den Brodelkessel der Meinungen, die in Büchern des Aufbau-Verlags durcheinandergerührt wurden und als Literatur die Öffentlichkeit herstellen mußten, die in den gleichgeschalteten Tageszeitungen nicht zu gewährleisten war. Es war schade, daß der Verlag *eine* Feuerprobe im literarisch-intellektuellen Diskurs gerade nicht bestanden hatte, als ich dort den Verlegerposten übernahm, und sich zu Zugeständnissen veranlaßt sah an die neurotischen Ängste der Mächtigen um ihre Macht. Einem großartigen literarischen Text war das Siegel der Willkür aufgedrückt worden. Durfte man rechten? Man wußte nicht, welche Standproben einem selbst bevorstanden.

21

Die Zensur! Eins der heikelsten Themen der Kulturgeschichte. Facettenreich bis zur Absurdität. Sie war keine Erfindung des Sozialismus. Die Zensur hatte eine lange Geschichte vom antiken Griechenland bis ins amerikanische Jahrhundert. Jedem fielen Schlagworte ein, der über ihr

Unwesen nachdachte: die Dunkelmännerbriefe, die Inquisition, der österreichische Staatskanzler Metternich, das Sozialistengesetz Bismarcks, die skurrilen Zugriffe auf die Literatur im Kaiserreich während des Ersten Weltkriegs, das Schund- und Schmutzgesetz der Weimarer Zeit, die Bücherverbrennung der Faschisten, wütende Attacken gegen das geschriebene Wort, ausgetüftelt immer, weil eine Herrschaft sich bedroht fühlte. Es ist eine Legion von Büchern dazu geschrieben worden, über Verbote und nochmals Verbote, alle zum Schutz einer bestehenden Ordnung. Es wäre fast verwunderlich gewesen, wenn die Nachkriegszeit das Kontinuum durchbrochen hätte, wenn ausgerechnet nach 1945 elysische Zustände im Literaturbetrieb eingetreten wären, wo Sieger und Besiegte sich duellierten, wo sich neue gesellschaftliche Fronten formierten, neue Machtblöcke sich aufbauten, neue Exportwege festgetrampelt wurden, auf denen die Amerikaner, die Westalliierten, und die Sowjets ihre »Ordnungsprinzipien« nach Deutschland transportierten.

Was die DDR betraf, so ergab sich, schon bevor sie gegründet war, eine eigenartige Gemengelage. Bei den Sowjets ging nichts ohne Stempel, ohne Dokument, erst dies stellte Amtlichkeit her. Die sowjetischen Kommandanturen pflegten dieses Prinzip. Die deutschen Genossen, die nach 1945 in der Ostzone den Kulturbetrieb aufbauten, kamen vielfach aus der Moskauer Emigration. Auch sie wußten dieses Prinzip zu handhaben. Behilflich, es zu einem Instrument der Landesverwaltung zu machen, war der große Mangel in allen Lebensbereichen. Was den Literaturbetrieb, die Verlagsbranche betraf, so zählte Papier zu den kostbarsten Gütern. Nur wer es hatte, konnte Bücher drukken. Und wer es verteilte, hatte nicht nur die Kraft zur Regulierung knapper Reserven, sondern auch die Macht über das geschriebene Wort. Man konnte bestimmen, welche Inhalte zuerst verbreitet werden sollten und welche noch Zeit hatten, welche der Gesellschafts- oder Staatsidee förderlich, welche ihr unbequemer waren. Ein vielleicht nicht ganz unverständliches Prinzip, solange es um Umbruch, um Beherrschung von Notzeiten ging.

Not hatten in dieser Zeit auch die verjagten und verfemten Autoren, die zögernd nach Deutschland zurückkehrten und einen neuen Platz in der zerstörten Literaturlandschaft suchten. Viele von ihnen dachten nicht nur über die Verbrechen der Naziherrschaft nach, sondern auch über das eigene Leben und Werk und prüften, was sie vielleicht selbst falsch gemacht hatten. Es kam zu erstaunlichen Entschlüssen. Bekannte Autoren korrigierten längst erschienene Bücher, weil sie glaubten, es könnte – nach der Katastrophe – manches mißverständlich geworden sein. Von Aufbau-Autoren wie Lion Feuchtwanger, Arnold Zweig oder Egon Erwin Kisch sind solch redliche Nacharbeiten bekannt, und Falladas Roman *Jeder stirbt für sich allein* mußte Ergänzungen über sich ergehen lassen, deren Korrektur das große Buch erst jüngst zum nochmaligen Bestseller werden ließ. Mir geht es hier nicht um literaturwissenschaftliche Einzelheiten, die werden anderswo dokumentiert, sondern um den Vorgang der Selbstzensur, der sich nach 1945 in den Köpfen der Autoren neu konstituierte und – nach meinen Erfahrungen – äußerst folgenreich werden sollte. Heinrich Manns Maxime »Das Saatkorn darf nie wieder aufgehen«, ich sagte es schon, war nicht nur ein Zeichen erstaunlicher politischer Integrität, das die exilierten Autoren nach Deutschland zurückbrachten, es war auch eine Anleitung zum Handeln. Die Autoren der nachrückenden Generationen, für die die Exilanten die großen Vorbilder waren, wie etwa für Christa Wolf die Seghers, für Hermann Kant Joseph Roth, für Fritz Rudolf Fries der Erfolgsautor Lion Feuchtwanger, für andere Brecht, Heinrich

Mann, F. C. Weiskopf u. a., übernahmen – jedenfalls eine Zeitlang – die »Schere im Kopf« und sorgten durch Selbstkontrolle für die Übereinstimmung ihrer Ansichten mit der Staatsräson, die – nach Brecht'schem Muster – lautete, keine Kriegs- und Völkerhetze, kein Rassenhass dürfen je Platz finden in den Büchern der neuen antifaschistischen Gesellschaft. Das war ein profundes Bekenntnis. Die Tücke dieses grundsätzlichen Bündnisses wurde schnell offenbar. Es verleitete den Staat dazu, an ein generelles Arrangement zu glauben, Meinungs- und Glaubensfreiheit als Übereinkunft, und wo das brüchig wurde, meinte er, dies mit Druck, einschmeichelnder gesagt, mit »Einsicht in die Notwendigkeit« herstellen zu müssen. Die Zensur.

Schon bald entstanden die ersten Reibereien. Wer einmal in die von Elmar Faber und Carsten Wurm herausgegebenen Bände von *Autoren- und Verlegerbriefen* des Berliner Aufbau-Verlages aus den Jahren 1945–1969 hineinsieht, kann eine Physiognomie der Bevormundung herauslesen. Die Bände lesen sich wie eine Kriminalgeschichte der DDR-Zensur, ihrer Verstocktheiten und ihrer Leichtfüßigkeit, ihres bitteren Ernstes und ihres Spielcharakters.

Zensur ist nicht jener Vorgang, was leicht und gern bewußt verwechselt wird, daß die Verlage Einwände gegen ein Manuskript vorbringen können. Das gibt es in jeder Verlagsstube der Welt. Schließlich gibt es gute und schlechte Manuskripte. Hier geht es um den Vorgang der Gängelei und Gleichschaltung, im äußersten Fall von Unterdrückung und Ausschaltung bestimmter Bücher aus dem literarischen Stoffwechsel der Zeit. Nur das ist niederträchtig. In der DDR verschanzten sich diese Absichten hinter Phrasen und politischen Edikten, die sich nicht einmal in marxistischen Lehrbüchern fanden. Es konnte heißen, der literarische Text verfehle das richtige Leben. Man konnte fragen, wo ist der positive Held? Was war das eigentlich?

Oder warum hat der Text einen so pessimistischen Schluß? Wenn Text- oder Genrekritik nicht zu üben war, der Text aber politisch mißfiel, flüchtete man sich in nebulöse Urteile. Die Schreibe sei klassenindifferent, spiele dem Klassengegner Munition in die Tasche oder nutze nur der Kirche oder welcher staatsfernen Organisation auch immer, die etwas an der Gesellschaftspolitik auszusetzen hatte. Autoren wie Günter Kunert wehrten sich frühzeitig, schon ausgangs der fünfziger, anfangs der sechziger Jahre gegen solche Totschlagargumente und meinten, es gäbe auch so etwas wie das »Paradoxon positiver Satire«. Aber nicht einmal diesen wohlwollenden Gegenentwurf wollte die Zensur akzeptieren.

Das Verblüffende an den grotesken Winkelzügen war, daß die wechselnden Gesprächspartner, hier Autor und Verlag, dort Druckgenehmigungsbehörde, manchmal auch anders gruppiert als Druckgenehmigungsbehörde und Verlag gegen den Autor, im Laufe der Zeit eine Art Spielmaterial anhäuften, mit dem die eine Partei die andere überlisten konnte. Taktische Manöver wurden ausgeheckt, zwei Schritte vorwärts, einen zurück, wenn es schiefging, umgekehrt, um ans Ziel zu kommen. Wenn man die Resultate besah, bestaunte man die lächerlich kleinen Zugewinne, die die eine oder andere Seite für sich verbuchen konnte. Die Zensur löste ein Geplänkel aus, das nach Sachdebatte aussah, aber nichts weiter war als Beckmesserei. Zwischen den Fronten saßen die externen Gutachter, die sich auf die eine oder andere Seite schlugen, aber auch dritte Wege fanden, um die gordischen Knoten verhärteter Standpunkte zu lösen. Ich betrachte es als Novum in der Zensurgeschichte, daß in der DDR viele Autoren, Fachexperten, Literaturwissenschaftler, Historiker etc. in den Begutachtungsprozeß eines Manuskripts eingeschaltet waren. Wenn es zur Verstümmelung oder gar Verhinderung literarischer oder wissenschaftlicher Texte kam, konnte dies nicht als pure politische Willkür ausgelegt werden, weil man in der Wissenschaft bei den Fachexperten eine Berufungsinstanz zu haben glaubte, die überparteilich erschien.

Das Zensurgehabe, eine Begleiterscheinung des Zeitgeistes der Nachkriegsjahrzehnte, hatte im geteilten Deutschland eine fatale Nebenerscheinung. Junge Autoren, die die politische Geschichte, den ewigen Kampf zwischen Geist und Macht als abstrusen Veitstanz betrachteten, bedienten sich ausgerechnet dieses Instrumentariums, um Unzulänglichkeiten eigener Texte *politisch* zu verbrämen. Hatte ein DDR-Verlag an dem Manuskript eines jungen Autors zu Recht etwas auszusetzen, so war es leicht, dies nicht als fachlichen Einwand anzuerkennen, sondern als politische Teufelei auszurufen und sich bei einem westdeutschen Verlag sogleich als Geschmähter darzustellen. Es gab Beispiele genug, wo Autoren nach Gesprächen in DDR-Verlagen fortrannten und die Manuskriptkritik umzukehren versuchten, indem sie den westdeutschen Verlagskollegen erklärten, die politischen Dunkelmänner im DDR-Verlagsgeschäft hätten ihnen die poetischen Flügel wegschlagen wollen. Erstaunt waren sie dann, wenn ihnen Frau Borchers bei Suhrkamp oder gleichrangig anerkannte Lektoren in anderen westdeutschen Städten erklärten, daß die Texte noch unfertig wären, wie auf Stelzen gingen oder der Welthaltigkeit entbehrten, also genau dieselben Argumente vorbrachten, für die sie einen DDR-Verlag als politischen Possenreiter verdächtigt hatten. Es gibt genug unveröffentlichte Briefwechsel zwischen DDR-Autoren und Verlagen in der alten Bundesrepublik und der Schweiz, die ein erstaunliches Potential an Manuskriptkritik enthalten, für die, von einem DDR-Verleger ausgesprochen, die Autoren die schreckhaftesten Urteile parat gehabt hätten. Aber so war nun einmal die deutsche Welt eingerichtet, daß das, was auf der einen Seite als politische Dummheit galt, auf der anderen Seite als Ausdruck eines gewaltigen Sachverstands gepriesen wurde und als Entäußerung freiheitlicher Entschlußkraft. Franz Fühmann, unverdächtig irgendwelcher Verkürzungen, hatte sich, nachdem ihm ein Manuskript aus Frankfurt am Main mit über sechzig Korrekturvorschlägen und grenzwertig despektierlichen Meinungen zurückgegeben worden war, dahingehend geäußert, das sei ja sozialistischer Realismus, nur anders herum.

Nach der Wende hat es eine einseitig illuminierte Geschichtsbetrachtung fertiggebracht, die DDR-Verlagsgeschichte als einen unablässigen Strom von Zensurmaßnahmen darzustellen. Das war sie nicht. Die Zensur war ein Teilaspekt des Verlagsschaffens, der den eigentlichen Gegenstand verlegerischer Arbeit, die Pflege von Autoren, von Literatur sowie die Inszenierungskunst von Büchern nicht verdunkeln konnte. Es hat genug editorische Glanzleistungen gegeben, Einzeltitel, Werkausgaben und Verlagsreihen, die bis heute Bestand im deutschen oder internationalen Bücherkanon haben. Die verengte Geschichtsaufarbeitung nach der Wende hat den Fokus zu uniform auf die DDR gerichtet, als sei nur dort alles Böse versammelt gewesen, dagegen alles Bessere, alles Schöne in der Bundesrepublik. Schier vergessen hatte man plötzlich, daß auch in der Bundesrepublik Deutschland in den ersten Nachkriegsjahrzehnten mit zum Teil brachialer Unvernunft Literatur vom Buchmarkt ferngehalten wurde, weil sie das Mißfallen alliierter oder westdeutscher Behörden erregte. Von der Drangsalierung Hans Werner Richters früher Zeitschrift *Der Ruf* bis zur Mißachtung emigrierter Schriftsteller wie Alfred Döblin oder Fritz von Unruh, die Deutschland nicht wieder als ihre Heimat betrachten wollten, reicht die Kette mißratener Urteile. Feinsinnige und dokumentenreiche Bücher wurden dazu geschrieben. *Und das wurde nicht ihr Staat* von Peter Mertz ist eins davon. Freilich standen diese meist am Rand des öffentlichen Interesses. Man hält es heute kaum mehr für möglich, daß auch Bücher des Aufbau-Verlages in die Mühlen der deutsch-deutschen Literaturverbote gerieten. Konnte man es verstehen, daß ein Buch wie *Der Irrweg einer Nation* von Alexander Abusch 1961 auf westdeutsche Verbotslisten geriet? Oder daß der Münchner Verleger Wilhelm Weismann sich für den Vertrieb dieser angeblich »kommunistischen Schrift« zu verantworten hatte? Ist es noch glaubwürdig, daß Romane von Lion Feuchtwanger, Arnold Zweig, Oskar Maria Graf oder Gedichte von Johannes R. Becher als »zersetzende Literatur« bezeichnet und längere Zeit vom Vertrieb in der Bundesrepublik ausgeschlossen waren? Derartige Eulenspiegeleien begegneten dem autobiographischen Roman Ludwig Renns *Adel im Untergang* ebenso wie später Klaus Manns *Mephisto*. Alfred Döblins *Hamlet*-Roman erschien zuerst in der DDR. Auch das war kein Zeichen von freiheitlich-demokratischer Souveränität in westdeutschen Verlagsurteilen. Ganz zu schweigen von den kränkenden Injurien, die von Politikern wie Ludwig Erhard, Franz Josef Strauß oder Heinrich von Brentano gegen namhafte Autoren wie Brecht oder Rolf Hochhuth ausgestoßen wurden. Diese Repliken sollen nicht ablenken vom z. T. schmähenden Literaturbetrieb in der DDR, sie sollen aber belegen, daß deutsche Literatur- und Kulturgeschichte der Nachkriegszeit in ihren erschreckenden Passagen nicht nur an der DDR festzumachen ist, sondern ganz Deutschland im Blick haben muß. Sternstunden, Glück und Infamitäten waren auf beide Seiten verteilt. Es wäre erfrischend, wenn eine sachliche Betrachtung beides, Gewinne und Verluste, notieren könnte, hier und dort. Der Speichel sollte den Westdeutschen nicht gleich im Munde gefrieren, wenn man feststellt, daß in Ost und West mitunter die gleichen Fehler gemacht wurden.

Sozialistisch eingefärbtes Denken wurde nun einmal in der Bundesrepublik von den Programmen der großen Publikumsverlage weitgehend ferngehalten, durch verbale Feindschaften und durch Selektion. Wir im DDR-Verlagsgeschäft mochten dagegen nicht die nationalkonservativen Autoren, weil unsere literarische Erziehung einen Abstand zwischen sie, unseren Geschmack und unsere politischen Überzeugungen gelegt hatte, selbst wenn sich Stephan Hermlin noch so stark machte, beispielsweise Ernst Jüngers Romane *In Stahlgewittern* oder *Auf den Marmorklippen* endlich in unsere Verlagsprogramme aufzunehmen.

Diese Betrachtungen zur Zensur waren ein Vorgriff. Ich wollte Generalisierendes schon ausgesprochen haben, bevor ich mich in die Auseinandersetzungen innerhalb des Literaturbetriebs der DDR und zwischen Ost und West begebe, die in Gestalt des Berliner Aufbau-Verlags ab Frühjahr 1983 auf mich warteten.

22

Bevor ich Leipzig, die Metropole, wie wir sagten, mit Berlin, der Hauptstadt, vertauschte, war ich ein paar Tage in Thüringen. Ich besuchte die alte Stadt Erfurt mit ihren prachtvollen Renaissancebauten und der mittelalterlichen Krämerbrücke, die schon im 10. Jahrhundert erwähnt wurde und sich als »pons rerum venalium« über den Flußlauf der Gera spannte und an den florierenden Straßenhandel in alter Zeit erinnerte. In dieser turmreichen Stadt, Dutzende von Pfarr- und Klosterkirchen sprenkelten ihre Silhouette, hatte ich einst meine Facharbeiterprüfung abgelegt. Goethe hatte ihr im *West-östlichen Divan* eine wehmütige Reminiszenz gewidmet. Er glaubte, Jugendzeit zu schauen, versüßende Tage, wenn er sie durchschritt. Ich auch. Zu Hause, in den Thüringer Bergen, tropfte der Winter in das von der Kälte sich befreiende Land. Wenn ich den Eiszapfen zusah, die noch an den Rinnen hingen, wie sie von Stunde zu Stunde schmaler und hinfälliger wurden, dachte ich an die verrinnende Zeit. In ihren gläsernen Spiegeln stiegen Bilder aus Kindertagen herauf. Ich sah die Eisblumen am Fenster, die Gucklöcher, die wir in die zugefrorenen Scheiben hauchten, roch die Bratäpfel, die in der Ofenröhre schmorten, sah die Kerzen des Weihnachtsbaums leuchten und wie ihre wärmenden Flammen auf und ab hüpften und dachte wieder daran, daß Großvater immer aus der Stube verschwand, bevor der Weihnachtsmann kam, und daß es lange gedauert hatte, bevor ich herausfand, daß der bärtige Geselle dieselben Schuhe wie Großvater trug. Das Leben war eine komplizierte Sache.

Als ich in Berlin angekommen war, meinen neuen Schreibtisch eingerichtet, ein paar Graphiken an der Wand angebracht hatte, die meinem Geschmack entsprachen, die erste Leitungssitzung absolviert war und der Fahrstuhl mich schon ein paarmal hochgefahren hatte vom Erdgeschoß in die 2. Etage der Französischen Straße 32 wie vormals Arnold Zweig, Leonhard Frank, Johannes R. Becher oder Halldór Laxness auch, ein hehres Gefühl, wurde ich ins ZK der SED bestellt. Dort versuchte mir die Leiterin der Abteilung Kultur, Frau Ragwitz, durch stramme Sprüche zu imponieren. Sie meinte, daß ich mit meinen »Leipziger Volksreden« (ich wußte nicht, was sie meinte) in Berlin zurückhaltender umgehen müsse, denn ich würde wohl wissen, daß ich nun auf einem Schleudersitz säße. Ich war verblüfft über den eigenartigen Willkommensgruß, Handkantenschläge wie in Zeiten der *Täglichen Rundschau*, als das Blatt der Sowjetischen Militäradministration noch in den Gefilden der Kultur gewütet hatte. Dabei hatte die Dame mit meinem neuen Arbeitsverhältnis als Verleger des Aufbau-Verlags gar nichts zu tun. Ich war vom Minister für Kultur in die Funktion berufen worden. Die Crux mit der Doppelherrschaft von Partei und Regierung zeigte sich in voller Blüte. Man war in der Hauptstadt, nicht mehr in der Provinz. Der Sittenverfall einer beschworenen Volks-Demokratie war dort viel auffälliger. Demokratie als Parteiherrschaft. Die Partei war das Volk, noch mehr, sie war sein Vortrupp.

Man durfte sich nicht irremachen lassen. Was zählte, war die Verheißung: der Aufbau-Verlag. Der Literaturstrom. Die bald fünfzigjährige Tradition. Das Literaturmuseum. Die Autoren. Ein Weltreich. Eine Kulturinstitution par excellence. Der Suhrkamp des Ostens. Führend im intellektuellen Diskurs der DDR. Ausgreifend nach vielen Richtungen über die Grenzen hinweg. Weltrechte von Autoren wie Lion Feuchtwanger, Heinrich Mann, Anna Seghers, Arnold Zweig, Johannes R. Becher, Friedrich Wolf, Hans Fallada, Ludwig Renn und Egon Erwin Kisch, der Hausverlag von Bertolt Brecht, Thomas Mann, Hermann Hesse im Osten. Gegenwartsautoren, die wie Kometen aufgestiegen waren: Christa Wolf, Irmtraud Morgner, Hermann Kant bei Rütten & Loening, einem Verlag, der zur Aufbau-Verlagsunion zählte, Peter Hacks, Erwin Strittmatter, Namen ohne Ende aus der zeitgenössischen Literaturszene, alle Genres, selbst die Literaturwissenschaft mit großen Namen, Werner Krauss, Georg Lukács, Hans Mayer und Ernst Bloch bis zum Weggang aus der DDR. Dazu das Literaturerbe in großartigen Werkausgaben von Balzac bis Dostojewski, von Goethe und Schiller bis Fontane und Gerhart Hauptmann. Eine Bibliothek deutscher Klassiker mit ca. 200 Bänden zu volkstümlichen Preisen. Hans Mayer nannte sie ein europäisches Ereignis. Feinste Editionsarbeit, viel Autopsie. Dazu das Ausland, fast ein eigener Verlag. Der Ostblock mit schillernden Autorennamen. Auch da Werkausgaben von Puschkin und Gogol bis Gorki. Franzosen, Briten, Amerikaner, der Isländer Halldór Laxness. Und Lateinamerika. Ein Vademekum der Weltliteratur. Vorgedacht alles von weitsichtigen Gründern, in Szene gesetzt von einem anspruchsvollen Team von Lektoren, Herstellern, Buchgestaltern und Illustratoren, von pfiffigen Vertriebsleuten bekanntgemacht. Leinen- und Lederbände, Taschenbücher, Broschüren. Man hätte als Verleger, dem eine solche Schatzkammer der Literatur anvertraut wurde, größenwahnsinnig werden können, wenn man – andererseits – nicht gewußt hätte, wie spröde und zerbrechlich diese Bauwerke waren und welche Kraft und welches Stehvermögen es erforderte, sie zu bewahren und zu vervollkommnen.

Bald merkte ich, daß der Wind mir ins Gesicht blies. Schon nach Tagen stellte sich eine erste eigentümliche Wahrnehmung ein. Christa Wolf und Christoph Hein wurden von der sozialistischen Presse tabuisiert. Es schien, als seien sie Unpersonen. Ich fragte nach in Berliner Zeitungsredaktionen und in Kulturinstitutionen von Partei und Regierung und erntete durchweg ein nichtssagendes Kopfschütteln. Keiner wollte davon etwas gehört haben. Nur ein seltener Vogel im Kulturapparat staunte mich mit großen Augen an und fragte: Kommst du von einem anderen Stern? Nun konnte man aus der Frage des Sternkundigen herauslesen, was man wollte. Ich schrieb mir die Finger wund und redete mir den Mund fusselig, um hinter das Geheimnis der Tabuisierung zu kommen. Aber keiner der Kulturoberen, keiner der leitenden Redakteure bekannte sich als Wissender. So kam man wenigstens hinter das Geheimnis, wie Politik in den oberen Etagen funktionierte. Man hatte etwas gehört, Genaues wußte man nicht, also staunte und lächelte man und tat doch, als sei man ein Eingeweihter, der Fragende hingegen immer ein Unkundiger, ein naiver Mensch. Die Beobachtung war Gold wert. Ihre Essenz lautete: Nichts ernst nehmen, was man reden hörte, was ein garstiger politischer Wind durch die Lüfte trug. Nur was man schwarz auf weiß besaß, die klassische Weisheit, konnte man getrost nach Hause tragen. Ich weiß nicht, was schließlich dazu beitrug, das alberne Verdikt gegen die beiden Starautoren des Aufbau-Verlages aufzuheben, glaube aber, daß ständige Nachfrage nach den Gründen dieser unsinnigen Verweigerung selbst hartgesottene Zensoren in moralische Existenznot trieb.

Die Albernheiten der Berliner Politik, der Versuch, etwas durch Nichterwähnen totzustellen, was quicklebendig war, hatten Bücher zur Ursache, die 1983 den intellektuellen Diskurs in der DDR maßgeblich beeinflußten. Von Christa Wolfs *Kassandra* war schon die Rede. Man legte es der Autorin als politische Boshaftigkeit aus, daß sie ein Tabu gebrochen hatte, über das Wettrüsten auf *beiden Seiten* der Machtblöcke zu reden, und quittierte ihre moralische Lauterkeit mit Aussperrung. Zur gleichen Zeit hatte der weithin angesehene marxistische Wissenschaftsautor Jürgen Kuczynski in einem Buch des Aufbau-Verlages mit dem Titel *Dialog mit meinem Urenkel* die Frage stellen lassen: »Sage mal, Urgroßvater: Hast Du Dir den Sozialismus in Deiner Jugend so vorgestellt, wie er heute ist?« Es war die erste Frage im Buch, selbst als Wortspiel ein entsetzlicher Fauxpas eines alten Genossen gegenüber seinen Kampfgefährten, ein Sakrileg, von dem sich selbst Erich Honecker erpreßt fühlen mußte, obwohl er der Veröffentlichung des Textes in letzter Instanz zugestimmt hatte, nachdem viele seiner politischen Ratgeber kalte Füße bekommen hatten. Man konnte sich, 1983, nicht auch noch gegen die eigene intellektuelle Garde auflehnen. Genug Schaden hatte man schon in den dem sozialistischen Gesellschaftsmodell gegenüber freundlich gesinnten, aber kritischen Literaten und Wissenschaftlern angerichtet, die die neue Gesellschaft als Entwicklungsprozeß ansehen wollten, nicht als historisches Versprechen, das sich wie in einem Kokon einkapselte. Jürgen Kuczynski. Es war nicht seine erste Begegnung mit der Zensur. Zuweilen hatte er sich einen Spaß daraus gemacht, die Zensoren zu verhohnepipeln. Als 1958 seine schöne Schrift *Sechs Generationen auf Bücherjagd* erschien, eine Geschichte seiner berühmt gewordenen Bibliothek, fehlte, für die Leser freilich unbemerkbar, das ursprüngliche Kapitel III mit der Überschrift *Bücherkäufe – Bücherfunde – Büchertoren*. Die folgenden Kapitel waren in der Nummerierung vorgerückt. Der inkriminierte Text befaßte sich u. a. mit einem Büchertoren und ist rasch nacherzählt.

Kuczynski war seit vielen Jahren auf der Jagd nach der Erstausgabe der 12 Bauernartikel von 1525, dem klassischen Manifest der Bauern, das er als Pendant der Erstausgabe des *Kommunistischen Manifests,* des klassischen Programms des Weltproletariats, das er längst besaß, hinzufügen wollte. Ende 1950 fand er das gesuchte, ungewöhnlich seltene Stück in einem Antiquariat und war ungemein betrübt, daß er es nicht haben konnte. Schon hatte er sich ausgerechnet, wie lange er sein Gehalt als Universitätsprofessor zurücklegen müßte, um die Ausgabe zu erwerben, als ihm der Antiquar bedeutete, daß ein hoher Funktionär die Schrift zum 75. Geburtstag des Staatspräsidenten hätte zurücklegen lassen. Tage später verlautbarte der Antiquar, er könne die berühmte Schrift in der sogenannten M-Ausgabe (der ersten von fast zwei Dutzend anderen, die alle 1525 erschienen waren) haben. Man hätte sich die Ausgabe »noch einmal angesehen und das Schriftlein mit seinen sechs Blättern zu dünn für ein Geschenk an den Präsidenten gefunden«! »Ach«, schrieb Kuczynski, »wie segnete ich diesen Unverstand – und wann immer ich diesem Büchertoren begegne, drücke ich ihm besonders herzlich die

Hand, ohne daß er eine Ahnung hat, warum.« Der »Bücher-
tor«, steht zu vermuten, war Kurt Hager, seinerzeit Chef
der Parteipropaganda der SED.

Ich erwarb *Sechs Generationen auf Bücherjagd* samt
dem ausquartierten Kapitel mit handschriftlichen Korrekturen Kuczynskis fast vierzig Jahre später von demselben
Antiquar aus Naumburg an der Saale, der Kuczynski die
Bauernartikel besorgt hatte. Es war eine freundliche Geste,
daß der Antiquar das kleine Konvolut für mich zurückhielt,
weil er meinte, ich sei als Verleger von der Zensur besonders gebeutelt worden und hätte doch nicht abgelassen, die
Büchertoren zu verspotten. Ich mußte lächeln über die Ko-
mik der Geschichte.

Nun war 1983. In dieser Zeit des »wohlwollenden Aufruhrs« plagte sich die Politik schon Monate lang mit dem
Buch des immer noch jungen Autors Christoph Hein herum, der unter dem Titel *Der fremde Freund* eine karge und
kunstvolle Geschichte über das Leben einer Ärztin namens
Claudia geschrieben hatte, die vielen Leuten unter die
Haut ging, der Politik aber ein Dorn im Auge war. Hein beschrieb ein Leben am Leben vorbei, ein Entfremdungsri-
tual zwischen Individuum und Gesellschaft, was es nur im
Kapitalismus geben durfte, nicht aber in der *sozialistischen Menschengemeinschaft*. Heins Heldin war eine »ver-
nünftige« Frau, die es nach eigenen Worten vermied, ent-
täuscht zu werden. Wer Enttäuschungen vermeiden wollte,
vermied das Leben und mied die Menschen. Das ging so
lange gut, bis man selbst krepierte. Aus dieser Haut kam
die Ärztin Claudia nicht heraus. Sie wurde – im Sozialismus – eine verdorrte Natur, eine geradezu unmögliche Sache.

Ich wurde – als neuer Verleger – in die Parteihochschule
nach Kleinmachnow nahe Berlin eingeladen und sollte den
schulungsbedürftigen bzw. schulungsbesessenen Genos-

190

sen Rede und Antwort stehen angesichts der bitterbösen Befunde, die Christoph Hein in der Gesellschaft ausgemacht hatte und die als Klagelied über die Verhältnisse in der DDR mißverstanden wurden. Plötzlich kam ich mir im Wust der Anschuldigungen gegen Heins Erzählung vor wie ein Angeklagter. Obwohl ich nicht am Text beteiligt war, galt ich als Verdächtiger, an der Nestbeschmutzung Mitwirkender, weil ich des Autors Botschaft verteidigte. Ich wollte, wie Christoph Hein auch, die Literatur als koproduktive Mitgift für die Gesellschaft aufgefaßt wissen, die (auch) Warnschilder aufstellte für Fehlentwicklungen. Wir waren, wie Christoph Hein meinte, nicht nur für das verantwortlich, was wir taten, sondern auch für das, was wir unterließen. Ich glaube, es war diese stille Übereinkunft, die unseren Freundschaftsbund schmiedete, obwohl wir uns erst flüchtig kannten.

Der fremde Freund, dieses die DDR-Politik arg bedrükkende Stück Literatur, wurde in der Bundesrepublik in einer Ausgabe des Luchterhand Verlages unter dem Titel *Drachenblut* veröffentlicht. Wer in Drachenblut badete, in den drang nichts mehr ein, nur die Stelle mit dem Lindenblatt war verwundbar. Es war, wie westdeutsche Zeitungen schrieben, eine Geschichte, die gut paßte in die Spannungsfelder zwischen Beamtentum und Bausparvertrag. Das Buch wurde zwischen Rhein und Elbe gefeiert. Manche erkannten darin eine überzeugende Erzählung über die Entfremdung im Kapitalismus, obwohl des Autors Lebensfeld und seine tägliche Erfahrung der Sozialismus war. »Sind dialektisch geschulte Autoren der DDR da weiter als manche nur mitleidsüchtig im Elend gründelnde Autoren des Westens?«, fragte die Hamburger *Zeit*. Heins verteufelte, gepriesene, ideologisch gemaßregelte, bewunderte Erzählung beschrieb, grenzüberschreitend, eine Gegenwart, die man nicht haben, nicht wahrhaben wollte und die die Ge-

191

fahr wie die Verheißung in sich trug, den Autor zum einsamen Mahner oder zum politischen Dichter seiner Generation werden zu lassen.

Der Aufregung war dies nicht genug. Die Hauptverwaltung Verlage und Buchhandel, die Druckgenehmigungsbehörde für alle Literaturgenres, die gemeinhin als eine Art staatliche Zensurstelle galt, versuchte mich gleich am Anfang meiner Berliner Verlegertätigkeit zu überreden, ein Gespräch mit Erwin Strittmatter zu führen. Er würde sich mit Geschichten befassen, in denen die Rolle der sowjetischen Truppen nach dem Krieg ins Zwielicht gerückt werde. Nicht deren politisches und kulturelles Potential würden in seinen Betrachtungen im Vordergrund stehen, sondern das Vergewaltigungsthema, Frauengeschichten und Alkohol. Ich wußte nicht, woher diese rätselhaften Erkundungen stammten und worauf sie sich bezogen, aber unangenehm war es mir nicht, mit Strittmatter über die Russen zu reden. Ich hatte genug eigene Erfahrungen aus meiner Kindheit, als meine Thüringer Heimat von den Amerikanern an die Russen überging. Wir hatten die Vorgänge in derselben Gegend erlebt, ich in den Bergen, Strittmatter im Tal der gleichen Region. Wir wußten die Befreiungstaten der Sowjets wohl zu würdigen, kannten aber auch die Respektlosigkeiten der Sieger, und so waren wir bald ein Herz und eine Seele, was unsere Betrachtung der Nachkriegszeit betraf. Tatsächlich arbeitete Strittmatter in jenen Tagen an einem Text, der zu seinen *Nachtigallgeschichten* gehören sollte und schließlich den Titel *Grüner Juni* trug, als er 1985 erschien. Unsere Übereinkunft bestand darin, daß wir keine Gläubigen in Sachen Politik werden, sondern Unsichere bleiben wollten, die sich über alles wundern konnten, was das Leben ausmachte. Strittmatter bevorratete seinen Text mit dieser Weisheit. Für mich behielt sie eine Schlüsselstellung im Umgang mit Politik und

Literatur. Ich wußte, daß ich mich damit in Gegensatz brachte zu Anschauungen in der Druckgenehmigungsbehörde und zu den Grundsätzen einer affirmativen Kunst, glaubte aber, daß man sich der Empfehlung Strittmatters anschließen konnte, die er mir als freundschaftliche Zueignung ins fertige Bändchen schrieb: »Wenn ich was Gutes machen will, muß ich darüber die Welt vergessen«, auch wenn das jeder marxistischen Doktrination widersprach. Zur Psychologie des Vorgangs gehört aber auch, daß ich die Sorgen der Politik verstand, in die mühselig zusammengezimmerte deutsch-sowjetische Freundschaft, den sog. Bruderbund mit den Russen, nach dem für beide Seiten verheerenden Krieg keinen Sand streuen zu lassen, um die Katharsis, die den Beziehungen innewohnte, nicht zu unterlaufen. Für den Osten, glaube ich, war der Bund mit den Russen vierzig Jahre lang so heilig wie der Schutz der Juden nach der Shoah, auch wenn man einzelne politische Abenteuer der hier und dort Herrschenden nicht gutheißen konnte. Das Dilemma für die Literatur bestand nur darin, daß die Politik diese Lebensfelder für eine Wahrheitsfindung absperren oder – wie es in der DDR geschah – tabuisieren wollte. Freilich, es hatte schon genug Verwicklungen mit Büchern gegeben, die zu diplomatischen Einsprüchen befreundeter Länder – so hieß es offiziell – führten. Man erinnerte sich gut an Werner Heiduczeks Roman *Tod am Meer*, der seinerzeit den sowjetischen Botschafter Abrassimow auf den Plan rief, weil der die Gestaltung der Sowjets und deren Gewohnheiten im Roman für denunziatorisch hielt. Strittmatter und seinen neuen Verleger wollten diese Hinweise nicht überzeugen. Im *Grünen Juni* wurde über die Russen und ihr Besatzungsregime und wie sich manche Leute diese Verhältnisse zunutze machten, geplaudert, wie dem Autor der Schnabel gewachsen war.

In den ersten Tagen meiner Berliner Verlegertätigkeit begegnete ich Fritz Rudolf Fries. Ich kannte den kleinen Mann schon aus meiner Leipziger Studentenzeit, als er mit einer Gruppe von Literaturstudenten die Frauenwelt verunsicherte und im alten Wanderer-Coupé eines Keksfabrikanten jubelnd ins Leipziger Umland gefahren war. Jetzt war er ein bekannter Schriftsteller, dem gerade mit dem Kolportageroman *Alexanders neue Welten* ein phantasiereiches literarisches Kabinettstück gelungen war.

Bald darauf brachte er mir seinen Erstling *Der Weg nach Oobliadooh*, den ich längst gelesen hatte, und empfahl mir in einer Widmung im Suhrkamp-Taschenbuch »diese alte, verschollene Leipziger Chronik aus unserer unvergessenen Jugendzeit zur verlegerischen Aufbereitung«. Eine schmerzliche Werkgeschichte war der Hintergrund dieser Zueignung siebzehn Jahre nach Erscheinen des Buches in Frankfurt am Main. Den Lesern in der DDR war es immer noch nicht zugänglich, was keiner verstehen konnte. Die Geschichte hatte Fries die berufliche Laufbahn verstellt. Der Romanist war über sie vom Mitarbeiter an der Akademie der Wissenschaften ins freie Schriftstellerleben gestolpert, weil er sich durch seine Wahrnehmungen in der Provinz »verdächtig« gemacht hatte. Die Sehnsucht nach Welt, die er den jungen Leuten seines Romans in den fünfziger Jahren mitgab, paßte nicht in die Gesellschaftsinterpretation der Partei (die interessanteste Welt war die DDR!), und auch die pittoresken Spiele seiner Figuren, ihre Dualismen und Mehrfachorientierungen wichen ab vom *eindeutigen* Weg zum Sozialismus. Alberne Denkschemen, gewiß, man hätte es abtun können, wenn man an den Folgen vorbeisehen wollte. Das Manuskript mußte zu Suhrkamp geschmuggelt werden. Siegfried Unseld, der Verleger, der Berliner Linguist Manfred Bierwisch, Uwe Johnson, Enzensberger und Walser begleiteten die Verbringung des Manuskripts nach Frankfurt am Main. Der Autor wurde, auf dem Hintergrund dieser frühen Verwicklungen, später anfällig für staatstragende Aufgaben. Unberührt davon mußte es gelingen, einen gemeinsamen Weg nach Oobliadooh zu finden, einen Weg ins Gewisse. Bei Verboten konnte man nicht stehenbleiben. Es ging um ein bedeutendes Buch. Wenn ich später meine Niederlagen aufrechnete, gehörte *Der Weg nach Oobliadooh* dazu, obwohl der Roman erschienen war, als ich noch nichts von meiner Verlegerlaufbahn wußte. Erst 23 Jahre danach, nach fünfjähriger bekenntnishafter Diskussion mit der Druckgenehmigungsbehörde, gelang es, den Roman im Verlagsprogramm von Aufbau zu platzieren. Zu spät, hätte Arno Schmidt gesagt, zu spät, das Goldene Zeitalter war nicht Sache der DDR. Es war in der Politik, in der Literaturpolitik wie im eigentlichen Leben. Verpaßte Gelegenheiten waren schwer wettzumachen.

Die Wiederbegegnung mit Fritz Rudolf Fries war charakteristisch für viele Erwartungen, die mich einkreisten. Ich kam mir vor wie eine Wanderdüne. Wo ich auch haltmachte, trug mir der Wind der Zeit ein neues Problem zu und setzte mich in Erregung. Experimentelle Literatur, die sich in Gesellschaftsnischen versteckte, suchte einen durchsetzungsfähigen Gesprächspartner. Junge Autoren mit sonderbaren Manieren und eigenwilligen Bekleidungen bestürmten mich im ehrwürdigen Ambiente, das mehr nach 19. Jahrhundert aussah, und verlangten postmoderne Bekenntnisse. An einem Zipfel meines luftigen Rocks zupfte Hans Mayer, um wieder im Aufbau-Verlag seßhaft zu werden (für die DDR und die sozialistischen Länder). Am anderen Zipfel zerrte der Suhrkamp-Verleger Siegfried Unseld, um Suhrkamp-Autoren ins Aufbau-Programm zu hieven. 1983, nur Monate nach meiner Ankunft in Berlin, versprach ich ihm, Peter Huchel ins Programm zu nehmen, und bat ihn, einen Lizenzvertrag für die zweibändige Ausgabe zu paraphieren, die er für 1984 für Suhrkamp vorbereitete. Ich glaube, es hat zu seinen fatalsten Niederlagen gehört, als er mich anrufen und mir sagen mußte, daß aus unserer Absprache nichts werden konnte. »Peter erscheint niemals wieder in der DDR«, hatte ihm Monika Huchel bedeutet und ihn der Hilflosigkeit ausgeliefert. Man sah daran, daß die Versöhnungskraft auf beiden Seiten des Eisernen Vorhangs nicht ausgeprägt war, daß die Teilung Blessuren hinterließ, die sich nicht über Nacht heilen ließen. Unentwegt lag mir zu dieser Zeit auch Stephan Hermlin in den Ohren. Wolfgang Hilbig mit seiner Dichtung sollte bei Aufbau erscheinen. Er freute sich, daß ich keinen Souffleur für diese Überlegung brauchte. Längst war Hilbig als aufgehender literarischer Stern registriert und häufig Gegenstand ausgiebiger Tischgespräche in meiner Familie, da ein literarisch ambitionierter Sohn den Literaturclub in der studentenfröhlichen Leipziger Moritzbastei dominierte und Hilbig auch dort in hohem Ansehen stand. Es war vereinbarter Konsens zwischen Stephan Hermlin und mir, als er in seiner Jubiläumsrede zum 40-jährigen Bestehen des Verlages 1985 sich zur Vervollkommnung des Programms Folgendes hinzuträumte: Ich denke, sagte er, auch »an jemand, der über zweiundvierzig Jahre alt ist, also nicht mehr ganz jung, aber ohne Zweifel jung als Schriftsteller, ein Talent ersten Ranges. Ich wünsche mir, daß die ungewöhnliche Prosa des Arbeiterschriftstellers – denn der Mann ist ein Arbeiter, Heizer von Beruf – des Arbeiterschriftstellers Wolfgang Hilbig endlich in der DDR erscheinen kann und möglichst im Aufbau-Verlag.« Es war eine gemeinsame Mahnung an die Kulturbürokratie, die absurden Spiele zu beenden, die Hilbig zum subversiven Eremiten abstempeln sollten, nur weil er auf unverblümte Weise, ins Allegorische überhöht, Realität beschrieb. Es waren Verse wie diese: »laßt mich doch in kalte fremden gehn / zu hause / sink ich / in diesen warmen klebrigen brei« oder »zukunftslos ... / in der schneegift einer rasenden Regierung / färbt sich der himmel mit wäßriger galle« oder »sachsen ist langweilig / ungastlich graurot«, die dem politischen Establishment die Galle überlaufen ließen. Statt Hilbigs Denkanstöße über die Entfremdungserscheinungen in der Gesellschaft aufzunehmen, benutzte man sie als Waffe gegen ihn, um seine kritische Stimme zu erstikken.

Vielleicht muß an einer Stelle auch einmal gesagt werden, daß Vorahnungen über das verhängnisvolle politische Gehabe bis in den Regierungsapparat reichten. Anders ist es wohl nicht zu erklären, wie sich der Stellvertretende Kulturminister Klaus Höpcke, der Leiter der Hauptverwaltung Verlage und Buchhandel, vielfach vereinfachend als Oberzensor der DDR apostrophiert, verhielt, als Wolfgang Hilbig 1983 den Brüder-Grimm-Preis der Stadt Hanau zugesprochen bekam. Höpcke bat Hilbig zu einem Gespräch nach Berlin, um mit ihm zu klären, ob er den Preis annehmen sollte oder nicht, zumal dazu ja ein Ausreisevisum notwendig war. In dem jüngst erschienenen Lexikon über die Erstlingswerke deutscher Autoren des 20. Jahrhunderts mit dem Titel *Bühne auf!* habe ich die groteske Situation folgendermaßen beschrieben: »Höpcke bot ihm (Hilbig) einen Platz an seinem großen runden Konferenztisch an, erklärte in knappster Form das Anliegen und schaute dann, zehn Minuten lang, zum Fenster hinaus. Als er sich zurückwandte, sagte er: Herr Hilbig, ich danke Ihnen für das Gespräch. Hilbig reiste nach Hanau und kam in die DDR zurück. Ein Heizer, der Schriftsteller geworden war, hatte die Politik gezähmt, ein Politiker war, in Sprachlosigkeit, klüger geworden als die Politik.« Hörte ich heute diese Geschichte, ich würde sie nicht glauben, wenn sie mir Wolfgang Hilbig nicht selbst erzählt hätte. Sie ist eine Metapher dafür, daß sich Hilbig von Politik nicht instrumentalisieren ließ, egal wie sie angestrichen war, aber auch daß in manchem Kulturfunktionär der DDR zwei Herzen schlugen. Auf dieses irrlichternde Geschehen wird im Fortgang der Erzählung noch mancher Blick zu werfen sein.

Was die gebeutelten Autoren betraf, die in der DDR nicht gewollt waren, in Westverlagen fremde Heimat fanden, so wurde ich allerdings nie das Gefühl los, daß sie auf beiden Seiten als Jongliermasse im politischen Gesellschaftsstreit benutzt wurden. So wie bei Peter Huchel immer der Eindruck bestehen blieb, er dürfe nach seinem Weggang nicht mehr in der DDR erscheinen, so wußten nach meiner Wahrnehmung Verlage in Köln, Frankfurt am Main oder München es wortreich zu bemänteln, warum Bücher ausgereister Autoren nicht in DDR-Verlage zurückkehren sollten. Es war gut zu vermarkten, daß in einem Teil Deutschlands unerwünschte Autoren auf der anderen Seite einen größeren Reiz auf die Leserschaft ausübten als der DDR oder der Koexistenz freundlich zugetane Schriftsteller. Ein heikles Thema, ich weiß es. So heikel wie die fast unerwünschte Beobachtung, daß subversives Gedankengut offenbar in keine Gesellschaftstheorie zu passen schien, was später die Wende noch einmal auf eindrucksvolle Weise belegte.

23

Es war ein eigentümliches Fluidum, das die in der DDR-Hauptstadt Berlin wirkenden Kräfte erzeugten. Die schlimmste Untugend der Herrschenden war die Intoleranz und die Gewalttätigkeit der Sprache, mit der sie mitunter ihre Überzeugungen durchsetzen wollten. Das war bedrückend, weil man noch immer glaubte, in einem Boot zu sitzen, auch wenn das schon lädiert war und in unglückseligen Momenten arg zu schwanken begann. Noch glaubte ich wie viele Intellektuelle, daß der Sozialismus, nach dem verheerenden Jahrhundert, die bessere Gesellschaft werden könnte, wenn man ihn demokratisierte. Was die Literatur betraf, so erwartete ich, daß sie beitrug zur Aufklärung, zum Fortschreiten, zum Menschlicherwerden der Gesellschaften. Des schrägen Opportunismus, der Anpassungswut und Anpassungseleganz, die in vielen Büchern Mode war, in Ost und West, war man überdrüssig. Die wirklich offene Gesellschaft, die den Andersdenkenden nicht nur wahrnahm, sondern schätzte und durch politisches Handeln beglaubigte, gab es noch nicht. Die Beweihräucherungsrituale waren auf beiden Seiten der deutschdeutschen Grenze noch immer die beliebteren Muster. Ich wollte es mit meinem Lieblingsschriftsteller Wolfgang Borchert halten, der sein ungestilltes, früh erloschenes Schriftstellerleben einmal mit einem Haus verglich, an dem wir alle bauten und dessen Räumen wir die richtigen Namen zu geben hatten. Der Schriftsteller, meinte er, »muß das Krankenzimmer ›Das traurige Zimmer‹ nennen, die Dachkammer ›Das windige‹ und den Keller ›Das düstere‹. Er darf den Keller nicht ›Das schöne Zimmer‹ nennen ... Wenn der Steinhauer Wilhelm Schröder den Schriftsteller in der Dachkammer besucht, kann ihm womöglich schwindelig werden. Darauf darf der Schriftsteller keine Rücksicht nehmen. Herr Schröder muß sich an die Höhe gewöhnen. Sie wird ihm guttun ... Nachts darf der Schriftsteller die Sterne bekucken. Aber wehe ihm, wenn er nicht fühlt, daß sein Haus in Gefahr ist. Dann muß er posaunen, bis ihm die Lungen platzen!«

Eine schöne Arabeske für Volk und Dichter. Ein Phantasiestück mit tieferer Bedeutung. Ich wußte, daß den Mahnruf Borcherts viele ausfüllen wollten, viele Freunde, die ich in Berlin hatte oder wiederfand. Gerhard Scheumann, den weltweit bekannten Dokumentaristen, der mir 1983 als einem der Ersten seine Widerrede zur Zensur auf dem Kongreß der Film- und Fernsehschaffenden zur Begutachtung anvertraut hatte, dann Manfred Bofinger, den Karikaturisten und Kinderbuchillustrator, Gefährten aus sommerverträumten Tagen, die Brecht-Forscher Werner Hecht und Werner Mittenzwei, Volker Braun und Fritz Rudolf Fries, Christoph Hein, Eva und Erwin Strittmatter, alles Leute, die Lust auf das Leben schürten, die so verrückt sein konnten, daß sie an der Adria vom Eismeer träumten und den Sozialismus nicht als Schicksalsmacht, als gottbestimmt hinnahmen (wie sollte das auch gehen), sondern als Menschenwerk, also als veränderbar. In den schönen Tischrunden bei mir zu Hause und in wechselnden Quartieren schoben wir Ereignisse und handelnde Figuren hin und her. Unterhalb des ideologischen Mainstreams erdachten wir uns eine eigene Republik, nicht die ostdeutsche, nicht die westdeutsche, nur von beiden das Beste. Wir glaubten viele Gesinnungsfreunde zu haben, auch im Westen, Schriftsteller, Künstler, Verleger, Wissenschaftler, Leute, die wir kannten oder vermuteten, die das Leben als Vielfalt *und* als Refugium annahmen. Dem widersprach nicht, daß wir in anderen Stunden eingespannt waren in die Staatsräson, Vokabular benutzten, das poesielos war, mit den Revolutionen im Rücken, die – ob man diesen freundlich oder feindlich gegenüberstand – das Jahrhundert geprägt hatten. Wir betrachteten es nicht als Schande, uns einmal der Partei angeschlossen zu haben. Wir betrachteten es aber als Schande, wie sich die Partei als organisierendes Element der Gesellschaft pervertierte, auch wenn das ein Phänomen aller Parteiherrschaft zu sein schien, in der DDR wie in der BRD. Kurz und gut, wir befanden uns in den achtziger Jahren in einem Zustand des Anpassens und Widerstrebens, den Hermann Hesse einmal, in dieser Doppelbödigkeit, als das Ein- und Ausatmen der Zeit empfunden hatte.

Lust auf das Leben machten genug andere Dinge als der Streit um Gesellschaftsmuster und Herrschaftsmoral. Berlin war trotz der Teilung eine pulsierende Stadt. Kunst- und Literaturveranstaltungen in Hülle und Fülle, propagandistisch laut hinaustrompetete und verheimlichte, Sprech- und Musiktheater von feinstem Glanz, Schauspieler und Regisseure von Weltgeltung, Regiekonzepte zum Mitdenken, nicht zum Ausspeien (wie heute), politisches Kabarett ohne Comedy, Bücher, bedeutsame und mittelmäßige wie überall, noch nicht genug und nach den Weltteilen noch nicht besonders fein sortiert. Das Leben in der Freizeit wie in Heinrich Zilles Tagen, in den Parks, den Gärten, den Laubenkolonien, auf den Wassern mit viel Spaß und viel Selbstversorgung. Die Gastronomie freilich wie zur Zeit der Erfindung der Kochkunst, anspruchslos. Geöffnete Gaststätten und Restaurants, auffindbar nur mit Suchmaschinen. Das Schlimmste der Verfall an Häusern und öffentlichen Gebäuden, an Bahnhöfen und Brücken, auch wenn Berlin, das Aushängeschild der Republik, besser saniert war als alle anderen Städte im Land. Viele von uns fuhren zur Wochenendentspannung hinaus in die Datschen, meist weit um Berlin herum, doppelte Wege ohne Transit durch Westberlin, und gingen spazieren oder schwimmen in märkischen Wäldern und Gewässern oder tippelten den Wegen aus *Fontanes Wanderungen* nach. Eier und Speck kaufte man auf den Bauernhöfen, und geräucherten Fisch, den es in den städtischen Geschäften nicht gab, erstand und genoß man direkt an den Wassern und staunte über die uralte Räucherkunst, Aal auf dem Feuer des Buchenholzes, gebändigt durch Sägespäne. Die DDR lag um Jahrzehnte zurück, manchmal spürte man die Wärme der Vergänglichkeit. Kam man zurück in den Verlag, sprühten die Feuer wie in einer heiligen Bücherschmiede. Projekte wurden erfunden und verworfen, Manuskripte gerühmt oder abgelehnt, Illustratoren zu neuen Ideen angestachelt oder wegen Skurrilität belächelt, Übersetzer als Sprachkünstler gepriesen, Gestalter wie zerbrechliche Kunstgeschöpfe behandelt, Lektoren wie Regionalfürsten, die ihr Terrain wie eine eigene Latifundie verteidigten. Der Verlag, wenn man sein emsiges Treiben beobachtete, hatte etwas von einem Ameisenstaat. Alles tüchtige Arbeiter, keine Soldaten. Ohne eine so besessene Mannschaft mit herausragenden Akteuren wäre man zur Erfolglosigkeit verdammt gewesen.

Der Aufbau-Verlag, knapp zweihundert prächtige Menschen, auf Berlin und Weimar verteilt, belieferte jährlich ein Buchprogramm zwischen 300 und 350 Titeln, deutsche und ausländische Literatur, moderne und klassische Texte, literaturwissenschaftliche Monographien, alle Buchgenres. Für DDR-Verhältnisse ein Mammutprogramm, das nach allen Richtungen hin strahlen konnte, zugeschnitten auf einen Jahresumsatz von mehr als 30 Millionen zum Nettopreis in DDR-Mark.

In den nicht gerade üppig ins Kraut schießenden Arbeiten zur DDR-Verlagsgeschichte ist viel herumgerätselt worden über die ökonomischen Befindlichkeiten der DDR-Verlage. Nach der Wende wurde viel dummes Zeug dazu verlautbart. Gewiß, das Verlagsgeschäft hing in der DDR an manchen Stellen am staatlichen Geldtropf, weil der *kulturpolitische Auftrag* mancher Verlagsgruppe mehr zählte als der wirtschaftliche Erfolg. Aber im großen Ganzen wurden die DDR-Verlage geführt wie vergleichbare privatwirtschaftliche Unternehmen in der Bundesrepublik auch. Nur was man erwirtschaftete, konnte man ausgeben. Wenn Bücher im Programm subventioniert werden mußten, wurde dies durch Überschüsse aus anderen Titeln des Programms ausgeglichen. Die DDR-Verleger waren weder Bittsteller noch Verwalter oder gar Vergeuder staatlicher Zuschüsse. Sie waren Unternehmer wie anderswo auch, die Ideen zu Büchern und Bibliotheken bündelten und Geld dafür herausschlugen. Das klassische Modell des Verlegers, der, nach Alfred Döblin, mit einem Auge nach den Autoren, mit dem zweiten nach dem Publikum schaute, das dritte Auge aber unbeirrt ins Portemonnaie blickte, hatte auch in der DDR Gültigkeit. Allerdings hatten sich ein paar Gewohnheiten, die zur Arbeitswelt im Kapitalismus gehörten, zurückgebildet oder waren verkümmert. Werbung, Öffentlichkeitsarbeit, Vertrieb und Verkaufsaktivitäten, alles das gab es, aber die Verteilermentalität, die in einer durch Mangel geprägten Warenwelt zu einem Charakteristikum des Marktes geworden war, verurteilte diese Bereiche zu einer Beschaulichkeit, die manchmal entnervend war. Einzig die Öffentlichkeitsarbeit, auf das Wohlbefinden der Autoren gerichtet, auf ihre Präsenz beim Publikum, ihr nationales und internationales Renommee, hatte Format. Sie war Herzenssache aller Beteiligten und war in ihrer Warmherzigkeit für meine Begriffe der geschäftlichen Routine der heutigen Zeit weit überlegen. Das hatte damit zu tun, daß viele belletristische Autoren der DDR eine Art moralische Instanz waren, die die gesellschaftlichen Realitäten filterten und aus den Katakomben der Beweihräucherung hinaufhoben auf ein kritisches Podest. Die Autoren waren nicht nur Literaten, sie waren öffentliche Arbeiter, Stellvertreter für eine Sache, die in einem demokratisch funktionierenden Staat die Zeitungen erledigten. Es wurde außerhalb der DDR häufig wie ein Wunder bestaunt, in welcher Weise die zahlreichen Buchbasare, die jährlich in vielen Städten stattfanden, belagert und vom Publikum wie Familienfeste angenommen wurden. Die Resonanz von Autorenlesungen setzten Autoren und Verleger in Erstaunen.

Mitunter konnten die Säle nicht groß genug sein, um die Literaturpilger aufzunehmen, die aus dem Mund der Autoren phantasievolle Denkangebote für die eigene Lebenswelt erfahren wollten. Ich glaube, diese Wertschätzung des Schriftstellers durch das Volk, ein DDR-Phänomen, war ein Augenblick in der deutschen Literaturgeschichte ohne Vorgänger und ohne Nachfolger. Die Authentizität der Zeit speicherten ein paar Jahrzehnte lang nicht Zeitungen, Rundfunk und Fernsehen, sondern die Literatur und die Kunst.

Wenn man den Verlag als lebendiges Wesen begriff, als Körper aus Fleisch und Blut, in dem alles pulsierte, so hatte er doch eine besonders wunde Stelle. Das war die Herstellung und die Produktion der Bücher. Ich erinnere mich kaum an einen Verlagstag, wo nicht irgendwelche Havarien in den Herstellerbetrieben behoben werden mußten. Einmal fehlte das Papier, ein andermal fehlten die Einbandstoffe, einmal streikten die Maschinen, ein andermal die Farben, heute hatte die Planung dieses, morgen jenes versäumt, jedenfalls war Verläßlichkeit im Gefüge des Kooperationsgeschehens ein seltenes Wort. Das hatte Folgen. In der Herstellungsabteilung des Verlages und der künstlerischen Vorbereitung der Bücher schlich sich eine Behäbigkeit ein, die ich als Abklatsch der schlechten Produktionsbedingungen von draußen wahrnahm. Da der Mangel in der Polygraphie häufig mit Zeitverschiebungen zu tun hatte, mit Terminuntreue, glaubte man im Verlag, in den Terminen auch nicht so akkurat sein zu müssen, wie es notwendig war. Kam man heute nicht, kam man morgen. Statt den Mängeln zu Leibe zu rücken, indem man die Partner durch eigene Akkuratesse drangsalierte, bediente man sie. Wenn man als Verleger gegen diese Mentalität zu Felde zog, konnte man leicht als Teufel angesehen werden, als kapitalistischer Antreiber. Dies beschrieb im Kleinen zugleich das große

Feld, das der DDR-Wirtschaft die Kehle zudrückte. Der Mangel an Maschinen und Material untergrub ja nicht nur die Verläßlichkeit und machte die Pläne zu lächerlichen Papiertigern, sondern zog auch auf allen Ebenen Qualitätsverluste nach sich. Was die Buchproduktion betraf, so war der Katalog von Beanstandungen lang und für die Branche unehrenhaft, wenn man an den hohen Stand der deutschen Buchkultur dachte, die in den letzten Jahrhunderten ein Weltmuster geworden war. Falzdifferenzen, schiefe Beschnitte, randlose Seiten, nicht ausreichend eingebrannte Falze, Leimstellen in den Büchern und schlecht hinterklebte Rücken, vergessene Kaptalbänder und zu locker umgelegte Schutzumschläge und vieles mehr belastete das Tagesgeschäft und verschlechterte das Lebensgefühl. Ich entschloß mich, eine Artikelserie für das Leipziger Börsenblatt zu schreiben, die dem Verfall der Buchkultur auf den Pelz rückte, in den Druckereien, den Buchläden, der Buchwerbung und auch in der Herauslese von Büchern, die man nicht haben wollte.

Mit dem Chefredakteur des Börsenblatts, Peter Meier, vereinbarte ich eine Folge von 24 Aufsätzen, die im Laufe des Jahres 1984 erscheinen sollten. Schon nach dem Erscheinen des ersten Beitrages *Über Feiertagstöne und Alltagsgefühle oder Über die Drucker und die Verleger*, dem noch zwei andere folgten, kam es zum Eklat. Meier mußte die Liste der beabsichtigten Aufsätze der Kulturabteilung des ZK der SED vorlegen. Er erhielt einen Fingerzeig. Er sollte die Hände von der heißen Ware lassen. Erschrocken war man von ein paar Überschriften wie *Das ist das Allerwichtigste, was aber von gar keiner Bedeutung ist* oder *Über die Sprache in unseren Büchern* oder *Ein großer Erfolg ist immer auch eine große Gefahr* oder *Über die Dichter und die Autoren* oder Die *Geschichte von der eisernen Maske* oder *Über die Buchläden im Lande*. Es war lächerlich, man vermutete Subversives und wollte solches schon dem ersten Aufsatz entnommen haben. Nach der Veröffentlichung von *Feiertagstöne und Alltagsgefühle* wurde im Börsenblatt eine Diskussion über den Verlegerberuf entfacht. Der Verleger sei, im Gegensatz zum Verständnis des Aufsatzschreibers, ein Verlagsleiter, ein Direktor, ein Kulturfunktionär, ein Beauftragter von Staat und Partei, der deren Sache verwaltete. Die Diskussion, absurd und kontrovers. Das Lustigste daran war, wie sich später herausstellte, daß die lautstärksten Befürworter der Staatsidee, jene Verleger, die sich vor Anpassungseifer gar nicht einholen konnten, nach der Wende ausgerechnet die größten Widerstandskämpfer waren. Die Revolution war ein Brodelbecken irrlichtender Charaktere, darauf kommen wir zurück. Ich erzähle diese schnöde Geschichte nur deshalb, weil sie ein Guckloch in das Innere von DDR-Macht öffnet, in die kleinkarierten Ängste, die Entgleisungen auslösen konnten, an denen zartbesaitete Seelen zerbrachen. Es ging häufig, wie hier, um nichts als um fade Revolutionsromantik von vorgestern, wo immer einer recht behalten mußte, obwohl am Ende keiner mehr wußte, worum es ging. Wenn ich mir den Streit um manche literarischen Texte vergegenwärtige, schüttele ich noch immer den Kopf über die Nippernäppichkeiten, mit denen die Politik aus dem Mißverständnis heraus, ein Buch könnte die Republik einstürzen, der Literatur und den Autoren das Leben schwermachte.

Zur selben Zeit, als ich die Finessen und Tücken des Verlegerberufs in der DDR beleuchtete, erschien ein neuer Roman von Fritz Rudolf Fries im Aufbau-Verlag. *Verlegung eines mittleren Reiches* hieß die Geschichte nach fast schon verlorengegangenen Papieren, die der Autor nach Erscheinen von *Der Weg nach Oobliadooh* (1966) zu schreiben angefangen hatte. Mit esoterischen fernöstlichen Anschauungen vermischt, konnte sie als verkappte Darstellung der DDR-Nischengesellschaft angesehen werden, auch wenn sie nur die Physiognomie eines brandenburgischen Originals nachzeichnete, mit dem der Autor bekannt geworden war und in dessen Verlorenheit er ein wenig Selbstdarstellung einfließen ließ. Aber freilich, das mittlere Reich, es roch nach China, ein anstößiges Thema, war es Zufall oder Anspielung? Sah es nach etwas Gefährlichem aus, nach Parodie? Es mußten Regimenter von Befürwortern aufgeboten werden, um den Text schließlich als Warnung vor einem drohenden Krieg zu lesen. Da waren die politischen Gemüter wieder beruhigt, die der Gedankenfreiheit gern den Weg verstellten. Aus dem anfangs inkriminierten Text wurde eine Vorlage für die *Romanzeitung*, ein populäres Leserprojekt in der DDR, Auflage: 40 000 Exemplare. Dem Suhrkamp Verlag in Frankfurt verkaufte ich die Lizenz. Siegfried Unseld schmunzelte und versuchte, aus der internen DDR-Debatte um das Buch Kapital zu schlagen. Die FAZ assistierte ihm dabei durch einen Vorabdruck. Ich hatte die Sache ideell begleitet und kam in Bedrängnis, als der Titel im Westen ein wenig früher bekanntgemacht wurde als im Osten. Ein Regelverstoß. Das Gefühl von Zurückgesetztheit vertrug die DDR nicht. Da reagierte sie wie ein gebranntes Kind. Ich bekam einen schwarzen Strich mehr auf der Liste meiner Unbotmäßigkeiten.

24

In Berlin fiel Geschichte auf einen herab wie im Märchen die Goldtaler auf die fleißige Marie. Die landesfürstliche und königliche Residenz über Jahrhunderte hinweg hatte sich einen Ruf erworben, der sie zu einer Metropole der Welt stempelte, die man bewundernd »Spreeathen« nannte.

Ihr »verwegener Menschenschlag«, von Goethe gefeiert, hatte Aufstieg und Niedergang deutscher Politik, deutschen Literatur- und Kunstlebens begleitet. Hier hatten Andreas Schlüter, Schinkel und Schadow bleibende Kulturdenkmäler in den märkischen Sand gesetzt, große Gelehrte wie Leibniz und Jablonski geschliffene Dispute geführt, die beiden Humboldts Wissenschaftsgeschichte geschrieben. Hier hatte 1808 Johann Gottlieb Fichte mit seinen *Reden an die deutsche Nation* das Volk zur Befreiung von der napoleonischen Fremdherrschaft aufgerufen. An der nach den Humboldts benannten Universität hatten Wissenschaftler wie Rudolf Virchow, Robert Koch und Max Planck gravierende Entdeckungen gemacht. In den feinen literarischen Salons hatten sich Heine, E. T. A. Hoffmann, die Brüder Schlegel und viele andere Größen des deutschen Geisteslebens getummelt. Berlin hatte große Musiker wie Carl Maria von Weber, Zelter, Lortzing oder den Mozart des 19. Jahrhunderts, das hellstrahlende Wunderkind Felix Mendelssohn Bartholdy, bejubelt. Theaterfürsten wie Max Reinhardt, Otto Brahm oder Bertolt Brecht hatten Theaterepochen begründet. Berlin hatte Religionskriege verschmäht und Betroffenen, wie den Hugenotten, Zuflucht gewährt. Es hatte Bismarck erlebt, den Kulturkampf und das Sozialistengesetz und die Reichseinigung. Die Stadt war aus und auf Sand und Feldsteinbrocken zu einer der dichtbesiedelsten Städte der Welt aufgestiegen, hatte Proletariermassen aus sich herausgeschleudert und sie in Kriegen und Revolutionen verschlissen. Baubooms hatten sie in den imposanten Gründerjahren verwandelt, Bankkräche und Inflation hatte sie wie Kavaliersdelikte weggesteckt und war danach in die goldenen zwanziger Jahre geflohen, die ein unvergeßliches Fluidum ausstrahlten und die Feuerzeichen verdeckten, die nahes Unheil ankündigten. Als die Menetekel in ganzer Schärfe erschienen, als die

Faschisten marschierten und die Bücher auf dem Opernplatz brannten, die Flammen bis zum Gendarmenmarkt leuchteten, einem der schönsten und bestauntesten Plätze der Welt, war es zu spät für feinsinnige Kommentare, wie sie im *Börsen-Courier* oder der *Neuen Rundschau* oder der *Weltbühne* gestanden hatten. Berlin versank in Trümmern, ein Babylon, verödet, von dem man nicht geglaubt hätte, daß es den Schlüssel zur Wiedergeburt finden könnte.

Vierzig Jahre danach saß man nun in dieser unzerstörbaren Stadt, bewunderte den figurenreichen Totentanz in der Marienkirche und feierte das Leben. Die Museumsinsel, die Museumsstadt, ein Faszinosum. Man schritt durch die Monumentalbauwerke der Antike und vergaß, daß man Rom oder Athen und den gefeierten Louvre in Paris nicht besuchen konnte. Promenierte man *Unter den Linden*, dem weltbekannten Boulevard, der früher ein kurfürstlicher Jagdweg war, spürte man nichts von den Wunden der Stadt und daß nun eine Mauer den Blick zum Tiergarten verstellte, der ehemals den Alleecharakter der Prachtstraße vollendete. Wenn man über die Schloßbrücke ging, die wiedergenesenen Marmorfiguren bestaunte, die Motive der griechischen Mythologie illustrierten, dachte man an die zahllosen Autoren, die der Verlag in einer *Bibliothek der Antike* versammelte und deren Stoffe in feinen Verschlüsselungen in den Büchern von DDR-Schriftstellern wiederauftauchten und als Schablonen über eine strapaziöse Gegenwart gelegt wurden, wie die Antike einmal selbst eine solche war. Jedenfalls empfand man sich im Weltgefüge, auch wenn die DDR klein und ihre Mächtigen häufig ungebildeter waren als die legendären Diktatoren der alten Welt.

Geschichte purzelte noch in anderer Weise auf mich herab, nicht als Welt- oder Lokalgeschichte, sondern als Unternehmens-, als Verlagsgeschichte. Der Aufbau-Verlag, im

August 1945 gegründet, von exilierten Kommunisten in Moskau vorgedacht und als Verlag des *Kulturbundes zur demokratischen Erneuerung Deutschlands* in Berlin etabliert, als Gesellschaft mit beschränkter Haftung, die vier höchst unterschiedliche Persönlichkeiten übernahmen, darunter der Verlagsbuchhändler Kurt Wilhelm und der Volkswirt Klaus Gysi, von denen der eine Aufbaus erster Verlagsleiter, der andere der vierte Aufbau-Verleger werden sollte. Der Protagonist der Verlagsidee war Johannes R. Becher. Er brachte den Verlagsnamen mit nach Berlin, als er im Frühsommer 1945 aus der Moskauer Emigration zurückkehrte und Handlungsbedarf sah für Autoren, Verleger und Buchhändler, im kommenden Deutschland an der Umerziehung des Volkes teilzunehmen. Es sollte die Schmach getilgt werden, die für die deutsche Literatur auf dem Berliner Opernplatz im Mai 1933 ihren Anfang nahm und Hunderte von Autoren in die Fremde trieb. Der neue Verlag sollte beweisen, daß die Geisteswerke feuerfest waren, die dort den Flammen überantwortet wurden im unsäglichen Autodafé, weshalb Heinrich Heines *Ein Wintermärchen*, Heinrich Manns *Der Untertan*, Anna Seghers *Das siebte Kreuz*, Bechers *Abschied* und Theodor Plieviers *Stalingrad*-Roman zu den ersten Verlagswerken gehörten, »Flammenbücher« meistens, die die antifaschistische Verlagstradition begründeten. Diese Programmlinie der ersten Stunde blieb Konsens zwischen allen Aufbau-Verlegern, die den Verlag von 1945 bis nach der Wende 1989 dominierten, so unterschiedlich ihre literarischen Interessen auch waren. Neben dem Gründungsmitglied Kurt Wilhelm waren das Erich Wendt, der Schriftsetzer, der Staatssekretär wurde und von dem Arnold Zweig glaubte, daß es später einmal heißen würde: »Erich Wendt – natürlich! Der Cotta von 1950«, dann Walter Janka, der Typograph aus Chemnitz, mit allen Wassern einer revolutionären Biographie gewaschen, danach Klaus Gysi, der Weltmann, der Bildungsbürger, ein Bohemien in sozialistischer Zeit, Kulturminister, Botschafter in Italien, ein Filou, auf welchem Parkett er auch auftrat, und Fritz-Georg Voigt, der Leise, der Sanftmütige, der glänzende Romanist und ängstliche Versöhnungstaktiker. Auf ihren Schultern ruhte meine Unternehmungslust, auf ihren Glücksmomenten und ihren Fährnissen, und es würde sich, dachte ich, schon alles die Waage halten wie in ihrem Verlegerleben auch. Einzig Walter Janka war in den Strudeln revolutionären Fanatismus fast untergegangen. Ich wollte als Nachkomme etwas dazu beitragen, seine schweren Blessuren zu heilen. Walter Janka war in jungen Jahren selbst ein unduldsamer Revolutionär gewesen, eingekerkert in Deutschland, über die Tschechische Republik nach Spanien gelangt und Major der republikanischen Armee geworden. 1941 war er nach Mexiko gekommen und Leiter des Exilverlags El Libro Libre geworden. Janka hatte dort, in Mexiko City, Bücher der antifaschistischen Literatur zuerst in spanischer Sprache veröffentlicht, darunter *Das siebte Kreuz* von Anna Seghers, Heinrich Manns anklagenden Text *Lidice* und Egon Erwin Kischs *Entdeckungen in Mexiko*, Reportagen voller Exotik und strahlender Genauigkeit. Jankas Unternehmen in Mexiko war verlagsgeschichtlich ebenso berühmt geworden wie Wieland Herzfeldes Aurora-Verlag, der in New York Texte der Exilautoren mit seltener Leidenschaft bündelte, die den Glauben an ein freies Europa hochhalten wollten.

Janka avancierte zum Nestor eines Verlagsverständnisses, das den Strom der antifaschistischen Literatur am Sprudeln halten wollte, und so war es nur folgerichtig, daß er sich nach seiner Rückkehr nach Deutschland im Jahre 1947 bald in der Führungsetage des Aufbau-Verlages wiederfand, den er von 1952 bis 1956 leitete. Janka war ein rigoroser Verlagschef, korrekt und ordnungsliebend, mit einer geradezu liebevollen, fast zärtlichen Hingabe an das Wohl seiner Autoren. Thomas Mann und seine Frau Katia, Leonhard Frank, Oskar Maria Graf u. a. wußten das zu schätzen. Mit Bedacht und Energie betrieb er die Gründung einer Verlagsfiliale in Hamburg, um Aufbau-Bücher in der Bundesrepublik leichter verfügbar zu machen. Er wurde von Ernst Rowohlt unterstützt, der im Gegensatz zu Gottfried Bermann Fischer keine Kommunistenängste hegte und den deutsch-deutschen Literaturaustausch nicht als Sakramentsbruch ansah. Die politischen Handlungen in der DDR beobachtete Janka mit Argwohn, mit dem Argwohn des Gefährten, der die politischen Glaubensbrüder von Dummheiten abhalten wollte und von Ineffizienz der politischen Apparate. Viel befaßte er sich mit den Schwierigkeiten der Wirtschaft und den Regularien des gesellschaftlichen Lebens. Schon 1956 dachte er intensiv über die leidige Praxis des Druckgenehmigungsverfahrens nach. Er stand auf der Seite von Georg Lukács, als dieser, ebenso wie Ernst Bloch, nach dem Aufstand in Ungarn im Herbst 1956 ins Zwielicht der DDR-deutschen Marxismusbewahrer geriet. Janka nahm kein Blatt vor den Mund, wenn er die Plattheiten beschrieb, die die Literatururteile beherrschten, so wenn er auf den Falschmünzer Rugard Otto Gropp zu sprechen kam, der in Leipzig Ernst Bloch das Leben schwermachte. »Bedauerlich ist es, daß unser Zentralorgan [gemeint war die Zeitung *Neues Deutschland*] auf solche Plattheiten hereinfällt«, um sogleich die Hoffnung anzuschließen, daß bald die eigenen Genossen kritische Worte zu diesen unqualifizierten Attacken finden werden. Janka war kein Gegner des Sozialismus, schon gar nicht ein Widerstandskämpfer. Er attackierte die Verbohrtheiten des Regimes, aber er wollte nichts weiter als das politische Regiment verbessern. Er war ein Verfechter von

Lauterkeit. Er war ein Suchender. Er wollte sich und die Gesellschaft vervollkommnen. Dieses Ziel verfolgte er mit ungewöhnlicher Geradlinigkeit. Er glaubte sich mit starken Verbündeten einig, mit Johannes R. Becher, mit Anna Seghers, mit Bodo Uhse, dem Chefredakteur der Zeitschrift *Aufbau,* und mit Wolfgang Harich, dem Feuerkopf, dem unvergleichlich geistreichen Lektor, Philosophie- und Marxismus-Experten, der Janka, den großen Organisator und Literaturvermittler, aus den peinlichen Umständen wissenschaftlicher oder literarischer Fehlinterpretation, vor der er immer Respekt hatte, heraushalten konnte. Janka sollte sich täuschen. So blieb sein Telegramm nach Budapest an Georg Lukács vom 8. November 1956 ein letztes Dokument der Treue und Fürsorge gegenüber dem Freund und Kampfgefährten:»Mach mir große Sorge um Dich und Gertrud. Gib bitte sofort eine Nachricht. Können wir Dir etwas schicken? Wie geht es Olga? Dein Walter Janka.«

Danach wurden Wolfgang Harich und Walter Janka verhaftet und wegen konterrevolutionärer Verschwörung gegen die Regierung angeklagt. Das bittere Ende kennen wir. Den Schauprozeß vom Juli 1957, wo ihm die Freunde abhanden kamen, wo er sich nicht erpressen ließ, wo er aufrecht die Weigerung entgegennahm, ihn freizusprechen, und, mit der Wahrheit im Gepäck, lieber Haft, Entbehrung und Krankheit ertragen wollte, als sich zu ducken.

Ich kannte diese Lebensgeschichte schon länger, wußte, daß Janka nach der Haft erst arbeitslos war, dann im Babelsberger DEFA-Studio für Spielfilme eine Bleibe fand und an der Realisierung von Filmen mitarbeitete, die literarische Texte, Bücher aus dem Aufbau-Verlag, zur Vorlage hatten. Ich hatte beobachtet, daß er sich da und dort mit kleinen Beiträgen zum Spanischen Bürgerkrieg wieder zu Wort meldete. Also rief ich ihn Anfang 1984, durch späte Geburt unbelastet, an und fragte ihn, ob er mich nicht einmal besuchen wollte, an seiner alten Wirkungsstätte, im alten noblen Interieur, dessen gewichtige Schränke noch ein paar Zeitungsblätter aus seiner mexikanischen Exilzeit enthielten und ein zerschlissenes Exemplar von Ludwig Renns *Krieg.* Er sagte Nein und bedeutete mir, den Aufbau-Verlag nie wieder betreten zu wollen. Es würde nicht gehen. Er vergesse nicht die stummen und betretenen Gesichter, die ihm bei seiner Verhaftung entgegengeblickt hätten. Er vergesse aber auch nicht die feinen Opportunisten, die nach seiner Verhaftung ein Loyalitätspapier gegenüber Partei und Regierung unterschrieben hätten, das seine Verurteilung guthieß oder doch arglistig bemäntelte, und noch immer säßen ein paar davon auf warmen Stühlen. Ich kannte keinen, konnte aber aus späteren Erzählungen von ihm vermuten, daß die Opportunisten immer oben schwammen. Manche, meinte er, fand man später in der Gauck-Behörde. Es schien ein ewiges Spiel, daß Denunzianten gern die Fronten wechselten.

Es hat Zeit gebraucht. Walter Janka kam wieder in den Aufbau-Verlag. Aus unser beider zaghafter Annäherung wurde ein Freundschaftsbund, der auch die Familien zu intensiven, historisch geprägten Gesprächen in seinem schönen Heim in Kleinmachnow zusammenführte. Nach der Wende konnte ich ihn im Lichtsaal des Aufbau-Verlages, der vor 1945 die Schalterhalle des Bankhauses Delbrück, Schickler & Co. war, zu einer begeistert aufgenommenen Lesung begrüßen. *Schwierigkeiten mit der Wahrheit* hieß der anstrengende Text, der 1989 bei Rowohlt erschien und in dem er den Kulturminister Johannes R. Becher, seine Verhaftung und den Prozeß nach eigenen Beobachtungen belichtete. Ein nächstes Buch ... *bis zur Verhaftung. Erinnerungen eines deutschen Verlegers* erschien wieder im Aufbau-Verlag. Die Heftigkeit, mit der er darin Leistungen und Vorgänge nach seiner Verlegerzeit beurteilte, war betörend und zuweilen irreführend, was auf dem Hintergrund seiner dramatischen Biographie zu verstehen war. Zweifel und Angriff blieben die fortwährenden Begleiter seiner ungebrochenen Kampfeslust.

In unseren Gesprächen trafen wir uns häufig in Erinnerungen an Autoren und Verleger, denen wir, generationenversetzt, begegnet waren, was interessante Gedankenspiele auslöste. Ein Beispiel ist Leonhard Frank. Ich sah den Autor der schwungvoll erzählten *Räuberbande* das erste Mal im Dezember 1954 im berühmten Hörsaal 40 der Leipziger Universität. Hans Mayer hatte ihn eingeladen, uns aus seinem stark autobiographisch gefärbten Roman *Links wo das Herz ist* vorzulesen, der 1952 zuerst in München erschienen war und 1955 in 1. Auflage für die DDR im Berliner Aufbau-Verlag herausgegeben wurde. Der eindrucksvolle ältere Herr im feinen Zwirn, das graue Haar glatt zurückgekämmt, die Hornbrille im schmalen Gesicht, las wie ein Heiliger aus einem biblischen Text und bezwang durch Liebe ein grausames Jahrhundert. Wir Studenten waren fasziniert.

Walter Janka hatte Leonhard Frank in den Aufbau-Verlag geholt, weil dessen Bücher in Westdeutschland schlecht gingen, hatte, noch bevor er verhaftet wurde, eine sechsbändige Ausgabe dessen *Gesammelter Werke* auf den Weg gebracht, die 1957 erschien, hatte dem benachteiligten Rückkehrer aus der amerikanischen Emigration ein großes Lesepublikum in der DDR verschafft, hatte ihn mit Lederkoffern, Maßanzügen, Frau Charlott mit Pelzmänteln und beide mit Westmark versorgt, obwohl es das alles in der DDR nicht gab.

Inzwischen war ich in die Französische Straße 32 in Berlin eingezogen, wo sich beide vor dreißig Jahren begegnet waren, und ich dachte an den schmerzlichen und hoffnungsvollen Befund, den Leonhard Frank sein Alter ego Michael hatte machen lassen, daß nämlich »der Mensch erst menschlich zu sein vermag und sein wird, wenn er durch nichts mehr gezwungen wird, unmenschlich zu sein«. Wie mußte ein solcher Befund gerade Walter Janka anrühren.

Wir tauschten uns aus über Wieland Herzfelde, den Mitstreiter und Antipoden in emigrationsschlimmer Zeit, als jener in New York wirkte, Janka in Mexiko City, beide zurück nach Deutschland kamen und der eine Verleger blieb, der andere dem Beruf fremd wurde. Immer dachte ich, ich könnte Wieland Herzfelde, den ich als Protektor schöner Bücher schon lange kannte, dessen Erstlingswerk *Sulamith* von 1917 in meinem Bücherschrank stand und der in den fünfziger Jahren im Hörsaal 40 als Gast von Hans Mayers Schriftsteller- und Verlegerbegegnungen mit Reminiszenzen zum Malik- und zum Aurora-Verlag aufgetreten war, einmal eine erzählende Autobiographie bis in seine letzten Lebensjahre hinein entlocken: Betrachtungen über sein Jahrhundert, Verblaßtes und Allgegenwärtiges. Gedanken- und Archivmaterial schien mir genug vorhanden. Als ich 1985 wieder mit ihm darüber sprach, war ich voller Hoffnung, merkte aber auch, daß er überquoll, solange es um die ersten Jahrzehnte des Jahrhunderts ging, und daß es lustloser wurde, wenn man die »Neuzeit« abtastete. Ich spürte den Unterschied zwischen helleren und dunkleren Erinnerungen und wußte bald, daß das mit Liebgewonnenem oder mit Erfahrungen zu tun hatte, die man lieber wegdrückte. Ich glaubte zu bemerken, daß er es der DDR nicht verzieh, ihm nicht die Möglichkeit gegeben zu haben, noch einmal als großer Verleger in Erscheinung getreten zu sein.

Jedenfalls lud er mich eines Tages zu einem Gespräch ein. Im Aufbau-Verlag war sein Exilbriefwechsel mit Anna Seghers 1939–1946 unter dem Titel *Gewöhnliches und gefährliches Leben* erschienen. Ich dachte, jetzt würde er sagen, »wir machen weiter mit der Lebensbeschreibung, ich werde Ihren Wunsch erfüllen«. Es kam anders. Zuerst die Eloge: »Ich bewundere alles, was Sie machen«, dann der Keulenschlag: »Aber was machen Sie bloß für schlechte Bücher!« Und dann fiel er über mich her mit einer Litanei von Beanstandungen, die er zu dem erschienenen Band aufzulisten hatte, Lappalien und Bagatellen, da und dort Bemerkenswertes. Man hätte mißmutig werden können, dabei kramte er nur – wie schon beschrieben – im Klempnerkasten der DDR-Unzulänglichkeiten und war dabei so rigoros wie Janka in den fünfziger Jahren.

25

Ich war kaum einen Monat im Verlag, als ich nach einer Sitzung meines Leitungsgremiums die Cheflektorin des Verlages, Ruth Glatzer, fragte, was das eigentlich sei, die Plusauflagen, von denen mitunter in den Leitungssitzungen gesprochen wurde. Ich hatte den Begriff noch nirgends gehört. Das weißt du nicht, staunte sie mich an und machte ein Gesicht, als käme ich aus Leipzig von hinter den sieben Bergen. Dann umriß sie in knappen Worten den Sachverhalt: Plusauflagen waren bei Lizenzgeschäften mit westlichen Verlagspartnern jene Auflagenteile, die aus Devisenmangel zusätzlich zu den in den Verträgen vereinbarten Auflagenhöhen gedruckt wurden. Mich befiel das kalte Entsetzen. Ich wußte aus der deutschen Nachkriegsgeschichte, daß ein vergleichbares Delikt den angesehenen Kurt Desch Verlag in München skandalisiert hatte. Ich rannte zu Jürgen Gruner, dem Chef des Verlags Volk und Welt, nur ein paar hundert Meter vom Aufbau-Verlag entfernt. Gruner war Vorsteher des Leipziger Börsenvereins, ich war sein Stellvertreter und Chef des Verleger-Ausschusses in der

DDR. Ich verlangte Aufklärung. Gut, daß du kommst, sagte er, die Sache bedrückt mich schon lange. Du kannst jetzt, als noch Unbelasteter, Radau machen, und ich kann dir assistieren. Der Vorsteher Salomo hatte gesprochen. Ich wandte mich daraufhin an den für das Verlagswesen zuständigen stellvertretenden Kulturminister Klaus Höpcke. Er lächelte und meinte, das sei seine Sache nicht, sondern die von Ökonomen, ich müßte mich, wenn ich Protest anmelden wollte, am besten mit Kulturminister Hans-Joachim Hoffmann in Verbindung setzen. Das tat ich. Aber zunächst wollte ich den ordinären Vorgang und seine Geschichte für mich selbst aufklären. Das gelang nicht. Im politisch-wirtschaftlichen Leben der DDR wurde vieles nicht dokumentiert. Großgeschrieben war eine Politik des Zurufs. Die Genossen wurden zusammengenommen, dann wurde ihnen etwas erklärt. Ich war darauf angewiesen, eine eigene Version zu entwerfen, wie es gewesen sein könnte. Diese habe ich später, im Februar 1995, in einem Aufsatz im *Börsenblatt des deutschen Buchhandels Frankfurt am Main* veröffentlicht. Eine massive und nicht gerade noble Diskussion war die Folge. Vermutungen und Fakten sind rasch wiederholt.

Ich glaube, daß die schleichende Kriminalisierung des DDR-Verlagsgeschäfts nach dem Mauerbau von 1961 eingetreten ist. »Pfiffige« Ökonomen werden gedacht haben, daß nach gesicherter Grenzziehung eine Abschöpfung westlicher Ressourcen unauffällig zu vollziehen sei. Diese Auffassungen dürften sie als »ökonomische Notwendigkeit« an die DDR-Verleger weitergegeben haben, was auf dem Hintergrund sowjetischer Gewohnheiten im Umgang mit dem internationalen Urheber- und Verlagsrecht vermutlich nicht schwer zu vermitteln war. Es war ohnehin bedrückend, in welcher Weise die Ostverleger nach 1945 vom internationalen Literaturaustausch abgeschnitten waren,

218

da ihnen kaum DM noch andere westliche Währungen als Äquivalent für den Einkauf von Lizenzen zur Verfügung standen. Hinzu kam, daß manche westlichen Kollegen eine Zusammenarbeit mit »Kommunisten« im Osten verweigerten oder erschwerten, so daß der Hunger nach westlicher Literatur nicht schnell genug gestillt werden konnte. Zahllose Korrespondenzen aus dem Autoren- und Verlegerbriefwechsel des Aufbau-Verlages zwischen 1945 und 1960 machen das Dilemma deutlich. Man hätte meinen können, daß sich nach 1945 und in den 50er Jahren, der Um- und Aufbruchszeit in Ost und West, eine Solidargemeinschaft zwischen den Verlegern in beiden Teilen Deutschlands hätte entwickeln müssen. Oft genug war das Gegenteil der Fall. Die Beschwörungen der Aufbau-Verleger an die Generation der exilierten Autoren mit ursprünglicher Verlagsheimat in westdeutschen Städten, endlich auch auf den ostdeutschen Markt heimzukehren, endeten oft an der Weigerung der westdeutschen Verlage, die entsprechenden Lizenzen zu verkaufen. Sie waren argwöhnisch, ob sie dafür auch valutagesichertes Geld erhalten würden. Gewinnstreben stand höher als nationaler Beistand oder moralischer Glanz. Mitunter mußten Autoren ihre konservativ geprägten westdeutschen Verleger daran erinnern, daß ihnen das Recht zustand, gesamtdeutsch repräsentiert zu werden. So schrieb Thomas Mann in einem Brief vom 29. Dezember 1951 an den S. Fischer-Verleger: »Lieber Dr. Bermann, es ist mir sehr langweilig, ja quälend, immer wieder auf dieselbe Angelegenheit, nämlich die Zugänglichmachung meiner Bücher in der deutschen Ostzone, zurückkommen zu müssen. Diese Bücher sind käuflich in der Tschechoslowakei, in Ungarn, in Polen, in Rußland selbst, aber ausgemacht von der deutschen Ostzone sollen sie ausgeschlossen sein und bleiben, obgleich das Verlangen danach, wie ich Ihnen schrieb und wie Sie selbst wissen müssen, außerordentlich stark ist ...« Im Gesichtsfeld solcher Verweigerungen mußte der Aufbau-Verlag geradezu froh sein, daß eine *Kulturverordnung der Regierung der DDR vom 16. März 1950* auch eine *Bibliothek Fortschrittlicher Deutscher Schriftsteller* auf den Schild hob, die es nicht mehr als Unrechtsbewußtsein empfand, auch Bücher zu veröffentlichen, die nicht durch Lizenznahme abgedeckt waren. Thomas Manns Roman *Buddenbrooks* erschien dort 1952 und machte nicht nur den Verfall einer Familie offenbar, sondern auch den frühzeitigen Verfall des sittlichen Verkehrs zwischen den beiden deutschen Staaten. Es war ein durch mißliche Zustände heraufbeschworener Raubdruck, den mein Lehrer Hans Mayer mit einem brillanten Nachwort versah. Kurioser konnten sich die verfitzten deutschen Angelegenheiten nicht darstellen. Bertolt Brecht hat in einem Brief vom 14. Juni 1952 an Peter Suhrkamp die Einsicht zu befördern versucht, daß eine wirkliche Spaltung Deutschlands erst dann einträte, wenn die großen literarischen Werke in einem Teil Deutschlands nicht mehr gelesen werden könnten. Das wies auf die Schwierigkeit hin, die Bücher von Hermann Hesse, dessen Stammverlag Suhrkamp war, auch im Aufbau-Verlag herauszubringen, weil man das Ostgeschäft nicht als attraktiv genug ansah und später den Verfasser des *Peter Camenzind* noch dadurch irritierte, daß man die pünktlich überwiesenen Honorare nicht zeitgerecht an ihn weitergab.

Es war eine Crux, wie Ostverleger darum buhlen mußten, daß Autoren wie Oskar Maria Graf im Osten erscheinen konnten. Aus einem Brief des Aufbau-Programmchefs Max Schroeder vom 2. Juli 1947 hört man das Unverständnis heraus, warum diese Autoren »noch für weitere Jahre in (Ost)Deutschland stumm bleiben« sollen. Wenn sie aber dort gedruckt waren, fühlten sie sich politisch belastet. Die Folge war mangelnde Rezeption ihres Werkes in der jungen Bundesrepublik. Selbst Lion Feuchtwanger wußte ein Lied davon zu singen, welche Nachteile ihm aus dem Engagement von Aufbau und anderen DDR-Verlagen auf dem westdeutschen Markt entstanden, zumal er im Ensemble der westlichen Autoren auch noch als Kronzeuge dafür angesehen werden konnte, der DDR ein freundschaftlich-kritisches Gefühl entgegenzubringen. Mit welchen Büchern könnte es besser gelingen, schrieb ihm am 31. Juli 1947 der Aufbau-Verleger Erich Wendt, als mit *Erfolg* »das Ideal Hitler in den Köpfen der Deutschen ein für allemal zu stürzen«, das sei der Grund, warum sich der Aufbau-Verlag so eifrig bemühte, den Roman wieder herauszubringen.

Ich vertiefe mich deshalb in diese Materie, weil sie den Zweifrontenkampf sichtbar macht, den die Verleger aus der Vor- und Frühzeit der DDR führen mußten, um den grenzüberschreitenden Fluß der Literatur in Gang zu setzen und aufrechtzuerhalten. Walter Janka ist wie ein Laufbursche in Berlin herumgerannt, um der Staatsbürokratie die paar Westmark abzujagen, mit denen er wenigstens einen Teil der Honorare begleichen konnte, die West-Autoren für erworbene Lizenzen zustanden. Mit dem anderen Teil des Geldes, der nicht in Westmark umzulegen war, sauste er durch die karg bestückten Ostläden und Schneiderwerkstätten und kaufte Maßanzüge, Lederkoffer und Pelzkolliers für Leonhard Frank oder Thomas Mann und ihren Anhang oder auch für ausländische Autoren wie Halldór Laxness. Dann konnte er wenigstens Lobpreisungen entgegennehmen, die ihm dafür von Katia und Erika Mann und anderen Damen dargebracht wurden. Walter Janka hat in seinem Buch ... *bis zur Verhaftung* eindrucksvoll beschrieben, welche wundervollen menschlichen Guthaben angehäuft wurden, die aus der Zusammenarbeit zwischen dem Aufbau-Verlag und den West-Autoren entstanden, freilich in Lehrbüchern zum Renditegewinn nicht unterzubringen waren. Er hat aber auch belegt, daß die Vermittlungsschwierigkeiten von West nach Ost bis weit in die fünfziger Jahre hinein anhielten. Noch im Juli 1954 mußte der Autor der *Buddenbrooks* bei seinem Frankfurter Verleger Dr. Bermann Fischer insistieren, einer Gesamtausgabe seiner Werke in der DDR und der Verfilmung der *Buddenbrooks* durch die DEFA nicht immer neue Steine in den Weg zu legen. »Ich erkläre Ihnen, daß Sie unsere Freundschaft aufs Spiel setzen, wenn Sie es nicht bei meinen Abmachungen mit Janka belassen«, erklärte Thomas Mann und machte einmal mehr deutlich, daß das Klima des Literaturaustauschs in den fünfziger Jahren mit vielen Widrigkeiten gespickt war, die auch in West-Ost-Strömung verliefen und nicht nur umgekehrt, wie es Nachwendebetrachtungen häufig darzustellen versuchen.

Indem ich das erzähle, weiß ich natürlich genau, welche restriktiven Machenschaften den Literaturverkehr von Ost nach West behinderten. Ich weiß aber auch, wie schwer es war, DDR-Autoren auf dem Markt der Bundesrepublik zu platzieren, so daß für die DDR-Verleger wegen fehlender Lizenzeinnahmen kaum ein Zentimeter Bewegungsfreiheit entstand, etwas zu landesüblichen Konditionen einzukaufen. Ich hätte mich nicht gewundert, wenn in dieser Streßsituation politisch besonders boshafte Charaktere auf dumme Gedanken gekommen wären. So stellte sich die Sache mit den Plusauflagen aber nicht dar. Es schien tatsächlich so zu sein, wie eingangs vermutet, daß dieser Staatsbetrug erst nach dem Bau der Mauer ausgedacht wurde, weil die Notlage in vielen Wirtschaftsfeldern bestehen blieb und es für Entspannung nur wenig Signale gab. Auf dem Gebiet der Valutaerwirtschaftung war die Lage besonders prekär.

Was die Buchbranche betraf, so schleppten sich die Plusauflagen fort in die nächsten Jahrzehnte. Als ich als Aufbau-Chef 1983 damit konfrontiert wurde und zum Angriff blies, war das – aus verlagshistorischem Verständnis heraus – ein Versuch der Ehrenrettung unseres Verlagsethos, und es war das Bedürfnis, aus den ungewollten Verwicklungen mit der eigenen Haut heil herauszukommen. Es kam 1984 zu einem ersten Disput und bis 1986 zu weiteren Gesprächen mit dem Kulturminister Hans-Joachim Hoffmann, einem weitsichtigen und loyalen Kulturmanager, in deren Verlauf ich ihm vorschlug, ein paar Löwen mehr aus dem das internationale Zuchtbuch führenden Leipziger Zoo zu verkaufen, um die Valuta-Schere der Verlage zu schließen, denn die Tiergärten gehörten genauso in seinen Kompetenzbereich wie die Verlage und die Theater. Er war verblüfft über die Anmaßung und amüsiert, merkte aber, so glaube ich, die Entschlossenheit, mit der ein paar Verleger den Eingriffen des Staates in Verlagsangelegenheiten nicht mehr folgen wollten. Ich lehnte einen Lizenzbetrug für die entstehende 30-bändige Brecht-Ausgabe mit dem Suhrkamp Verlag rigoros ab und vermittelte ihm den Eindruck, daß man auch öffentlich machen könne, was einen bedrücke. Nach Jahresfrist, die Mühlen mahlten langsam, veranlaßte der Minister die Ausarbeitung eines Papiers (es war, wie heute, der Verweis strittiger Debatten in die Ausschüsse), das dann nach meiner Erinnerung Anfang 1988 von Jürgen Gruner und mir nach vielen Recherchen vorgelegt wurde. Es blieb in DDR-Zeit ohne Resonanz. Nach der Wende, 1991, wurde es aber zum Auslöser einer Polizeiaktion gegen den Aufbau-Verlag und den Verlag Volk und Welt in Berlin, weil es irgendwo in den Parteiarchiven gefunden worden war. Verstand man so etwas als Tücke des Objekts oder als Selbstanklage? Zwei Tage vor der Frankfurter Buchmesse stürmte eine vom Landgericht Charlottenburg in Marsch gesetzte Kolonne das Verlagsgebäude und schleppte einen LKW voll Akten aus dem Haus, die erst nach Jahren wieder in den Verlag zurückkehrten. Ich bin als langjähriger Verleger zu dieser Sache nie befragt worden. Sollte man sich Schlechtes dabei denken, daß die Polizeiaktion von den Medien hautnah begleitet wurde, daß man in der Französischen Straße gewissermaßen Gewehr bei Fuß stand, um die bedenklichen Manieren der DDR-Verlagsleute in die Welt hinauszuposaunen. In Tag- und Nachtarbeit trommelte der Verlag nun seinerseits die deutschen Journalisten zu einer Pressekonferenz auf der Frankfurter Buchmesse zusammen. Sie kamen in Scharen, um das verwerfliche Werk zu begutachten, gingen aber nachdenklicher nach Hause, als sie gekommen waren. Die persönliche Lauterkeit der Berliner Verlagsleute stand ohnehin kaum in Zweifel. Was der deutsche Zeitgeist an Teufeleien hervorgebracht hatte, das wurde in der mehrstündigen strapaziösen Debatte plausibler. Juristisch waren die Plusauflagen Betrug, ideell waren sie ein Manöver, das die Bewegungsfreiheit westlicher Literatur in der DDR vergrößerte und – man wollte es nur nicht mehr wahrhaben –, öfter, als man annahm, im stillen Einverständnis zwischen Ost- und Westverlegern zustande kam. Einer sprach auf der Pressekonferenz das Geheimnis aus. Es war Joachim Schneider, der zum Zeitpunkt seines Bekenntnisses nicht mehr Verlagsmann in Stuttgart, sondern Berater der Treuhand war und in dieser Funktion Autorenschelte nicht mehr zu befürchten hatte. Ich wollte auf der Pressekonferenz, bei der mir Christoph Hein als Aufbau-Autor aus Berlin und Dr. Ulrich Wechsler aus München als neuer Minderheitsgesellschafter der Aufbau-Verlagsgruppe assistierten, nichts bemänteln, dachte aber fortwährend an eine Heerschar von Autoren, deren Präsenz in den DDR-Buchhandlungen viel eingeschränkter gewesen wäre, wenn die Plusauflagen nicht gedruckt worden wären. Ein makabrer Gedanke, ich weiß es, aber ich wollte mir nicht vorstellen, daß Autoren wie Joseph Roth, Erich Maria Remarque, Hemingway, Marcel Proust und Arthur Miller, Sartre, Dos Passos u. a. m. dem nach Welt dürstenden Lesepublikum in der DDR nicht oder nur in kleinsten Auflagen verfügbar gewesen wären, zumal wenn ich an die vielen listigen Einfälle und die Zivilcourage dachte, die aufzuwenden waren, um sie in die Verlagsprogramme hineinzuhieven. Wir DDR-Verleger, die bei Hans Mayer und Ernst Bloch studiert hatten, wollten ja Autoren wie Franz Kafka, Hermann Broch, Robert Musil, die neben Marx unser zweites Glaubensbekenntnis waren, auch in Bücher unserer Verlage verwandeln. Dieser traumtänzerische Circulus vitiosus spielte keine Rolle mehr. Nach der Wende zählten nur noch die vollen Kassen. Vor der Wende zählten die Antriebskräfte, mit denen man in schwieriger Zeit etwas voranbrachte und Auswege aus vertrackten Situationen hin zur Gemeinsamkeit fand. Nach der Wende zählten nur noch die justitiablen Befunde, die daraus entstanden waren, und die Aufrechnung war einseitig. Man wurde wie ein Gehetzter durch die Zeitungsspalten gescheucht, wenn man wie ich die psychologischen Urgründe freilegen wollte, die allen Dingen zugrunde lagen, und nicht in die ideologischen Fallen stürzte, die von beiden Seiten aufgestellt waren. Ich war weit davon entfernt, Freibeuterei als mögliche Lebensform anzuerkennen, aber ich wollte ihre Ursachen benennen dürfen, sofern man sie antraf.

Tatsächlich kam ich einmal auf einer Reise in die Bundesrepublik in eine Druckerei, in der ein Buch gedruckt wurde, über dessen neuerliches Erscheinen ich als Originalverleger hätte Bescheid wissen müssen. Es war eine *Plusauflage* der Gegenseite. Ich war verdutzt und überlegte, wie ich mich dazu verhalten sollte. Valutaarmut wie in der DDR konnte nicht der Hintergrund sein. Ich vermutete kompliziertere Zusammenhänge. Der Autor (männlich/

weiblich) konnte krank sein und Medikamente benötigen, die in der DDR nicht zu beschaffen waren, er konnte sich nach einer Reise sehnen, die ihm die DDR nicht finanzieren konnte. Dies und tausend andere Dinge schossen mir durch den Kopf, so daß ich beschloß, den Mund zu halten, wenn ich nach Hause kam. Dabei ist es geblieben. Als ich dies im oben genannten Börsenblatt-Artikel mitteilte, entstand ein entsetzliches Geschrei: Ich verteidigte eine doppelte Moral, hieß es, und wollte wie ein zweiter Macchiavelli an der Sache vorbeireden. Dabei notierte ich weiter nichts als deutsche Zustände. Diese waren in der DDR von der Drangsal des Staates bestimmt, in der Bundesrepublik von Privatinteressen gelenkt. Das war der einzige Unterschied.

Als ich von der Pressekonferenz auf der Frankfurter Buchmesse erschöpft von einer Messehalle in die andere wanderte, um mich wieder am Aufbau-Stand einzufinden, begegnete mir ein mitteldeutscher Verleger. Er baute sich vor mir auf und sagte: Was ihr aber auch alles gemacht habt! Ich mußte meine geballten Fäuste in den Hosentaschen festhalten, um ihn nicht ins Gesicht zu schlagen. Dieser Verleger war ursprünglich ein leitender Mitarbeiter der Hauptverwaltung Verlage und Buchhandel in Berlin. Er mußte besser wissen als ich, wie es zu den Plusauflagen gekommen war. Aber die Politik hatte eben zwei Gesichter. Übrigens: Die Forderungen aller durch die Plusauflagen geschädigten Verlage wurden durch Gelder der Treuhand ausgeglichen. Die deutsche Verlagswelt kehrte zur Normalität zurück. Gab es eine historische Gerechtigkeit?

26

Wenn ich es recht bedachte, führte man ein zerrissenes Leben. In der DDR, gewissermaßen auf der linken Seite der Welt, glaubte man noch immer, jedenfalls in den glücklichen Augenblicken, »die schöpferischen Geister der Menschheit« hinter sich zu spüren, wie es Arnold Zweig einmal ausdrückte. Den Glauben an die Utopie des Sozialismus, an das »Prinzip Hoffnung«, hatte man noch nicht ganz verloren, auch wenn der erträumte Sonnenstaat schwere Schmisse bekommen hatte. Die Ausbürgerung Biermanns mit den drangsalierenden Folgen gegen die Widersacher hatte die Energie weiter aufgebraucht, die man in das Zukunftsprojekt stecken wollte. Wieder verschanzten sich ausreisewillige DDR-Bürger vor ihrer Regierung in der westdeutschen Botschaft in Prag und fieberten Weihnachten entgegen. 35 000 Bürger, hieß es, sollten noch warten auf die Botschaft des Friedensengels, der auf dem Flug ins gelobte Land war, als das man die Bundesrepublik verstand.

Ich saß in meiner Berliner Verlagskemenate und freute mich über die Blätter des Aufbau-Verlages Berlin und Weimar. Sie hießen *Der Bienenstock*. Nach vierjähriger Atempause hatte ich ihnen wieder Leben eingehaucht. Ich staunte über meinen Optimismus. Von den Büchern des Jahrgangs 1984 versprach ich den Leuten Weisheit und poetische Kraft und schwelgte in den vielen Neuerscheinungen. Von manchen erhoffte ich mir eine besondere Ausstrahlung. Entscheidung und Folge, hatte Goethe gemeint, seien das Verehrungswürdigste am Menschen, und so glaubte ich, daß ich zwei Debütanten des Jahrgangs lange die Treue halten könnte. Dem einen, Günther Rücker, dem längst über die DDR-Grenzen hinaus bekannten Regisseur, war mit der Erzählung *Herr von Oe.* ein brillantes

Stück Prosa gelungen. Das Bild eines mondänen Kollaborateurs ließ mir nur Superlative für den großen Gestus, die Spannung und die sprachliche Unwiderstehlichkeit dieses kleinen Kunstwerks einfallen. Und auch die Prosaminiatur einer Frau, der jung strahlenden Angela Krauß, hieß nicht nur *Das Vergnügen*, sondern machte auch tatsächlich, bei allem Verdruß und allen Sorgen des Alltags, die auch ihre Figuren beherrschten, pure Lust auf das Leben. Ich habe Angela Krauß mit der Erzählung *Das Vergnügen* an den Suhrkamp Verlag vermittelt. Siegfried Unseld bewunderte die junge Autorin. Ich weiß nicht, was ihn mehr beeindruckte, ihre Schönheit oder ihre Texte. Ich selbst kriegte immer einen Schreck, wenn sie mich traf und sie regelmäßig sagte: »Sie haben sich ja gar nicht verändert«, weil ich dabei stets an *Das Wiedersehen* denken mußte, Brechts Geschichte von Herrn Keuner, der auch einmal mit diesen Worten begrüßt wurde, woraufhin er in großer Verwunderung über sich selbst erbleichte.

Es war, als verliefen allenthalben Parallelströme zwischen der Literatur und der eigenen Zerrissenheit und machten gerade das Anstrengende, das Atemberaubende und Verzehrende so lebenswert. Von den Büchern der Autoren, die als arriviert galten, konnten wir wieder nicht genug drucken, von Christa Wolf, von Strittmatters Romanen und Geschichten und den wie Lebensratgeber benutzten Gedichten seiner Frau Eva, von Hermann Kants Büchern und dem noch jungen Roman *Amanda* der Irmtraud Morgner, der ein Schlüsselwerk zur Frauenemanzipation zu werden versprach und wegen seines artistischen Zauberwerks wie ein Exot in der DDR-Literaturlandschaft gefeiert wurde. Es war wieder alles da, was Aufbau ins Licht eines ungewöhnlichen Verlages rückte, Werkausgaben und Briefwechsel, Autobiographien, neue und alte Bücher der Autoren, von denen der Verlag die Weltrechte verwaltete, von Heinrich Mann und Arnold Zweig und Lion Feuchtwanger, und eine großzügige Dokumentation von Franz Pfempferts Wochenschrift *Die Aktion,* die in der späten Kaiserzeit ein wesentliches Stück der politischen und literarischen Opposition verkörpert hatte und zu einem der Spiegelbilder des literarischen Expressionismus avanciert war. Die westliche Kritik staunte über unsere verlegerische Unbekümmertheit. In der *Bibliothek deutscher Klassiker* erschien das 9-millionste Exemplar. Reich war auch der Büchertisch mit ausländischen Autoren von der Antike bis zur Neuzeit gedeckt und mit literaturwissenschaftlichen Sammelbänden und Monographien. Aufbau-Bücher zogen ihre Kreise durch das Land und beflügelten den intellektuellen Diskurs. Jeden Tag ein neues Buch. Jeden Tag eine neue Übereinkunft. Jeden Tag ein neuer Aufruhr. Die DDR betrachtete den Verlag als ihr Werk. Wir Verlagsleute respektierten diese Anverwandlung, wenn ich unseren eigenen Texten und Erklärungen aus jener Zeit in die Zeilen schaue. Wir waren vergnügt über das linksliberale, das linksdemokratische Muster, das von geistesverwandten Verlegern aus der Weimarer Republik überbracht und von uns angenommen worden war: Bildung für das ganze Volk zu erschwinglichen Bücherpreisen. Wir hatten es realisiert. Daß es an der Gedankenfreiheit noch mangelte, das paßte nicht in den Kram und erboste uns. Wir wollten vorwärtsgehen in die Welt, jeden Tag, und mußten immer wieder verharren, zwei Schritte vorwärts, einen zurück, das versteifte die Glieder. Aber Humor war ja auch eine Form der Lebensbewältigung, hatte die Morgner notiert, und politischer Humor war eine Form von Rebellion. Ein kleingeschriebener Protest, gewiß, aber konnte man sich lustig machen über sich und die Gesellschaft, lustig machen hieß auch sich wundern, kam man der Erlösung ein Stück näher. Wenn man in die Bücher jener Jahre schaute, staunte man über die vielen Grimassen, die Masken und Kostümierungen, die Schleier, das mühselig unterdrückte homerische Gelächter, mit denen wir uns selbst in Frage stellten. Wir waren Kostgänger des Sozialismus, aber zerfaserten langsam den großen Glauben. Viele halfen dabei, Genossen und Parteilose, Volker Braun, Christoph Hein, Peter Hacks, die Strittmatters, die Wolfs, alle waren zur Stelle. Wir wollten den Sozialismus. Wir hatten Marxens Manifeste im Kopf und konnten nicht begreifen, wo die Gesellschaft gelandet war. In die Widersprüche verwickelt, kamen wir uns verloren vor, verloren im Paradies, in das wir heimkehren wollten aus der Hölle, die der Faschismus uns gezeigt und mit gruseligen Feuern beschickt hatte. Aus dem Paradies der Kindheit waren wir herausgeschleudert worden in Krieg und Trümmer und – in eine neue Verheißung. Angekommen waren wir im Paradies der Arbeiter, die uns über »ihre Partei« einen neuen, wundersamen Staat versprachen, die Diktatur des Proletariats. Aber auch das Wohlstandsparadies der Bundesrepublik, die verschleierte Diktatur des Kapitals, war nicht der schöne Garten Eden, der freundliche Aufenthaltsort seliger Menschen.

Die Verlorenheit, die uns umklammert hielt, stürzte uns in ein Wechselbad der Gefühle. Schaute ich in die Westzeitungen, die mir ein unsichtbarer Kurier jeden Morgen auf den Schreibtisch legen ließ, in die *FAZ*, die *Süddeutsche Zeitung*, den Berliner *Tagesspiegel* oder die Hamburger *Zeit*, dann war die Bundesrepublik ja auch nicht mehr das frohgemute Land der fünfziger Jahre. Auch dort zerstobene Hoffnungen. Schon registrierte man über 9 Prozent Arbeitslose, aber einen Rekordgewinn der Deutschen Bank. Das Wirtschaftswunderland kroch in heimliche Verstecke und legte seine Pervertierungen bloß, Korruption großen Stils in Wirtschaft und Politik, Flick grüßte Lambsdorff, Genscher den Kaufhausspezialisten Helmut Horten. Eine

Beratertätigkeit inkriminierte den Bundestagspräsidenten Rainer Barzel und zwang ihn zum Rücktritt. Deutsche Weine wurden gepanscht. Allenthalben Bereicherungssucht und Falschmünzerei in den Führungsetagen von Wirtschaft und Politik. Dazu die profitablen, aber durchweg fatalen Geschäfte der Waffenindustrie und ihrer Lobbyisten und die Heuchelei der genehmigenden Instanzen. Dachte man an die Bekenntnisse der Nachkriegszeit, es wurde einem schwarz vor den Augen. Ein dummes, vergeßliches Volk opferte seine bitteren Erfahrungen auf dem Altar voller Fleischtöpfe und schiß auf die Moral. Da erschienen die aufreibenden kleinlichen Gesellschaftsspiele in der DDR wie das geringere Übel. Freilich, die Städte und Dörfer verfielen, und man schämte sich, wenn man zu Verhandlungen nach München oder Frankfurt fuhr und nach den Gründen dafür gefragt wurde. Man kannte sie selber nicht. Und strengte man sich an, hinter das Geheimnis zu kommen, im Präsidialrat des *Kulturbundes zur demokratischen Erneuerung Deutschlands* zum Beispiel, dem ich als Aufbau-Chef angehörte, weil der Verlag dieser Organisation zugehörig war, wurde man wie ein halber Staatsfeind behandelt. Ich erinnere mich an die zahlreichen Memoranden, die wir in dem illustren Gremium verfaßten, um auf den prekären baulichen Zustand einst blühender Kommunen wie Stralsund, Meißen, Weimar und anderer die deutsche Architekturgeschichte prägender Bürgermetropolen aufmerksam zu machen oder der Umweltverschmutzung in den Industriezentren und Braunkohlenrevieren entgegenzuarbeiten. Dann wurden wir zu Kurt Hager ins ZK-Gebäude der SED bestellt und gefragt, wem wir eigentlich in die Tasche arbeiten wollten, der Kirche oder dem Klassenfeind? Immer noch wußte die Partei am besten, wo es haperte und was zu tun sei. Es war dieselbe Arroganz, die einem entgegenschlug, wenn man die Fachministerien auf

Zustände aufmerksam machte, die für eine Kulturnation unerträglich waren. Immer, wenn ich nach Verhandlungen in der Bundesrepublik wieder nach Hause fuhr, die DDR-Grenzbahnhöfe und die folgenden Haltepunkte passierte, war ich schockiert über den Verrottungsgrad der Stationen. Es prallten Welten aufeinander. In Briefen bekniete ich das Verkehrsministerium, über die Zustände zu sprechen, seine Konzepte für die Verbesserung zu verraten. Ich müßte, schrieb ich, meinen deutschlandweit angesehenen Autoren Antwort geben, denn verfiel das Land, verfiel auch die Staatsmoral, und die Literatur würde dieses Spannungsfeld mit Rigorosität benennen. Meine Frau zitterte mitunter vor Angst über die Forschheit meiner Einsprüche. Es passierte nichts. Volksmeinung, auch wenn sie von den Eliten kam, wurde totgeschwiegen. Zur Arroganz kam die Ignoranz, ein Sittenverfall, der – zu Recht – für die Republik tödlich werden sollte. War die Politik, dachte ich, am Ende doch nur, wie es die Alten, Großmutter und Großvater, behauptet hatten, eine Ansammlung von Hochmütigen, von Lumpen und Verbrechern, auf nichts weiter bedacht als auf den Machterhalt ihrer Akteure, ob das nun Plutokraten oder Parteileute waren? Ich wußte, daß diese einfachen Weisheiten nichts taugten, konnte mich aber dem Spuk ihrer inneren Wahrheiten und Lügenhaftigkeiten nicht ganz entziehen.

27

Im Spätsommer, blendend vor Licht, fiel mein Urlaub auf das Dach meines Thüringer Elternhauses. Es brauchte neue Schiefer, und auch die Wetterfront rief nach Erneuerung. Wollte man dem Brauchtum der Alten folgen, mußten in das Schieferwerk auf- oder waren es gar untergehende Sonnen eingearbeitet werden. Der Schieferdecker machte mich zu seinem Handlanger, wie es üblich war in der DDR, wenn die Handwerkerzunft zu einer Dienstleistung überredet werden sollte. Ich genoß die luftige Höhe, obwohl ich immer ein bißchen wacklig war, wenn ich ohne Geländer drei Meter über fester Erde auf das Gelände hinuntersah. Eine Amsel begleitete das Pochen und Rumoren mit feierlicher Spätsommermusik. Wenn sie Luft schöpfte, antwortete die Stimme einer Artgenossin mit triumphierendem Eifer und glockenhellem Lied. Ich sah über die Dächer hinweg, gedachte der beschaulichen und dramatischen Schicksale, die sich darunter verbargen, und der übermütigen Stunden, die ich in manchem der Häuser verbracht hatte, dachte an Kindergeburtstage, an Schlachtfeste, an Kirmestänze, an heimelige Winterabende mit Hausmusik auf Zither und Violine und an die Lichtabende der Alten, wenn sie sich in der dunklen Jahreszeit in wechselnden Häusern versammelten, strickten oder Federn schlissen oder Bucheckern knackten und ihr karges Weltwissen austauschten und wir Kinder in den Ecken saßen und die Ohren spitzten wie die Heftelmacher. Wenn die Arbeit des Dachdeckers stockte, rannte ich die Schanze hinauf und bratschte mich auf die moos- und strauchbewachsenen Steinrücken hin, die die Wärme der Sonne speicherten und den Preiselbeeren pralle, leuchtend rote Gesichter malten, als wären es Früchte aus exotischer Märchenwelt. Wieder dachte ich, was ein Dorf doch hergab, fernab des großen Getümmels, des Waffengeklirrs, der Kriege und Revolutionen, der Anschläge und Ausschreitungen, der Morde, der Lob- und Grabreden und des ganzen falschen Getues, für das die griechische Sprache das Wort *Politik* erfunden hatte, Staatskunst, berechnendes Treiben, das mit Herabsetzungen endete. Die Preiselbeere, herb und milde in einem, entriß dem Stein und der Sonne ihr köstliches Aroma zum Leben, ohne jemanden zu terrorisieren, und auch die Eidechse, die durch ihr immergrünes Strauchwerk kroch, flinke Spielform der Genese, war nur mit schlichten Waffen ausgerüstet.

Das Dorf und das Netzwerk an Gedanken darüber trugen mich zurück in die Literatur, in die kauzigen und wehmütigen Dorfgeschichten Strittmatters, in die kolumbianischen Provinzen von Gabriel García Márquez, in die gräßliche Einsamkeit vergessener Orte, an der Politik nicht unschuldig war.

Im Gefüge des Literaturensembles des Aufbau-Verlages nahm Gabriel García Márquez eine besondere Stellung ein. Schon 1966 hatte der Verlag einen kleinen Roman des weitgereisten Kolumbianers herausgebracht. Mit dem Titel *Unter dem Stern des Bösen* dachte man die aufstrebende literarische Weltmacht Lateinamerika in Europa mit einem neuen Namen versehen zu können. Das Buch wurde kein Erfolg, und auch die Lizenzausgabe für Sigbert Mohn in Gütersloh für die Bundesrepublik verbuchte statt Gewinn nur Lagerkosten und wurde bald verramscht. Aufbau ließ sich durch den Fehlstart nicht entmutigen. Der Verlag brachte ein zweites Buch heraus. *Kein Brief für den Oberst* hieß der Erzählungsband, der 1968 den literarischen Rang des phantasiereichen Erzählers dokumentieren sollte. Die Resonanz blieb wiederum dürftig. Der Verlag kümmerte sich nicht um weitere Übersetzungen und ließ das Meisterwerk *Hundert Jahre Einsamkeit,* das seit 1967 in spanischer Sprache vorlag, links liegen. Die kolumbianische Familienchronik aus Paradies und Sündenfall, die die ganze Welt in sich trug, war dem Verlag Kiepenheuer & Witsch in Köln aufgefallen. Als er sie 1970 in deutscher Übersetzung vorlegte, war der Roman bereits auf dem Weg zu einem Welterfolg. Aufbau hatte das Nachsehen. Der Verlag bekam zwar das Buch in Lizenz für die DDR und die sozialistischen Länder und verkaufte reichlich hunderttausend Exemplare in Hardcover und Taschenbuch. Den kometenhaften Aufstieg des Autors zu einem *Mythos Lateinamerika* begleitete er aber nur auf einem Nebenschauplatz. Der Ruhm blieb zwar, Márquez für den deutschsprachigen Markt entdeckt zu haben, aber die vertane Chance, der deutsche Hausverlag des ungewöhnlichen Autors zu werden, schmerzte.

Mir vermittelte diese Historie eine Art Initialzündung, mich mit dem Thema *Flops & Bestseller* zu befassen. Ich stieß auf eine erstaunlich buntscheckige Materie. Wurden Bücherschicksale beurteilt, fing man meist am Ende an, fast nie am Anfang. Man mußte aber fragen, warum es zu bestimmten Fügungen gekommen war. Flops oder Bestseller ließen sich nicht bestellen, nicht voraussagen. Fehlurteile, welches Buch das eine oder andere würde, waren an der Tagesordnung. Das Bezaubernde an den Irrtümern war, daß sie begangen – und nicht unterlassen wurden. In dem rätselhaften Begriff Bestseller steckten Bücher, die als Lieblingsbücher der Weltliteratur anzusehen waren. Die *Bibel* fand sich ein, Homers *Odyssee*, Äsops *Fabeln*, Dantes *Göttliche Komödie*, Shakespeares *Hamlet*, Goethes *Faust*, Schillers *Wilhelm Tell* und Lessings *Nathan der Weise*, die Kleist-Novellen und die großen Tolstoi-Romane. Aus den Jahrhunderthaufen der Literatur ließen sich die *Geschichten aus Tausend und einer Nacht*, Autoren wie Balzac und Dostojewski, Stifter und Fontane, Dickens, Mark Twain und Thackeray, Thomas Mann, Hesse und Brecht wie Goldkörner herauspicken. Selbst wissenschaftliche Werke wie der *Duden* oder *Grimms Wörterbuch* waren von solch urbaner Lebenskraft, daß sie als Bestseller eingestuft werden mußten. Bei allen hatte man das Gefühl, es mit etwas Großartigem zu tun zu haben, mit etwas Authentischem für ihre Zeit.

Aber freilich ließ sich auch nicht daran vorbeisehen, daß

der literarische Markt Titel und Texte bevorzugt hatte, die, was den literarischen Geschmack betraf, in die Nebenkammern der Literaturgeschichte gehörten. Der kuriose Umstand, daß viel größere Barschaften in den Weinkeller von Goethes Schwager Christian August Vulpius flossen als in Goethes eigenen, war ein ewiges Ärgernis des großen Weimarer Klassikers, aber die Räuber- und Schauergeschichten à la *Rinaldo Rinaldini* waren seinerzeit eben die viel erfolgreichere Literatur als die gehobenen Bildungsansprüchen zugedachten Goethe-Texte. Von Autoren, die – hätte es so etwas schon gegeben – die Bestsellerlisten des 19. Jahrhunderts dominierten, sind heute kaum mehr die Namen bekannt. Oder kann sich jemand an Carolina Pichler erinnern und ihre Despoten-Romane? Oder an das ehemals unglaublich erfolgreiche Buch *Bastard* von Carl Spindler, eine deutsche Sittengeschichte aus dem Zeitalter Rudolphs II., das in viele Sprachen übersetzt wurde? Es ließe sich aufzählen und aufzählen, aber man hatte Mühe, wenigstens einen zu finden, der aus dem Wust der Mittelmäßigkeit herausragte: Karl May. Er begann 1879 mit zwei *Erzählungen aus dem Indianerleben* seine Erfolgsstory. Am Ende des Jahrhunderts stand er auf dem Höhepunkt der Verehrung und des Ruhms. Verrückt blieben Beobachtungen wie diese: Als Thomas Mann mit seinem großen Familienepos der *Buddenbrooks* ab 1901 in Deutschland seine Kreise zu ziehen begann und Gerhart Hauptmanns große Dramen die Bühnen beherrschten, wurde ausgerechnet Nataly von Eschstruth als »beliebteste deutsche Schriftstellerin« herausgestellt, die sich mit naiven und nationalgesinnten Hofgeschichten à la *Gänseliesel* oder *Die Bären von Hohen-Esp* in die Herzen eines treudeutschen Publikums geschrieben hatte. So blieb es das Jahrhundert entlang. Auf der einen Seite der Strang der hohen Literatur, auf der anderen die Geschmacksbilder des Massenpublikums, auf der einen

236

Seite Joseph Roth, Arnold und Stefan Zweig, die Manns und Hesse, Remarque und Feuchtwanger und Fallada, Günter Grass und Christa Wolf, auf der anderen die zweite und dritte Reihe von Sudermann bis Willi Heinrich, von der Courths-Mahler bis Heinz G. Konsalik – Bestseller, ein Phänomen der Literaturgeschichte.

Es stachelte mich an, den Wegen nachzugehen, auf denen die Bestseller wanderten und die Flops liegenblieben, Texte Kafkas, Arno Schmidts, die ersten Bücher Heinrich Bölls, manches von Thomas Bernhard. Ich träumte davon, eine Bibliothek zu schaffen, die das 20. Jahrhundert begleitete, von Jahr zu Jahr, von 1900 bis 2000 *den* Bestseller und *den* Flop dokumentierte. Ich wollte wissen, wie das Publikum auf die Texte Jahre oder Jahrzehnte danach reagierte. Dann überraschten mich die Turbulenzen der deutschen Geschichte. Ich hob mir den Gedanken auf für das neue Jahrtausend, aber den Verlegertraum konnte ich nicht realisieren. Ich hatte nicht das Geld eines Götterlieblings, wie Georg Müller einer war. Was herauskam, war eine Serie von Zeitungs- und Rundfunkbeiträgen, die den Frontenverlauf in der Literatur belichteten, Miniaturen zu einem umwerfend interessanten Thema lieferten, das apodiktische Urteile verbot und inzwischen von einer Werbeindustrie überschattet wurde, die selbst ein undurchschaubares Faszinosum geworden war. Was aber meine Beschäftigung mit den Bestsellern und Flops noch auslöste, war ein Briefwechsel mit Christoph Hein, angetan, den Geheimnissen des Begriffspaares *Literatur und Publikum* näher zu kommen. Das Leseland DDR, von dem vielfach die Rede war, hatte mit Bestsellern und Flops im alltäglichen Sprachgebrauch nichts zu tun. Bestsellern wurde nicht gehuldigt, Flops wurden verschwiegen.

Christoph Hein hatte einen Aufsatz von kaum vier Druckseiten geschrieben, der einem Essayband den Titel gab.

Öffentlich arbeiten hieß das Plädoyer für eine uneinge-
schränkte Kultur in einer uneingeschränkten Öffentlichkeit,
ein zentrales Thema mit besonderer Bedeutung für die
DDR und ein guter Anlaß, unter diesem Motto einmal die
widersprüchlichen Bedrückungen eines DDR-Verlegers zur
Sprache zu bringen. Also legten wir los, die DDR-Literatur-
gesellschaft zu charakterisieren. Sogleich interessierte sich
die Wochenzeitung *Sonntag* (heute Augsteins *Freitag*) für
unsere Erörterungen, nachdem sie einen Blick in die ersten
Korrespondenzen geworfen hatte. Christoph Hein war ein
streitbarer Geist und, was das Verlegergewerbe betraf,
durchaus ein wenig napoleonisch veranlagt. Er hätte wie
jener gern einmal einen der unsren erschießen lassen,
wenn es die Zeiten hergegeben hätten. Jedenfalls konnte
er mit uns »Bescheidwissern« aufräumen wie anno dazu-
mal die Else Lasker-Schüler oder schmollen wie Alfred
Döblin, der den Münchner Kultverleger Georg Müller eines
Tages hatte wissen lassen, daß »nur die Vielheit der Verleger« ihre Existenz entschuldige.

Es war eine Lust, mit Christoph Hein einzutauchen in die
Stromschnellen der DDR-Literaturproduktion. Wir versuchten, die enthusiastischen Meldungen über die jährliche
Hervorbringung von etwa 140 Millionen Exemplaren und
einen Pro-Kopf-Verbrauch der Bevölkerung von ca. 8½ Büchern ein wenig zu konterkarieren. Wir hinterfragten die
durchaus beeindruckenden Leistungen, die hinter einem
Jahresumsatz von ca. 700 Millionen Buchware standen,
und wie dies ins Verhältnis zur Leselust, zum Geschmack
der Leute und zur Buchkultur zu bringen war. Sorgten
schon meine Sottisen über die Bestandsbildung in den La-
gerhäusern des Großhandels, über das sich zunehmend dif-
ferenzierende Käuferinteresse, das nicht mehr blindlings
ins Regal griff, nur um etwas im Korb zu haben, oder über
den wahrnehmbaren Narzißmus in der zeitgenössischen

Literatur mit seinen klitzekleinen Geschichtchen über die Pissoirs von Paris und anderswo oder über das schmerzhafte Erscheinungsbild unserer Buchläden, die sich »von allen ehrenwerten Handelseinrichtungen« unterscheiden müßten »wie *Der Zauberberg* oder *Der fremde Freund* von einem Rindsfilet oder einem Popelinehemd, denn wenn sich dieser Unterschied zu verwischen droht, dann steht es nicht nur schlimm um das Buch und den Buchhandel, sondern um uns alle«, für genügend Sprengstoff in den unser ausgelassenes Treiben beobachtenden Gremien, so waren die mit spitzer Feder hingesetzten Notate von Christoph Hein geradezu ruinös für das Heiligenbild der sozialistischen Kulturlandschaft, der ich immer noch etwas Positives abgewinnen konnte. »Hatte sozialistisches Publikum schon Anspruch auf die ganze Literatur, so sollte es wenigstens *einen* Verzicht leisten, den auf schlecht gemachte Bücher«, hieß meine versöhnende Geste. Aber auch die konnte es nicht abwenden, daß die Texte unseres Briefwechsels, die mit der Redaktion des *Sonntags* für eine Veröffentlichung vereinbart waren, nicht gedruckt wurden. Nachdem ich Christoph Hein von dem Abfall berichtet hatte, schrieb er mir: »... vor drei Tagen erhielt ich Ihre Karte, heute 300 Mark vom *Sonntag*. Sprechen Sie bitte viele Zeitungen an: Wer nicht druckt, soll zahlen.« Es war jetzt der 7. Januar 1988. Die Texte unseres Briefwechsels wurden weitergegeben an *Sinn und Form*, eine, wie es schien, in einem liberaleren Zeitalter agierende Zeitschrift. Würde man auch dort ein paar Monate überlegen müssen?, fragte Hein. Es kam eine wundertätige Antwort. Ein Teil des Briefwechsels wurde im Heft 3/1988 gedruckt. Ein Einblick in unsere Korrespondenz wurde möglich. Die Schnurrpfeifereien unserer Gedankenspiele über den sozialistischen Buchmarkt wurden offenkundig. Ob sie nun Gefallen oder Mißtrauen erregten, das meiste lernten wir selbst dabei. Für den Verlegerberuf wurde eine Konfession bestätigt, die Kurt Wolff, einmal befragt, was er für das Wichtigste halte, was man für nicht erlernbare Berufe (wie der Verleger einer war) mitbringen müsse, auf die einfachste Formel brachte: Die Hauptsache sei der Enthusiasmus, und den brauche man in Fülle, und der Geschmack, den Christoph Hein wahrscheinlich in den Begriff Ästhetik hinübergeschmuggelt hätte.

Mit dem *Geschmack* war es eine eigenartige Sache. Ich mußte immer an eine Anekdote denken, die aus der Aufbau-Geschichte überliefert worden war. Ein clownesker Einsender hatte dem Lektorat ein Manuskript mit Gedichten übergeben und auf Veröffentlichung gedrängt. Das Lektorat kam zu einem negativen Urteil. Die Verse erschienen ihm holprig, kitschig zum Teil, unfertig jedenfalls, Produkt eines unreifen Talents. Es hatte keine Mühe, seinen Standpunkt darzustellen. Die Verse waren vom jungen Goethe. Das Lektorat brauchte sich des Urteils nicht zu schämen, auch wenn der Einsender sich ins Fäustchen lachte. Schließlich verlegte ein guter Verlag Texte oder Bücher, von denen er meinte, das Publikum *sollte* sie lesen, begründete Kurt Wolff seinen »Ordo« einmal mit einem schönen katholischen Begriff. Wenn die Verlagskonfession Lektor oder Verleger solche Urteile abverlangte, mußten sie die Welt der Kritiker nicht in zwei Teile zerreißen. Es gab im Verlagsgeschäft genug Gelegenheiten, Talente, die man einmal beargwöhnt hatte, später als große Meister zu feiern und Randständiges neben Vollkommenes zu stellen, Autor und Werk als etwas Orchestrales zu verstehen, mit glänzenden und mit weniger gelungenen Stücken.

28

Wir kehren zurück ins Jahr 1985. Der Aufbau-Verlag feierte sein vierzigjähriges Bestehen. Es war mehr als eine schöne Geste, daß sich aus diesem Anlaß zweimal zehn Aufbau-Autoren zusammenfanden, um im Weimarer Nationaltheater und im Berliner Theater im Palast aus dem Werk anderer Aufbau-Autoren zu lesen. Zeitgenossen befragten das Werk der Vorangegangenen. Es waren Texte zu hören, die vielen von uns bekannt waren oder uns neugierig machten oder in noch unbekannte Welten entführten. Es waren Stimmen von Schriftstellern zu hören, die irgendwann einmal in den Blick der lesenden Autoren gelangt waren, ihre Entwicklung beeinflußt, eigene Dichtung und Neigungen berührt hatten. Christa Wolf las aus dem Roman *Transit* von Anna Seghers, Hermann Kant aus Joseph Roths *Radetzkymarsch*, Fritz Rudolf Fries erregte die Gemüter mit der Kerkerszene aus Feuchtwangers *Goya*, Irmtraud Morgner kommentierte bekenntnishaft ihre literarische Liebschaft zu dem Philosophen Ernst Bloch. Hermann Hesses *Glasperlenspiel* betrat die Bühne und Thomas Manns *Joseph-Trilogie*. Egon Erwin Kischs beklemmende Reportagen waren zu hören, von denen er vermutete, sie könnten »die literarische Nahrung der Zukunft« werden, und auch F. C. Weiskopfs pointenreiche Anekdoten klopften an die Tür unserer Erinnerung. Auf eigenwillige Weise ergab sich über die ausgewählten Texte und Autoren die besondere Geschichte der antifaschistischen deutschen Literatur. Sie war es, die die Geschichte des Aufbau-Verlages prägte. Vom Herbst 1945 an bis in den Herbst 1985 ergab sich ein eindrucksvolles Netzwerk von Literatur, das das eigene Leben überspannte und in das viele unvergeßliche Leseerlebnisse eingeknotet waren, die Stephan Hermlin in seiner Laudatio auf das gefeierte Haus in der Französischen

Straße in Berlin noch einmal zum Leuchten brachte. Wollte man gelesen werden, dann ging das nur im Osten. Diese von Heinrich Mann im Jahre 1949 auf Nachkriegsdeutschland bezogene Anmerkung war bitter – und stimmte. Heinrich Mann, der sein »Zeitalter besichtigte«, war aufgefallen, daß die großen Gefährten des Exils, Lion Feuchtwanger, Egon Erwin Kisch, Ludwig Renn, Anna Seghers, Oskar Maria Graf, Arnold Zweig und er selbst mit ihren bedeutenden Büchern tatsächlich nur oder vorrangig im Aufbau-Verlag heimisch geworden waren. Selbst Bertolt Brecht, der sich nach dem Krieg auf Suhrkamp als Originalverlag festgelegt hatte, identifizierte man gern mit dem Berliner Verlagshaus, weil er dort rascher die vielen »Veränderungen« in seine Texte hineinschmuggeln konnte als in Frankfurt.

Es mag anmaßend klingen, sofern man die widersprüchliche Befindlichkeit der DDR-Literaturszenerie betrachtet, wenn ich sage, daß wir uns in der Aufbau-Verlagswelt in ungebrochener Kontinuität mit jenen Männern und Frauen der Feder fühlten, die für eine moralische Welt gefochten und sich für Demokratie und gesellschaftlichen Fortschritt eingesetzt hatten. Von Heinrich Manns *Untertan* bis zu Arnold Zweigs Zyklus vom *Großen Krieg der weißen Männer*, von Feuchtwangers *Erfolg* bis zu Seghers' *Transit*, von Brechts *Dreigroschenoper* bis zum *Kaukasischen Kreidekreis* wurden wir belehrt über die Zerrissenheit der Gesellschaften im 20. Jahrhundert, das unsere Lebenszeit war.

Es ist mit der Literatur wie mit aller Kunst. Sie ist immer ein Angebot an den Leser oder Betrachter. Dieser muß sie ein zweites Mal zu Ende denken. In den Dienst dieses großen – intimen und öffentlichen – Gemeinschaftswerks stellte sich die Veranstaltung »Aufbau-Autoren lesen Aufbau-Autoren«, deren Interessenten die Theater in Weimar und Berlin bis auf den letzten Platz füllten. Viele mußten

242

draußen bleiben, die Einlaß begehrten. Aber war es anders zu erwarten in Städten von solch großer Überlieferung, in denen Dichtung und Verlegergeschäft längst als geistige Lebensform verstanden wurden und in denen der Aufbau-Verlag seit langem seine Zelte aufgeschlagen hatte? Thomas Mann, der wie viele der gelesenen und lesenden Autoren Weimar einst seine Reverenz erwiesen hatte, hatte sich ja einmal vernehmen lassen, daß man die Literatur »gesammelt ins Treffen des Lebens« zu werfen habe »gegen die Mächte der Renitenz, der Dumpfheit und des Todes«. So sollte es geschehen.

Aufbau, der Suhrkamp des Ostens, wie der Verlag gern genannt wurde, strahlte wie jener in die Kreise des deutschen Bildungsbürgers. So war es nicht überraschend, daß im Einvernehmen mit dem Kulturamt Köln die Kölner Zentralbibliothek im Josef-Haubrich-Hof Anfang 1986 eine mehrwöchige Ausstellung installierte: *40 Jahre Aufbau-Verlag – Ein Verlag und seine Autoren*. Kölner Ausstellungsmacher gaben Einblick in die Bewegungsspiele einer ostdeutschen Verlagslegende und stachelten zum Diskurs über Literatur- und Verlagsgewohnheiten in Ost und West an. Der Oberbürgermeister der Stadt, Norbert Burger, und der – wie es damals hieß – Ständige Vertreter der DDR in Bonn, Ewald Moldt, bemächtigten sich in ihren Eröffnungs-reden des ebenso umstrittenen wie fruchtbaren Themas des grenzüberschreitenden Literaturaustauschs, was ich in einem Koreferat mit verlegerischen Reminiszenzen reichhaltig ausschmücken konnte. Mit Irmtraud Morgner und Hermann Kant saßen während zweier Ausstellungslesungen Autoren an meiner Seite, die nicht nur in Ost und West gleichermaßen gefragt waren, sondern auch in der literarischen wie politischen Diskussion zum Teil mächtig polarisierten. Irmtraud Morgner war zu einer Art literarischer Leitfigur in Sachen Frauenemanzipation aufgestiegen. Ihr

Hexenroman *Amanda* (1983), in dem sie Mythologie und DDR-Wirklichkeit (und vielfach unbemerkt auch die der Bundesrepublik) in hemmungsloser Fabulierlust zusammenquirlte, war zur Lektüre ganzer Frauen- (und Männer-) Generationen geworden, in dem der Humor eine große Rolle spielte, wie sie selbst schrieb. Humor blitzte ihr immer aus den Augen, wenn ihr etwas mißfiel. Der Vater von Irmtraud Morgner, ein Lokomotivführer, hatte eines Tages die heranwachsende Tochter in einen Lokomotivschuppen geschleppt, um ihr die großen Dampfmaschinen zu zeigen. »Es schadet nichts«, meinte er, »wenn du beizeiten erfährst, wie die Lokomotivführer und Heizer ihr Geld verdienen.« Das geschah in Chemnitz, am Rande des Erzgebirges, einer Landschaft, zu der sie ein besonderes Vertrauen hatte wie ich zu meinen Bergen im Thüringer Wald. Alles, was in diesen Breiten geschah, war ein wenig komisch, aber nicht suspekt, es steckte voller Poesie. So bekannten wir uns mitunter zu Dingen, die offiziell verpönt waren, zur volkstümlichen Musik zum Beispiel, die dort zu Hause war, obwohl wir sie auch nicht mochten. Wenn wir manchmal in reichlich hochgestochenen intellektuellen Debatten saßen, die Schriftsteller, Verleger und andere Kulturschaffende zusammenführten, und die politisch-theoretischen Verheerungen des Geistes wie Hammerschläge auf uns niedersausten, fragten wir, nachdem wir uns triumphierend zugezwinkert hatten, nach der Rolle der Volksmusik. Es war hinreißend, wie schnell sich ein Versammlungskonzept durcheinanderbringen ließ, wie rasch aus Heerführern der Meinungsbildung stammelnde Stallburschen werden konnten. Und Hermann Kant saß spätestens seit 1976, seit Biermanns Ausbürgerung aus der DDR, wie ein Stachel im Fleische der Bürgerrechtsbewegung, weil er als Präsident des DDR-Schriftstellerverbandes schlechthin als Anwalt der DDR-Sache galt. Beide Autoren lasen in der ersten Kölner Ausstellungswoche im Februar, Morgner als Verkörperung romantischer Schönheit und Aufklärung, Kant als Widersacher der westdeutschen Staatsdoktrin. Und so unterschiedlich waren auch die Diskussionen nach den Lesungen, die mit Morgner war eine Romanze, die mit Kant eine arge Säbelfechterei. Fast vergessen dabei wurden die faszinierenden Bücher, die Kant geschrieben hatte, *Die Aula*, *Das Impressum* oder *Der Aufenthalt*, denen sogar Reich-Ranicki seine Anerkennung nicht versagte. Der Mann, schrieb er einmal über Kant, mochte »in mancherlei Hinsicht dubios sein, aber vom Geschlecht der Langweiler ist er nicht. Wie bitte? Ein zeitgenössischer deutscher Romancier und dennoch kein Langweiler?« Das war hohe Anerkennung und hob Kant heraus aus seiner Zunft. Und Walter Jens, mit dem zusammen Reich-Ranicki die hundertbändige *Bibliothek des 20. Jahrhunderts* herausgab, in die man Kants *Aufenthalt*, jenen vielschichtigen Roman über Krieg und Mitschuld auf dem Hintergrund einer Kriegsgefangenengeschichte, aufgenommen hatte, stellte Kants Epik als »bestimmt durch artistische Dialektik auf hohem Niveau« dar, »unsentimental und ingrimmig« erzählt, »mit einem ans Phantastische grenzenden und dadurch verfremdend wirkenden Sprachwitz«. Dafür wurde Kant von seinen Fans bewundert, von anderen Leuten beargwöhnt, weil man darin ein Maß von Verführungskunst entdecken konnte, die DDR als das bessere Deutschland darzustellen. Jedenfalls schlugen die Wogen in der Diskussion hoch. Ich bemerkte einmal mehr, wie liederlich es war, ein literarisches Werk und dessen Urheber auf deren politische Überzeugung zu reduzieren. Aber es war ja üblich im deutsch-deutschen Kräftevergleich, den Partner moralisch immer auf die Größe eines Zwerges herunterzuschrauben, so daß man ihn im Wortgefecht, wie beim Riesenfräulein in der Thüringer Sagenwelt, in seiner Schürze einsammeln konnte. Hermann Kant freilich, der leidenschaftliche Kriminalromanleser, schlüpfte immer wieder aus einem Schlitz der Schürze heraus. An Gewitztheit übertraf er seine Verdammer um Längen.

Von ganz anderer Bedeutung noch als die Kölner Ausstellungswochen war 1985 ein Verlagsprojekt, das die Presse in Ost und West in unerwartetes Erstaunen versetzte. Es war die Ankündigung einer Gemeinschaftsproduktion zwischen Suhrkamp und dem Aufbau-Verlag, Brechts Werke in einer neuartig strukturierten wissenschaftlichen Gesamtausgabe zu versammeln. Das Projekt war spektakulär, weil es die Hoffnung nährte, das Dilemma um eine historisch-kritische Ausgabe des großen Vernunftpredigers und Parabeldichters zu beenden, und weil hier zwei Verleger mit einem sechsten Sinn für Bücher alle Barrieren niederrissen, die sich einer deutsch-deutschen Zusammenarbeit wegen ideologischer Ängste meist in den Weg stellten. Die *Große kommentierte Berliner und Frankfurter Ausgabe der Werke Bertolt Brechts in 30 Bänden* bestellte vier Herausgeber, zwei aus dem Westen, zwei aus dem Osten, Experten der Brechtforschung einer wie der andere, Werner Hecht, Jan Knopf, Klaus-Detlef Müller und Werner Mittenzwei, in Naturell und Temperament höchst unterschiedliche Leute, und machte deutlich, daß das komplizierte Editionsgerüst nur in globalen Verständigungsritualen zu erarbeiten war, nicht eingefälscht nach Ost oder West, sondern neugeboren aus der Debatte und der Symbiose unterschiedlicher Anschauungen. In einer Zeit ideologischer Konfrontation fiel der Begriff von der Interpretationsferne. Ausdeutungen sollten vermieden werden. Die Sache der Wissenschaft waren die Fakten. Die Texte und deren Gestalt, die Entstehungsdaten, die Wirkungsgeschichten, sachliche Zeilenkommentare, um die Texte in die Geschichte einzurücken.

Es war eine noble Geste und ein Zeugnis der Größe von Siegfried Unseld, dem Suhrkamp-Verleger, daß die Ausgabe Berlin als erste Verlagsstadt in ihrem Namen führte und erst dann Frankfurt am Main. Berlin war im Nachkrieg die Hauptwirkungsstätte, der Erfüllungsort Brecht'scher Aufklärung gewesen, obgleich der Dichter und Stückeschreiber die Rechte an der Verbreitung seines Werkes Peter Suhrkamp in Frankfurt am Main übertragen hatte, aus Dankbarkeit für die Menschlichkeit des Verlegers, die dieser bei Brechts Flucht aus Nazi-Deutschland hatte spüren lassen.

Brecht arbeitete mit seinem Theaterensemble in Berlin. Schon vor seiner Festlegung auf Suhrkamp hatte der Aufbau-Verlag gute Beziehungen zu ihm und seinem Haus. Bereits 1948 war hier *Furcht und Elend des Dritten Reiches* erschienen, in der Aurora-Bücherei, die Aufbau von Wieland Herzfelde in sein Programm übernommen hatte. Seit 1950 erschienen in schöner Regelmäßigkeit die Brecht-Texte wie *Dreigroschenoper, Die Verurteilung des Lukullus*, die Ausgabe der *Hundert Gedichte*, von Wieland Herzfelde eingerichtet und in 1. Auflage 1951 in der *Bibliothek Fortschrittlicher Deutscher Schriftsteller* (BFDS) auch benachwortet, die *Kalendergeschichten* u. a., bevor ab 1955 eine deutliche Systematisierung der verlegerischen Absichten erkennbar wurde. Der Aufbau-Verlag war von Brechts Arbeitsstätte im Fußmarsch zu erreichen. Hier in Berlin konnte er Veränderungswünsche konfliktarm loswerden und bis in die Metteurstuben hinein verfolgen, Vorläufiges, das er in den *Versuchen* speicherte, wenn er nur wollte, rasch in Endgültiges überführen.

Das war die Geschichte. Nie eine einfache Sache, wie alles bei Brecht, und so war es auch keine einfache Sache, die Editionsprinzipien durchzusetzen, auf die sich Verleger und Herausgeber bei der Großen Brecht-Ausgabe eingeschworen hatten. Die Kommentierung der Texte, das war ein vereinbartes Prinzip, sollte keinesfalls auf mehr als 20 Prozent des Originaltextes anwachsen. Ich verrate kein Geheimnis, daß es nicht leicht war, den Eifer und die Kommentierungswut der Herausgeber zu zügeln. Ihre Köpfe waren übervoll von Wissen und Anekdoten. Hilfreich war in solchen Momenten die Erinnerung an ein freches Bonmot von Barbara Brecht-Schall, der Tochter Brechts, die nach dessen Tod die Rechte verwaltete. Sie hatte nach einer mehr zufälligen Lektüre einer Kommentierung einmal unmißverständlich hervorgestoßen, so sei es nicht gewesen, da hätte Papa nur einfach die Pfeife gestanden.

Auch bei der Brecht-Ausgabe holte mich DDR-Realität ein. Wir hatten Parität nicht nur im geistigen, im verlegerischen Bereich vereinbart, sondern auch in der technischen Realisation der Ausgabe. Im Westen wurde gesetzt, im Osten gedruckt und gebunden. Wir hatten die Vorabbelobigungen für das deutsch-deutsche Gemeinschaftsunternehmen längst entgegengenommen, da erschienen die ersten Bände. Ich dachte, mich würde der Affe lausen, als ich trotz feinster Papierqualität Mängel in der Druckausführung und an der Bindung der Ausgabe feststellen mußte. Der Druckereibetrieb Offizin Andersen Nexö in Leipzig, als Offizin Haag-Drugulin Jahrzehnte zuvor ein weltweit bekannter Ort für polygraphische Qualität, mußte nacharbeiten. Ich machte Radau, der bis in die oberste Heeresleitung des Druckereigewerbes zu hören war und veranlaßt haben soll, dem larmoyanten Druckereidirektor und den beteiligten Arbeitern die Jahresendprämie zu streichen oder zu kürzen, eine Stellvertreterbestrafung, die eigentlich dem Mangel an Akkuratesse in der Industriekultur des Landes zugestanden hätte. Schlimmer war, daß ich für die Verzögerungen bei meinen Partnern in der Bundesrepublik wieder einmal um Verständnis werben mußte, ein Vorgang, der sich in den späten achtziger Jahren so häufig wiederholte, daß er einem zum Halse heraushing. Es paßte nicht zusammen, die großen Klappen über die Industrienation DDR, über unsere Exportwunder und dergleichen mehr und die Realitäten vor Ort. Manchmal hatte man als Verlagschef ganze Vormittage damit zu tun, Havarien in den Herstellerbetrieben aufzuklären und deren Folgen abzuwehren, bevor man zu seiner eigentlichen Arbeit kam, dem Dienst am Autor und an der Literatur. Mein Verhältnis zu Siegfried Unseld und seinem künstlerischen Leiter Rolf Staudt, einem hervorragenden Experten der Buchherstellung, wurde durch die Turbulenzen nicht beschädigt. Es gewann in jenen Jahren sogar an Kontur. Wir wurden streitbare Freunde.

Eine andere Freundschaft noch, eine Autor-Verleger-Freundschaft, bestand ihre Bewährungsprobe. Christoph Hein übergab Anfang 1984 dem Verlag das Manuskript eines neuen Romans: *Horn oder der zerbrochene Spiegel*, der im Laufe einer zermürbenden Debatte um die Erteilung der Druckgenehmigung zum Titel *Horns Ende* mutierte und schließlich in den ersten Septembertagen 1985 als fertiges Buch vorlag. Über die schlitzohrige Editionsgeschichte dieses Romans ist viel geschrieben – und lamentiert worden. Ich werde Ablauf und Einzelheiten dieser wunderlichen Geschichte nicht reproduzieren, sondern nur die Knalleffekte nochmals herausstellen.

Christoph Hein galt in der DDR als einer der klügsten und kunstsinnigsten Autoren der jüngeren Schriftstellergeneration und als einer der geradlinigsten und draufgängerischsten, was die Beobachtung und Beleuchtung gesellschaftlicher Prozesse betraf. Als Dokumentarist der Zeit wollte er sich verstanden wissen, nicht als ihr Interpret. Seine scharfsinnigen Zeitbilder entsprangen den Handlungsmustern seiner Personen, seine vom Publikum feinsinnig erfühlte, mitunter beißende Kritik an den Zuständen war deren Auftritten inhärent, der Autor mußte nichts – weil er unbarmherzig war – hinzufügen. Die Unbarmherzigkeit war den gesellschaftlichen Prozessen eingeschrieben. Das machte Hein so unübersehbar – und so verdächtig für die Herrschenden, seitdem er mit der Novelle *Der fremde Freund* die Entfremdung zwischen Individuum und sozialistischer Gesellschaft als Lebensgefühl einer Ärztin dokumentiert hatte und das Buch ein großer Erfolg geworden war. Mit dem neuen Roman *Horns Ende* wollte er anschreiben gegen die »Vergehen der Vergangenheit«, wie es der Essayist Lothar Baier einmal bemerkte. Hein beschrieb eine »Geschichte der menschlichen Gemeinheit«, die einen Wissenschaftler in den Tod trieb und die in der Erinnerung an diese infame Erfahrung deutlich machte, daß das Leben unter Menschen manchmal unakzeptabel ist. Heins glänzende Rollenprosa sah die Druckgenehmigungsbehörde nicht als diese »kleine«, wenn auch verteufelte Geschichte aus einer sächsischen Kleinstadt an, sondern als ein Stück DDR-Geschichte aus den fünfziger Jahren. Aber »so waren unsere fünfziger Jahre nicht!«, hieß der bedenkliche Einspruch, der fast anderthalb Jahre lang scheinbar unüberwindliche Schwierigkeiten auftürmte, eine Druckgenehmigung für das Buch zu erlangen. Christoph Hein wußte sich mit mir einig, daß hier, wie er sich ausdrückte, eine der üblichen »Über-Interpretationen« vorlag, die bei einem Teil der DDR-Germanistik und der DDR-Literaturkritik Mode waren, um die Empfindlichkeiten der Regierenden mit vorauseilendem Gehorsam zu bedienen. Hein meinte, man dürfe nicht jeden Text zum Jahrhunderttext uminterpretieren, nicht jede Geschichte als Umsturzversuch hochstilisieren, und ließ sich von den Streitigkeiten nur wenig beeindrucken. Geschichte erzählte sich für ihn in Geschichten. Wenn das die Autoren unterließen, würde

»uns alles wie Wasser durch die Hände rinnen«, schrieb er mir in einem Brief am 22. Juli 1984.

Es war ein letztes Aufbäumen der Zensur. Staatliche Zensur war es nicht mehr, Mitarbeiter der Hauptverwaltung Verlage und Buchhandel als der Druckgenehmigungsbehörde waren längst mehr in die Bemühungen um Freigabe des Hein'schen Textes eingebunden als in dessen Verhinderung. Es war die Zensur der Parteiorgane. Dort saßen Leute, die von Literatur weniger verstanden als ein Maikäfer von der Schlittenfahrt, die aber die Lenin'sche Formel Wer–wen? wie ein Banner vor sich hertrugen, und die hieß, sich die Macht nicht aus den Händen reißen zu lassen. Jeder Krümel Sprengstoff, der ihr Gesellschaftsverständnis bedrohte, wurde wie ein Dynamithaufen behandelt, und Hundertschaften wurden in Bewegung gesetzt, ihn zu entschärfen.

Es war Heins Manuskript nicht förderlich, daß man sich in Parteikreisen gewissermaßen zeitgleich mit einem anderen Autor herumplagte, einem kraftvoll lebendigen Protagonisten des Sozialismus, für den es keinen Stillstand, kein Erstarren, keine Einfrostung der gesellschaftlichen Verhältnisse gab, der ärgerlich war auf die »symmetrische Welt« und politische Tabus laufend attackierte. Dem Autor Volker Braun, der einen raffiniert konstruierten, amüsant und pointenreich erzählten Text um das Herr-Knecht-Motiv, frei nach Diderots *Jacques der Fatalist*, geschaffen hatte, den *Hinze-Kunze-Roman*, dichtete man, groteskes Urteil, eine Bedrohung der politischen Ordnung an. Christoph Heins Roman *Horns Ende* erschien den Parteioberen wie ein siamesischer Zwilling des *Hinze-Kunze-Romans*. Beides Angriff, »erkannte« man. Abstruse Situation. Die wahrscheinlich politischste Republik der deutschen Geschichte sah sich bedroht durch ihre gedankenmächtigsten politischen Dichter, und es fielen einem

alle Sünden der Vergangenheit ein, das lautstarke Nase-
rümpfen über Brechts *Buckower Elegien,* die Attacken gegen die Stücke Heiner Müllers und gegen die von Peter
Hacks, Texte wie die von Braun und Hein, die ihrer Zeit
meist ein Stück voraus waren. Jedenfalls wurde mir das
ewige Gezerre um Heins Roman zu bunt. Ich besprach
mich mit dem Direktor des Graphischen Großbetriebs
Karl-Marx-Werk in Pößneck, Herrn Günther. Er möge den
Roman auf die Druckspur setzen, bat ich ihn, ich über-
nähme die Verantwortung. Er könne sich auf mich verlassen, daß ich die Druckgenehmigung rechtzeitig nach-
reichte. Solche Absprachen waren gemeinhin nicht zu
haben. Die DDR-Druckereien begannen erst mit der technischen Herstellung, wenn die Druckgenehmigung vorlag.
Pößneck besorgte den Satz, die Umbruchkorrekturen wurden im Juli 1985 erledigt, die Freigabe zum Druck vom
Verlag Ende Juli veranlaßt. Eine Druckgenehmigung war
nicht vorhanden. Ich hatte mich mit Günther besprochen,
das Buch auszudrucken. Er war, Direktor eines Parteibe-
triebes, bereit, sich auf diese Auflehnung einzulassen, assi-
stiert von seinem technischen Leiter, Herrn Müller. Als die
ersten fertigen Exemplare des Buches in den ersten Septembertagen 1985 auf meinem Schreibtisch lagen, war die
Druckgenehmigung gerade eingegangen, aber Günther
hatte mit dem Druck nicht abgewartet, er hatte Wort gehalten. Wir hatten die Bürokratie überrumpelt. Vorsorglich
verteilte der Verlag ohne Verzug Rezensionsexemplare an
die Presse und belieferte die Bibliotheken und einen Teil
des Buchhandels vor allem der Volksarmee, um Öffentlichkeit herzustellen. Über 2500 Exemplare waren unter die
Leute gebracht. Die schnelle Auslieferung fußte auf einer
bösen Voraussicht, daß der Kahn noch nicht in sicherem
Wasser war, und tatsächlich ließ die Abteilung Kultur im
ZK der SED am 12. September 1985 die Auslieferung beim

Leipziger Kommissions- und Großbuchhandel untersagen. Eine Anmaßung ohnegleichen, die den siegreichen Kampf um die Druckgenehmigung rückgängig zu machen versuchte. Die Eulenspiegelei wurde von Rezensionen begleitet, die ab Oktober 1985 in west- wie ostdeutschen Zeitungen erschienen, obwohl das Buch offiziell noch nicht zu haben war und erst im Februar 1986, kuriose Konstellation, den Stempel der Legalität durch die Partei aufgedrückt bekam. Ich lasse alle Handlesereien aus unterschiedlichen Gutachten beiseite, übergehe die Vermutungen, was Christoph Hein am Text verändert hat oder haben soll (genaugenommen hatte er kaum etwas verändert!), unterdrücke die Elogen zur Zivilcourage des Verlegers (es war Selbstachtung), dies alles und mehr wurde in zahlreichen Notaten von Literaturwissenschaftlern und anderen Zeitkritikern detailliert behandelt. Das »Spielmaterial« konnten sie nicht überschauen, das im Beziehungsgefüge zwischen Autor und Verlag sowie den nach unterschiedlichen Motiven zensierenden Stellen versteckt war. Es wurde mit Feuer und Wasser gespielt. Im Spielverlauf tauchte sogar ein Hein/Horn-Text auf, der unter einem geborgten Karl-May-Zitat zwischen zwei Umschlagseiten gesteckt worden war: *Der Geist des Llano Estucado.* Das Zustandekommen dieser, in kleinster Auflage verbreiteten Tarnschrift konnte nicht ganz aufgeklärt werden, ging aber meines Erachtens auf das Konto eines DDR-sperrigen Druckereimannes, der später ausreiste, zum Zeitpunkt des Geschehens, so glaube ich, der technische Leiter der Druckerei war und mich, ohne eine Absicht spüren zu lassen, einmal in eine Art bibliophiles Gespräch über Flugblätter und Tarnschriften in der Lutherzeit verwickelt hatte. Ich habe, wie der Autor, diese frohgemut-mysteriöse Begleitung der zensorischen Donquichotterie als das genommen, was es war. Der Humor war uns allen noch nicht verlorengegangen.

Müßte ich, wie die Fabeldichter aus alter Zeit, der ganzen wundersamen Geschichte eine Moral anheften, so wäre es diese: Nicht der Streit um Heins Buch mit seinen verblüffenden Wendungen war das Schockierende. Das war es auch. Mehr war es die Erleuchtung, daß die DDR am Scheidewege stand. Mit gespaltener Zunge ließ sich auf Dauer nicht reden, mit schizophrenen Figuren keine Politik machen. Die Pervertierung der Verhältnisse war ein Zeichen von Niedergang.

29

Mitten im Freudentaumel, als mir die ersten Exemplare von Christoph Heins Roman *Horns Ende* überbracht worden waren, rief mich ein äußerst erregter Siegfried Unseld an. Er saß am Berliner Grenzübergang Friedrichstraße fest und war einer jener fatalen Prozeduren unterworfen, die wir DDR-Bürger längst verinnerlicht hatten. Er hatte Bücher bei sich, die man nicht kannte. Das machte ihn verdächtig. Ich sollte als sein avisierter Gesprächspartner für ihn gutsagen. Als er, verspätet und fassungslos, im Aufbau-Verlag eintraf, war ihm jeder Beruhigungsversuch suspekt. Nicht einmal der Roman meines glanzvollen Autors, der druckfrisch auf meinem Schreibtisch lag und den ich ihm als Willkommensgruß freudig in die Hand drückte, konnte ihn sanftmütiger stimmen. Ich war erschrocken, als nach Beendigung unseres zweistündigen Gesprächs, das sich neben dem fatalen Erlebnis hauptsächlich um die verlegerische Bewältigung der großen Brecht-Ausgabe drehte, mein künstlerischer Leiter Heinz Hellmis in der Türe stand und mir, erstaunt fragend, *Horns Ende* in die Hand drückte. Das Exemplar war auf der Toilette abgelegt worden. Unseld wollte sich mit halbverbotener Ware nicht wieder den Infamitäten deutsch-deutscher Grenzübertritte aussetzen.

Der Vorgang hatte – bei allem miserablen Hintergrund – etwas Rührendes. Auch ein Heros, dachte ich, war irritierbar. Das machte mir den Halbgott der deutschen Verlagswelt ein wenig menschlicher.

Ich kannte Siegfried Unseld länger als ein Jahrzehnt. Über den Frankfurter Insel-Verlag, den er seit 1959 dominierte, waren wir miteinander bekannt geworden. Als Verleger von EDITION LEIPZIG belieferte ich in den siebziger Jahren den Insel-Verlag mit einer Reihe *Historische Kinderbücher*. Unter Unselds Partnerschaft hatte ich mir einen Traum erfüllt und Teile von Friedrich Justin Bertuchs *Bilderbuch für Kinder* neu aufgelegt, das mir als Kind abhandengekommen war. Wir waren uns verwandt erschienen als Verehrer alter Buchkultur und als Perfektionisten moderner Buchgestaltung, deren ebenso leichtfüßige wie katechetische Grundsätze Unseld in dem Titel *Der Marienbader Korb* beschrieben und ich in dem Band *EDITION LEIPZIG – Ansichten zu einer Verlagsgeschichte* niedergelegt hatten. In den achtziger Jahren war unser Gedankenaustausch literarischer geworden. Das Haus Suhrkamp stand an der Spitze der deutschen Verlegerrepublik West, der Aufbau-Verlag an der Spitze der deutschen Verlegerrepublik Ost. Beide Verlage zusammen repräsentierten die deutsche Literatur der Nachkriegszeit und dachten sich mit vielen ihrer Autoren in die Welt hinaus. Unseld hatte mich als Schüler Hans Mayers, der sein Autor war, wahrgenommen und mich als Verehrer Hermann Hesses entdeckt, zu dessen *Glasperlenspiel* ich einmal eine Semesterarbeit bei Hans Mayer abgeliefert hatte. Unseld war froh wie ein Kind, wenn er jemandem begegnete, der Hesse hochhielt und seine Liebe zu dem Autor stützte, die er 1951 in Tübingen mit einer Dissertationsschrift zu *Hermann Hesses Auffassung vom Beruf des Dichters* offenbar gemacht hatte.

Das war es vor allem, was mir an Unseld so imponierte. Sein Lebenselixier waren die Autoren. Mit ihnen träumte er dem Verlegerberuf Vollendung. Den besten von ihnen hat er schriftliche Denkmäler gesetzt: Goethe, Rilke, Hesse, Brecht, Thomas Bernhard, Peter Weiss, Wolfgang Koeppen, Uwe Johnson. Selbst ein Glasperlenspieler wie sie, hat er Tradition und Gegenwart zueinander ins Verhältnis gesetzt und die Authentizität der Zeiten in Verlagsreihen gegossen. Ich dachte an die *edition suhrkamp*, an die *Bibliothek des Deutschen Klassiker Verlags*, an die Legion von Büchern zeitgenössischer Dramatik, in ihrer Bündelung universelle Bilder der Welt und der Epochen. Viele Stunden hatten wir gemeinsam über dem Entwurf einer *Europäischen Bibliothek* gebrütet, weil wir, er wie ich, der Meinung waren, daß der nur halbkontinental ausgerichtete Buchmarkt des Westens der Auffrischung durch die jüngere und zeitgenössische osteuropäische Literatur bedurfte. Umgekehrt waren die weißen Flecken ohnehin deutlich sichtbar, welche westeuropäische Autoren Osteuropa entbehrte. Wenn man Unseld gegenübersaß, war man weit entfernt von den tristen Übungen gestylter Verlagsmanager, die Verlage wie Buchfabriken leiteten. Unseld war ursprünglich, mit der Kraft eines Bären und doch von ausgefeiltem Geschmack und feinster Gesinnung. Zu Recht hat ihn die italienische Verlegerin und Buchhändlerin Inge Feltrinelli einmal einen »Dinosaurier in der heutigen Verlagslandschaft« genannt. Mit seiner Statur konnte ein irrlichterndes Feuilleton nie richtig fertigwerden. Man warf ihm vor, er sei »nicht modern genug« (geblieben). Darüber mußte man lachen. Unseld war Suhrkamp, ein unerschütterlicher Block in einem sich im Geschmack immer mehr nivellierenden Buchmarkt. Er verkörperte bürgerliche Bildung, literarische und buchkünstlerische Qualität schlechthin. Wenn er in seinem schönen Heim in der Frankfurter

Klettenbergstraße 35 zum Empfang rief, kam die halbe Welt. Kaum einer verließ das gastliche Haus und hatte nicht einen neuen Stachel in der Haut. Siegfried Lenz meinte einmal, Literatur sei nichts Endgültiges. Zu ihrer vorübergehenden Vollkommenheit müsse jeder noch etwas hinzutun. Siegfried Unseld war unermüdlich, diese Metapher als verlegerische Konfession zu leben und sie in ein Wort Hermann Hesses hinüberzuführen, das ihm wie Goldstaub durch die Finger rann: »Des Lebens Ruf an uns wird niemals enden.«

Siegfried Unseld, der Große, der Unermüdliche, der Unverwüstliche, hatte – wie es schien – eine dicke Haut. Er schien wie gepanzert gegen die Widrigkeiten des Berufs. Wenn man bedachte, wie er beargwöhnt wurde, der konservative Bildungsbürger, wenn er sich den Allüren der literarischen Avantgarde anverwandelte, welche Boshaftigkeiten er einsteckte von mit Honorar und Auflagen unzufriedenen Autoren, welche Häme seine genialen Sonntagslaunen begleitete wie die Erfindung des *Weißen Programms*, bedachte, mit welchem Gleichmut er die Sticheleien der Claqueure des digitalen Zeitalters an sich abtropfen ließ, dann mußte man den Eindruck gewinnen, daß der Mann unverletzlich war wie Siegfried, der mythische, in Drachenblut gebadete Vorfahr. Dabei hatte Unseld eine ganz dünne Haut. Wie er lossauste, wenn seine Autoren riefen oder in Not waren, ins Krankenhaus, ins poetische Versteck, zu skandalisierten Theateraufführungen, zu einem drohenden Untergang hier und dort, das war beeindruckend. Mit welcher Geduld er sie aufklärte über die längst stattgefundene Arbeitsteilung zwischen ihnen und den Verlegern, wie er mit Salären nicht sparte, auch wenn die Autoren wieder und wieder nichts lieferten, wie er mit sanfter Gewalt das Feuilleton überzeugte, ihre Texte zu rezensieren, wie er die Autoren auf die Bühnen nationaler

257

und internationaler Literaturwettbewerbe hob, wie er persönlich die Buchhändler anstachelte, Suhrkamp-Bücher zu lesen, und ihnen bedeutete, sie würden sonst hinter dem Mond bleiben, das hatte Herzenswärme und war keine steife Routine. »Die Produktion von Unruhe ist eine höchst sinnvolle Funktion von Büchern, vielleicht ist es deren nützlichste«, hatte uns sein Autor Jurek Becker in einer Frankfurter Poetikvorlesung wissen lassen. Unruhe schaffen blieb eine der stilvollsten und sinnstiftendsten Handlungen des Verlegers. Unseld war ein Unruhestifter. Er wäre sonst zerborsten vor Langeweile.

Was ich ihm als Kollege aus dem Osten Deutschlands nicht vergessen konnte, war die Statur, die er in der Zeit der deutschen Teilung bemusterte. Die Verhandlungen mit ihm und seinen Mitarbeitern, geprägt von sachlich-kritischem Dialog, waren den gemeinen Zuständen im Land weit voraus. Wo Unseld auftrat, spürte man ein Stück Versöhnungskraft, weil er die andere Sozialisation und deren Überzeugungen zwar nicht guthieß, aber respektierte. Berührungsängste kannte er nicht. Selbst der stellvertretende DDR-Kulturminister Klaus Höpcke war öfters sein Gesprächspartner, und wenn er von diesen Begegnungen sprach, meinte er, sie seien anregend gewesen. Was ihn geradezu erschütterte, war die Ärmlichkeit, mit der wir DDR-Verhandlungsreisenden mit Westgeld ausgestattet waren. Er konnte sich nicht vorstellen, daß man in die Bundesrepublik, die Schweiz oder nach Österreich, nach Paris und London fuhr und kein Geld hatte, ins Theater, in die Oper oder in ein Konzert zu gehen. Er empfand das als staatliches Banausentum, meinte, man müsse sich dagegen auflehnen, und traf eine einstweilige Verfügung. Wenn ich nach Frankfurt kam, drückte mir seine Sekretärin Burgel Zeeh stets Theater- oder Opernkarten in die Hand, kommentarlos. Wie hätte ich sonst *Warten auf Godot* sehen können, das Stück, das Samuel Beckett berühmt gemacht hatte und mir einen Begriff vom Absurden Theater vermittelte? Die Theaterkarten gehörten zum Ritual unserer Begegnungen wie der heiße Kaffee oder das erlesene Essen im benachbarten französischen Restaurant, wenn wir ein beide Seiten zufriedenstellendes Verhandlungsergebnis erreicht hatten. Dann stieg er herab vom Olymp, erzählte von seinen morgendlichen Ertüchtigungen im Schwimmbassin, schwärmte von schönen Frauenbeinen, von seiner südamerikanischen Autorin Isabel Allende oder der jungen aufstrebenden Chansonniere Ute Lemper und machte Pläne, welche deutsch-deutschen Spektakel wir in Szene setzen könnten. Wir plauderten über den borstigen Reich-Ranicki und das Feuilleton der FAZ und über den noblen Bundespräsidenten Richard von Weizsäcker, zu dessen Kulturspaziergängen Unseld offenbar eingeladen wurde, und über Gorbatschow und seine Ansichten über eine veränderbare Welt.

Wie ein vom Glück überwältigter Junge strahlte Unseld, als er mir eines Tages eine junge Dame vorstellte, von üppig langem Schwarzhaar eingerahmt, eine Schönheit. Als sie die Tür öffnete zum Salon in der Klettenbergstraße, wo wir über Max Frisch und Günter Grass geplaudert hatten und warum beide nicht zueinander paßten, und über Christa Wolf, da sagte er: Hier kommt meine Dichterin! Es war Ulla Berkéwicz. Ihre Erzählung *Josef stirbt*, das Erstlingswerk, hatte ich in dritter Auflage gelesen und war, wie der Verfasser des Klappentextes, ebenso erstaunt darüber, daß sich eine junge Frau von 29 Jahren auf so anstrengende und zugleich zärtliche Weise mit dem Tod befassen konnte, was nun, nach Anschauung dieses prallen Lebens, gleich gar nicht mehr miteinander in Einklang zu bringen war. Überhaupt prallten in dieser Frau Symptome des Lebens aufeinander, die antithetisch aussahen, konträr gar,

aber nur weibliche Muster einer feinsinnigen Wider-
sprüchlichkeit waren, die irgendwo wieder zusammen-
schmolzen. Schön war sie und lebensklug, eine patente Person, hätte man in meiner Thüringer Heimat gesagt. Trotzig
verteidigte sie ihre Art von linksdemokratischen Anschauungen, die ihr offenbar eine Assistenz beim Intendanten
der Komischen Oper in Berlin, Walter Felsenstein, eingetragen hatten, gegen die wertkonservative Grundstimmung
Siegfried Unselds, die selbst immer für genug Spielraum
sorgte, um gewagte Gedankenspiele Andersdenkender zu
tolerieren. Wenn man mit Ulla Berkéwicz einen Stadtspa-
ziergang machte, sie ein paar Kleinigkeiten für eine gesellige
Vesper mit nach Hause nahm, die Einkäufe beim Bäcker
kommentierte, »alles wie aufgeblasen«, an der Fleischtheke
sagte, »sieht alles so rosig aus und ist doch nur gespritzt«,
dann paßte das nicht so recht zum Zauber ihrer Persönlichkeit. Es war so sternschnuppig antikapitalistisch und
rückte doch nur die schöne Welt zurecht. Als später die
Wende war, alles zum Abbruch blies, zur Wegwerfe, zum
Davonschleudern von Leben und Erinnerungen, meinte
sie, immer müßte auch über Behaltens-, über Bewahrens-
wertes nachgedacht werden. Sie war eine kluge Frau. Ende
November 1989 saß ich mit Siegfried Unseld im Berliner
Grand-Hotel zusammen. Er war der erste Gesprächspartner aus der Bundesrepublik überhaupt, mit dem ich über
die Zukunft des Aufbau-Verlages nach der nun möglichen
Wiedervereinigung diskutierte. Ich staune heute noch über
die Souveränität unserer damaligen Urteile: Nicht alles,
was zusammengehörte, mußte auch zusammenwachsen.
Suhrkamp und Aufbau, zwei Flaggschiffe der deutschen
Verlagslandschaft, hatten zu viel Kraft im Maschinenraum,
um sich, einer vom anderen, ins Schlepptau nehmen zu lassen. Am gewitzten Ausgang unserer Debatte hatten Ulla
Berkéwicz und meine Frau, die dem Gespräch beiwohnten,

ebenso großen Anteil wie die feurigen Verleger, weil sie in die mitunter stürmischen Wortgefechte eine anheimelnde, nachdenkliche Gelassenheit einbrachten.

Siegfried Unseld, den praktizierenden Idealisten, den idealistischen Praktiker, habe ich einmal ins wunde Herz geschaut, als ich ihn um das getrübte Vater-Sohn-Verhältnis befragte, das mit der Würde und den Ambitionen des Suhrkamp Verlages nicht ins Gleichgewicht kam. Er war wortkarg. Nur ein Satz fiel aus ihm heraus, den ich nicht auszudeuten wußte. Der Sohn hätte ihm den Schierlingsbecher gereicht. Die legendäre Redensart hatte etwas Anachronistisches. Wir lebten nicht im Umkreis antiker Feldherren und Cäsaren, wo die Giftpflanze ein beliebtes Mittel war, sich von Nebenbuhlern zu befreien. Die Konstellation hier war anders. Der junge Unseld war das Ziehkind seines Vaters, eines großen Verlegers, hatte von der Pike auf den Beruf »erlebt«, war in die Regularien des Verlags »hineingewachsen«, hatte drunter- und drübergeblickt, war Dominator bestimmter Verlagsbereiche und Miteigentümer geworden, konnte aus eigener Erfahrung ausländische Verlagswelten in das Frankfurter Imperium hineindenken, elysische Zustände für eine Nachfolge. Ich konnte den Zwist nicht verstehen – bis ich, auf einer Buchmesse, dem Sohn begegnete und auf die Frage nach seiner Versöhnungskraft in Augen wie glühende Kohlen blickte, die Funken sprühten, als wollten sie alles verbrennen. Böse Zeiten kündigten sich an.

30

In unserem Jahrhundert hat es viele Bücher gegeben, die von Millionen gelesen wurden. Wenn man die Bestsellerlisten hinauf- und hinunterging, dachte man, die guten Geschichtenerzähler hätten immer Saison. Leicht übersah

261

man, daß auch Sachbücher oder *nicht*belletristische Texte – häufiger als erwartet – von einem regelrechten Leseransturm heimgesucht wurden.

Von einer gewissen Beispiellosigkeit blieb in diesem Zusammenhang der Bucherfolg von Günter Wallraffs Enthüllungsreportage *Ganz unten*, die am 21. Oktober 1985 im Kölner Verlag Kiepenheuer & Witsch erschien und 1986 in einer Ausgabe des Aufbau-Verlages auch in der DDR Furore machte. Von einer Startauflage von 140 000 Exemplaren hatte sich der Band in Monatsfrist auf 800 000 Exemplare hochgearbeitet. Nach fünf Monaten waren zwei Millionen Exemplare verkauft. Da kam Wallraff zu einer Lesung in die DDR. Wo er auftrat, füllte er große Säle. Als ich ihn als sein Ost-Verleger Ende November 1986 im Konrad-Wolf-Saal der Akademie der Künste zusammen mit dem Filmdokumentaristen Gerhard Scheumann moderierte, erhob sich plötzlich aus dem Auditorium ein junger Vietnamese und huldigte Wallraff von der Empore des musischen Hauses aus mit einer gerade erschienenen vietnamesischen Übersetzung des Buches. Er hatte sie selbst angefertigt und auf dem vietnamesischen Markt in Stellung gebracht. Wallraff wußte nichts davon. Vietnam war dem internationalen Urheberrechtsabkommen noch nicht angeschlossen. Ein erinnerungswürdiger Vorgang.

Was machte Wallraffs Türken Ali, den letzten Dreck aus der Duisburger Dieselstraße, den gehetzten, erniedrigten Akteur aus McDonald's Imbißkette, den recht- und schutzlosen Schwarzarbeiter auf den Baustellen der Reichen, zur grenzüberschreitenden Figur, die einerseits die große Identifikation, andererseits bitterböse Attacken auslöste? Wallraffs Buch traf nicht nur den Nerv der bundesdeutschen Gesellschaft. Mit *Ganz unten* befanden wir uns plötzlich auf der Weltbühne des alltäglichen Kapitalismus. Der Türke Ali war austauschbar. Mit dem Puertoricaner in New

York, dem Mexikaner in Los Angeles, dem Schwarzafrikaner in den Erz- und Diamantenminen des Kontinents. Die respektlose Attacke gegen die Rechtlosigkeit erzeugte überall, wo man hinkam, eine geradezu rührende Solidarität mit dem Autor. Überall, wo die Lesereise Wallraff in der DDR hinführte, ob in Berlin oder Suhl, bestaunte man seine Fähigkeit, aus Wirklichkeit ganz geradlinig, ohne die Zutaten der Phantasie, Literatur werden zu lassen. Und was von ihm noch zu lernen war, war dies: Unbestechlichkeit, Zivilcourage, eigener Augenschein machten klug, eigene Meinung adelte. Eigenschaften, die in der DDR gut zu gebrauchen waren. Deshalb war *Ganz unten* nicht nur ein Buch gegen den Kapitalismus. Es war auch eine Mahnung an die von ganz oben im Sozialismus, enthielt ein Ermutigungspotential für die Leute unten und warf ein Menetekel an die Wand für den hallelujahenden gleichgeschalteten DDR-Journalismus.

Günter Wallraffs *Ganz unten* war nur einer von anderen Erfolgstiteln des westdeutschen Buchmarkts, mit denen der Aufbau-Verlag versuchte, den Strom der Lizenzausgaben nicht abreißen zu lassen. Wer in die Verlagsverzeichnisse der zweiten Hälfte der 80er Jahre sah, konnte Namen von Autoren entdecken, die mit ihren Büchern die Welt beunruhigten. Jean Paul Sartre war darunter mit *Tagebüchern*, der erste tschechische Nobelpreisträger Jaroslav Seifert mit *Alle Schönheiten der Welt*, ein großer Lyriker mit seiner Lebensbeichte, Gabriel García Márquez mit der *Liebe in den Zeiten der Cholera*, Erzählungen und Romane von Siegfried Lenz und Uwe Timm, Motivsuche als symbolhafte Auskunft, dazu der Franzose Michel Tournier, als erfindungsreicher Romancier ebenso gewieft wie als Verfasser von Reklamesprüchen für französische Nobelmarken (Bertolt Brecht ließ grüßen), ein buntes Mosaik von Literatur, das den Blick in die Welt offen hielt. Dazu kamen immer wieder die Hausautoren von Weltrang, Feuchtwanger, Arnold Zweig, Anna Seghers, Heinrich Mann, Hans Fallada, immer neue Auflagen zu Gedenk- und Geburtstagen, Bildung und Unterhaltung auf höchstem Niveau. Nicht zu vergessen die bedeutenden Anstrengungen des Verlages in der Übersetzungskunst. Die Dostojewski-Ausgabe, 1980 begonnen in bewunderter Neuübersetzung, machte Fortschritte. Bald würde sie ein Dutzend Bände erreichen. Andere Erzähler Rußlands, Iwan Bunin oder Leonid Andrejew, wurden aus ideologischen Hüllen gerissen, die den Zugang zu ihrer hohen Fabulierkunst eine Zeitlang versperrt hatten. Bei Zeitgenossen der multinationalen Sowjetliteratur, wie bei dem Kasachen Abdishamil Nurpeissow, kamen Themen zum Vorschein, wie wir sie von dort noch nie vernommen hatten. Sein Roman *Der sterbende See* beschwor Ahnungen von einer ökologischen Katastrophe herauf. In einer umfänglichen Anthologie spazierten wir durch die *Ungarische Lyrik des zwanzigsten Jahrhunderts*. Es war ein Band der Reihe *Europäische Poesie*, mit der der Verlag den Entwicklungsgang der Dichtung in einzelnen Ländern des Kontinents dokumentierte und dabei die Energie des geistig-literarischen Lebens mitunter in krassem Gegensatz zu den Lebensverhältnissen sah. Einher damit ging eine Folge illustrierter Weltliteratur, die unter dem Verlagssignet von Rütten & Loening, einer Aufbau-Schwester, klassische exotische Dichtung in Schrift und Bild setzte, deren Weisheit unsterblich war. *Die Berge beweinen die Nacht meines Leides* hieß eine Sammlung klassischer armenischer Texte. Von Omar Chajjâm bis Hafis spannte sich der Bogen der persischen Dichtung, die unter dem Titel *Lob der Geliebten* in den Lieferlisten stand. Aus dem Japanischen übertragen wurden hundert Gedichte und mit zweihundert farbigen Illustrationen geschmückt zu einem Bukett *Als wär's des Mondes letztes Licht am frühen Mor-*

gen. Ich glaube, was die Verlagsgruppe Aufbau und Rütten & Loening auf diesem Gebiet leistete, war für den deutschen Verlagsraum ziemlich einmalig. Lyrische Exkurse durch Welten und Jahrhunderte, Handschriften, Positionen, Blickwinkel – der Menschen Schicksale, merkte man, vergänglich, wie sie waren, waren unvergänglich.

Kehrte man aus dem Sternengeflecht internationaler Dichtung in die DDR zurück, waren die Zeiten wie ehedem. Die Verhältnisse entsprachen nicht den Erwartungen, die Literatur dachte sich voraus, sie war, wofür sie Peter Hacks einmal reklamierte, »ihrem Wesen nach utopisch, weil sie ein Bild der Wirklichkeit mit sich führte, das der Gegenwart« widersprach. Die Literatur erzählte mitunter mehr, als die Autoren wollten. Eine Künstlerin auf diesem Seil war Christa Wolf. Mit dem reflektierenden Text *Störfall*, den sie als *Nachrichten eines Tages* ausgab, schrieb sie sich 1987 (nicht das erste Mal) aus den Gewohnheiten gewöhnlicher DDR-Gedankenakrobatik heraus und verschärfte den Ton, was unsere Verantwortung gegenüber der Zukunft betraf. Die Reaktorkatastrophe von Tschernobyl, die Botschaft des großen Unglücks, das man gern kleingeredet hätte, verwob sie mit den Irrungen und Wirrungen von Wissenschaft und Technik, die stets den Anfang ihrer heroischen Taten mit Trompetenstößen verkündeten, das bittere Ende aber häufig nicht mehr mitzuverantworten schienen. Wie sehr wir in die Vertrauensseligkeit schon hineinmanipuliert waren, die uns das politische Blockdenken aufzwang, machte mir eine Randepisode auffällig. In den Tagen nach Tschernobyl saß ich mit Klaus Wagenbach in einem Westberliner Restaurant zusammen. Wir plauderten über Günther Rückers Erzählkunst, über Hermlins Friedensbotschaften, über das Vermögen und Unvermögen junger Autoren, die Welt darzustellen, als er plötzlich von seinem Teller den Blattsalat und andere Kräuter herauszusortieren begann und auch mich aufforderte, dasselbe zu tun. Ich fragte ihn, warum. Er sagte: Noch nichts von Tschernobyl gehört? Ich mußte lächeln. Ich dachte, er würde aus dem Rahmen fallen, so böse wurde er. Der Westen reagierte empfindlicher auf die Strahlen als der Osten. Er hatte die Grünen, wir hatten sie nicht. Es gäbe Verhaltensweisen, die entlarvten, belehrte mich Wagenbach und verdammte mein leichtfertiges Lächeln. Ich war betroffen. Er dachte vielleicht an die Toskana, das schöne Land, das ihm eine zweite Heimat war, und daß dem nichts passieren durfte. Den Schrecken, die Ohnmacht, daß man abhängig war von etwas, was man selbst nicht beherrschte, schleppte ich vom Westberliner Mittagstisch weg in die Kantinen meiner Ostberliner Residenz und trug die Zweifel Wagenbachs und Christa Wolfs in die Debatten mit Wissenschaftsexperten, die wir monatlich mit der Crew der Aufbau-Autoren zu Themen wie *Die Atomkraft und ihre Folgen* und anderen brisanten Gegenständen der Gesellschaftspolitik veranstalteten.

Es gab Freundlicheres zu vermelden. Von Peter Hacks erschien eine 2. Auflage seiner *Historien und Romanzen*. Mit Witz und Eleganz bemächtigte er sich des Polaritätsfeldes von Kunst und Liebe. Dem Jahrhundertdramatiker, den wir ein paar Jahrzehnte lang gefeiert hatten, von den Theatern so eifrig gespielt wie Brecht, gelangen Lieder und Balladen von klassischer Virtuosität. Überall wollte er Heiner Müller übertreffen, den er mit einer Noblesse mißachtete, die ihresgleichen suchte. Wo »der Kleine« auch literarisch hintrat, meinte er, sei er schon gewesen. Er verdächtigte Heiner Müller eines schrägen Winkelbonapartismus, der die Ansprüche auf einen Thron in keinem der literarischen Genre erfüllt hätte, die er bediente. Einmal nahm er ihn in einer seiner beherzten Xenien vor und war erstaunt, daß ich das satirische Epigramm nicht veröffentlichen wollte.

Ich handelte nach einem Grundsatz, den mir Siegfried Unseld eingeschärft hatte: Verlagsautoren durften andere Verlagsautoren nicht beschimpfen. Hacks lud mich zu einer Nachmittagsplauderei ein in seine mit antiken Möbeln vollgestellte Wohnung in der Schönhauser Allee, um mir den Sinn der Xenie zu erläutern, die ja vom ursprünglich harmlosen Gastgeschenk zum angriffslustigen, vernichtenden Satiricon bei Goethe und Schiller mutiert war. Hacksens Einladungen kamen regelmäßig, niedergeschrieben auf vorgedruckte liebliche Bildpostkarten, an die Biedermeierzeit angelehnt, ungewöhnlich, fast verderblich für das Ansehen des klassizistischen Autors. Jedes Mal waren die Zusammenkünfte mit Belehrungen verknüpft. Hacks wußte, wie der Markt funktionierte, warum die meisten Verleger Banausen waren, wieso die Honorare nicht stimmten, die Auflagen zu klein und zu unregelmäßig waren, warum die Verlage die Kunstlosigkeit beförderten und vieles mehr. Als Gesprächspartner war man aber stets der Verleger virtuosus, die Ausnahme, auch wenn man die Belehrung nicht in den Wind schlagen durfte. Daß seine Urteile auch Fehler enthalten konnten, galt als unzeitgemäß. Er besaß alle *Maßgaben der Kunst*. Beileibe wollte er nicht wahrhaben, daß sein Erstlingswerk nicht der *Herzog Ernst* war, wie er behauptete, sondern das Kinderbuch (auch für Erwachsene) mit dem Titel *Das Windloch*. Das eine hatte er geschrieben, aber nicht als ersten Text veröffentlicht, er mußte ihn erst Jahrzehnte später wieder ausgraben. Dieser Text trug aber seiner Meinung nach schon den ganzen Hacks in sich. Der andere Text war veröffentlicht, zuerst und mehrfach, aber es war halt nur eine Sonntagslaune, Plauderei und Zauberei ohne Widersprüche.

Wenn Hacks besonders gute Laune hatte, lud er mich auf sein kleines Lustschlößchen im märkischen Land ein. Anders kam mir das für DDR-Verhältnisse weitläufige Terrain nicht in Erinnerung. Als ich das erste Mal hinkam, räkelte sich auf einer fernen Sommerottomane ein junges Weib im Sonnendunst. Es war wie Kino. Die Schaustellung beschwingte das Gespräch über seine ästhetisch-ökonomischen Fragmente namens *Schöne Wirtschaft*, die 1988 im Aufbau-Verlag erschienen. Ein erstaunliches Buch, das Christoph Hein später in einem Brief an mich als eine Art »Ästhetik von Marx, aber unter falschem Namen« bezeichnen sollte. Neben vielen anregenden und witzigen Erörterungen und manchen Sottisen auf Kunst und Künstler, ihren Wert und Preis ließ er sich auch wieder über den Beruf des Verlegers aus. Ich sollte seine Auffassungen protegieren. Das fiel nicht schwer, solange er den Verleger hochlobte und meinte, er könne »nicht einfach ein Geldmensch sein, so wenig wie der Theaterdirektor oder der Herausgeber einer Zeitschrift. Diese Berufe«, schrieb er, »erfordern eine zuständige Person mit einer musisch-kommerziellen Doppelbegabung; der Verlag, das Theater, die Zeitschrift sind als solche Kunstwerke und von ihren Leitern verfaßt; es sollten deren Tätigkeiten durchaus als künstlerische Tätigkeiten und ihre Erzeugnisse unter den Kunstsorten begriffen werden. Die Dichter übrigens fühlen so. Alle Dichter ziehen einen zuständigen Verleger einem erfolgreichen vor.« Jetzt konnte man, in Parenthese, auch besser verstehen, warum er die junge Eiskunstläuferin Katharina Witt zum Mitglied der Akademie der Künste vorschlagen wollte. Hier wie dort versuchte er, durch gezieltes Lob etwas zu erreichen, verdarb sich die Erfüllung seiner Wünsche freilich durch Grobheiten, die wie Erfindungen eines Halbgottes aussahen, aber in der Analyse der Zwillingshaftigkeit von Autor und Verleger Fragment blieben. Dennoch war *Schöne Wirtschaft*, zumal als Text eines belletristischen Autors, eines Dramatikers im Hauptberuf, ein betörendes Buch. Es machte einmal mehr deutlich, daß sich die kulturphilosophische Essayistik in der DDR hinter vergleichbaren Büchern in der Bundesrepublik, in Frankreich oder Italien nicht zu verstecken brauchte. In Namen wie Christa und Gerhard Wolf, Friedrich Dieckmann, Stephan Hermlin, alles Aufbau-Autoren, verkörperte sie eine hohe Kultur, zu der Christoph Hein in erheblichem Maße beitrug. Sein 1987 erschienener Essayband *Öffentlich arbeiten* vergrößerte die Neugier auf die Befindlichkeit der Kunst, den wahrscheinlich individuellsten Ausdruck menschlicher Arbeit, und wie sie sich im Kanon gesellschaftlicher Mächte Platz verschaffte, um nicht überhört zu werden.

Als jemand, der sich täglich in der Nähe von Literaturentstehung aufhielt und von übervollem Literaturkonsum heimgesucht war, interessierte mich eine seiner intellektuellen Nachforschungen besonders. Wie kam der Autor zu seinem Material und zu seiner (phantastischen) Wirklichkeit? Hein antwortete: Der Stoff sei der Autor selbst. Damit rückte er die poetische Arbeit noch näher an den Leser. Die Reproduktion von Dichtung war die »vornehmste Form der Isolation«, wie der Münchner Verleger Michael Krüger einmal bemerkte. Der Stoff mußte durch den Leser noch einmal hindurchgehen, gewissermaßen er selbst werden. Tatsächlich stellte sich diese eigenartige Symbiose her, wenn ich auf Aufbau-Bücher der Jahrgänge 1987 und 1988 blickte, auf Christa Wolfs *Störfall*, auf Strittmatters zweiten Teil seiner Romantrilogie *Der Laden*, auf Alfred Wellms neuen Roman *Morisco*, der, im Nachdenken über das Schicksal seiner Hauptfigur, Teile des DDR-Volkes zu der Überzeugung hinriss, daß Unterwerfung den Charakter verdirbt. Interessant war auch, wie Egon Günther, der erfolgreiche Filmregisseur, gewissermaßen am Vorabend der Wende in mythisch-märchenhafter Verkleidung über ein utopisches Lebensmodell nachdachte, das Besitzdenken nicht in seinem Vokabular führte. Der Roman *Der Pirat* bestätigte wie die anderen Bücher den eigenen Erlebnisvorrat, sie hörten hinein in die Wandlungen in der Welt und im Denken der Leute.

Gut war es, daß man aus den mitunter verheerenden Anstrengungen des Gehirns über die eigene und die Zukunft des Landes flüchten konnte in die schönen Nebensachen. Von Hans Falladas *Geschichten aus der Murkelei* war – soweit ich es übersah – längst die 20. Auflage erschienen, in die nach Fritz Fischer der von der Pop-Kunst beeinflußte Illustrator Hans Ticha eingestiegen war. Nun hatte er sich Karel Čapeks *Krieg mit den Molchen* verschrieben, der schon seit 1954 in wechselnden Ausgaben in den Katalogen des Aufbau-Verlages stand, einer Utopie und scharfen Satire auf die Gewohnheiten des bürgerlichen Welttheaters. Ticha hatte mit den Illustrationen zugleich die Gestalt des ganzen Buches entworfen, das an Charme, Leuchtkraft, Innerlichkeit und Plakativität, auch wenn das nach lauter Widersprüchen klingen mag, nicht zu überbieten war. Es war in Wellpapier eingepackt, mit Fenster, was in der künstlerischen Gesamtgestaltung von Büchern kaum Mode war. Der Verlag konnte nicht genug Exemplare davon herstellen, so wie es die buchkunstsüchtige Gemeinde in der DDR erwartete. Was Verlag und Gestalter herumknobelten, um die Kunstfertigkeit zu erreichen, die dieser besonderen Ausgabe die Seele einhauchte, war bestaunenswert und erinnerte an das 19. Jahrhundert, als Verleger, Drucker, Buchbinder, Holz- und Kupferstecher noch in einem Hause saßen und gemeinsam den Buchkörper vollendeten.

Karel Čapek hatte es in sich. Mir hatte ein anderer Titel von ihm eine böse Nachrede eingetragen. Hans Noll schrieb in *Der Abschied. Journal meiner Ausreise aus der DDR* in einer Eintragung vom 12. 4. 1984, daß er vom Verlag einen Auftrag für die Gesamtausstattung von Čapeks *Fabeln aus künftigen Jahren* erhalten hätte. »Auf Grund von Mißwirtschaft und Papierknappheit«, fuhr er fort, »geht die Zahl der illustrierten Bücher ständig zurück, daher gehört ein Auftrag wie dieser Čapek-Band zu den Träumen jedes DDR-Grafikers. Ich machte mich an die Arbeit. Meine Entwürfe gefielen dem neuen Verlagsleiter, Herrn Elmar Faber ... Faber ist ein harter Mann. Er lobte meine Entwürfe und – kürzte mir das Honorar. Ich hatte mit meinen Kollegen vom Graphischen Atelier des Verlages überschlagen, wie viel ich zu erwarten hätte, und wir waren dabei sehr bescheiden geblieben. Faber gelang es, in der Honorarordnung noch niedrigere Sätze ausfindig zu machen.« Da hatten wir es wieder, das leidige Thema. Der Autor, der Illustrator – und sein Honorar. Die ewige Unzufriedenheit. Die Kunst der Vereinbarkeit zwischen Geist und Geld. Die Künstler des Ostens lebten an dieser Stelle – ich sage es ungern – wie im Paradies, so wie die Verlagslektoren sich nicht beklagen konnten wegen Überlastung. Es gedieh vieles in Ruhe und Gelassenheit. Erst nach der Wende staunte man, wie viel Titel man in ein Verlagsprogramm jährlich einbringen mußte, um seine Existenz glaubwürdig zu machen. Wenn man in DDR-Zeiten an diese wunden Stellen tippte, war man unmoralisch und galt als kapitalistisch angehaucht. Dieser Irrtum war ein Krebsschaden der sozialistischen Wirtschaftsweise.

Buchkunst bei Aufbau war schon Jahrzehnte lang ein Sammlerbegriff. Die achtziger Jahre setzten mit Prachtausgaben wie einer zweibändigen illustrierten Edition von Fontanes *Wanderungen,* später der zweibändigen illustrierten Ausgabe romantischer Reisebriefe *Mein Herz war ganz erfüllt* neue Lichter auf. Johannes R. Bechers *Aufstand im Menschen*, erstaunliche Reflexionen zu Grundproblemen menschlicher Existenz, in den Trümmerjahren 1947/48 geschrieben und erst 1983 zum Vorschein gekommen, wurden zum Geburtshelfer einer Reihe *Aufbau bibliophil,* die mit originalgraphischen Blättern ausgestattet war und deren Fortkommen die Wende aus sogenannten marktwirtschaftlichen Gründen unterbrach.

Aus den kuriosen, aber immer auch sympathischen Scharmützeln des Alltags zurück zu den sorgenvollen Feldern der Verlagspolitik. Was ich in dieser Zeit als besonders beeinträchtigend für den Strom der Literatur empfand, war, daß noch immer zu wenig junge Autoren, Zwanzigjährige, mit talentierten Arbeiten schnell genug zu Wort kamen. Die Wege zum Buch mußten für sie unverstellt sein. Wir brauchten die Heißsporne, die Flugkünstler, schrieb ich in der Frühjahrsausgabe der hauseigenen Verlagszeitschrift *Der Bienenstock*, denen nicht in zahllosen »Werkdiskussionen« schon die Federn gestutzt wurden. Wir brauchten die Leidenschaftlichkeit der Jugend, die sich »unverkürzt« mitteilen sollte. Ich plädierte für einen Umgangsstil mit den jungen Autoren, bei dem es den Alten nicht bei jeder ungewohnten Metapher gleich schlecht werden durfte, wenn diese mit »alten« Einsichten und Erfahrungen über die Gesellschaft nicht übereinstimmten. Wir sollten daran denken, schrieb ich, um wieviel ärmer die Literatur wäre, wenn dem jungen Brecht, dem jungen Becher, der Lasker-Schüler oder dem siebzehnjährigen Wieland Herzfelde die Flügel beschnitten worden wären. Wir sollten gewährleisten, daß viel Widerstrebendes, Ausuferndes, Widersinniges im sozialistischen Kunstbegriff unterzubringen war. Ich wollte es mir nicht vorstellen, daß in der DDR-Literatur Reibungsflächen ausgespart blieben, die auf Irrtümern beruhten. Schließlich hatte Brecht seinen Herrn Keuner auf die Frage, woran er arbeite, antworten lassen, er bereite gerade seinen nächsten Irrtum vor. Das durfte keinen stören.

Mit dieser Kolumne bereitete ich das lesende Volk und die Parteibeamten auf eine neue Verlagsreihe vor, die unter dem Titel *Aufbau – Außer der Reihe* ab 1988 zu erscheinen begann. Sie sollte englisch broschiert, bunt und ungewöhnlich in den Klangfarben, zupackend in Stoffen und Themen, avantgardistisch, aber doch nahe unserem wandelbaren Leben sein. Der Lyrik und Prosa der jungen Zeitgenossen wünschte ich, sie könnten ein Becher-Wort ausfüllen, das mir gefiel und das lautete: »Die Geheimnisse von gestern sind erschöpft, neue Rätselhaftigkeiten locken.«

Die Reihe begann mit dem Gedichtband *dreizehntanz* von Bert Papenfuß-Gorek, sprachexperimentellen Versen und Strophen, die das politische Establishment erschreckten und in dessen Verlegerexemplar der Autor hineinschrieb: »Dem Verleger zum Segen.« Das hatte einen Hintergrund. Mir gefiel schon lange die Sprachlosigkeit nicht, in die die Politik den jungen Autoren gegenüber verfallen war, die in Berlin vornehmlich im Prenzlauer Berg wohnten und als Dissidenten etikettiert wurden. Sprachlosigkeit herrschte aber auch auf der anderen Seite. Die jungen Autoren beklagten sich zwar, daß sie vom offiziellen Literaturbetrieb nicht wahrgenommen wurden, hatten aber, wie sie sagten, keinen Bock darauf, mit der offiziellen Literaturszene, zu der die Verlage gehörten, zu dialogisieren. Dieser Zustand war ungesund. Er kam einer Ghettoisierung gleich. Ich wollte das Patt aufheben. Ich lud die Szene, wie die Autorenansammlung im Prenzlauer Berg genannt wurde, in den Verlag ein, dazu Autoren aus Dresden und Erfurt, die dem literarischen Kreis zugerechnet wurden. Die Skepsis gegenüber dem angestrebten Dialog war bedeutend. Ich versprach, es werde keine weiteren Beteiligten aus dem Verlag und kein Protokoll geben, aus meiner Sicht Kindereien, denen ich mich aber der Sache wegen gern unterwarf. Es kamen ein Dutzend junger Autoren. Wir plauderten. Anliegen und Ziele der Zusammenkunft sollten plausibel werden. Standpunkte zur Welt mußten nicht übereinstimmen. Ich hatte es einfach. Ich dachte links, war aber offen nach vielen Seiten. Der Argwohn der jungen Leute saß tief. Die Politik hatte ihre Glaubwürdigkeit verspielt, und das wurde übertragen auf alle Institutionen, die in die Gesellschaftspolitik eingebunden waren. Die Verlage gehörten dazu.

Jedenfalls war ein Stein ins Rollen gebracht. Erste Manuskripte erreichten das Lektorat. Der Verlag entwarf den Reihencharakter und stritt über den Namen der Reihe. Das Modell hatte Befürworter und Widersacher. Ich ließ Vorschläge für die Reihenbezeichnung von den Teilnehmern meiner Leitungssitzung anonym einsammeln wie Stimmzettel für die Wahlurnen. Wir einigten uns aufgrund der Vorschläge auf das scheinbar lukrativste Angebot, auf *Aufbau – Außer der Reihe*. Als wir damit am Markt erschienen, wurde gerätselt, wie der Reihentitel zu verstehen war. Der Ausdeutungen gab es viele, eine davon war, daß wir die Sache selbst mit Glacéhandschuhen anfaßten, um uns von etwas zu distanzieren, das wir selbst ausgedacht hatten. Abstruse Interpretationen. Draußen wußte man ja nicht, daß der Titel einer Laune entsprungen war, ohne tieferes Geheimnis. Wichtig war, daß sich eine Brücke aufbaute, auf der man nun hin- und hergehen konnte, ohne sich in die scheinbar andere Seite, die kein fremder Stützpunkt war, zu integrieren. Als fortwährenden Gesprächspartner für die Reihe bot der Verlag den jungen Autoren Gerhard Wolf als Herausgeber an. Er bemühte sich schon lange ohne politische Scheuklappen um das Wohl und Fortkommen junger Autoren. Ich war glücklich darüber, daß in der Reihe Texte beheimatet wurden, die Ausgangspunkt literarischer Karrieren wurden, wie der *Vater-Mutter-Roman* von Reinhard Jirgl oder die faszinierend stakkativen Texte von Jan Faktor. Bei manchen Autoren sollte der Erfolg ausbleiben.

274

Vielleicht waren deren Wort- und Gedankenspiele zu esoterisch, um bei einem nennenswert großen Publikum anzukommen.

Ich erzählte die Entstehungsgeschichte dieser Reihe so minutiös, weil nach der Wende die Sterndeuter von DDR-Wirklichkeit hoch ins Kraut schossen, daß sie von ihren Aussichtstürmen gar nicht mehr den Erdboden sahen, nicht sahen, was dieser für Früchte trug. In nebulösen Auslegungen wollte man später den Leuten weismachen, daß *Aufbau – Außer der Reihe* gar keine Verlegeridee gewesen sei. Sie wäre im ZK der SED erfunden worden, lautete eine von Sach- und Fachkenntnis ungetrübte Auslassung. Freilich konnte man zum Zeitpunkt meiner ersten Gesprächsrunde im Verlag nicht ahnen, daß unter den Autoren selbst vielleicht ein doppelzüngiger Partner zu finden war, der den Versuch des Brückenschlags inkriminierte. Die Ratschlüsse der Götter waren und blieben unerforschlich.

31

Irgendwann merkte ich, wie während meiner Berufslaufbahn das persönliche Leben immer mehr aufgefressen wurde. Konzepte, Konferenzen, Debatten, Debakel, Theorien und Techniken, Proleten und Prominente und aufreibender alltäglicher Kleinkram ließen kaum Zeit zur Besinnung auf eigene Bedürfnisse. Ob das eine Erfindung der Heiligen war, den Menschenschlag unablässig vor sich herzutreiben, damit er seine Eitelkeiten besänftigte, das Gewissen beruhigte, den Geldbeutel füllte, es war eine zweifelhafte Vermutung. Vielleicht hätten es die Götter lieber gesehen, wenn der Mensch sich freute, statt sich abzurackern, sich ertüchtigte, statt sich lahm zu laufen, sich in der Sonne räkelte, in frischer Wald- und Meeresluft bei guter

Laune hielt, statt im Büro- oder Maschinendreck zu ersticken. Aber freilich, die Arbeit, was wurde ihr nicht alles nachgesagt? Sie sei behilflich gewesen bei der Menschwerdung des Affen, sie sei ein Kulturfaktor zivilisierter Völker, trotz aller Mühsal sei sie auch ein Spiel, das Abermillionen Nervenfäden zusammenspannte, und schließlich hätte sie auch noch den feierlichen Zweck, für unseren Lebensunterhalt zu sorgen.

Jeden Tag ein Buch also. Waren nicht schon genug am Lager, genug in den Läden? Waren nicht überfüllt genug die dem öffentlichen Auge unsichtbaren Container, die das gedruckte Wort zurückbeförderten in die Recyclinghöhlen, um daraus wieder weißes Papier werden zu lassen? Kam es nicht einem Irrsinn gleich, daß in Deutschland jährlich mehr als 80 000 (inzwischen 100 000) neue Titel erschienen? Mußte ein Rekord den anderen jagen? Hieß Fortschritt »Immer mehr« oder war Fortschritt Kostgänger der Vernunft? Konnte nicht auch Stillstand Fortschritt bedeuten?

Wenn man die Eskapaden des Büchermarkts beobachtete, kam man auf dumme Gedanken. Daß sich eine Zunft selbst aushöhlte, daß sie einen Moloch fütterte, der längst satt war. Daß sie an Etiketten bastelte zu ihrer Selbstbefriedigung. Daß sie denselben Filz hundertmal umdrehte, um daraus neue Hüte zu machen.

Jedes Mal, wenn man von der Frankfurter Buchmesse heimreiste, vergrößerte sich die Ratlosigkeit. War das Land der Ärmlichkeit, die DDR, mit 6000 bis 7000 Buchtiteln im Jahr so wesentlich ärmer an gesiebter Geistigkeit als die mit Büchern überfütterte Bundesrepublik? Ein gefährliches Gedankenspiel, ich ahnte es, aber hatten die überstürzten Aktionen, Bücher herzustellen, um den anderen zu übertrumpfen, sie dann aber doch nicht zu verkaufen, tatsächlich einen Sinn? Gerade bei Gedenktagen war der Wettlauf der Verleger unerträglich. Hatte man den Geburtstag eines

Dichters, Musikers, Philosophen, Politikers gerade abge-
feiert, rief ein Todestag die unsteten Gesellen erneut auf
die Bühne. Dahinter versteckte sich häufig ein Mangel an
Konzepten. Die Verleger machten Pläne wie die Tagespoli-
tik Nachrichten. Belustigt mußte ich an Brecht denken, der
in einer Strophe spottete:

> Ja, mach nur einen Plan
> Sei nur ein großes Licht!
> Und mach dann noch 'nen zweiten Plan
> Gehn tun sie beide nicht

und das Ganze zum *Lied von der Unzulänglichkeit menschlichen Strebens* erklärte. Ich war froh, daß wir in der DDR,
mehr aus Mangel als aus freiem Willen, noch ein, zwei
Schritte von diesem Aktionismus entfernt waren. Aber freilich standen auch wir auf dem Sprungbrett, um uns in die
Flut hinunterzustürzen.

Die Überproduktion hatte eine mißliche Kehrseite. Die
Verleger, die hauptsächlich dafür verantwortlich waren,
die großen Buchfabriken, die Buchkonzerne, selbst wenn
sie öffentlich nicht als solche wahrgenommen wurden, er-
stickten ihren geistigen Leistungswillen in nivellierender
Massenproduktion, bei der die Rendite mehr galt als die
Botschaften aus Dichtung, Kunst und Wissenschaft. Der
Aktionismus versperrte den Weg zur Nachdenklichkeit.
Man hatte keine Muße mehr, sich um die wirklich schönen
Dinge zu kümmern, die den literarischen Kosmos durch-
schwebten. Gedichtbände, liebevoll ausgestattete illustrierte Bücher ließen sich als Originalausgaben kaum
mehr in den Programmen der großen Heerführer finden.
Wenn es schlimm kam, behaupteten sie sogar, diese Spiele-
reien könnten sie sich wirtschaftlich nicht leisten. Die Umkehrung aller gültigen Ordnung war im Gange. Die wirtschaftlichen Leistungsträger im Gewerbe erklärten sich als

nicht mehr zuständig für den eigentlichen Gegenstand unserer Arbeit.

Ihr Begriff von Verlegerkunst schien das Verwertungsprinzip, die Abzocke zu werden, ungelenke Routine. Ich wollte nicht mehr darüber nachdenken, wohin Verschwendung führte, stellte mir aber die Jahrtausendwende vor und wie die Claqueure des »Immer höher, immer schneller, immer weiter« jammern würden, wenn sie einst auf den Trümmern ihrer Wachstumspolitik saßen.

Als ich Kind war, sagte meine Großmutter, wenn ich nachlässig mit einem mir anvertrauten Gut umging, dich bestraft der liebe Gott. Das war zwar nicht mehr zeitgemäß, und ich glaubte auch nicht daran. Dennoch tat es gut, sich zu erinnern, wie die Alten jedes Grashälmchen zusammennahmen, jeden Pferdeapfel auflasen, jeden Wollfaden aufwickelten, um daraus etwas Neues entstehen zu lassen. Ich dachte an die beglückende und beklemmende Zeit der Heuernte, wenn wir auf den abschüssigen Thüringer Waldwiesen standen wie die Gebirgshühner, mit einem kurzen und einem langen Bein, und das Heu wendeten, bis es dürr war und prasselte wie trockene Kiefernzapfen im Holzfeuer, wie wir es in hoch aufgetürmten Kiepen nach Hause schleppten, uns das Blut aus den Adern schwitzten, die Last auf der Tenne abwarfen und auf die Wiese zurückliefen, um neue Buckelfuder zu schnüren, und staunten, daß Großmutter noch immer mit dem Rechen unterwegs war, noch einmal über die geräumten Flächen ging, um ja nichts umkommen zu lassen. Ich dachte, die Zeiten seien nicht vergleichbar. Ich dachte aber auch an das mahnende Wort meines leidenschaftlichen Lateinlehrers Dr. August, »Magnum vectigal est parsimonia«, mit dem er den Sinn von Goethes *Legende vom Hufeisen* parabolisch ins Lateinische übersetzte und uns Landburschen plausibel machte, daß Sparsamkeit eben immer auch ein großes Einkommen sei.

278

Ich dachte, wenn nur ein Gran dieser alten Denkweisen sich wieder seßhaft machen ließe in den Köpfen der modernen Buchjongleure, wäre viel geholfen. Ich dachte mich nicht zurück in historisches Urland. Ich dachte mich zurück zu wohltuender Vernunft.

Welch Wohlgefühl löste es doch aus, wenn man den wilden Kümmel durch die Hände gleiten ließ. Er duftete nach Wiese, Wald und Welt, ermunternd und betörend. Kein Parfüm konnte mithalten, auch wenn die veritabelsten Essenzen zusammengeschüttelt wurden. Die Natur war unübertrefflich. Nicht anders verhielt es sich mit den Büchern. Die Branche mußte sich wieder den Originalen, dem Originellen zuwenden, nicht den Aufgüssen. Sonst verpaßte sie die besten Gelegenheiten und erstickte in den eigenen Rotzfahnen.

War es verwunderlich, daß man, wenn man nach Vergleichen suchte, in die Kindheit zurückkehrte? Dort lagen die ersten Prägungen der Biographie. Dort stiegen nicht nur mit Vater und Mutter auch ein Hund aus dem Grab, wie es Friedrich Hebbel erinnert hatte, sondern auch die mitunter teuer erkauften Ideale für das spätere Leben. Hatte man teilgenommen am Familienglück und Familienzwist, wußte man mit Harmonie und Konfliktbewältigung umzugehen. Hatte man den Erdapfel im Kartoffelfeuer gebraten, wußte man, wie köstlich er schmeckte. Hatte man die Schneegänse in den Himmel steigen sehen, wußte man, daß der Winter vor der Tür stand und es höchste Zeit war, die Vorräte zu überprüfen, ob sie ausreichten für die dunkle Jahreszeit. Mit jedem Vorgang, jeder Beobachtung bezahlte man eine Art Lehrgeld für die spätere Gesittung oder Lasterhaftigkeit. Die Alten halfen dabei, die rechten Schlüsse zu ziehen. Man mußte nur, wie Oskar Matzerath in der *Blechtrommel* von Günter Grass, der Großmutter unter die sieben Röcke sehen.

Ach ja, Günter Grass. Es war eine lange Geschichte. Er sollte Aufbau-Autor werden, dreißig Jahre lang. Erst 1990 war es gelungen. Da erschien sein deutsches Trauerspiel *Die Plebejer proben den Aufstand* im Berliner Haus in der Französischen Straße. 1961 hatte ich ihn das erste Mal gesehen, als ihn Hans Mayer in den Hörsaal 40 der Leipziger Universität holte und ihn aus der *Blechtrommel* und aus seinen Gedichten lesen ließ. Mayer, der gefeierte Professor, erkannte in Grass von Anfang an einen der begabtesten und interessantesten deutschen Erzähler. Als literarischer Mentor des Verlages Rütten & Loening hatte er das Buch zur Veröffentlichung in der DDR empfohlen, war aber auf frostige Zurückhaltung gestoßen, weil jemand der Kulturbürokratie eingeflüstert hatte, es würde sich um ein obszönes Buch handeln. Zudem würde die Hauptfigur des Romans neben den faschistischen Aufmärschen auch die kommunistischen Ansammlungen »zertrommeln«. Der Roman war 1959 erschienen und neben Uwe Johnsons *Mutmaßungen über Jakob* das literarische Ereignis des Jahres. Den heimlichen Vorwurf des Antikommunismus, der sein Erscheinen auf DDR-Seite begleitete, untermauerte nach Ansicht der DDR-Politik der Text *Die Plebejer proben den Aufstand*, der 1966 erschien und mit dem 17. Juni 1953 ein Menetekel heraufbeschwor, das man nur zu gern vergessen wollte. Die Bemühungen von Rütten & Loening und seit 1964 der Aufbau-Gruppe, Grass ins Verlagsboot zu holen, standen unter einem dunklen Stern, konnten aber den Verlag nicht davon abbringen, sich um Grass zu kümmern, auch wenn der vielleicht das wenigste davon wahrnahm. Der Verlag verfolgte das Wachsen seines Werkes mit ungebrochenem Interesse und mahnte in regelmäßigen Abständen bei der Hauptverwaltung Verlage und Buchhandel die Inverlagnahme von Grass an, denn schließlich war eine Druckgenehmigung dazu notwendig. Die sogenannten Optionskarten, die das Interesse flankierten, waren im Ministerium längst eingesteckt.

Es war ein bleibender Streit zwischen Verlegern und Lektoren auf der einen Seite und der Politik auf der anderen, daß Literatur und Kunst sich nicht allein nach Stoff und Heldenwahl beurteilen ließen und ob oder wie sie Gesellschaftspolitik illustrierten, sondern daß mehr dazu notwendig war, sie zu beurteilen. Form und Farbe, Sprache und Ästhetik mußten mit ins Spiel. Argumente und Beunruhigungen wechselten die Fronten. Wenn literarische Argumente zur Hinhaltung des Verlagsbegehrens nicht ausreichten, wurde die politische Karte gezogen. Deutschland war ein gespaltenes Land. Die Bundesrepublik war kapitalistisches Ausland, Grass war »ausländische« Literatur. Man konnte sich totlachen, übersah aber im Verlag die Konsequenz dieser Auslegung. Grass sollte an den Rand gedrückt werden. Wenn er in der DDR erscheinen sollte, gehörte er nach Ansicht der Politik nicht ins literarische Flaggschiff der DDR für deutsche Literatur, als das der Aufbau-Verlag galt, sondern irgendwo anders hin, am besten in die Provinz.

Ich habe mich immer als souveräner Verleger gefühlt, der seine Interessen durchsetzen konnte, und als einer der mächtigsten in der DDR galt ich auch, was vielleicht mit dem gesprochenen Wort und mit den Funktionen zu tun hatte, die ich nebenher begleitete, als Chef des Verleger-Ausschusses und stellvertretender Vorsteher des Leipziger Börsenvereins. Umso entnervender war es, als ich durch den »Buschfunk« erfuhr, daß offenbar hinter meinem Rükken Entscheidungen getroffen worden waren, die allen Vorabsprachen zuwiderliefen. Ich rief am 1. Februar 1984 den zuständigen stellvertretenden Kulturminister Klaus Höpcke an, um mich nach dem Wahrheitsgehalt der Gerüchte zu erkundigen. Er bestätigte die heimlichen Entschlüsse.

Ich war betroffen. Ich schrieb ihm am 2. Februar 1984 einen Brief, in dem ich »ein paar editionspolitische Prinzipien und Gesichtspunkte unserer Literaturpolitik« zur Geltung brachte. Ich ließ ihn wissen, daß der Entscheid an keiner Stelle als Verdienst hochstilisiert werden konnte, Grass endlich in die Literaturlandschaft der DDR einzubringen. Dem langjährigen und zielstrebigen Bemühen des Aufbau-Verlages gegenüber, den Autor und sein Werk zu betreuen, war es eine Blasphemie. Man erkannte auch sogleich die Absicht der Zersplitterung. Die Intention des Aufbau-Verlages, die Erzählungen *Katz und Maus* sowie *Das Treffen in Telgte* in einem Band herauszubringen, um Geschichtsbild und Entwicklung des Autors über zwanzig Jahre hinweg deutlich zu machen, wurde zerstört. 1984 erschien *Katz und Maus* in der *Spektrum*-Reihe von Volk und Welt, erst 1987 *Das Treffen von Telgte* bei Reclam Leipzig. *Die Blechtrommel* 1987 wiederum bei Volk und Welt. Nach der Wende schmückten sich die »Betroffenen«, auf die Grass durch Staatsverteilung wie ein Heiligenschein niedergeschwebt war, mit einer Legende, voran der kurzfristige Nachwende-Leiter des Verlags Volk und Welt in Berlin. Und Hans Marquardt, der Freund, der fünfundzwanzig Jahre lang den Leipziger Reclam-Verlag leitete, von dem, einem halbprivaten Unternehmen, ich als Aufbau-Verleger treuhänderisch 51 Prozent der Gesellschaftsanteile verwaltete, strotzte vor Selbstachtung, als er mir in der Rechenschaftslegung für das Jahr 1987 das *Treffen in Telgte* als besonderen Sieg der Reclam'schen Verlagspolitik vorstellte.

Voll Eigensinn und Frechheit steckte das Schreiben vom 13. 2. 1984, das mich als Antwort auf meinen Brief vom 2. 2. 1984 vom Leiter der Hauptverwaltung Verlage und Buchhandel, Klaus Höpcke, erreichte. Höpcke verkörperte die staatliche Aufsicht der DDR-Verlage, ein Novum in der Verlagsgeschichte, das sich in dieser Form wohl alle sozialistischen Länder als Kontrollorgan geschaffen hatten. Die Behörde war in Ermangelung des Privatunternehmertums eine Art Gesellschafterversammlung oder eine Art Aufsichtsrat. Höpcke in der DDR ihr Vorstand. Er schrieb mir also, ich möchte meine »Energie einschließlich briefstellerischer Eloquenz auf die Hauptaufgaben des Aufbau-Verlags« konzentrieren und nicht »für Etüden im Options-Rangel-Spiel verletzter Eitelkeiten vergeuden«. Als ob es darum gegangen wäre. Das Schreiben warf ein Licht auf die Physiognomie des ans Bestimmen gewöhnten Mannes. Höpcke war ein viel größeres Kaliber, als man es gemeinhin in Sachen Kultur in Funktionärskreisen der Partei antraf. Er war hochgebildet, gesegnet mit rhetorischer Strahlkraft und geschliffener Rede. Man konnte sich kaum an einen Theater- oder Opernbesuch, an ein bedeutendes Konzert erinnern, wo Höpcke nicht auch zu sehen war. Gegenüber seinem Vorgänger im Amt, einem steifen, spitzfindigen Staatsanwalt mit nur kurz aufblitzenden literarischen Neigungen, war er eine Errungenschaft auf dem undankbaren Posten. Höpcke hatte eine kurvenreiche Karriere hinter sich, während der ich ihm einige Male begegnet war. Er hatte in Leipzig Journalistik studiert, war ein führender Jugendfunktionär im Bezirk Leipzig geworden, davor war er Sekretär der Universitätsparteileitung an der Leipziger Karl-Marx-Universität. Ich leitete dort die Redaktion der Wissenschaftlichen Zeitschrift und nahm ihn als knallharten, in den Anschauungen unversöhnlichen Mann wahr. Ein Durchreißer, ein Klassenkämpfer, nicht ungewöhnlich für die fünfziger Jahre. 1964 wurde er Leiter des Feuilletons der führenden Tageszeitung *Neues Deutschland*, des Zentralorgans der SED, das für alle Lebensbereiche in der DDR den Ton angab. Höpcke war Kolumnist des Blattes in Sachen Kultur. Im Vorder- und Hintergrund lenkte er publizistisch die spröden Prozesse des Kunst- und Literaturbetriebs, rührte selber Fettnäpfchen an oder trat in welche hinein und kam gewitzter oder auch feinsinniger heraus, als er hineingelatscht war. Er kam ins Gedränge zwischen den Interessen der Literaten und Künstler und den Interessen der Partei, blies einmal auf Angriff, ein anderes Mal auf Verteidigung und genoß beides, die Attacke und das Versöhnungsritual. Ob er Schaden anrichtete oder Vergnügen auslöste, beides schien ihm recht zu sein, wenn es mit seinen Überzeugungen übereinstimmte. Er war ein gespaltener Mann. So zog er ins Ministeramt, unterwarf sich den Gewohnheiten der Zensur und bezweifelte sie. Er schrieb viele gescheite Aufsätze zur Literatur und lobte das Leseland DDR, ob zu Recht oder nicht. Er wollte, daß die »Helden« unserer Zeit, genauer: die Helden des sozialistischen Zeitalters, auch die Helden der Literatur werden, und merkte, daß es Helden genug gab, die in dieses Weltbild nicht hineinpaßten. Er wehrte sich gegen sich selbst, indem er drohte, polemisierte, schimpfte, schmeichelte, flirtete, hofierte – und alles zusammenrührte, um ungeschoren durch die tückischen Gewässer der Dreifachherrschaft von Staat, Partei und eigenem Verstand zu kommen. »Politische Meinung muß notwendigerweise Gegner haben«, notierte einst Stefan Zweig und fügte hinzu, »Meinung sei Masse, Überzeugung der Mensch«. Höpcke war Überzeugung, und die duldete keinen Opportunismus, auch wenn die Alltäglichkeit des Verhaltens manchmal danach aussah, das Rochieren, das Stillhalten, das Befehlen, das Lächeln, wenn man etwas ausführte, aber nicht daran glaubte. Als es zum Knalleffekt kam, das Land in allen Fugen zu knirschen begann, fand man Höpcke auf der Seite Václav Havels, den Intellektuellen beim Intellektuellen, den Kritiker der Literatur beim Literaten, den Zensor beim Verfechter der Meinungsfreiheit. Es war kein Widerspruch. Vielleicht war es politisches Kalkül, der gewiefte Schachzug eines von scheeler Politik Übersättigten. Das Leben mußte weitergehen. Vor allem aber, glaube ich, war es Überzeugung – und folgerichtig. Eine Tragikomödie war es, wie die erstaunte Führungsriege des Stellvertreter-Ministeriums den kathartischen Schritt ihres Dienstherrn behandelte. Erst schwieg man, dann spielte man Blindekuh, versuchte die Öffentlichkeit mit einer Lüge zu überlisten. Höpcke könne zur Buchmesse nicht auftreten, verkündete eine personifizierte Subalternität, er hätte Zahnschmerzen. Ein Einzelschicksal. Bald stellte sich die ganze Geschichte der Nachkriegszeit auf den Kopf.

32

Wenn ich den Zeitraffer anstellte und die zweite Hälfte der achtziger Jahre vorbeirauschen ließ, kam ich mir vor wie bei einer sibirischen Schlittenfahrt vor ständig wechselnden Kulissen. Gorbatschow war auf der politischen Bühne erschienen. Inzwischen marschierte die Perestroika. Wohin würde der Marsch führen? Zur Rückkehr der Vernunft wenigstens, so schien es, in den Rüstungsgesprächen zwischen den Sowjets und Amerika. Auf dem Platz des Himmlischen Friedens in Peking liefen die aufbegehrenden Studenten in blutige Scharmützel mit der Armee. War das der neue Sozialismus der Chinesen, deren große Weise die Welt über den Segen der Friedfertigkeit belehrt hatten? Und Deutschland? Richard von Weizsäcker hatte im Mai 1985, vierzig Jahre nach der deutschen Kapitulation, eine beeindruckende Rede gehalten. Er war der erste Präsident der Bundesrepublik, den man sich auch als den eigenen vorstellen konnte. Versöhnung der Ansichten als Lebensmuster. Im Weltraum explodierte die amerikanische Raumfähre Challenger und stellte die Macht des menschlichen

Gehirns in Frage. Im September 1987 trafen sich Kohl und Honecker in Bonn. Der Kanzler machte ein böses Gesicht. Im Frühjahr desselben Jahres quittierte der DDR-Spionagechef Markus Wolf seinen Dienst und schrieb ein Buch, das nach mühseliger Arbeit Anfang 1989 im Aufbau-Verlag erschien. *Die Troika*, die Geschichte drei junger Menschen unterschiedlicher Herkunft und Nationalität im Moskau der dreißiger Jahre, die sich nach dem Zusammenbruch des Faschismus wiedersahen, Sieger und Besiegte in verschiedenen Positionen, Einzelschicksale als ein Stück Chronik eines gewalttätigen Jahrhunderts. Mühselig der Weg des Buches zum literarischen Denkmal, weil der Verfasser der Geschichte im Schreiben ungeübt war, als Diplomat und Spionageboß entfremdet den familiären Gewohnheiten, die den Vater Friedrich Wolf zum spektakulär erfolgreichen Dramatiker, den Bruder Konrad Wolf zum feinsinnigen Filmregisseur der DEFA und an die Spitze der Akademie der Künste in der DDR geführt hatten. »Meinem ersten Verleger, der mit Mut und Umsicht die *Troika* in Fahrt und ins Ziel brachte«, schrieb er mir ins Verlegerexemplar der Ausgabe, und ich mußte daran denken, wie die Gespräche begonnen hatten, skeptisch, abtastend, abwägend, hinterfragend. Man wußte nicht, was sich hinter dem Mann verbarg. Er legte Wert darauf, daß die Debatten nicht im Verlag, nicht in seiner Wohnung stattfanden. Ein Appartement in der Berliner Karl-Marx-Allee fütterten wir mit unzensierten Ansichten. Ich staunte darüber, in welcher Offenheit er plauderte, was er erzählte aus seiner Zeit nach der 1945 vollzogenen Rückkehr aus Moskau, wie er beim Berliner Rundfunk gearbeitet und Wolfgang Leonhard eine Zeitlang zum Kollegen hatte und wie er als Sonderkorrespondent die Nürnberger Prozesse erlebte, das Faszinosum des Untergangs. Bei Ulbricht sollte später für ihn immer ein Türspalt offen gestanden haben, glaubte er sich zu erinnern, wenn es um Weltpolitik ging. Honecker bezeichnete er als Auslaufmodell. Begierig lauschte ich seinen Eröffnungen und dachte immer daran, ihm eine Autobiographie für den Verlag zu entlocken. Mir schien diese ein spannender Stoff ohnegleichen werden zu können. Später, meinte er, später, die Zeit müsse noch ein wenig reifen. Ich saß vor ihm wie vor dem Fabelwesen mit Tierleib und Menschenkopf und geheimniste in seine splitternden Gedanken einen bevorstehenden Staatsputsch hinein. Jedenfalls hörte man das unterirdische Grollen, wenn er laut meditierte und sein Mund sich zu einem vieldeutigen Lächeln verzog. Als die Endredaktion des Textes anstand, schlug er vor, sie in seinem Ferienhaus auf dem Darß zu vollziehen. Die Überlegung kam mir zupasse. Ich wollte schon lange Hans Marquardt wieder einmal besuchen, den langjährigen Leipziger Reclamchef, der sich als Emeritus auf die Insel Rügen zurückgezogen hatte, und so, besuchte ich Markus Wolf auf dem Darß, befand ich mich schon auf halber Strecke. Als wir die Redaktion beendet und die öffentlichen Aktivitäten für das Buch besprochen hatten, fuhr mich Wolfs persönlicher Fahrer auf die schönste Ostseeinsel. Ich dachte an Volker Brauns *Hinze-Kunze-Roman*, als ich in des Chauffeurs Sprachlosigkeit hineinstarrte, und an die Etagenreisen in den städtischen Fahrstühlen, wo die Insassen auch immer wortlos aneinander vorbeisahen. Gesprächig wurde der Mann erst, nachdem er sich auf dem Rügendamm nach der genauen Adresse meines Reiseziels erkundigte. Ich sagte ihm, es ginge in die Nähe der alten Fürstenresidenz Putbus mit ihrem gartenlandschaftlich beeindruckenden Schloßpark und dem klassizistisch geprägten ovalen Marktplatz, dem *Circus*, durchaus einer Besonderheit im städtebaulichen Geschehen des 19. Jahrhunderts. Ich wollte dem Mann Mut machen, etwas hinwerfen für weiteren Gesprächsstoff. Er, nur kurz: die genaue Adresse, bitte. Ich nannte Neuendorf-Lauterbach, Dorfstraße 2. Ach, sagte er plötzlich ganz gesprächig, der Klinkerbau, da kenne er jeden Stein und jedes Türschloß und wie diese die Grenzen gewechselt hätten. Ich war erschrocken. Gelang mir ein Vers auf die munteren Kenntnisse des Fahrzeuglenkers? Hans Marquardt war ein interessanter Mann, Querdenker und Querulant in öffentlichen Angelegenheiten auch nach seiner Leipziger Verlegerzeit. Sein Bruder lebte in der Bundesrepublik, hatte dort, als stellvertretender Chefredakteur der *Welt* und der *Berliner Morgenpost* und später als Chef der Springer-Druckerei in Essen-Kettwig, in öffentlicher Belichtung gestanden wie Hans Marquardt in der DDR, ein Brüderpaar, interessant für alle Dienste. Jetzt wußte man gar, wie sie Klinker und Türschlösser ausgetauscht hatten auf den unerfindlichen Wegen zwischen Hamburg und Rügen in geteilter deutscher Republik.

Die *Troika* von Markus Wolf jedenfalls war kein Versteckspiel. Sie war eine Offenbarung und ein Offenbarungseid. Der Mann, über dessen Person und agentendienstliche Eskapaden man jahrzehntelang gerätselt hatte, bekam ein Gesicht. Sein Buch stürmte in mehreren Auflagen in die Buchläden der DDR und hinterließ ein überraschtes Publikum. In vielen Lesungen in überfüllten Sälen wurde der Autor ein freundlicher Partner wißbegieriger Leute und ein Ärgernis der Parteiinstanzen. In der Bundesrepublik verbreitete der Claasen Verlag in Düsseldorf eine Lizenzausgabe. Dann kam die Wende. Markus Wolf empfand sich wie ein aus der Unbehaustheit der politischen Wirrnisse Heimgekehrter in die literarische Familie. Ich glaube, daß er stolz war. Ich glaube, daß er sich überschätzte. Ich glaube, daß er sich durch das Buch dem Literatentum des Vaters und dem Künstlertum des Bruders zwar nicht gleichrangig, aber plötzlich verwandt fühlte, und so hatte ich das Gefühl, daß die angemahnte Autobiographie nicht nur eine nüchterne Dokumentation von Leben, sondern eine Erzählung über die heillosen schicksalhaften Wirren des 20. Jahrhunderts werden könnte.

Eines Tages rief mich Monica Böhme an, die Frau von Erich Böhme, dem vormaligen *Spiegel*-Chefredakteur und nunmehrigen Herausgeber der *Berliner Zeitung* und Moderator der Fernsehsendung »Talk im Turm«, und fragte, ob ich ihr als Verleger von Markus Wolf nicht eine Begegnung mit ihm vermitteln könnte. Ich stellte die Bekanntschaft her. Nach einiger Zeit schlich Markus Wolf in meine Verlegerklause, ein Eulenspiegel mit Tarnkappe, und heuchelte seine Verbundenheit mit dem Aufbau-Verlag, der ihm den Laufsteg auf der literarischen Bühne frei gemacht hätte. Ich sollte aber verstehen, daß er sein zweites Buch bei einem anderen Verlag machen würde. Der Verlag hieß Schneekluth in München und gehörte zur großen Holtzbrinck-Gruppe. Die Vermittlerin war die forsche Dame Monica Böhme. Er müßte an seine Zukunft denken, sprach der große Zampano. Treue gegen Geld, ein lukratives Geschäft. Wenn ich ihm Glauben schenken konnte, ging es um eine halbe Million oder mehr. Ich glaubte aber nicht an den Weihnachtsmann. Gute Bücher kamen bei solchen Transaktionen nicht heraus. Wolf lieferte nicht meine »erzählte Autobiographie«, sondern ein fixes Produkt, das sich fix verschliß. Man hätte gemütskrank werden können über Manieren und Argumente des Bilderbuchsozialisten. Ich zerschnitt das Tischtuch zwischen ihm und dem Verlag sofort und schmiß es wie einen Lumpen, der kurzzeitig wie ein weißes Tuch ausgesehen hatte, fort. Der Verlag wollte Menschen sammeln, Autoren, nicht Bücher. Hier war es schiefgegangen.

Der Zeitraffer spulte die Jahre ab und verwob sie mit Personen und Ereignissen. Golo Mann besuchte den Verlag. Fritz H. Landshoff, der legendäre Verleger des Amsterdamer Querido-Verlages, der viele Exilautoren vor der verlegerischen Auszehrung bewahrt hatte, kam mehrfach nach Berlin und bereitete die Ausgabe seiner Erinnerungen vor. 1987 erhielt er anläßlich der Eröffnung der Leipziger Buchmesse den Gutenberg-Preis der alten Buchstadt. Wilhelm von Sternburg erkundete die Bereitschaft des Hauses für eine umfangreich angelegte Feuchtwanger-Biographie, nachdem schon 1984 die Erinnerungen Marta Feuchtwangers, der Witwe des Schriftstellers, unter dem Titel *Nur eine Frau* hier erschienen waren. Siegfried Lenz las in Berlin, Leipzig und Weimar aus neuen Erzählungen. Im November 1988 moderierte ich ihn in Rostock anläßlich einer Ausstellung von Büchern aus der Bundesrepublik, die durch mehrere ostdeutsche Städte ging. In diskussionsfreudigen Nachtstunden im Rostocker Interhotel erzählte er mir viel über die Existenz des Schriftstellers und freute sich, daß ich seinen Essayband *Elfenbeinturm und Barrikade* verinnerlicht hatte. Schwärmend meditierte er über die (monatlichen?) Donnerstagsgespräche bei Helmut Schmidt mit Intellektuellen aller Couleurs und brillierte mit Auslassungen über das Thema *Was ist Phantasie?*, ein Lieblingsfeld seiner Selbstbefragung. Ich beneidete ihn um den Altkanzler und dachte an Honecker und Stoph und sah den Vorsprung, den sich Bürgerlichkeit im Umgang mit den Eliten bewahrt hatte. »Die Hoffnung teilend, die sich im Zwiegespräch gezeigt hat«, versicherte er in der Zueignung, die er mir in seinen Erzählband *Motivsuche* einschrieb. War die deutsche Einheit mehr als eine Phantasterei, wenn sie in den Köpfen von Autoren und Verlegern herumspukte?

Reichlicher als sonst waren in jüngster Zeit Erbsen in das Töpfchen gefallen, das die Bemühungen um deutsche Gemeinsamkeiten zusammenrührte. Eine Koproduktion zwischen Aufbau bzw. Rütten & Loening und dem Greno-Verlag in Nördlingen hatte 1988 zur Herausgabe eines Reprints der ersten zehn Jahrgänge der bedeutenden Literaturzeitschrift *Sinn und Form* geführt, die Peter Huchel bis 1962 redigiert hatte. Rundfunk und Printmedien in der Bundesrepublik schlugen hohe Lobestöne an. Die ersten Bände der Großen Brecht-Ausgabe von Suhrkamp und Aufbau lagen vor. Ausstellungen mit Büchern aus der Bundesrepublik waren durch mehrere ostdeutsche Städte gewandert, umgekehrt reisten Bücher aus der DDR in die großen Städte der Bundesrepublik. Die Börsenvereine in beiden deutschen Staaten feierten die Ereignisse in großer Einmütigkeit. In München, wo ich die DDR-Ausstellung eröffnete, erinnerte ich an ein Nietzsche-Zitat und schlug an die eigene DDR-Brust, daß wir nicht nur gackerten, sondern auch still auf dem Nest saßen und Eier brüteten. In kurz aufeinanderfolgenden Terminen traf ich mich mit Kollegen des Münchner Verlegerkreises und mit Studenten und Lehrkräften an verschiedenen westdeutschen Universitäten und referierte über Aufgaben und Welt des Verlegers in der DDR, mit mancherlei Folgen. Jahresarbeiten wurden darauf aufgebaut. Im Münchner Verlegerkreis bestaunte man die freimütigen Ansichten und den betriebswirtschaftlichen Verstand, den man einem Ostdeutschen (alles volkseigen!) nicht zugerechnet hatte. Was die Freimütigkeit betraf, konnte ich auf Christoph Hein verweisen und die Rede, die er im November 1987 auf dem DDR-Schriftstellerkongreß zur Zensur gehalten hatte, und an die Marginalien, die ich seiner Rede dort anfügen konnte über den aufrechten Gang und das *Stehvermögen* der DDR-Verleger. Ich wollte, daß dies auch außerhalb der DDR wahrgenommen wurde. Als ich freilich von der Reise nach Hause kam, es war kurz vor Mitternacht, überfiel mich meine Frau mit der Mitteilung, ich möchte schon morgen früh einen Bericht in der ZK-Abteilung für Kultur hinterlegen, worüber ich im »Feindesland« gesprochen hätte. Das eine und andere war den Genossen hinterbracht worden. Ich sagte meiner Frau, sie sollten mich am Arsche lecken, und merkte, daß sie unruhig dabei wurde. Kein Wort mehr ist darüber gefallen.

Aus München brachte ich neue Freundschaften mit. Eine Auffrischung meiner langen Bekanntschaft mit Prof. Klaus G. Saur, dem ich die Auftritte an den Universitäten verdankte, und die Begegnung mit Dr. Ulrich Wechsler, der lange Zeit als Vorstand die Bertelsmann-Buchverlage führte, die Stiftung Lesen gründete und Vorsitzender ihres Vorstands war und in der Frankfurter Buchmessegesellschaft dem Aufsichtsrat vorstand. Bertelsmann war für die DDR lange ein rotes Tuch, die Inkarnation des kapitalistischen Monopolisten. Künstliche Barrieren, die zur Entfremdung führten. Dr. Wechsler war in die wechselseitigen Buchausstellungen DDR–BRD eingebunden und erwies sich als ein denkfreudiger Stratege und pragmatischer Buch- und Verlagspolitiker in schwieriger Zeit. Ein sachlich-kritischer Verstand ohne jede Larmoyanz; wir mußten mit den deutsch-deutschen Verhältnissen fertigwerden. Nach der Wende wurde Dr. Wechsler Gesellschafter der Aufbau-Verlagsgruppe und 1995 Minderheitsgesellschafter des Verlags Faber & Faber in Leipzig, ein geistiger Einwanderer in die neuen Bundesländer ohne die fatale Besserwisserei, die allenthalben Mode war.

Mehr noch prägte die Annäherung und den Willen zur Zusammenarbeit und zum Austausch: Ein Blick in den Jahrgang 1989 ist ein Blick in eine bunte Welt der Literatur und in Texte, die von der DDR lange nicht angemessen ästimiert wurden. Das erste Mal erschien eine Prosaauswahl von Uwe Johnson. Im Zeitraffer scheinen auch zwei »Lyrik-Spektakel« auf, im Berliner Filmtheater *Babylon* und im Leipziger Studentenclub *Moritzbastei*. Vollbesetzte

Häuser, Hunderte interessierte Besucher in jeder Stadt, eine Ansammlung von Phantasie. Faber und seine Mitstreiter wagten viel, schrieb *Der Demokrat* vom 20. Juni 1989, eine Zeitung der Ost-CDU, »Klamauk neben zarter Gedichteszeile, neuer Vers neben altem Argument und Diskussion im unendlichen Freiraum der Gedanken. Nach zwei Spektakeln läßt sich anmerken: Die wagten, haben gewonnen – an Einsicht, Weitsicht und nicht zuletzt an Vertrauenswürdigkeit. Elmar Faber sprach von ›zunehmender Individualisierung‹ des Büchermarkts, was ja – sagen wir – individuellere Autoren voraussetzt. Im *Babylon* und in der *Moritzbastei* war davon zu spüren.« Klare Sprache und dunkle Rede mündeten in rauschenden Applaus oder zaghaften Beifall, je nachdem, und hoben die Dichter ins Licht oder ließen sie versinken in Nachdenklichkeit. Viele waren dabei, Kurt Drawert und Wilhelm Bartsch, junge Wilde wie Stefan Döring und Gabriele Kachold, Gisela Kraft im orientalischen Schmuck, Christiane Grosz im biederen Kleid der Wort-Keramikerin, Elke Erb als düstere Prophetin, Uwe Kolbe mit gewohnt zurückhaltender Noblesse, Brigitte Struzyk mit der Verheißung, es würde nun »Frühling im Prenzlauer Berg«. Lachen und Weinen dicht beieinander, Gedichte wie Lerchen im Morgenwind, wenn sie die Himmelsleiter hinaufstiegen, jubilierten sie und verstummten, wenn sie herabfielen.

Als jemandem, der mit dem Gedicht groß geworden war, dem Verse und Strophen einfielen zur Tag- und Nachtzeit, zum Wechsel der Monate, der melancholische und zornige Balladen herauszuschmettern wußte, wenn es die Situation verlangte, wurde mir eigenartig zumute. Konnten Gedichte das Leben verändern? Konnten sie den Menschen verbessern, sanftmütiger machen, Kriege verhindern? Hatten nicht viele das Friedensgebet im Tornister und doch auf Menschen geschossen? Waren die Winter freundlicher geworden, weil das Gedicht sie lobpreiste? Waren die Reichen nun wohltätiger und nachbarlicher, weil das Gedicht den Aufruhr beschrieben und ihre Paläste verwüstet hatte? Hatten die Veilchen jetzt schönere Augen, die Nachtigallen hellere Stimmen, das Volk bessere Quartiere, nachdem das Gedicht solcher Art Visionen heraufbeschworen hatte? Oder zerplatzte dieses spröde Geschöpf, dieses anmutige, erregte, luftige, schwebende Etwas nicht wie eine Seifenblase in windiger Flur, wenn es mit dem Leben zusammenstieß? Ich sah auf die »Spektakel« und ihre Akteure und auf das entzückte, höfliche oder verstörte Publikum und wurde schwermütig. Schwermütig, wie ich schon im Januar 1989 einmal war, als ich, zusammen mit Gerhard Wolf, im Berliner Club *Die Wabe* Aufbaus spektakuläre Buchserie *Aufbau – Außer der Reihe* vorstellte. Ich hatte sie mit ans Licht geholt aus den Schubladen der Vergeßlichkeit, die Manuskripte, die nun Bücher geworden waren und noch werden sollten, und staunte über die fremdartigen Überzeugungen, die zerhackten Grammatiken, die emphatischen Aufschreie, die sie aus ihren Spalten entließen und das Lebensgefühl einer jungen Schriftstellergeneration illustrierten, die das Erbe der Vorangegangenen scheinbar ausschlug, aber doch etwas wiederholte, was schon länger zurücklag. Es waren die Stimmen des Expressionismus und der Dada-Bewegung, die widerhallten, Stimmen der Unzufriedenen, wie damals, die bereit waren, das Werk der Väter zu zerstören. Was würde aus der Götterdämmerung herauswachsen, eine neue, bewohnbarere Erde? Es war zweifelhaft, wie damals. Die Zerstörer waren da. Wo waren die Erbauer, die Wiederzusammensetzer? Wurde es ein garstiges Jahr, auf welchen Wassern man auch segelte? Es konnte böse enden, für die Hoffnungsvollen und die Geschundenen, für die Herrscher und die Unbeherrschten, und so dachte ich an ein Gedicht, das, großartig in seiner Verheißung, erbärmlich in seiner Mutlosigkeit, in meiner Erinnerung steckengeblieben war. Es hieß

Antigone anno jetzt

Als sie aufgestanden war, stand sie allein.
Ringsum Menschen, die sie lange kannten,
Aber nun die Blicke auf sie wandten,
So, als würde sie hier eine Fremde sein.

Und sie sah an mancherlei Gebärden,
Welch böse Lust die andern überkam:
Wenn sie jetzt Partei für ihren Bruder nahm,
Würde sie in tiefes Schweigen eingemauert werden.

Da verließ Antigone der Mut
Denn ihr selbst schien jetzt, es sei nicht gut,
Ganz alleine aufzustehen.

Also setzte sie sich wieder.
Und nun schlugen alle ihre Augen nieder,
Als sei etwas Schreckliches geschehn.

Endete Geschichte immer nur in Wiederholungen? Helmut Richter, der den Text geschrieben hatte und dem mit *Über sieben Brücken mußt du gehn* ein für die Musikszene ungewöhnlich gedankenreicher Text gelungen war, der zum Welthit wurde, hatte ein Phänomen beobachtet, das sich wie ein Wermutstropfen im Becher unserer aufrührerischen Gedanken ausnahm.

Derweil lag meine Mutter im Sterben. Den Tod zu bezwingen, verwehrte ihr ein zerbrochener Oberschenkelhalsknochen. Kräuter-Else, wie sie die Dorfnachbarn nannten, ein winziges Pünktchen im Flimmermeer der Schicksale, würde sich grazil aufhellen, wenn es auf seiner Weltenreise vorbeikam und mir Glück wünschte für die unerforschten Unternehmungen, die mir noch bevorstanden. Unterdessen löschte mein Vater in Nürnberg seinen Dauerauftrag bei einem dort ansässigen Großhändler, monatlich ein Paket an Mutters Adresse in den Thüringer Wald zu schikken, das mit der Aufschrift *Geschenksendung. Keine Handelsware* versehen war, fast vierzig Jahre lang, aber nie eine persönliche Zeile enthielt.

Im Zeitraffer sammelte sich weiterhin ein Stoff, der wie kein zweiter das Dilemma deutsch-deutscher Befindlichkeit beschrieb. Traf man als Verleger Kurt Hager, den hochrangigen Funktionär im Politbüro der SED, zuständig für Wissenschaft und Kultur, und sei es nur am Messestand des Verlages, sonnte man sich nach Ansicht bundesrepublikanischer Berichterstatter in der Arroganz der Macht und teilte deren mitunter hanebüchenen Zynismus. Begegnete man Richard von Weizsäcker in der Villa Hammerschmidt in Bonn (nach einer DDR-Buchausstellung in Köln), war man nahe dran, als demokratischer Freigeist gekrönt zu werden. Schenkte einem Hannelore Kohl auf der Frankfurter Buchmesse ein Lächeln und plauderte man mit ihr, und durchaus amüsant, über ihre Leipziger Familiengeschichte, war man ein Teufelskerl. Traf man Egon Bahr, der in den 80er Jahren mehrfach den Aufbau-Messestand in Frankfurt besuchte und mir sein Büchlein *Zum europäischen Frieden* in Hochachtung für unsere verlegerischen Leistungen im Oktober 1988 mit einer Zueignung darbot, »Elmar Faber als kleiner, friedlich revanchistischer Gruß«, war man, zeigte man es den Westkollegen, ein Ass der politischen Versöhnung, zeigte man es den DDR-Genossen, war man ein Verräter. Verhandelte man im Büro des DDR-Staatsrates oder einer vergleichbar hohen DDR-Institution über Probleme der Bücherwelt, war man ein bedenklicher Staatsdiener. Kehrte man dagegen in der Ständigen Vertretung der BRD in Berlin ein, war man ein Heroe der Freiheit. Es sickerte eine Anschauung in die Herrschafts- und Volksbetrachtungen auf beiden Seiten des Eisernen Vorhangs ein, die das Amt des Verlegers gründlich mißverstand. Dieser mußte, zumal im geteilten Land, nach Geistesverwandtschaften suchen, wie sie Thomas Mann einmal angesprochen hatte, wenn er den Verleger nicht als »Solisten der geistigen Anstrengung«, sondern als einen ihrer »Kapellmeister« ansehen wollte. Da mußte man viele Musikstücke einüben. Die Unbedarftheit gerade der medialen Ansichten über das Verlegerdasein in der DDR erreichte nach der Wende einen Grad von Pharisäertum, das man gern mit einem Tucholsky-Zitat geschmückt hätte, was freilich der Anstand verbot. Darauf kommen wir zurück. Die Dualismen, die Polarität, das Laisser-faire und die Rigorosität, die man aus Handlungen von DDR-Verlegern festhielt, waren Bausteine für das Bild von einer bürokratischen Nomenklatura, die es als Einheitsblock in der DDR nicht gab und im Reich der Verleger, das wußten die westlichen Journalisten längst, schon gar keinen Platz hatte.

Damit bin ich bei den sogenannten heiklen Themen, an die man selber nicht gern zurückdenkt. So erschien beispielsweise 1985 im Kölner Verlag Kiepenheuer & Witsch eine Anthologie neuer Literatur aus der DDR mit dem Titel *Berührung ist nur eine Randerscheinung*, die von zwei Herausgebern aus der DDR, von Sascha Anderson und Elke Erb, verantwortet wurde. Über dieses ursprünglich deutsch-deutsche Projekt zwischen Kiepenheuer & Witsch und dem Berliner Aufbau-Verlag ist viel geschrieben und noch mehr grober Unsinn verbreitet worden, der sich nach der Wende in vielen Betrachtungen fortpflanzte, die stets auf einem Auge blind waren, weil sie sich in den Mainstream einer gefilterten Geschichtsbetrachtung einfügen mußten, die an der DDR kein gutes Haar ließ, die Bundesrepublik und ihre

Medien dagegen als den konstanten Heilsbringer darzustellen hatte.

Worum ging es?

Ein repräsentativer Kreis regimekritischer junger Autoren hatte sich zusammengefunden, um in einer Sammlung
neuer Texte ihre DDR-Befindlichkeit zu artikulieren, die
von Gefühlen der Resignation und der Ghettoisierung
nicht frei war. Die Texte widerspiegelten empfindsame Leben und anstrengende politische Regeln und lagen Aufbau
zur Inverlagnahme vor. Es gab zu den Texten widerstrei-
tende Meinungen im Lektorat. Der Wille des Verlages je-
doch war unverkennbar. Wir wollten die Anthologie in der
DDR herausbringen. Daß einige Texte literarisch wenig
taugten (und seither nicht besser geworden sind), sagten
wir auch dem Kölner Verleger Dr. Neven DuMont bei Kiepenheuer & Witsch. Wir suchten einen Kompromiß mit
den Herausgebern, ließen wir ihn wissen, und bekräftigten
unseren Entschluß, die Anthologie zeitgleich in beiden
deutschen Staaten erscheinen zu lassen. Es lag uns nicht,
als Verlag von anerkannt seriöser Editionsarbeit Texte
anzubieten, mit denen wir uns vor uns selbst blamierten,
auch wenn dies von medialen, der Verlagsszenerie fern-
stehenden Beobachtern als politisches Kalkül geschmäht
wurde. Fehlende Sachkenntnis und mangelnde Urteilskraft waren öfters anzutreffen, wenn es um literarische
Texte ging, die irgendwie als politische Munition gegen das
DDR-System verschossen werden konnten.

Mitten in die Arbeit am Manuskript hinein platzte die
Nachricht, daß einige der Autoren die DDR verlassen und
sich in der Bundesrepublik angesiedelt hatten, was einen
komfortablen Streit zwischen dem Verlag und der Druckgenehmigungsbehörde über die Veröffentlichungswürdig-
keit der Texte auslöste, also das Verlegerleben in Berlin
nicht einfacher machte. Ich bat Dr. Neven DuMont um Ver-

ständnis für die Aufbau-Situation und um ein wenig Geduld. Ich mußte einen Weg finden, die angestrebte Zusammenarbeit nicht zu gefährden. Er betrachtete die Bitte offenbar als politisches Manöver und faßte den Entschluß, die Anthologie nur in der Bundesrepublik, und zwar ohne weiteren Aufschub, erscheinen zu lassen. Ich war verbittert und selbst angeschwärzt, da die Druckgenehmigungsbehörde vermutete, es handele sich um ein abgekartetes Spiel. Die Reaktion war nicht honorig. In einer Verlegerversammlung im Hause der *Hauptverwaltung Verlage und Buchhandel* wurde verkündet, daß mit dem Verlag Kiepenheuer & Witsch keinerlei Lizenzgeschäfte mehr abgewickelt werden sollten. Ich war als von dieser unbedachten Strafmaßnahme Betroffener, in dessen Verlag zahlreiche Kiepenheuer-&-Witsch-Autoren, von Böll bis García Márquez, von Joseph Roth bis Günter Wallraff, in Lizenz erschienen, sofort aufgesprungen, um gegen die Boykottabsicht zu protestieren. Später, nach der Wende, las ich in verballhornten Darstellungen wie der von Manfred Jäger kompilierten Schrift *Kultur und Politik in der DDR 1945–1990*, daß ich darauf angesetzt gewesen sei, die Anthologie zu sprengen und den Kölner Verlag zu erpressen. Man brauchte eine Menge Humor, um sich nicht darüber zu empören, sondern krankzulachen. Längst waren kritische Betrachtungen im literarischen Feuilleton erschienen, wie die vom 29. Dezember 1985 im Westberliner *Tagesspiegel*, die die Kritik des Aufbau-Verlags an einigen Texten der Anthologie bestätigten. »So gehören diese Texte«, schrieb im *Tagesspiegel* Iris Denneler, »so unterschiedlich die Formen und Aussagen der Autoren sind, zu jener Literatur, die in Privatwohnungen gelesen wird, in Jugendclubs, Kirchen und Kellerräumen. Das birgt die Gefahr der Ghettobildung. Vieles, was sich in einer solchen Enklave in betulicher Schonung entwickeln läßt, hält den kritischen Anforderungen von ›außen‹ nicht stand.« Nichts anderes meinte der Aufbau-Verlag mit seiner Kritik am unfertigen Manuskript.

Die Tücke der Geschichte wollte es, daß einige Akteure, die so hurtig in die Anthologie *Berührung ist nur eine Randerscheinung* drängten und wollten, daß sich der Aufbau-Verlag dazu bekannte, Jahre später, nach der Wende, nichts mehr mit solchen Sammlungen zu tun haben wollten. Als in der renommierten Verlagsreihe *Die DDR-Bibliothek* im Verlag Faber & Faber Leipzig im Band 22 ein Panorama der DDR-Lyrik aus der Zeit von 1949 bis 1990 ausgebreitet werden sollte, Titel: *Kommt uns nicht mit Fertigem*, einer geborgten Zeile aus Volker Brauns erregendem Erstlingswerk *Provokation für mich*, war es ausgerechnet Elke Erb, die Herausgeberin der *Randerscheinung*, die eine Reihe von Autoren in einer Telefonaktion dazu aufforderte, sich nicht daran zu beteiligen, weil drei Autoren von 104 Beiträgern erklärt hatten, nicht neben Dichter-Kollegen auftauchen zu können, die dem sogenannten Unrechtssystem nahegestanden hätten, obwohl von deren Verlagen die Zustimmung zur Veröffentlichung ihrer Gedichte längst vorlag. Bedrückend an dem Vorgang war, daß im Augenblick, als im literarhistorischen und verlagsrechtlichen Sinne Versöhnungskraft gefragt wurde, von den lautstarken Überzeugungen der 80er Jahre in puncto Freiheit der Andersdenkenden nichts übriggeblieben war, als müßte die DDR noch nachträglich einen bösen Sieg erringen. Deutsche Zustände in widersinniger Erbfolge.

In Abgründe schaute man auch, wenn man gründlich in die eigene Seele blickte. So hatte ich mich auf einer der Pressekonferenzen zur Leipziger Buchmesse, die ich als Chef des Verleger-Ausschusses des Leipziger Börsenvereins regelmäßig mit dominierte, im Frühjahr 1988 dazu hinreißen lassen, zu Monika Marons Roman *Flugasche* etwas zu sagen, womit ich dem Urteil Höpckes, also der Politik,

in das Verlagsgeschäft einhalf. Der Roman stand schon länger auf unserer Vorhabenliste im Verlag, mindestens seit
1985. *Flugasche* war 1981 bei S. Fischer in Frankfurt/Main
erschienen und für die DDR tabuisiert worden, weil er ein
riesiges Umweltproblem des kohle- und chemieintensiven
Landes in öffentliche Belichtung holte, das man von politischer Seite lieber verschwieg oder in »Lebensnotwendiges« auffärbte. Dennoch hatte ich, in fast einverständlicher
Kontroverse mit den Kritikern, den Roman für das Aufbau-
programm angekündigt. Nicht jeden Autor mag der Verleger, nicht jeder Verleger gefällt dem Autor. Monika Marons
Text gehörte nicht zu meinen literarischen Liebschaften.
Ich glaube auch, daß der Roman weniger wegen seiner äs-
thetischen Meisterschaft, sondern mehr wegen seiner politischen Brisanz, dieses Primäreffekts halber, mit der er
den Schmutz der DDR-Industrie in die Literatur holte, ins
öffentliche Gezänk geriet, obwohl er in der DDR noch gar
nicht veröffentlicht war. Auch die Autorin gehörte nicht zu
meinen Favoritinnen. Ich hatte sie da und dort auf Emp-
fängen nicht gerade nobel auftreten sehen und dachte an
die Noblesse Christa Wolfs oder Irmtraud Morgners oder
Helga Schütz' und überlegte, ob das zueinander passen
würde. Es war eine Suche nach Paßgenauigkeiten im Autorenensemble, die ich mit Siegfried Unseld gemeinsam ein-
geübt hatte. Außerdem mochte ich es nicht, wenn einem
ein Autor ins Gesicht schmeichelte, den Rücken aber, wenn
man sich umdrehte, mit Dreck bewarf. Ich empfand das als
unpassend. Alles ergab einen Bodensatz von Impressionen,
der mich zu einer staatskonformen Verneigung veranlaßte,
als es darum ging, mich mit dem Urteil der Politik gleich-
zustellen, Monika Marons Roman nicht in Verlag zu nehmen. In einem Briefwechsel mit dem Schriftsteller Joseph
von Westphalen, der in Teilen im Hamburger *Zeit-Maga-
zin* veröffentlicht wurde, befaßte sich Monika Maron Ende

der achtziger Jahre mit deutsch-deutschen Befindlichkeiten. Ich hatte mancherlei davon als deplatziert empfunden, weil es eine gängige Schreibmethode bediente, die DDR zu verkleinern, wovor Uwe Johnson gewarnt hatte, also nicht Analyse bevorzugte, sondern Allergien. Das sagte ich auf der Messe-Pressekonferenz und mußte damit den Eindruck erwecken, als wäre Wohlverhalten gegenüber dem Staat ein erwartetes festliches Geschenk der Schriftsteller an die politische Propaganda des gebeutelten Landes und als wäre dies eine Art Voraussetzung für das Erscheinen eines Buches. Bald darauf merkte ich den Mißbrauch meiner Presse-auskunft auf beiden Seiten der deutsch-deutschen Grenze und bedauerte die eigene Kulissenschieberei. Als ich das Mißverständnis wiedergutmachen und den Roman *Flugasche* in den neunziger Jahren in die bei Faber & Faber erscheinende Reihe *Die DDR-Bibliothek* aufnehmen wollte, war es zu spät für eine Übereinkunft.

33

In einem Verlegerleben passierten die verrücktesten Dinge. Nicht die kleinen Kuriositäten meine ich, die eine flinke und üppige Tagespost ins Haus trug, wo ein Neuling im Schriftstellerfach klagte, daß er nicht dieselben hohen Tantiemen wie Hermann Hesse oder Günter Grass bekäme, ein anderer fragte, was der Verlag gebrauchen könne, Lyrik, Prosa oder Feuilleton, er würde alles liefern, oder einer nach einem Stoß Papier verlangte und ein paar Stiften. Auch eine Schreibmaschine wäre nötig, damit er das Papier volltippen könne. Oder wo jemand seine literarischen Geniestreiche anbot und meinte, der Verlag dürfe doch Geniales dem Publikum nicht vorenthalten. Oder wo man um Buchtitel rang wie um die Geburt eines Kindes und der kesse Gedichtband *Mit der Sanduhr am Gürtel* im Buchhandel dann doch in die Ingenieurliteratur eingestellt wurde, weil man dahinter eine Anleitung für Vermessungsfachleute vermutete. Nein, diese Arabesken waren es nicht. Gedacht war an die großen Irrtümer, die großen Glücks- und Unglücksfälle, die großen Überraschungen, die prägenden Begegnungen.

Da kam 1985 eine chinesische Delegation in den Verlag, und ihr Wortführer betete in perfektem Deutsch die Aufbau-Verlagsgeschichte herunter und rundete das verblüffende Verlagsbild auch noch mit Abstechern in die Anfänge von Rütten & Loening ab, dessen jüdische Wurzeln ihn offenbar besonders faszinierten. Dann fragte er mit der Sicherheit eines weltkundigen Sterndeuters, ob ich mich in der Welt der romantischen Kunstmärchen auskenne und ob ich schon einmal dem verlorengegangenen Schatten von Adelbert von Chamissos Peter Schlemihl nachgejagt sei. Meine Verblüffung nahm zu. Ein Chinese, der Spaß machte. Er mußte sich über den Windelschiß meiner literaturbeflissenen Jugendzeit kundig gemacht haben. Man kannte die Gründlichkeit dieser extrem fleißigen Asiaten. Aber wo hatte er die Skripte gefunden, die darüber Auskunft gaben, im Leipziger Universitätsarchiv oder in einer germanistischen Wunderkammer der fünfziger Jahre? Jedenfalls war die Erleuchtung groß, als er die Maske verflossener Jahrzehnte abwarf und sich als Zhang Li zu erkennen gab. Ich hatte mit ihm die Leipziger Seminarbänke gedrückt und ihm geholfen, die Regeln der deutschen Grammatik nachzuvollziehen, damit er »seinen« Lessing besser verstehen und bewundern konnte. Wie übel hatte die Zeit ihm mitgespielt, dem studentischen Musterknaben, den man während der chinesischen Kulturrevolution als Intellektuellen zum Reisverziehen in die ländlichen Einöden geschickt hatte und der doch kein böses Wort über das »große Vaterland« zu sagen wußte. Jetzt war er Professor am Lehrstuhl für europäische Literaturen der Peking-Universität und der chinesischen Akademie der Wissenschaften und lud mich zu einem mehrwöchigen Besuch nach China ein, und vier Kollegen aus anderen DDR-Verlagen sollte ich noch mitbringen. Die Reise wurde ein Fest. Das Wunder China. Die Große Mauer, die »Verbotene Stadt«, ein Kaiserpalast mit mehr als 9000 Räumen, die Terrakotta-Krieger in Xian, Nanking und Sun Yat-sen, der mit seinen drei »Grundlehren vom Volk« China am Anfang des 20. Jahrhunderts über die Schwelle zur Neuzeit gehoben hatte. Und dann Shanghai, damals Chinas bevölkerungsreichste Stadt, Seemannsromantik, der zauberhafte Yuyuan-Garten, Pavillons, Teehäuser, Teiche und Felsen, Natur wie ewiger Frühling und ein Pavillon, von dem 1853 die Signale für einen Aufstand gegen die Qing-Dynastie ausgegangen waren. Im Pavillon des Frühlings versteckte sich das Hauptquartier einer *Geheimgesellschaft der kleinen Schwerter*. Kunst, Literatur, Archäologie, Volksweisheit und Volkstrubel, exotischer Handel und exotische Genüsse glänzten in unserer Erlebniswelt wie glitzernde Schneeflocken am Winterhimmel. Staunend nahmen wir bei den chinesischen Partnern die Gegenwärtigkeit der deutschen Kulturgeschichte wahr. Marx und Engels hatten immer noch vordere Plätze, aber ebenso steckten Kant – kein Wunder, beim Ewigen Frieden – Hegel, Leibniz, Lessing mit ihren gravierenden Denkleistungen im chinesischen Gedächtnis. Es war gut, daß man von den Weisen des alten Chinas auch einiges wußte, von Konfuzius und anderen alten Meistern, von dem Dichter Li Tai-Poh, dem chinesischen Anakreon, von den großen Novellensammlungen, und über chinesische Romane hatte man einiges ja auch aus Goethes *Gesprächen mit Eckermann* erfahren, so daß man nicht allein auf Egon Erwin Kischs Reportagen angewiesen war, die in dem Band *China geheim* zusammengefaßt waren und die mehr den ruinösen Elementen der Menschengesellschaft, der Kinder- und Kuliarbeit, den Verbrechern und Spekulanten, den Waffenhändlern und Unterdrückungsfanatikern, auf der Spur waren als den heroischen Kulturleistungen.

Die Chinareise, selbst ein Faszinosum, hatte eine verlegerische Vor- und Nachgeschichte. Zhang Li hatte mir bei seinem Besuch in Berlin erzählt, daß sie zehn große DDR-Romane in die Programme chinesischer Verlagshäuser einpflanzen möchten, nachdem man Brechts Stücke, Friedrich Wolfs Dramen, Anna Seghers' *Siebtes Kreuz* und Bruno Apitz' weltberühmt gewordenen Roman *Nackt unter Wölfen* bereits ins Chinesische übersetzt hätte, weil sie glaubten, daß sich daraus für die Erneuerungsbestrebungen in ihrem Lande geistiger Beistand und moralische Kraft schöpfen ließen. Es war ein Bekenntnis zur DDR-Literatur, das der Verehrung des Landes geschuldet war, in dem sie die deutsche Sprache erlernt hatten und von dessen politischer Janusköpfigkeit sie nur eine schmale Ahnung hatten.

Als wir im Flugzeug von Moskau nach Peking saßen, Zeit genug hatten für Spaß und Nachdenken und geistige Tüfteleien, kehrte der Gedanke zurück zu Zhang Lis Literaturerwartung. Ich verteilte Zettel an die Verlegerbesatzung und bat darum, zehn DDR-Romane aufzuschreiben, die man den Chinesen zur Übersetzung empfehlen könnte. Wir waren zu fünft. Es trat Erstaunliches ein. Auf den fünf Zetteln standen sechs Romane, deckungsgleich in allen Notaten. Nur vier Notierungen waren nicht kongruent, sondern bunt und schillernd in Farbe und Ausstrahlung wie das Federkleid eines Papageis. Wir hatten Stoff zur Diskussion, übergenug. Geschmack und Lebenszeit, literarische Liebschaften und Voreingenommenheiten, Spannungsfelder zwischen Autor, Werk und Leser und vieles andere wurde marktschreierisch durchgehechelt wie ein Einkauf von Meeresfrüchten bei den Fischweibern auf dem Jahrmarkt. Annäherungen fanden statt, Meinungsspaltungen vertieften sich. Es blieb ein Gespinst von Möglichkeiten, wie man die freien Plätze besetzen könnte. Man sah deutlich, wie Literatur ein zweites Mal geboren wurde, wenn sie in den Leser eindrang, in Temperamente, Charaktere, Personalgeschichten, frühe und späte Prägungen, und staunte, welch faszinierend unterschiedliche Eindrücke ein und derselbe Text hinterlassen konnte. So weit, so gut. Aber was war mit den Romanen, die fünf Verleger unterschiedlicher Herkunft gleichlautend auf die Zettel geschrieben hatten? Woher rührte die stille Übereinkunft, daß man Erik Neutschs *Spur der Steine*, Hermann Kants Roman *Die Aula*, Erwin Strittmatters *Ole Bienkopp*, Christa Wolfs virtuoses *Nachdenken über Christa T.*, Christoph Heins aufrührerisches Frauen- und Gesellschaftsporträt in *Der fremde Freund* sowie Brigitte Reimanns *Franziska Linkerhand*, die Geschichte einer jungen, durchaus aufmüpfigen, gesellschaftliche Widersprüche hinterfragenden Architektin, in einen DDR-Literatur-Kanon hinaufhob? Die Texte waren weit voneinander entfernt. Affirmatives und Zweifelndes, beides prägte Vorstellungskraft und Mienenspiele ihrer Helden. Warum sah man in diesen Erzählungen das Authentische seiner Zeit? War es die Manipulation der Medien, die die Parallelität der Meinungen herstellte, oder waren es die Gleichnisse der Dichtung, die den Einzelnen so verzauberten, daß sie ein Mehrfaches, ein Vielfaches wurden? Konnte Literatur vielleicht doch etwas bewirken als eine Art kollektives Gedächtnis, als goldener Fonds sich ständig widersprechender, aber in unendlicher Krümmung zusammenlaufender Eindrücke? Jedenfalls war die Flugzeugrunde der ins Reich der Mitte reisenden DDR-Verleger die

Geburtsstunde einer neuen Verlagsreihe, von der zu dieser Stunde noch keiner etwas ahnte. Erst zehn Jahre später wurden der Streit über die Texte, das Harmonische und das Dionysische, hinübergehoben in *Die DDR-Bibliothek*, die bei Faber & Faber in Leipzig erschien und noch mehr Kontroversen auslöste, als sie die Flugzeugrunde hatte aufscheinen lassen. Da war die DDR ein untergegangenes Land. Ihre Literatur lieferte aber nun, im Gegensatz zu den brachialen Urteilen der Zeitungen, Rundfunk- und Fernsehberichte, die verläßlichen Indizien über den Zustand einer Gesellschaft, die es nicht mehr gab und die einst in China, wie das bundesrepublikanische Deutschland heute, in hohem Ansehen stand. Wetterwendische Zeiten. Wir sollten daran denken.

Zeitverschiebungen konnte man in China genug wahrnehmen. Abtauchen ließ sich in entfernte Gewohnheiten, die man fast vergessen hatte. Ernten wie auf alten Gemälden, Karren wie auf altrussischen Domänen, Waagen und Gewichte wie in den Katen der Gutsherrenzeit und ein Menschengewimmel, das alles übertraf, was mittelalterliche und sonstige europäische Festkultur und deren Maler hervorgebracht hatten. Dachte man daran, daß einmal ein jeder Besitzer der abertausend ganz- und halbtüchtigen Drahtesel, die auf den riesigen Parkplätzen standen, verlassen wie die Toten auf New Yorks unendlich scheinendem Zentralfriedhof, daß also ein jeder gierig werden könnte auf ein Automobil, es wurde einem schwarz vor den Augen. Doch dann zog ein Vogelhändler vorbei mit prächtig aufgetürmter Beute und verdrängte die bedrückende Vision in ferne Schatten. Hier war ein Land, das aufbrach in ein stürmisches Jahrtausend, auf dessen Straßen aber noch die Gefährte früher Erfindergenerationen herumholperten wie auf einer Operettenbühne. Vogelhändler. Ihre Käfige und Volieren versorgten die Vogelsteller, die man nicht zu Gesicht bekam, mit anmutigen Geschöpfen, mit bunten Insassen. Von China aus blickte ich in meine Thüringer Heimat und merkte, fast erschrocken, daß der Zivilisationsschub auch in Deutschland noch gar nicht so lange zurücklag, der die Vogelstellerei aus den Gefilden des geduldeten Handwerks verdrängt und ihr einen Platz neben den sieben Todsünden zugewiesen hatte. Die Vogelstellerei in Thüringer Wäldern, Feldern und Auen war nicht nur die Jagd auf gefiederte Sänger, die in die armseligen Stuben der Heimarbeiter, der Glasbläser und Porzellanmaler ein wenig Andacht und Abwechslung brachten, sie war auch Wollust, Machtrausch, Tötungswahn, solange man die blubbernden Herzen der heiteren Bewohner von Baum und Strauch mit einem Daumendruck stilllegte und sie in die Bratpfannen und Kochtöpfe beförderte. Nichts konnte mit dieser Herzensträgheit des Vogelstellers versöhnen, auch nicht seine sprichwörtliche Liebe zur Natur, die in wütendem Gegensatz zu seinen ornithologischen Gewalttaten stand.

Als ich Kind war, Kind in deutscher Kriegszeit, hatte ich eine Zeitlang an den gräßlichen Schauspielen teilgenommen, wenn Zeisige, Stieglitze, Hänflinge oder die wie behäbige Mönche aussehenden Dompfaffen auf die Leimruten der Vogelsteller herunterstürzten oder sich in aufgestellten Netzen verfingen, hatte da und dort ihre Lebenswege in den bedrückend engen Käfigen verfolgt, in die sie eingekerkert wurden, und ihren unerschütterlichen Frohsinn bestaunt, der sie trotz Gefangenschaft noch die heitersten Lieder singen ließ. Ich hatte auf den abenteuerlichen Streifzügen der Vogelstellerei, wo mitunter die Nerven blanklagen vor Erwartung, aber auch in die Natur hineingehorcht, in ihre leisen Gesänge, in das sanfte Rauschen der Bäume, wenn ein sachter Wind sie streichelte, in ihr Krachen und Ächzen, wenn der Sturm in sie einschlug. Der irre Duft von

Wald und Boden hatte mich betört, wenn die Frühsonne heraufstieg, wenn der Himmel die Erde begrüßte und sich beide vermählten, wenn die Frühnebel aufstoben, letzte Flocken hinaufstießen in die Unendlichkeit und das heiße Gestirn antwortete mit Fäden von heiterem Licht, das sich durch den Dunst herabsenkte in grieselnden Bewegungen und den blauen Planeten in einen Ort der Verbrüderung verwandelte.

Zauberwerk.

Die Literatur war voller heiliger Bilder über den Jubel, das Unzähmbare, das Verhallende und Verhexende der Natur, das mir in China begegnete, mich zu Kindheitserinnerungen verführte und Bücher Revue passieren ließ, die den Schleier ein wenig hoben von dem, was wir am wenigsten verstanden. Ich dachte an Goethe, Heine, Eichendorff und Mörike, Theodor Storm und Gottfried Keller, Wilhelm Raabe und Fontane, dachte an das Heer von Landschaftserzählungen, die die deutsche Literatur bevölkerten, dachte an Schlesien und Brandenburg, an Bayern und Thüringen, an den Bodensee und an die Küste, dachte an Autoren, die ohne Landschaft und Natur, ohne Heide, ohne Wasser, Moor und Sümpfe, ohne Wiesen und Ährenfelder, ohne Buchen und Birken, ohne Nebel, Blitz und Donner nicht das geworden wären, was sie ausmachte. Ich dachte an Grass und Martin Walser, an Arno Schmidt und Christa Wolf, an Johannes Bobrowski, Peter Huchel und die Strittmatters und dachte, wenn man sie ablöste von ihren erfahrenen und ins Literarische versetzten Landschaften und Naturerlebnissen, wie entzaubert stünden sie da.

Im geteilten Deutschland waren es außer den drängenden Problemen der Zeit, die Menschenschicksale in Bücher hineinverwoben, gerade die Landschaften der Literatur und deren besondere Reize und Strahlungen, die das Land zusammenfügten zu einer einzigen Heimat. Politik, Wirtschaft, Kultur und Moral waren, in geteilter Gesellschaft, zentrifugalen Kräften ausgesetzt. Die Natur stellte das zerbrochene Mosaik wieder her. Sie blieb sich gleich seit historischer Zeit in der Schönheit und Intimität ihrer wechselnden Bilder und sicherte den Kern der Erinnerungen an das einige Deutschland, woher man diese auch bezog, aus eigenem Erleben oder aus dem geschriebenen Wort. Als Verleger konnte man etwas dazu beitragen, das Land zu einigen, ohne politisch zu randalieren oder die Seiten zu wechseln, indem man die Dichter nebeneinanderrückte, die das zerrissene Land in natürlicher Ungezwungenheit wiederherstellten. Den Rhein neben Elbe und Oder, den Bodensee neben das märkische Land, Hamburg neben Dresden, München neben Berlin, die sächsischen Braunkohlereviere und das Erzgebirge neben den Spessart und das hessische Land, Böll neben Bobrowski, Walser neben Fritz Rudolf Fries, Siegfried Lenz neben Volker Braun, Peter Hacks neben Heiner Müller, Stephan Hermlin neben Peter Härtling und so weiter. Politik als Nebensache, dagegen ein Gewusel fröhlicher oder auch zerbeulter Landschaften. Der blaue Himmel war unteilbar, unteilbar auch der Himmel der Literatur, die Sonne schien auf Freie und Geängstigte, auf welcher Seite sie auch saßen. Es gab viele Verlage, die das zusammenbrachten, dazu gehörten der Berliner Aufbau-Verlag, der Luchterhand-Verlag in Neuwied und dann in Frankfurt am Main und Suhrkamp, Verlage, die ständig zusammenarbeiteten. Sie bewahrten neben anderen die deutsche Landkarte vor weißen Flecken und sorgten dafür, daß Ostdeutsch und Westdeutsch literarisch nicht Reservate besonderer politischer Einflußbereiche, sondern Drehscheiben gemeinsamer Erinnerungen blieben, auf denen sie dampften und brodelten, die unerschrockenen Waschküchen der Natur. Die Akteure, die das Feuer der Gemeinsamkeit unter den Kesseln am Glimmen hielten, waren bei Luchterhand lange Zeit der noble, von literarischer Gelehrsamkeit erfüllte Dr. Hans Altenhein und seine Lektorin Ingrid Krüger, bei Suhrkamp der lebenspralle Verleger Siegfried Unseld und seine voller Poesie steckende Cheflektorin Elisabeth Borchers, die vorher bei Luchterhand gedient hatte, sowie Suhrkamps künstlerischer Leiter Rolf Staudt, der auf unvergleichliche Weise der Literatur ihre jeweils angemessene körperliche Gestalt gab. Wenn man mit diesen Kollegen zusammenarbeitete, befand man sich wie in einem Landschaftsschutzgebiet, nur lauter gute Nährstoffe, keine toxischen Präparate. Das schleichende Gift der Nachwendezeit, mit dem man später jede deutsch-deutsche Zusammenarbeit zu beträufeln versuchte, steckte noch in verborgenen Behältern. Als nach 1989 die schwierige Teilungsgeschichte nur noch nach Aufzeichnungen der Stasi, nicht mehr nach dem wirklichen Leben belichtet wurde, wurden selbst die feinsten Geister, die lautersten Charaktere anfällig für den laufenden Beschuß mit Halblügen, Halbwahrheiten, Erfindungen und natürlich auch bitterbösen Lebensgeschichten, die sich aus dem Denunziantenmaterial herausfiltern ließen, so daß selbst Hans Altenhein, der behutsame, bedachtsame Mann aus unserer Verlegerrepublik, der öffentlichen Vermutung verfiel, das ganze ostdeutsche Verlagswesen sei von der Stasi unterwandert gewesen. Er machte uns, die wir mit ihm jahrelang zusammengearbeitet hatten, um eine Enttäuschung reicher.

Aber noch befanden wir uns in der Vorwendezeit, im Wechselbad der Gefühle. Es rumorte an allen Ecken und Enden. Nicht nur in Kreisen oppositioneller Kräfte war ein Veränderungs- und Demokratisierungswille zu spüren, sondern auch in den Parteiorganisationen der SED. Dort vor allem war eine Erneuerungsstimmung bemerkbar wie nie zuvor in der DDR, nur daß diese Meinungsbilder in den oberen Etagen der Partei- und Staatsführung überhaupt nicht ankamen. Dort hatte man sich eingebuchtet, verschanzt hinter Losungen aus der Zeit der Oktoberrevolution. Nicht die Proteste am Rande der Luxemburg-Liebknecht-Ehrung im Januar 1988, als man Andersdenkende mit staatlicher Gewalt zu entsorgen suchte, nicht die lautstarken Zweifel an den Ergebnissen der Kommunalwahlen im Frühjahr 1989 verschreckten die verbarrikadierten Partei- und Staatspolitiker, nicht einmal die zunehmende Zahl an Ausreisewilligen ermunterte ihr Denken über die eigene Bewegungsarmut, über die Fesseln, die sie sich durch ideologische Verbohrtheit angelegt hatten. Tausende von streitbaren und besorgten Briefen voller Unmut, aber auch voller kooperativer Denkanstöße, darunter von der Leitung und der Belegschaft des Aufbau-Verlages, landeten in toten Briefkästen. Partei- und Staatsführung wußten nichts Besseres, als die alten Schubkästen aufzuziehen und den verbalen Knüppel hervorzuholen. Aller Protest war nach ihrer Meinung das Werk westlicher Geheimdienstler und Provokateure, die das revolutionäre Vermächtnis von Generationen besudeln wollten. An Denkfaulheit war diese Verstocktheit nicht zu überbieten. Jegliche Kritik versuchte man als un- oder antisozialistisch einzustufen, wenn sie nicht den Mustern der dogmatischen Lebensregeln entsprach, mit denen sich die alten Parteikader bevorratet hatten.

1988/89 konstituierte sich, auch in der Partei, eine Gegenströmung gegen diese Erstarrung, die zunehmend selbständiger wurde und wie eine zweite, freilich machtlose Öffentlichkeitsebene gegen das offiziell Vorgesetzte agierte. Im Aufbau-Verlag verging keine Beratung, keine Versammlung mehr, wo man die momentane Verfaßtheit der Republik nicht in Frage stellte, laut und leise, durch heimliche Teilnahme an Bewegungen der Bürgerrechtsgruppen, durch Trompetenstöße in die öffentlichen Medien. Einen »Verlag im Widerspruch« hätte man in diesen Jahren das Unternehmen nennen und in dieses Bild die großen Mahnungen der Literatur genauso einfügen können wie die alltäglichen Gewohnheiten. Auf diesem Untergrund entstanden Dokumente von wirkungsgeschichtlicher Bedeutung. Von der Großen Brecht-Ausgabe und dem Reprint der ersten zehn Jahrgänge von *Sinn und Form* und anderen grenzüberschreitenden Kabinettstücken sowie der mannigfachen Gegenwehr gegenüber der Zensur war schon die Rede, aber auch aus einem Bündel öffentlicher Verlegeräußerungen, vom *Kunstgott oder Kunstteufel*, Anmerkungen zur Kunstkritik, vom Frühjahr 1988 bis zum Referat auf der LSV-Jahresversammlung der westdeutschen Verleger in München im Dezember 1989 unter der pressewirksamen Überschrift *BRD! Wir kommen!* läßt sich die Metamorphose herauslesen, der verlegerisches und kulturpolitisches Denken in der DDR in dieser Zeit unterworfen war.

»Wer auf die Dauer mit Menschen, mit einem Menschen zusammenleben will ..., der muß das Geheimnis des anderen respektieren.« Es war diese leise Version von Menschlichkeit, die jeder Reflexion innewohnte, die in diesen Jahren unser Leben und Streben beherrschte und die sich auf vielfach verschlungenen Wegen in der Losung *Wir sind das Volk!* niederschlug, auch wenn diese Losung dann in falsche Verhüllungen gepackt wurde. Die schöne Maxime fand sich in einem Text, den Christa Wolf im Frühjahr 1988 im Aufbau-Verlag unter dem Titel *Sommerstück* veröffentlichte. Dies war ein Buch der Erinnerung, ein Buch von Leben und Tod, von schönen Entwürfen und schlimmen Enttäuschungen, ein Buch von der Welt und ihren kleinen Behausungen, ein poetisches Buch, in dem man sich selbst entdeckte, auch wenn man sich nur selbstverloren beim Aufsammeln trockener Äste unter einem strotzenden Apfelbaum wiederfand. Es war ein Buch, wie erfunden für unsere Stimmungen, unsere erodierenden Zustände. Dabei waren wir noch ein Stück entfernt von dem eruptiven Ereignis, das uns den letzten Glauben an die Wiederbegegnung, an die ausstehende Vermählung des Sozialismus mit der Demokratie nahm, entfernt noch vom *Platz des Himmlischen Friedens*, auf dem Anfang Juni 1989 die chinesischen Studentenproteste im Blut erstickt wurden und die DDR-Volkskammer geradezu postwendend ihr Verständnis, also ihr Einverständnis zur Niederschlagung der dortigen Demokratiebewegung erklärte. Aber wie morsch das ganze System geworden war, erkannte man an den Kleinigkeiten. Auf der Internationalen Buchkunst-Ausstellung (IBA) im Mai/Juni 1989 in Leipzig verantwortete ich als Leiter die Sonderausstellung *figura 4 – Auf dem Wege zum Buch*. Mein tatkräftigster Mitarbeiter bei der Konzipierung und Zusammentragung der im Messehaus am Markt platzierten Schau war der Lektor des Aufbau-Verlages Günther Drommer. Wir hinter- und befragten in großangelegten »Autorencollagen« die Wirklichkeitsfragmente, die die Entstehung eines literarischen Textes begleiten, kamen in Berührung mit Schriftstellers Stehpult, seinen Trinkgefäßen, einer Töpferscheibe, an der er arbeitete, einem Stich, der seine Hauptfiguren festhielt, dem Interieur seines Schreibraumes, in dem sich eine Geschichte anbahnte und entwikkelte, oder einem Maskottchen, das ihm liebgeworden war und an schöne oder schmerzhafte Augenblicke erinnerte. Beeindruckende Lebensbilder entstanden. Sensationelle Details prägten sich ein.

Von Stefan Heym hatten wir eine Kladde der Staatssicherheit gefunden, die die Dunkelmänner vor seinem Haus verloren und in die sie ihre Beobachtungen eingetragen hatten. Wir hielten den Atem an, als die Schau vom Kulturministerium und der Kulturabteilung des ZK der SED abgenommen wurde. Erich Honecker hatte ein Geleitwort zu dem Prachtband geschrieben, der die Haupt- und Sonderausstellungen der IBA, also auch die *figura 4*, dokumentierte. Die Funktionäre bemerkten nicht die politische Provokation. Die Besucher honorierten sie mit Schmunzeln und Stillschweigen. Es war eine Situation, die sich für die Jahre vorher nur schlecht ausdenken ließ. War die »Götterdämmerung« bereits angebrochen? Noch wußte man nicht, woran man war. Die Demokratie in ein System zu implantieren, das Demokratie nicht haben wollte, vielleicht nicht haben konnte, wenn es nicht untergehen wollte, also die Meinung der vielen zur Meinung der Herrschenden zu machen war ein schwieriges Geschäft, und das ist es – wie die Nachwende-Bundesrepublik zeigt – bis heute geblieben.

Jedenfalls saßen wir am 7. Oktober 1989, dem 40. Gründungstag der DDR, und wenige Wochen darauf, am 9. November 1989, einem Berliner Protesttag, in häuslicher Gesellschaft zusammen und begannen die Scherben einzusammeln, die das Macht- und Autoritätsdenken aufgehäuft hatte. Wir, das waren, in wechselnder Gemeinschaft, Christoph Hein und seine Frau Christiane, Christa und Gerhard Wolf, der Filmdokumentarist Gerhard Scheumann und Frau Heide sowie Manfred Bofinger, der Karikaturist und Buchillustrator mit der gesegneten Berliner Schnauze, und Frau, Werner Hecht, der Brechtforscher, und seine Frau Christa Mühl, Filmregisseurin der DEFA, ein Intellektuellenzirkel, der wahrnahm, daß aufgrund von Realitätsverlust die Herrschenden nun tatsächlich dümmer geworden waren als das Volk, und wenn das eintrat, hatte uns der Italiener Antonio Gramsci wissen lassen, kam es zur Katastrophe. In Budapest und Prag und in Berlin, in der Ständigen Vertretung der BRD in der DDR, warteten Hunderte von DDR-Bürgern darauf, dem Land den Rücken zu kehren. In

Leipzig sammelten sich immer mehr Menschen zu den sogenannten Montagsdemonstrationen. Aus kleinen Gruppen waren Zehntausende geworden, die den Staat zur Gewaltlosigkeit aufforderten, auch wenn sie die herrschende Staatsdoktrin in Frage stellten. Gerhard Wolf war am Abend der letztgenannten Zusammenkunft besonders nervös. Mehrfach sprang er von seinem Stuhl auf, rannte in den Wintergarten und lauschte auf verdächtige Geräusche im nächtlichen Großstadtgeflüster. Tags darauf wußten wir, daß seine Tochter an einer Zusammenkunft in der Gethsemanekirche teilgenommen hatte, was nicht ohne Blessuren abgegangen war. Der »Wendepunkt der deutschen Geschichte«, den die DDR bei Gründung verkörpern sollte, strebte auf einen neuen Wendepunkt zu, den Gorbatschow in einem anderen Teil der Stadt als geschichtsträchtig umschrieb, indem er warnte, wer zu spät komme, den bestrafe das Leben.

War die Utopie aufgebraucht? Oder war nur ein Versuch verpfuscht? Konnte ein Gegenbild zu den jahrhundertelangen Gewohnheiten deutscher Geschichte vom Bauernkrieg bis zu Hitler, von Profit zu Profit, von Gewalt zu Gewalt überhaupt zertrümmert werden? Brauchte man nicht nur einen neuen Spiegel vom Charme der Volks-Demokratie, den zu suchen sich auch weiterhin lohnte?

34

»... eine unsägliche Betrübnis ergreift mich«, hatte Heinrich Heine dem Vorwort seiner *Lutetia* anvertraut, jener gefeierten Berichte über Politik, Kunst und Volksleben, die aus der Form seiner Auslandskorrespondenzen herausgewachsen waren, »wenn ich an den Untergang denke, womit das siegreiche Proletariat meine Gedichte bedroht, die mit der ganzen alten romantischen Weltordnung vergehen werden.« Erschrocken dachte der Dichter an die Zeit, wo die »dunklen Bilderstürmer, die Kommunisten«, an die Macht kämen, »mit ihren rauhen Fäusten«, dachte er, zerschlügen »sie alsdann erbarmungslos alle Marmorbilder der Schönheit, die meinem Herzen so teuer sind; sie zertrümmern alle jene Spielzeuge und phantastischen Schnurrpfeifereien der Kunst, die dem Poeten so lieb waren; sie hacken mir meine Lorbeerwälder um und pflanzen darauf Kartoffeln«. Dann trieb er die Bitterkeit auf die Spitze und schrieb: »... die Nachtigallen, die unnützen Sänger, werden fortgejagt, und mein *Buch der Lieder* wird der Krautkrämer zu Tüten verwenden, um Kaffee oder Schnupftabak darin zu schütten ...«

Nun, da man Bilanz ziehen mußte beim Heraufziehen einer Götterdämmerung, die zwar keinen Weltuntergang bedeutete, aber eine gesellschaftliche Ordnung, die man als unumkehrbar gepriesen und die selbst ihre heiligsten Feinde als wetterbeständig empfunden hatten, aus der Bahn warf, wollte ich prüfen, ob Heines Befürchtungen eingetreten waren, die er mit der vermuteten Herrschaft der »Kommunisten« verband. Indem ich die fast 45-jährige Geschichte des Berliner Aufbau-Verlags überblickte, der ja von deutschen Kommunisten in der Moskauer Emigration entworfen worden war, ergab sich sogleich ein eigenwilliges Spiel der Geschichte. Ausgerechnet ein Buch Heines hatte der Verlag schon in den ersten drei Monaten seiner Existenz in seine Bibliographie eingestellt und in 20 000 Exemplaren auf ein Papier gedruckt, um das es schade gewesen wäre, Schnupftabaktüten daraus zu falten. Es handelte sich um *Deutschland. Ein Wintermärchen*, das mit Verve und unvergleichlichem Witz ausgerüstete Epos über deutsche Zustände, das im November 1945 dem Verlag zu einem furiosen Auftakt verhalf und die Französische

Straße 32 in Berlin W 8, in den Räumen des ehemaligen Bankhauses Delbrück, Schickler & Co., als kommende Weltadresse für schöne Literatur ankündigte. Noch rauchte es aus Bergen turmhoher Trümmer in einer ungastlichen Stadt, aber die Bücher, die Heines *Wintermärchen* begleiteten, Johannes R. Bechers Roman *Abschied*, das Resümee einer Jugend als Teil einer deutschen Tragödie, oder Max Herrmann-Neißes ergreifende Gedichte mit dem Titel *Heimatfern* oder Georg Lukács' *Deutsche Literatur im Zeitalter des Imperialismus*, verrieten ein globales literaturpolitisches Konzept, das sich auf Dauer zu stellen versuchte und mit charismatischen Bekenntnissen verknüpft war. Man sah, daß so feindlich die heraufkommende neue Ordnung nicht sein konnte, wie sie Heine ehemals seinen musischen Neigungen und Interessen entgegengesetzt empfand. Die Poesie würde nicht zugrunde gehen, hieß das Signal, dessen bedurfte es nicht als Tribut, um soziale Ungerechtigkeit und Nationalismus auszuräumen, um deren Aufhebung willen der Untergang der alten Gesellschaft durchaus in Kauf zu nehmen war. Auch Heines Lorbeerwälder wurden nicht gerodet, die phantastischen Schnurrpfeifereien der Kunst nicht geschliffen, die er für unentbehrlich hielt und für die er einen Platz in unserem Leben forderte. Als zehn Jahre nach Verlagsgründung der Dichter in Berlin und Weimar aus Anlaß seines 100. Todestages besonders geehrt wurde, stand längst eine dreibändige Auswahl seiner Werke in den Regalen, neben Lessing, Kleist, Gottfried Keller und Theodor Storm, neben Shakespeares universellen Geschichts- und Charaktertragödien, neben George Bernard Shaw, Puschkin, Gogol, Turgenjew und Tolstoi, neben Fallada, Feuchtwanger, Brecht, neben Maupassants Meisternovellen, neben Montesquieu, Dumas und Cervantes, neben Thomas und Heinrich Mann, Hesse und Leonhard Frank und hundert und wieder hundert anderen klangvollen Namen, so daß später der lebende Schutzgeist der Bücher des Aufbau-Verlages, die erzählerisch glanzvolle Anna Seghers, das Bild von einem Erdball heraufbeschwören konnte, den nicht nur »ein Netz aus Längen- und Breitengraden« überzog, sondern auch ein Netz, »unerläßlich für den Frieden«, das zwischen Menschen, schreibenden und lesenden, sich aufspannte. »Vielleicht ist ein Punkt in diesem Netz Neruda am Kap Horn, vielleicht ist Laxness ein anderer Punkt auf Island, vielleicht Fedin in Moskau, vielleicht Aldridge in London. Solche lebenden Längen- und Breitengrade mit den Menschen, auf die ihre Bücher wirken, bilden ein Netz, das unzerreißbar sein muß.«

Und wie viele Autoren sollten noch hinzukommen? Hikmet und Hemingway, Vercors und Sartre, Ivo Andrić und Ernesto Cardenal, Ungarn, Portugiesen, Italiener, Bulgaren, Japaner und Brasilianer, »Marmorbilder« der schönen Literatur, die Heines Herzen teuer gewesen wären. Und auch die Nachtigallen waren nicht fortgejagt, wie Heine es prophezeit hatte, sondern sie sangen aus allen Zweigen ihre heiteren und klagenden Lieder, aus einer Vielzahl lyrischer Sammlungen, aus deutschen Originalen und Nachdichtungen aus den Literaturen aller Herren Länder. Künstler von hohem artistischem Rang schmückten häufig die Texte mit Illustrationen und steckten deren Botschaften in ein sehenswertes typographisches Gewand, so daß die Juroren unterschiedlicher Wettbewerbe zum schönen Buch an den Angeboten des Aufbau-Verlages nicht vorbeisehen konnten. Vielfach konnte der Verlag ein Feuerwerk von Einfällen abbrennen, mit denen Künstler wie Werner Klemke, Josef Hegenbarth, Arno Mohr, Herbert Sandberg, Max Schwimmer, Fritz Cremer u. v. a. seine Ausgaben beschickten. In der Pflege eines weltweiten Literaturerbes tauchte der Verlag bis in die römische und griechische Antike hinab. Was den Umgang mit der deutschen Klassik, der Aufklärungszeit, den großen Realisten des 19. Jahrhunderts betraf, galt der Verlag als erste Adresse in Deutschland. In großen Bibliotheken, die sein Signum trugen, leistete er editorische Kärrnerarbeit, und er hat, seinen verlegerischen Ahnherren aus der Weimarer Republik verpflichtet, Literatur zur Bildung und zur Unterhaltung zu volkstümlichen Preisen auf den Markt gebracht.

Wenn man also Bilanz zog, mußte man den Kommunisten, die das Unternehmen gegründet hatten, Lob zollen. Sie und ihre Nachkommen erschreckten die Dichter nicht, auch wenn sie in den Folgejahren im teuflischen Machterhaltungstrieb den einen und anderen der Dichterzunft aus ihrem Einflußbereich vertrieben. Aus der deutschen Geschichte konnten aber ihre Leistungen nicht einfach herausfallen, wie das die neue Siegermentalität nach der Wende häufig und bewußt geschehen ließ, sonst konnten die »dunklen Bilderstürmer« doch noch die Oberhand gewinnen, vor denen sich Heinrich Heine so ängstigte.

Ich wollte dies an das Ende meiner Betrachtungen und Bekenntnisse gestellt wissen, als ich die DDR als geistiger Verbündeter verließ und in neue Erlebniszonen hinüberwechseln mußte, die meinem Gesellschaftsverständnis weniger entsprachen, weil sie der utopischen Muster entbehrten, nach denen meine Generation gesucht hatte. Denn Geld allein konnte den Zusammenhalt einer Gesellschaft nicht gewährleisten, weil es beständig ins Gewöhnliche mutierte. Indem man den Gewohnheiten der Bundesrepublik entgegenging, das war die Erwartung und Schwellenangst ausgangs der 80er Jahre, mußte man sich Gedanken machen um ein Phänomen, das vierzig Jahre lang außerhalb unserer gravierenden Denkprozesse gelegen hatte. Die Freiheit, die die Bundesrepublik versprach, hatten viele als Verheißung angenommen, weil sie vor allem als Freiheit des Reisens verstanden wurde, auch wenn sie sonst ein arger Wechselbalg war. Daß man ihr aber als Habenichts entgegentaumelte, was man bisher als Lebensbeeinträchtigung gar nicht wahrgenommen hatte, war offenbar ein großes Handicap. Aus der Literatur wußte man längst, daß die bürgerliche Gesellschaft das Geld als eines ihrer heiligsten Güter verehrte. Aus Wirtschaft und Politik, Kirche, Kultur, Forschung und Bildung war es als Schmiermittel für deren Inganghalten nicht wegzudenken. Man kannte aber auch die vielen Auswüchse von Unersättlichkeit, wo Geld den Einzelnen ins Leuchtfeuer hob oder der Verkrüppelung auslieferte. Aus der Literatur ließen sich die Sozialgeschichten ganzer Reiche herauslesen und die Beschleunigungsbewegungen, die das Geld im Kapitalismus vollzog. Im 20. Jahrhundert fing es an, tollkühne Sprünge zu machen und gewagte Pirouetten zu drehen. Man sah, wie es die Freiheit niedertrampelte, in Lateinamerika und in anderen kolonialgeschichtlichen Provinzen, wie es die Regeln des menschlichen Anstands abwarf, wenn es um Mehrwert, um Profit ging.

1989 befanden wir uns auf Wanderschaft aus einer Welt, wo Geld nichts zählte, in eine Welt, wo es hoch gepriesen war und die Gesellschaft bereits gehörig lädierte. Ich staunte, wie schnell es ging, sich seinen Bewegungsspielen anzupassen. Nicht nur daß die Straßendemonstrationen den Slogan gefunden hatten: »Wenn die DM nicht zu uns kommt, gehen wir zu ihr«, auch alle Überlegungen, unsere Betriebe am Laufen zu halten, drehten sich plötzlich um die Einspielung von Kapital, nicht mehr in erster Linie, wie es in der DDR Mode war, um Konzepte und die Befriedigung von Bedürfnissen mit sparsamsten Mitteln. »Es arbeiten schon viele Unternehmergehirne«, bescheinigte der damalige Hanser-Verleger Joachim Spencker aus München meinem Vortrag, den ich Anfang Dezember 1989 vor dem AG LSV-Plenum der westdeutschen schöngeistigen und Sachbuchverleger in der bayrischen Metropole gehalten hatte. Ich war schon dabei, den Markt, das für uns relativ unbekannte Wesen, für die DDR-Verlage neu zu strukturieren. Als Chef des Verleger-Ausschusses des Leipziger Börsenvereins ging ich allerdings von der falschen Erwartung aus, daß sich die deutsche Wiedervereinigung in Form einer Konföderation vollzog und nicht in Form der Unterwerfung des einen Wirtschaftssystems unter das andere. Die Mauer aus Stahl und Beton war weg, aber die Mauer des Geldes bestand noch. Die Karenzzeit, vermutete ich, war kurz, wenn auch diese verfiel, mußte unser ökonomisches Denken, unsere Aussöhnung mit »dem Geld«, so weit fortgeschritten sein, daß man dem politischen Prozeß standhalten konnte. Was ich in München referierte, füllte im Dezember 1989 ganze Seiten der einschlägigen Branchenblätter und braucht nicht wiederholt zu werden. Es barg für den historischen Augenblick eine Menge Sprengstoff, meinte das *Frankfurter Börsenblatt*, und die Zeitschrift *Buchreport* notierte die Auffassung führender Tagungsteilnehmer mit den Worten, »unternehmerisch argumentiert hat nur Faber«. Ich führe das nicht als Selbstlob an, eher als eine Notiz zum Schmunzeln. Vor allem aber wirft es ein Licht auf die Unbeholfenheit auf beiden Seiten kurz vor der Wende. Keiner hatte mit Umsturz gerechnet, keiner hatte ausgereifte Konzepte. Wie man es auch bewertete, ich war mit streitbaren Auffassungen über das Zusammenwachsen der deutschen Verlagswelt in der Bundesrepublik angekommen. Der Aufbau-Verlag profitierte von dem Vorpreschen. Er galt als Festung, die nur schwer einzunehmen war.

35

Sieht man einmal von allen politischen Belustigungen ab, die mit jedem historischen Großereignis verbunden sind, von Schabowskis Zettelwirtschaft, von den großen Stunden der Maueröffnung, den Trabantkarawanen nach Westberlin und in grenznahe Weststädte, den bekenntnisschweren Reden der Politik, den Verheißungen und den Teufelspakten – für das DDR-Volk, für die führenden Intellektuellen, das leitende Personal in Industrie und Wirtschaft brach eine schwere Zeit an. Kultursturz ist ein sanftes Wort für die Demolierung aller gewohnten Verhältnisse, für das Auseinanderbersten der Biographien, für die Büßerarbeit, die man von einem Teil des DDR-Volkes erwartete. Man kann sich heute nicht mehr vorstellen, was alles durcheinandergewürfelt wurde, was man alles niedertrampelte, als alternativlos hinstellte (wie heute die Kriege in fremden Ländern). Entsetzliche Dinge hörte man aus der DDR. Die Kinder wurden in Ferienlager getrieben, hieß es, mit Appellen geknechtet, in ausgetrockneten Tümpeln mußten sie baden. Sogar Kartoffeln mußten sie schälen und ihr Geschirr selber abräumen. In den Kindergärten wurden Glaskugeln verschluckt, die Krankenhäuser entsorgten Frühgeburten in Mülleimern. In der Berliner Charité hätte sich das Krankenhilfspersonal nie etwas selber gekauft. Essen und Trinken hätte man immer geklaut. Auf diese Weise hätte man der DDR am besten geschadet, ließ sich die Autorin Katja Lange-Müller als ehemalige Hilfspflegerin zitieren. Die Bonzen verfügten über Gehälter wie im Schlaraffenland und wohnten in Behausungen, die ans Wunderbare grenzten, schrieben die Zeitungen. Die Ferienhäuser an der Küste und in den Bergen waren subventionierte Funktionärsburgen, wo nur Leute hinkamen, die das Parteilehrjahr besuchten. Der ganze DDR-Sport war gedopt, alle Medaillen ergaunert. Kurzum, wenn man Humor genug besaß, konnte man sich darüber lustig machen. Es gab keinen Lebensbereich, der nicht entwertet wurde. In der *Frankfurter Allgemeinen Zeitung* verstieg sich Thomas Rietzschel, der 1986 im Aufbau-Verlag einen Auswahlband der expressionistischen Wochenschrift *Die Aktion* herausgegeben hatte, zu der Albernheit, einen Börsenverein in Leipzig hätte es gar nicht gegeben, das sei nur eine Täuschung gewesen. Welche Dummheiten und Banalitäten ins Volk geschleudert wurden, durch die Zeitungen und durch schmachtende und anbiedernde Auslassungen von Leuten, die neue Posten suchten, war betörend.

Mitten im Getümmel dieser abschüssigen Informationen, aus denen man erfuhr, wie man gelebt hatte, stand meine Vertriebschefin Lore Wengler mit kalkbleichem Gesicht im Türrahmen meines Arbeitszimmers und sagte: Herr Faber, wissen Sie, was passiert ist? Unsere Bücher sind auf der Müllkippe gelandet. Ich fragte, welche Bücher? Wir haben doch gar keine politische Literatur. Nein, erwiderte sie, alles, Feuchtwanger, Heinrich Mann, die Seghers, Bände unserer *Bibliothek Deutscher Klassiker*, die Gegenwartsautoren, alles. Es war eine Kunde wie von einem fremden Stern.

Was war der Hintergrund? Schon kurz nach der Maueröffnung und verstärkt vom Januar 1990 an drängten westdeutsche Verwerter wie das Moderne Antiquariat von Manfred Pawlak im bayrischen Herrsching mit Brachialgewalt in die ostdeutschen Buchhandlungen. Die Wege waren noch illegal, auf denen sie in tonnenschweren Lastzügen Bücher herankarrten, auf die das DDR-Volk begierig wartete, Kochbücher, Gartenbücher, Ratgeber für alle Lebenslagen, vor allem Reiseführer und Reiseliteratur über die Weltgegenden, die die DDR-Bürger noch nicht gesehen hatten. Der Hunger nach diesen Büchern war begreiflich, nun wurde die begehrte Ware palettenweise in die Buchhandlungen geschoben, so daß für das bisherige Angebot kein Platz mehr blieb. Da in der öffentlichen Meinung alles entmündigt wurde, was auch nur einen minimalen DDR-Geruch hatte, wurde ausgeräumt, Bücher des Aufbau-Verlags, des Verlags Volk und Welt, von Reclam und Insel, traditionsreichste Verlegerkreationen, Autoren von Weltruf, als wären sie plötzlich von schwärenden Wunden übersät. Die Bücher der politisch geprägten Verlage flogen sowieso aus den Regalen. Eine literarisch gebildete Buchhändlergeneration sackte plötzlich weg in die Untiefen der Marktgläubigkeit. Für den historischen Augenblick war es eine Obsession, ein Zwang nach Anderswerden, nach Anderssein, der historisches Bewußtsein – jedenfalls zeitweilig – über Bord warf. Die Folge davon war, daß Bücherberge zum Auslieferer, dem Leipziger Kommissions- und Großbuchhandel (LKG), zurückfluteten, so daß der DDR-Auslieferungsmonopolist seiner Not kein Ende wußte. Die Laufgänge des Unternehmens, Speisesaal und Nebengemächer waren vollgestopft mit Remittenden, Zelte wurden aufgeschlagen, Plastikplanen als notdürftige Unterkünfte für das bedruckte Papier benutzt. Aber nicht nur die Buchhandlungen räumten aus, auch die Stadt- und Kreisbibliotheken und andere kommunale Einrichtungen entsorgten, was sie für überholt hielten, darunter das Beständigste an Weltwissen und Weltgeschmack, nur weil es in der DDR hergestellt war. Es war ein Teufelstanz, wie ihn nur tiefe gesellschaftliche Umbrüche hervorbrachten. Ich hätte es mir nicht träumen lassen, daß der Vereinigungsprozeß mit einem Massenwahn beginnen könnte, wo radikal das weggeworfen wurde, worauf man vor kurzem noch gläubig gestarrt hatte. Beim LKG mußte man Rat schaffen. Der große Teil der aussortierten, zurückgeschickten, stehengelassenen Bücher wurde Recyclingfirmen überantwortet. Fahrzeuge des Axel-Springer-Konzerns transportierten die Bücher zum Verschreddern nach Köln, ein Vorgang, der dem westdeutschen Verlagsgewerbe längst geläufig war, vor allem wenn es um weit überzogene »Bestseller«auflagen ging, für DDR-Gefühl war das aber eine Absonderlichkeit ersten Grades. Zwei Lastzüge mit insgesamt 16 Paletten landeten in einer Kiesgrube bei Leipzig, dem Erdloch eines übereifrigen privaten Grundstücksbesitzers, das nicht schnell genug zugeschüttet werden konnte. Die Paletten waren Remittenden aus Buchhandlungen und Rücksendungen aus der Tschechoslowakei, ein minimales Konvolut gegenüber dem, was zurückflutete und in den Papiermühlen verschwand. Außerdem passierten im Tohuwabohu des Umbruchs Dinge, die nie an die Öffentlichkeit kamen. Ein Beispiel: Kurz vor der Wende hatte das Bibliographische Institut Leipzig noch 100 000 Duden gedruckt. Nach dem Mauerfall untersagte das Bibliographische Institut Mannheim den weiteren Vertrieb des sogenannten Ost-Dudens. Ein Duden, der Mannheimer, genügte für ganz Deutschland. Was sollte aus den Leipziger Beständen werden? Westdeutsche Antworten gab es darauf nicht.

Die Müllkippe war kein Ort zum Stöbern, aber schneller, als man denken konnte, waren die Spürhunde des Sammler- und Trödelwesens zur Stelle, um sich Leckerbissen herauszufischen, die andere verschmähten. Ein Augenblick nur, der genügte, um eine Legende entstehen zu lassen, die Legende von der Müllkippe der bösen Bolschewisten, die deutsches und internationales Kulturgut vernichteten. Diese Legende wurde durch alle Medien geschleppt und hörte sich noch nach Jahrzehnten, durch ständige Wiederholung, wie die blanke Wahrheit an. Den etwa 8 000 verkippten Büchern aus den Lagern des LKG, die der Zeitgeist zurückgespült hatte, stand eine ganz andere Vernichtungsaktion zur Seite, die in ihrer Kompaktheit nirgends Erwähnung fand. Nach Aussagen der damaligen Landrätin wurden in dem Leipzig benachbarten Kreis Borna in der Nachwendezeit etwa 80 000 Arbeitsplätze vernichtet, viele in weithin prägenden Großbetrieben wie dem Chemischen Kombinat Böhlen und dem Kombinat Espenhain.

Mit diesen verschwanden auch die (häufig gewerkschaftlichen) Betriebsbibliotheken mit Abertausenden von Bänden, entlassen aus dem Bündnis des Arbeiters mit der Literatur, das man auf die Fahnen des Leselandes DDR geschrieben hatte und das nicht nur ein Trugbild war. Dieser Zerfall eines großen Bildungswerks paßte nicht in die Spalten der neuen Propaganda. Was dagegen die Müllkippe des LKG betraf, stellte sich rasch der westdeutsche Samariter ein, der sich als Gegenbild aufbauen ließ.

Pfarrer Weskott aus Katlenburg im Westharz steht bei mir in höchsten Ehren, aber die DDR-Bücher, die er sich in seine Scheune holte und in bares Geld für die Welthungerhilfe ummünzte, hat er nicht, höchstens zum kleinen Teil, von der Müllkippe aufgesammelt. Diese Bücher standen paletten- und kartonweise vor den Türen der Buchhandlungen und Bibliotheken und brauchten nur abgeholt zu werden. Geschah das nicht, wurden sie nach Katlenburg geschickt. Des Pfarrer Weskotts Bücherscheune war eine bequeme Adresse, um sich, wie es hieß, von den Altlasten zu befreien, aus denen man später auf dem deutschen Antiquariatsmarkt Bücher einkaufen konnte, wo einem vor Entsetzen oder Entzücken das Herz stehenblieb. Ich kaufte zum Beispiel das zauberhafte Kinderbuch von Christoph Hein *Das Wildpferd unterm Kachelofen* vom Altberliner Verlag, das 1984 gleichzeitig in einer schönen Lizenzausgabe auch bei Beltz & Gelberg, Weinheim und Basel, erschienen war, mit einer Einstempelung, die lautete: *Stadt- und Kreisbibliothek Apolda – Ausgemerzt*. Die Rückkehr teuflischer Begriffe aus dem Tausendjährigen Reich in die

Wendezeit hatte stattgefunden. War es da noch ein Wunder, daß im September 1991 ein Geschäftsträger der Treuhandanstalt in einer denkwürdigen Arabeske behaupten konnte, der Aufbau-Verlag solle das Verlagsgeschäft sein lassen, er hätte doch seit eh und je nichts anderes verlegt als Marx und Engels. Die Abwicklung unserer jahrzehntelangen geistigen Anstrengungen samt unserer Biographien bekam konkrete Namen in den Vollstreckern des Abräumens, den Ämtern und Institutionen wie der Stadt- und Kreisbibliothek Apolda, wie in den Anstiftern, die in den neuen Führungsetagen saßen. Der Mann, der die Dummheit über den Aufbau-Verlag aus sich hatte heraussticben lassen, war ein Personalleiter der Treuhand.

Die Strapazen des Neuanfangs wurden sichtbar. DDR-Erfahrung war keinen Schuß Pulver mehr wert. Im Kulturbereich war schon das bloße Nachdenken darüber ein verteuflungswürdiges Delikt. Das Vergessenmachen wurde sprachlich eingerahmt. In der Bibliothek, einem Teil der Kultur, hieß es *ausmerzen – ausgemerzt,* in der Politik hieß das Stichwort *Unrechtsstaat,* in der Wirtschaft *marodes Potential,* die Sprache war Leuten ausgeliefert von bedenklicher Unbekümmertheit. Es waren weniger die windigen Erlebnisse, die sich selbst ad absurdum führten wie die Second-hand-Geschäfte des bayrischen Büchermaklers Manfred Pawlak, der die Buchhandlungen mit seinen Zweitbeständen vollstopfte. Diese reckten sich bald zu Verweigerungstürmen hoch, die zu Dritt- und Viertverwertungen in ländliche Provinzen versetzt werden mußten. Das ging vorbei. Mehr bedrückte die DDR-Verleger, daß scheinbar gesicherte Erfahrungen über Nacht veralteten. Die Zweistaatlichkeit hatte Gewohnheiten hervorgebracht, die nichts mehr wert waren. Zu wem gehörten nun die Autoren, die in geteilter Zeit von deutschen Verlagen in Ost und West betreut wurden? Wessen Übersetzungen würden sich auf einheitlichem Territorium durchsetzen? Alles trat gegeneinander in Konkurrenz. Die DDR-Seite zog häufig den Kürzeren, weil ihr das Geld fehlte. Ein Beschluß der Treuhand hatte den Verlagen bei Überführung in Kapitalgesellschaften, in private GmbHs, auch noch den letzten Gewinngroschen weggenommen. Sie wurden wirklich *frei* von allen Rücklagen in die Privatwirtschaft entlassen. Der große Markt der Ostblockstaaten, der bis zur Wende nach DDR-Büchern regelrecht gegiert hatte, brach zusammen. Die großen Konzerne des Westens nutzten augenblicklich ihre Chance, auch diese Territorien mit Büchern einzudecken, oft zu Bedingungen, die jeden anderen Konkurrenzversuch einebneten.

In dieser strapaziösen Zeit machte ich mir Gedanken über die Verfaßtheit der Literatur. Wie würde sie mit den neuen Bedingungen fertigwerden? Wie würden die Schicksale, die jetzt strauchelten, die jetzt aus dem geschichtlichen Augenblick emporwuchsen, in ihr widerhallen?

Ein Erzählungsband von Anna Seghers, der großen Aufbau-Autorin, der 1990 anläßlich ihres 90. Geburtstages erschien, verführte mich zu Meditationen über die *DDR-Literatur ohne Mauer.* Seghers' Geschichten *Post ins gelobte Land* verleiteten mich zu dem Gedankensprung *Fort ins gelobte Land,* weil ich glaubte, ihre Geschichten, zwischen 1926 und 1977 geschrieben, seien plötzlich unsere Geschichten von 1989, wir seien die argonautischen Helden, an fremde Gestade geworfen, von Niederlagen heimgesucht und doch mit der Hoffnung, sich erfolgreich gegen den Untergang stemmen zu können. Ich staunte, wie genau die Beobachtungen der Autorin, die Freuden und Bedrückungen ihrer Helden übereinstimmten mit dem eigenen Leben, wie die Verhältnisse in Zeiten des Aufruhrs und Umbruchs sich ähnelten. Seghers hatte sich durch Schreiben ihre Hoffnungen bewahrt, und vielleicht war dies, wie es die Seghers-Verehrerin Christa Wolf einmal vermerkte, die einzige Möglichkeit, sich nicht selbst zu verfehlen. Also verlangte ich von meinen Autoren gerade in den Wende-monaten ein unerschrockenes Schreiben, für und wider den Zeitgeist, wie es die Wahrhaftigkeit erforderte. Die Be-wahrung der Geschichte in mit menschlichen Schicksalen reich ausgestatteten literarischen Texten schien in Rück-stand zu geraten. Die politischen Wirren der späten achtzi-ger und der ersten Wendejahre schlugen sich vornehmlich in publizistischen Texten nieder, deren grandioses Aufblü-hen viele Verlagsprogramme beherrschte. In Tagebüchern, fertigen und unfertigen Autobiographien, Reden und Auf-sätzen, Reporten und Reportagen wurde Überfälliges nach-gereicht, wurden Zeitbilder dokumentiert, die sich als minutiöse Gedächtnisstützen für den Verfall und das Auf-erstehen des wirklichen Lebens verstehen wollten. Das war gut so, aber durch diese Anspannungen verschlissen die li-terarischen Autoren ihr eigentliches Amt, Schicksale zu sammeln und aufzuheben in poesiereichen Strophen, in Prosa von feinster Kultur. Die raschlebige Zeit verleitete zu sich rasch verbrauchenden Texten. Die Autoren saßen in Komitees und Untersuchungsausschüssen, in Sitzungen und Versammlungen, redeten in vollbesetzten Sälen und auf öffentlichen Plätzen, gaben Wahltipps und Interviews. Es war ein großes Erlebnis, die pragmatische Einmischung der schreibenden Zunft in zermürbende öffentliche Ange-legenheiten, nur bald darauf merkte sie, daß ihre Rat-schläge nicht oder nicht mehr gebraucht wurden. So sehr hatten sich die Verhältnisse dann doch nicht geändert. Ich dachte wieder an Siegfried Lenz und seine wunderbaren Einlassungen zum Thema Phantasie. Was wir brauchten, war nicht das Spektakel der Straße, wir brauchten ein Spek-takel neuer Einbildungskraft, neuer Zukunftsvisionen. Aber ausgerechnet das schien uns die Wende schuldig zu bleiben. Dabei verschaffte sie der DDR-Literatur und ihren bisherigen Akteuren neue Spielräume. Die Literatur brauchte nicht mehr Geschäfte zu besorgen, die sie als Stellvertreterin wahrgenommen hatte. Tabuisierte Themen, von Staat und Partei beargwöhnte Vorgänge und Gegenstände wurden jetzt jeden Tag in den Zeitungen erörtert. Die Mittelmäßigkeit des Lebens wurde dort ausreichend mittelmäßig behandelt. Die Literatur konnte sich besinnen auf das, was sie in den Glanzstücken ihrer Autoren meisterhaft zelebriert hatte und was vielleicht eine besondere Tugend der DDR-Literatur war: den Menschen in seiner sinnlichen Ganzheit zu erfassen, statt ihn unentwegt in die kümmerlichen Häppchen seiner Existenz zu zerlegen. Vielleicht konnte gerade dies ihre Stellung weiter verbessern, die sie sich im Ensemble der europäischen Literaturen erschrieben hatte unter den besonderen Bedrängnissen und Verwundungen des Lebens in der DDR.

36

Im September 1990 steckte ich eine Karte in den Karteikasten meiner Erinnerungen, die eine erste – winzige – Bilanz der Wendezeit zog und eine Erwartung festhielt: »Wir hätten die Chance gehabt«, hieß es da, »im Zuge der deutschen Einheit innezuhalten und auf dem Hintergrund einer kontroversen geschichtlichen Erfahrung auch im Buchbereich nach Modellen für die Zukunft zu suchen. Wir scheinen die Chance zu verpassen«, wie auf vielen anderen Gebieten des gesellschaftlichen Lebens auch, müßte man heute hinzufügen. »Oder bleibt tatsächlich noch ein Weg nach oben, wenn alle anderen Wege verstellt sind? Das deutsche Verlagswesen verändert sich. Zu den gesicherten Unternehmen der Bundesrepublik kommen die gesicherten Unternehmen der DDR hinzu. Die Kleinverlage West erhalten Zustrom von den Kleinverlagen Ost. Schon fürchten Arrivierte das bunte Volk der Neugründer. Es ist wieder ein wenig mehr Enthusiasmus zu spüren, ein wenig mehr Einbildungskraft, als es die kommerzialisierte Branche gewöhnt ist. Autoren tragen ihre Manuskripte nicht mehr allein von Ost nach West. Richtungen ändern sich. Leser stürzen sich in neue Leseabenteuer. Auf beiden Seiten entdecken Bücherfreunde neue Welten. Der Hunger auf die sinnliche Welt schlägt in den Buchläden der DDR manche Eskapaden. Langsam beginnen die Alphabeten auf beiden Seiten zu begreifen, daß ihnen etwas vorenthalten worden ist. Der deutsche Buchmarkt ist in Aufbruchstimmung. Autoren, Verleger und Buchhändler sollten dafür sorgen, daß er nicht nur die Kaufmannsseele zufriedenstellt.«

Merkwürdige Reminiszensen.

Wir könnten darüber nachdenken, ob die Bücherwelt, der Literaturmarkt tatsächlich besser geworden sind. Und wir haben darüber nachzudenken, ob die Wendejahre wenigstens die eine Verheißung erfüllten, eine Hälfte unseres Kontinents, Osteuropa, für die andere Hälfte, Westeuropa, literarisch besser sichtbar zu machen, möglichst hell auszuleuchten – und umgekehrt natürlich auch. Leicht können wir feststellen, daß wir da nach wie vor nur mit der Funzel unterwegs sind und – wie der griechische Philosoph Diogenes – vergeblich nach den (historischen) Wahrheiten suchen. Den politischen und sozialen Verstrickungen des letzten Jahrhunderts in beiden Teilen Europas auf den Grund zu kommen bleibt eine Jahrhundertaufgabe für die Literatur. Das Buch scheint mir unerläßlich für das Selbstverständnis des europäischen Menschen, wenn wir nicht allein dem Euro, also dem Geld, die Bewahrung unseres Lebens anvertrauen wollen. Die Wendezeit. Viele haben diese als eine Art Kultursturz, als Abwicklung und Neuanfang in einem erlebt, als wäre die DDR-Welt ein großes Ginkgo-Blatt, das sich selbst getrennt und sich als zwei in einem wiedergefunden hätte, wie es Goethe in seinen lyrischen Dichtungen beschrieben hat.

Tatsächlich waren die Jahre 1989/90 und danach eine zerstrittene Zeit. Jeder mußte auf seine Weise mit dem Untergang der DDR-Gesellschaft fertigwerden. Die ihr anhingen, mußten sich ins Rechte denken, warum der Sozialismus so pervertiert war, warum die Utopie so abrupt und lautlos zerstob. Die die DDR nicht mochten, frohlockten, wurden aber dennoch in den Abgrund sozialer Unsicherheit und Arbeitslosigkeit hinabgestoßen. Beide Bevölkerungsteile mußten über Kommendes nachdenken, über Modelle gesellschaftlicher Organisation in zukünftigen Jahrzehnten. Dies war eine Kraftprobe für jedermann, an welcher Stelle er auch stand. In dieser zerrissenen Zeit erreichte mich als Aufbau-Verleger im Februar 1990 der schöne Brief einer »Weiberrunde«, zu der Helga Königsdorf, Irmtraud Morgner, Helga Schütz, Christa Wolf und andere Autorinnen des Aufbau-Verlages gehörten, in dem sie mich wissen ließen, »daß es jetzt in unser aller Interesse ist, daß Du Dich nicht schwach fühlst«. Dieser Brief war wie Post nicht ins, sondern aus dem gelobten Land, um Anna Seghers' Metapher noch einmal aufzunehmen, und stärkte den Mut, die Mammutaufgabe in Angriff zu nehmen, den Aufbau-Verlag in ein zweites Zeitalter zu führen.

Man will es sich heute nicht mehr vorstellen, eine eingespielte Verlagsmannschaft von 185 Mitarbeitern auf etwa 60 zu reduzieren, weil sich die Prämissen von Verlagsarbeit gravierend veränderten. Zählte bisher gnadenloser Anspruch an die Seriosität der Inhalte und die Solidität der Editionsarbeit zu den Richtlinien der Verlagsphilosophie, so entschied jetzt gnadenlose Schnelligkeit im Rennen um den Platz an der Sonne. Die Muße, manchmal die Langsamkeit, in deren Nachbarschaft die Bücher reiften, wurden abgelöst von Hektik, geschulter Betriebsamkeit und dem Willen zur Aktion, zu Aktionen, was rasch in den lächerlichen Anglizismus *action* hinüberwechseln konnte. Der neue Modus vivendi der Verlagsarbeit sollte mit weniger Leuten den gleichen Ertrag herstellen. Entweder hatten wir bisher geschlafen, oder die Kollegen in den Westverlagen hatten Siebenmeilenstiefel an. Bald merkte man aber, daß auch dort nur mit Wasser gekocht wurde und daß häufig unseren Ausgaben, den Bibliotheken der klassischen Literatur, den literaturwissenschaftlichen Publikationen, den Übersetzungen die besseren Qualitätsprädikate zugesprochen wurden. Freilich mußte man auch feststellen, daß der Markt, diese unheilige Allianz der Medien und Claqueure der Werbeindustrie, die Nachhaltigkeit unserer Verlagsauffassungen nicht angemessen honorierte, so daß die lästerliche Vermutung auszusprechen ist, daß vorerst die großen Zampanos der Schnellunterhaltung die Dirigenten des modernen Literaturbetriebs blieben, vorerst, meinte ich. Wie die Verlage am Ende des 21. Jahrhunderts aussehen würden, wußte keiner. Würden sie Oasen der Bedachtsamkeit sein, in der die Bücher als einzige Waffe »gegen die Welt der Rohheit« benutzt werden, wie es Milan Kundera in seinem Roman *Die unerträgliche Leichtigkeit des Seins* einmal aussprach, oder werden es Herbergen uns noch fremder Erscheinungen, in denen Digitalfetischisten unsere schöne Sprache in irgendwelche Zahlenfolgen zerlegen?

Ferne Zeiten. Jetzt mußte man sich von wunderbaren Akteuren verabschieden, von Lektoren, Vertriebsleuten, Korrektoren und Herstellern mit großer Sachkompetenz und meist von hoher Bildung und noblem Charakter. Diese Besorgnisse waren es vor allem, die den Verlagsalltag bedrückten und im Umbruchjahr 1990 die Kräfte anspannten. Man mußte versuchen, obwohl der stolze und reiche

Verlag über Nacht viel ärmlicher geworden war, das Autorenensemble zusammenzuhalten. Die Verlage der alten Bundesrepublik sparten nicht mit lukrativen Angeboten, um vor allem die in der Welt bekannten Autoren von Aufbau wegzulocken. Bedenkliche Kaufmannsmanieren beherrschten die Gespräche, wenn es um die Wahrnehmung von Rechten ging, die man sich im geteilten Deutschland geteilt hatte. Dort spielten manche Verleger der Bundesrepublik immer noch auf den Klaviaturen der Hallstein-Doktrin und meinten, daß nur sie die Autoren in ganz Deutschland vertreten könnten, obwohl die Original- bzw. Weltrechte beim Aufbau-Verlag in Ostberlin lagen. Ein besonders eigenwilliger Interpretationskünstler war der Rowohlt-Chef Michael Naumann, in dessen Weltbild es partout nicht unterzubringen war, daß wir Deutschen im Osten nun den gleichen Rechtsvorschriften gehorchen wollten wie die Deutschen im Westen. Ohnehin mußte man rückblickend feststellen, daß Lizenzverträge, die in den fünfziger Jahren zwischen Ost und West geschlossen wurden, einen argen Hang zur wirtschaftlichen Übertölpelung verrieten, weil die DDR ein armes, die Bundesrepublik stets das reiche Land war mit der konvertierbaren Währung. Gesten der deutsch-deutschen Aussöhnung hatten damals das Verlegerpaar Walter Janka/Ernst Rowohlt ausgezeichnet, aber die Verträge, die sie abschlossen, zum Beispiel zu Büchern von Hans Fallada, waren von strangulierenden Paragraphen geprägt, wie sie in keinem Vertrag zwischen Verlagen der Bundesrepublik oder zwischen Verlagen im westlichen Ausland Unterschlupf gefunden hätten. Ich war angesichts auch dieser Hypotheken darauf angewiesen, ein paar unpopuläre Entschlüsse zu fassen.

Seit der Wende hielt ich über Monate hinweg die Autoren des Aufbau-Verlages in stark frequentierten Autorenversammlungen über die aktuellen Geschehnisse auf dem

Laufenden. Es war vieles zu besprechen. Der Verlag befand sich auf dem Weg vom sogenannten Volkseigentum in eine privatwirtschaftlich organisierte Gesellschaft. Die Karenzzeit, der Schwebezustand, nannte sich GmbH in Gründung. Es waren turbulente Zusammenkünfte, die ich in der lichtdurchfluteten Kantine moderierte, die ehemals die Schalterhalle des Bankhauses Delbrück, Schickler & Co. gewesen war. Ich erfuhr Sachen, die ich bis dahin noch nie gehört hatte. So wußten beispielsweise einige Autoren, daß der Verlag Parteibesitz war. Ich wußte das nicht. Ich konnte nur mit den Schultern zucken. Andere hatten davon gehört, daß sich der junge Gysi das Unternehmen unter den Nagel reißen wollte. Alles, was mit Partei zu tun hatte, war des Teufels. Die Gerüchteküche, die sich im Land austobte, machte um die Autoren keinen Bogen. Es war keine poetische Zeit, jedenfalls nicht für die, die die Betriebe durch die gesellschaftlichen Turbulenzen hindurchsteuern mußten. Im Ergebnis der Autorenversammlungen entstand ein Autorenbeirat, der die Verlagsleitung beratend begleiten sollte und in einem vergleichbaren Gremium beim Luchterhand Verlag in Frankfurt/Main sein Vorbild hatte. Ihm gehörten Christoph Hein als Sprecher, Heinz Kahlau, Helga Königsdorf, Erwin Strittmatter und Christa Wolf an. Von westdeutscher Seite nahmen zeitweise Günter Grass und Peter Härtling an Begegnungen teil, die als Luchterhand-Autoren im Umgang mit solchem Beratergremium bereits Erfahrung hatten. Es gab eine Stimmung, daß der Aufbau-Verlag die schwierigen Aufgaben, vor denen er stand, nicht packen könnte. Man schlug vor, sämtliche Taschenbuchrechte der Aufbau-Autoren an Luchterhand zu verkaufen, und wußte sich mit dieser Überlegung auch mit einem Großteil der Autoren, die nicht dem Beirat angehörten, einig. Das war der Virus, der zur Wendezeit in vielen steckte, das Mißtrauen gegenüber der eigenen Kraft. Der Westen als Lichtgestalt, die alles lösen konnte. Ich mußte Beirat und Autoren erklären, daß die Arbeitsteilung seit langem stattgefunden hatte. Die Autoren schrieben die Bücher. Die Verleger bündelten sie zu Programmen und brachten sie an Frau und Mann, und da das Risiko einer erfolgreichen Verbreitung bei ihnen lag, faßten sie auch ihre eigenen Entschlüsse. So gründete ich Ende Januar 1990 in einem Akt von Selbstschutz und Selbstachtung, der zu dieser Zeit zugleich das Potential der Selbstzerstörung in sich trug, den Aufbau Taschenbuch Verlag. Ich hatte kaum Verbündete. Auch mein Leitungsstab betrachtete den Entschluß als eine Art Hasardspiel. Nur der Lektor Günther Drommer hielt die Fahne mit hoch und schmiedete mit ein paar Enthusiasten, die in der Gründung zugleich die eigene Überlebenschance erkannten, in Tag- und Nachtarbeit ein Programm, das Zukunft in sich trug. Drommer wurde der Programmchef des Unternehmens, das nun die Aufbau-Gruppe mit Aufbau und Rütten & Loening sinnvoll ergänzte.

Als die Gründung publik wurde, überschütteten uns die Zeitungen und viele Verleger der Bundesrepublik mit Skepsis und Häme. In München, Frankfurt, Köln und anderen Städten hieß es, ich sei größenwahnsinnig geworden. Man konnte sich nicht vorstellen, daß wir auch von dem Kuchen etwas abhaben wollten, den wir durch die Beförderung und Herstellung der deutschen Einheit selbst gebakken hatten, daß wir also bei der Neuverteilung des Buchmarktes ein Wort mitreden wollten. Ein nobler Münchner Verleger, Wolfram Göbel, der Chef des Deutschen Taschenbuch Verlages (dtv), verstand das und begrüßte uns in einer Laudatio während der Leipziger Frühjahrsmesse 1991 im Kreis der deutschen Taschenbuchverleger. Im Klinger-Saal des Museums der Bildenden Künste prickelte es vor Erwartung, als wir den Slogan *Das Alphabet des Lesens beginnt mit Aufbau Taschenbuch* in die Welt setzten und die ersten 50 Titel vorstellten, mit denen unsere, des Lesers, »Gedanken in den Himmel wachsen« sollten. Blickte man später zurück, staunte man über die Verwegenheit jener Tage, die freilich auf ein solides Fundament gestellt war. Der Aufbau-Verlag als der größte belletristische Verlag der DDR mit Weltrechten von Heinrich Mann, Lion Feuchtwanger, Arnold Zweig, Anna Seghers, Egon Erwin Kisch und vielen anderen bedeutenden Autoren verfügte in seinem Fundus über 10 000 sorgfältig edierte Titel, auf die sich das Taschenbuch zunächst auch ohne neue Kreationen, ohne Neueinkäufe von Lizenzen beziehen konnte. Das Taschenbuchprogramm begann mit Band 1 in eigener Sache, mit Autoren- und Verlegerbriefen 1945–1949 unter dem Titel *Allein mit Lebensmittelkarten ist es nicht auszuhalten.* Das Erstlingswerk des neuen Verlages, für Sammler ein Merkzeichen! Alle Vorreden beiseite, alle Lobpreisungen und Verteufelungen vergessen, ohne den Aufbau Taschenbuch Verlag wäre die Aufbau-Verlagsgruppe nicht lebensfähig geblieben.

Ich schaue auf die Rotation jener Tage, auf die Drehbewegungen des eigenen Körpers, der eigenen Seele mit einer gewissen Genugtuung zurück. Neben dem Aufbau Taschenbuch Verlag beförderten diese Spannungen noch ein zweites Verlagsunternehmen ins Leben, den Verlag Faber & Faber, im September 1990 in Berlin gegründet, der sich zehn Jahre später, von Leipzig aus, nach dem Urteil der Presse zur ersten Adresse in Deutschland für illustrierte Bücher hochgearbeitet und mit spektakulären Verlagsreihen wie *Die Graphischen Bücher – Erstlingswerke deutscher Autoren des 20. Jahrhunderts* oder *Kultbücher der Weltliteratur in illustrierten Ausgaben* als Institution für unverblaßte deutsche Buchkultur inauguriert hatte.

Dennoch: Es war keine poetische Zeit.

Eine Versammlung jagte die andere. Journalisten gaben

sich die Türklinke in die Hand und fragten, was man für ein Parteibuch in der Tasche hätte. Es interessierte sie weniger unsere fachliche Arbeit, mehr unser Niedergang und ihre politischen Schuldzuweisungen. Für sie waren wir bereits erledigt, vor allem für die einwandernden Helden aus Bayern, denen der CSU-Paß aus der Tasche lugte. Das Diktat eines neuen Zeitgeistes kündigte sich an. Von Tribunalen war die Rede. Der Verlag setzte dem *Deutsche Lebensläufe* entgegen: Stephan Hermlin, Hilde Eisler, Wolfgang Ullmann, Konrad Weiß, Egon Bahr, deutsche Geschichte in Personenbildern, deren Bewegtheit oft die Grenzen des Faßbaren überschritt, Zerrissenheit und Kontinuum in einem. Wir hatten gelebt, wie überall auf der Welt, auf unterschiedliche Weise. Wir mußten einander zuhören. Das war die Forderung der Zeit, die wir in einer besonderen Taschenbuchserie *Texte zur Zeit* unterzubringen versuchten. Denn mit den tapsigen und tolldreisten Rundumschlägen, vor denen nicht einmal die aktuelle Literaturkritik gefeit war, konnte man nichts anfangen. Reich-Ranicki hatte plötzlich vergessen, was er über DDR-Autoren wie Hermann Kant gesagt hatte, Fritz J. Raddatz auch. Es war lustig, ihre Urteile von vor und nach der Wende zu vergleichen. Es war zum Hinschmeißen. Die Betrachtung von DDR-Literatur erhielt einen anderen Bezugspunkt. Nicht mehr der Text war das Kriterium der wetterwendischen, von der politischen Großwetterlage unterminierten Urteile, sondern deren Wohlverhalten gegenüber Sozialismus und Kapitalismus. Es drehte sich etwas um. Was man jahrzehntelang verworfen hatte, wurde jetzt eigenes Schießpulver. Nun wurden literarische Texte nicht mehr nach ihrem Aufklärungscharakter, ihrer Textgestalt untersucht, sondern nach ihrer Staatsnähe, nach ihrem möglichen Fälschungspotential gegenüber der Wirklichkeit, weil die Autoren nach Ansicht der Westkritiker das falsche Leben gelebt hatten. Diese Ansichten trieben kuriose Blüten wie bei Karl Corino und seinen Spiegelfechtereien zu Stephan Hermlin und führten letztendlich zu dem schwarzen Humor um Christa Wolf, die Presse und »Geschichtsaufarbeitung« wie andere bedeutende Künstler der DDR, wie Heiner Müller oder den Leipziger Maler Wolfgang Mattheuer, plötzlich zu Staatsdienern erklären wollten. Als könnte man mit dem für Literatur und Kunst absurden Begriff »Staatsnähe« ganze in der Welt anerkannte Werkgruppen aus dem Felde schlagen. Die Verblüfftheit über diese dummdreisten Streiche war so groß, daß sich sogar Christa Wolf eine Zeitlang am Spieß braten ließ, während an Heiner Müller alles abtropfte; er dachte wie vormals Götz von Berlichingen. Die in Literatur und Kunst ansässigen Galionsfiguren des Reformpotentials in der DDR als Staatskünstler zu definieren, sie damit diffamieren zu wollen, war der Versuch, die Hoffnung auf ein anderes Gesellschaftsmodell als das des Kapitalismus endgültig zu zerstören und die Aufarbeitung aktueller Gesellschaftskonflikte zu verzögern. Derweil präsentierte sich der Kapitalismus in seinem schönsten Gewand. Die Läden waren vollgestopft mit veritablen Angeboten. In den Glasscheiben der Autohäuser spiegelten sich die feinsten Modelle, auf den Höfen standen die abgewirtschafteten Karossen. Auf den Gebrauchtmärkten veredelten die Geldsäcke der westlichen Heranschaffer ihre kostbare Münze, bis die ersten Ermattungserscheinungen auftraten, auf beiden Seiten. Der Nachschub wurde ärmlicher, die Nachfrage schwindsüchtiger.

So wie man Kunst- und Literaturszene zu zersplittern versuchte durch unselige Debatten à la Christa Wolf, so bemühte man sich, das Führungspersonal der DDR-Betriebe, soweit es noch nicht vertrieben war, im Wohlgefühl saturierter Lebensweise zu ersticken. Ich erinnere mich an eine

Zusammenkunft ostdeutscher Führungskräfte im Steigenberger Hotel in Westberlin. Kurt Biedenkopf hielt einen Vortrag, dreistündig, ohne Spickzettel, ohne Merkstütze. Er parlierte über Gegenwart und Zukunft, über Risiken und Sachzwänge des Wirtschaftslebens, über die Tücken und Schönheiten der Politik, über bevorstehende europäische Völkerwanderungen u. v. m. Die Kunst des Vortrags beflügelte die Kunst des Zuhörens. Es war beeindruckend. Eine Meisterleistung. Ich dachte an Referate von Ulbricht und Honecker, an die kläglichen rhetorischen Versuche von Provinzfürsten, an den ganzen nebulösen Schnee von gestern, dachte, wie Rede strahlen konnte, wie lässig sich alles durcheinanderwürfeln ließ, die ganze Welt, wenn es darauf ankam. Am Ende dachte ich aber: Die Falschmünzerei würde wohl nie aufhören, das Anmalen von Geschichte mit selbstgemischten Farben. Ich war verblüfft über die Ähnlichkeiten der politischen Akteure, sosehr sie sich auch in Charme und Eleganz und im Umgang mit der Sprache voneinander unterschieden. Sie heiligten die eigenen Zwecke und die Mittel auch, wie die Jesuiten.

Als wir aus der Welt des Parlierens heraustraten, führte der Weg, wie gewohnt, zum Buffet. Die Tische bogen sich unter der Last der ausgestellten Kreationen. Die Stirnseite des Dreiflügelarrangements mußte ein Chocolatier dekoriert haben. Die Fähnchen der Bundesrepublik flatterten im Wind der Wohlgerüche. Ich dachte an Brechts schiefe poetische Verlautbarungen: Erst kommt das Fressen, dann die Moral. Würden uns diese schrägen Haussegen einholen?

Nach dem Gelage fanden sich Gesprächsrunden zusammen. Ich wurde von einem Zweierteam mit einer seltsamen Frage überrumpelt. Warum ich in das Gebäude des Aufbau-Verlags in der Französischen Straße 32 noch investieren würde? Ich hätte das Dach neu gedeckt, aber das

Haus würde mir bald nicht mehr gehören, und ich würde für Eigensinn keinen Pfennig zurückerstattet bekommen. Ich war verblüfft über die Offenheit. Meine Gesprächspartner waren die Emissäre des Bankhauses Delbrück, Schickler & Co. Wir schrieben das Jahr 1990. Das war jeden Tag für Überraschungen gut, für Nackenschläge deutsch-deutscher Vergangenheitsbewältigung. Biedenkopf sollte uns intellektuell aufbauen. Ich kroch frustriert in mein Gehäuse zurück und schmiedete Pläne, die Gewohnheiten des Kapitals zu überlisten. Die Tage darauf maß ich meine Kräfte mit der Dresdner Bank, David gegen Goliath. Ihre Manieren waren unbesiegbar. Sie verkleinerte die Kredite und vergrößerte ihren Zinsertrag. Habenichtse sollten arm bleiben, Millionäre konnten aufstocken. Eine verrückte Welt.

Durch das Land zogen Scharen von Unternehmensberatern und Goldgräbern. Eines Tages kehrte ein kleiner bärtiger Mann im Verlag ein, der lange Schatten vorauswarf. Er globetrottete durch die Geschäftswelt und wolle den Aufbau-Verlag kaufen, palaverte er ungezwungen daher. Er hätte reiche Hintermänner und Gönner wie den Westberliner Wirtschaftssenator Elmar Pieroth, einen Sproß aus der Sippe der Weinpanscher. Der Kleinwüchsige war ein alter Bekannter. Es war Frank Brunner vom Robinson-Verlag in Frankfurt am Main. In DDR-Zeiten hatte er vom Aufbau-Verlag die Lizenzen für die westdeutschen Ausgaben des Franzosen Robert Merle eingekauft, den Aufbau in den deutschen Rechten vertrat und ihm zu traumhaften Auflagen verholfen hatte und dessen Titel wie beispielsweise *Der Tod ist mein Beruf* oder *Die geschützten Männer* oder *Die Insel* fast jeder Lesefähige in der DDR aus dem Schlaf heraus aufrufen konnte.

Eingekauft hatte Brunner die Lizenzen, aber bezahlt hatte er sie nicht. Er vergab Sublizenzen an Taschenbuchverleger, ohne dazu berechtigt zu sein. Als mannigfache Mahnungen nichts einbrachten, zu gesicherten buchhändlerischen Gewohnheiten zurückzukehren, besuchte ich ihn in seinem Frankfurter Büro. Ich setzte mich vor seinen Schreibtisch und sagte, ich würde nicht eher wieder aufstehen, bis ich unser Geld in der Tasche hätte. Er meinte, ich sei ein Barbar und wäre im Unrecht. Er hätte die Außenstände längst überwiesen. Er wolle mir sofort die Belege zeigen. Er müsse nur in seine Buchhaltung stürzen, um meinen Beschaffungseifer zufriedenzustellen. Fort war er. Ich saß und wartete. Die Zeit verging und verging. Der »noble« Mann kam nicht wieder zum Vorschein. Ich fragte seine Sekretärin, was mit dem Verleger los sei, er sei in die Buchhaltung gestürzt, um Belege heranzuschaffen, und tauche nicht wieder auf. Die Sekretärin sagte, sie hätten hier gar keine Buchhaltung. Aufbau mußte sein Geld auf dem Klagewege eintreiben. Es kam nur ein Teil davon auf die Aufbau-Konten. Dieser Mann stand nun im Türrahmen meines Vorzimmers und wollte den Aufbau-Verlag kaufen. Ich hatte wenig Mühe, der personifizierten Schizophrenie die Tür zum Rückmarsch zu weisen. Das war nur eine von vielen Kasperlegeschichten, die die Wendezeit einrahmten, die aber den Unernst widerspiegelten, mit denen westdeutsche Glücksritter ihre eigene Vergangenheit zu übertölpeln versuchten, um sich als die neuen »Macher« zu gerieren. So kam es zu jener beängstigenden Konstellation, daß in kurzer Zeit an den Schalthebeln der ostdeutschen Umgestaltung Leute aus dem zweiten und dritten Aufguß der bundesrepublikanischen Elite saßen, die dem intellektuellen Vermögen, das sie ausgeschaltet hatten, nicht annähernd standhielten. Allerdings wußten sie viel besser die Fördertöpfe anzuzapfen, die zu jener Zeit überall herumstanden, um die angeblich maroden Betriebe (in unserem Falle: Verlage) wieder auf die Beine zu bringen. »Anschubfinanzierung« hieß das Zauberwort, das die eingewanderten Neuunternehmer vor Verarmungsangst schützen sollte, während sich die Ostdeutschen den Mund fusselig reden, die Finger wundschreiben mußten, um den Banken (ohne eigene Immobilie, ohne auskömmliches Gehalt) einen Kredit abzujagen, der, wenn er tatsächlich erhascht war, schon anderthalb Jahre später von 5 % auf 13,75 % Zinspunkte hochgesprungen war. Diese eigentümliche Form der Solidarität durfte man nicht vergessen. Sie bewirkte, daß sich eine bodenständige Bourgeoisie im Osten Deutschlands nicht oder nur zögernd entwickeln konnte: An dieser Fehlzündung hatte Ostdeutschland lange zu knabbern. Sie hatte die Umlenkung von Gewinnen und Steuern zur Folge, die in ostdeutschen Betrieben und Kommunen erwirtschaftet wurden und in die Taschen der westdeutschen Besitzer und Finanzämter flossen, weil deren Stammbetriebe dort saßen. Derweil griff eine ruinöse Deindustrialisierung um sich. Viele Betriebe wurden nur deshalb in westdeutschen Besitz gerissen, um sie auszuschalten, abzuschalten vom Marktgeschehen. Es stecke keine Strategie dahinter, lautete die abwehrende Geste, wenn man auf das Phänomen zu sprechen kam.

Indes feierte die große Politik – wie in einer Parallelgesellschaft – die großen historischen Stunden. Gorbatschow belächelte im Kaukasus mit Kohl und Genscher das gemeinsame Jagdglück, als der DDR das Halali geblasen wurde. Ein Staatsvertrag beschloß die Wirtschafts-, Währungs- und Sozialunion der beiden deutschen Staaten. Es gab die ersten freien Wahlen. Die DM schleuste die DDR-Bürger in ihre Finanzhoheit, wenn auch in leicht gerupfter Form. DDR-Parteien legten sich in das Prokrustesbett ihrer Bonner Originale und feierten den Beischlaf als Sieg der Freiheit. Im hessischen Fulda tagte die erste gesamtdeutsche Bischofskonferenz. Der Einigungsvertrag nahm Gestalt an. Der DDR-Verhandlungsführer hieß Günther Krause. Der Hallesche Lausbub mit dem Mecklenburger Baufimmel genoß die feierlichen Stunden und dachte schon an die eigenen fetten Pfründe. Am 3. Oktober 1990 endlich der Beitritt. Helmut Kohl übte am Messiasgesang der blühenden Landschaften. Die salbungsreichen Melodien hatten etwas Alttestamentarisches. Es war schön. Aber wer errichtete die Triumphbögen, von denen das Land jetzt vollgestellt wurde? Hatten an deren Erbauung nicht vor allem dessen Bewohner mitgewirkt, hatten nicht sie die Steinbrocken weggeschleppt, auf denen jetzt die Fahnen einer siegestrunkenen Politik flatterten? Würden die eigentlichen Würdenträger wieder einmal vergessen werden, wenn man die Namen jener in die Bücher eintrug, die die Mauer niedergerissen hatten? Es paßte alles – und zum wievielten Male wohl – wieder so gut zusammen, was Bertolt Brecht seinen *Fragen eines lesenden Arbeiters* anvertraute, mit denen er dem Gang der Geschichte nachgelauscht hatte: »Wer bezahlte die Spesen?«

37

Ich fuhr ein Wochenende in die Berge meiner Thüringer Heimat und träumte den Herbst zu Ende, der in den schönsten Farben stand. Bunt und prächtig streckten die Hänge dem sanften Herbstwind ihre Kronen entgegen. In den Wipfeln schaukelten die letzten Flüchtlinge in den Süden ihre Abschiedslieder ins verträumte Land. Die Sonne trennte mit weichen Strahlen späte Früchte von den Zweigen. Die Blätter der Buchen, des Ahorns, der Erlen und Eichen zitterten vor Anstrengung, sich noch ein paar Stunden festzuhalten am nährenden Geäst, um die Schönheit auszustellen, die der Pinsel der Natur in ihre Gesichter malte. Bald würden sie Alarm schlagen und abstürzen, hinunterrieseln auf die Erde, aus der sie der Frühling herausgetrieben hatte. Die Wälder atmeten das Aroma ihres sachten Verwelkens. Düfte wurden zusammengerührt aus allen Etagen. Das Kraut der Heidelbeere, der dürre Farn, Brombeerblätter, späte Pilzgefäße, sterbende Nadeln von Kiefern und Tannen, raschelndes trockenes Laub, vermulschtes Gras und dürres Gehölz, das ganze bunte Allerlei der Formen und Fasern vermoderte zu jenem unvergleichbaren Samt des Abschieds, der den Waldboden ein paar Monate lang zum freiwilligen Gefängnis, dann zum Geburtshelfer übersprudelnden Lebens machte. Draußen auf den Lichtungen trotzten Hagebutten, Schlehen, Vogelbeeren dem Verfall. Keile von Schneegänsen kreuzten die wechselnden Himmel. Die Wolken spannten Brücken über den Horizont und rissen sie wieder ein. Der Herbst schoss eine Helle ins Land, daß es leuchtete wie aus der Ostwald'schen Lichtkugel oder blendete wie der Feuerstreif eines stürzenden Meteoriten.

Mein Dorf, das in den Hungerjahren der Weltwirtschaftskrise am Abgrund gestanden hatte, den Krieg, an Leib und Seele fröstelnd, überstand, in der Nachkriegszeit aufblühte als bergig-ländliche Sommerfrische mit tätigen Menschen in kleinen Fabriken, an Heimarbeitstischen und in Häuslerwirtschaften, das ein wimmelndes Volk auf Festen und Feiern vereinigte und jährlich Tausende von Urlaubern des gewerkschaftlichen Feriendienstes willkommen hieß, deren Geldüberschuß abschöpfte und selbst zu Wohlstand kam, hatte die Kommunisten satt wie das ganze Land. Ihre Macht war überfällig wie das torkelnde Laub, überfällig, wie jede Macht einmal wurde.

In den kleinen Fabriken wurden die Lichter gelöscht. Der Westwind blies die Lampen aus. Die Sommerfrischler suchten sich andere Quartiere. Sie strömten hinaus in die weite Welt. Die Dorfstraßen grinsten wie leblose Katakomben. Der Regen klopfte das Kopfsteinpflaster in falsche Lagen. Es fehlten die vielen Füße, die es zurücktrampelten in seine warmen Sand- und Schotterbetten. Die Dorfbewohner hockten in Stuben und Wirtshäusern und palaverten über die verlorene Zeit. Die Arbeitslosenquote stieg auf 35 Prozent. Man rannte der Arbeit nach bis in entfernte Gebiete. Familien zersplitterten. Die ersten Häuser verwaisten. Das Dorf – eine Schmelze. Der Westwind trocknete Felder, Wiesen und Herbergen aus. Wenn das Tauwetter vorbei, die Fallwinde der Veränderung verströmt waren, würde das Dorf von tausend Einwohnern auf etwa 350 Seelen abgeschmolzen sein, Dutzende Häuser würden leer stehen, andere in nur wochenweise bewohnte Urlaubsquartiere von Dänen und Holländern umgewandelt sein und vieles aussehen wie die ruinösen Landschaften in Oberitalien, in Amerikas Westen oder gleich hinter dem Brenner, wo manche Dörfer auch nur dastanden wie ausgehöhlte, glotzende Trutzburgen einer verlorenen Welt. Die Kommunisten würden wieder an Ansehen gewinnen, in verwandelter Gestalt. Sie erschienen wie ferne Garanten der Arbeit, wie Traditionalisten im Meer der Erneuerung, die wie der mittelalterliche Lübecker Buchdrucker Ballhorn ehemals das gedruckte Wort so heute die Bedingungen des gesellschaftlichen Lebens in der kapitalistischen Marktwirtschaft vorerst auch nur verschlimmbessern konnten.

Als ich zurück war in Berlin, holte mich die ostdeutsche Geschichte wieder ein mit ihren zerstörten Biographien, ihren zertrümmerten Entwürfen. Vor kurzem war das Buch *Der Sturz. Erich Honecker im Kreuzverhör* im Aufbau-Verlag erschienen, kein Buch für, auch keins gegen den alten Staatschef, nur der Versuch, in die erschreckenden ideologischen Verkrustungen einzudringen, die der Sozialismusversuch zur Folge hatte. Das Buch hatte Zähneklappern ausgelöst, vor allem bei einer Reihe von Aufbau-Autoren, als ich den Vertrag mit den beiden Interviewpartnern Reinhold Andert und Wolfgang Herzberg unterschrieben und die Tonbandkassetten der Gespräche in meinem Panzerschrank verschlossen hatte. Autoren fühlten sich brüskiert, mit ihren Büchern in der Nähe eines gestürzten Machthabers zu stehen, der allgemeiner Verurteilung verfallen war, vor dessen Übergangsquartieren besonders militante Freiheitskämpfer Rufe wie »Mörder, Verbrecher, hängt sie!« skandierten. Wenn das Buch bei Rowohlt, bei Kiepenheuer & Witsch oder sonstwo in einer westdeutschen Stadt erschienen wäre, hätte kein Hahn danach gekräht. Der Profitgedanke hätte obsiegt. Nur in Ostberlin wurde die Inverlagnahme zur moralischen Angelegenheit. So verwickelt, auch so verlogen waren inzwischen die Zustände. Aber mein Denken war auf Erfolg orientiert wie das meiner westdeutschen Kollegen auch. Also nahm ich den Konflikt an, der sich in der Distanz anderer Aufbau-Autoren zu diesem Titel manifestierte. Als das Buch erschien, im Herbst 1990, es war der Herbst, der mich für Stunden zum Ausspannen in die Thüringer Berge gelockt hatte, ließ Honecker durch eine Einstweilige Verfügung, die seine Anwälte erwirkt hatten, die Auslieferung stoppen. Als er plötzlich schwarz auf weiß besaß, was er auf die Tonbänder gesprochen hatte, wollte er es nicht mehr wahrhaben. Er holte eine alte Gewohnheit hervor, die Schere im Kopf, die Praxis, der eigene Zensor zu sein, die man im Politbüro der SED besonders gepäppelt hatte. Das Buch erreichte durch den Verhinderungsversuch eine mediale Belichtung ohnegleichen in allen Teilen der Bundesrepublik.

Schon in geteilten Zeiten hatte der Aufbau-Verlag viele Freunde auch in den alten Bundesländern, und so erinnerte ich mich in der Not an die Hamburger Rechtsanwaltskanzlei von Heinrich Senfft, der bei Ausflügen in die DDR wohl nie ohne Aufbau-Bücher heimgekehrt war und mir in sein 1988 erschienenes Buch *Glück ist machbar* über den

unaufhaltsamen Aufstieg des Bundesministers Dr. Friedrich Zimmermann eine warnende Zueignung eingetragen
hatte: »Für Elmar Faber, damit er sich immer sagen kann,
wie wunderbar es ist, von solchen Politikern vereinnahmt
zu werden.« Die Kanzlei fegte in wenigen Tagen die Einstweilige Verfügung vom Tisch. Das Buch machte Furore. Die
Geldbeutel des Aufbau-Verlags waren leer wie nie zuvor in
seiner Geschichte. In kurzer Frist setzte das Haus 149 000
Exemplare ab. *Der Sturz* von Honecker half gewissermaßen dem Verlag in seiner wirtschaftlich und finanziell pre-
kärsten Zeit über die größten Nöte hinweg und sicherte
ihm ein Stück souveräner Selbstbewegung. Als der Erfolg
perfekt war, genossen ihn die kritischen Autoren genauso
wie die verlegerischen Draufgänger, und es war wieder wie
überall auf der Welt: Erfolg hatte tausend Gesichter, und
er hatte im Nu Dutzende Väter und Mütter, die sich seinen
Geburtswehen verweigert hatten.

Da wir gerade auf dem Karussell sitzen und ein paar politisch spaltende Bücher an uns vorbeiziehen lassen, mit
denen der Verlag auf der Suche nach den zeitgeschichtli-
chen Wahrheiten des Jahrhunderts war, noch ein paar Fakten. Aufbau steckte viel Engagement und Geld in die Be-
wahrung von Lebensläufen, in autobiographische Skizzen,
Tagebuchnotizen, in die Aufdeckung von Praktiken des
Stalinismus, die leisen und schillernden Bilder der Opposition, das gespaltene Bewußtsein der Deutschen. Er veröffentlichte Studien und Dokumente zum 11. Plenum des
ZK der SED vom November 1965 unter dem Titel *Kahlschlag* und Memoiren über den Prozeß um Rudolf Slánský.
Er feierte die Erinnerungen des Verlegers Fritz H. Landshoff an den bedeutenden Emigrationsverlag Querido in
Amsterdam oder die Ansichten Georg Lukács' in den 30er
und 40er Jahren. Johannes R. Becher beschwor seine Le-
benskrisen noch einmal herauf und beleuchtete das Elend

und die Irrtümer der Kulturbürokratie. Aus Ulrich Faures *Im Knotenpunkt des Weltverkehrs* wollte Aufbau am Beispiel des Malik-Verlages Größe und Elend deutscher Geschichte zwischen 1916 und 1947 erfahren. Aus einem Erinnerungsbuch von Günter Mittag, dem obersten Wirtschaftslenker der DDR, wollte er Verwerfungen der DDR-Gesellschaft entziffern, wollte herauskriegen, warum es zum Verfall der Städte, zum Niedergang der Demokratie, zu den kollaptischen Anfällen der Wirtschaft gekommen war. Vergeblich. Mittag war ein Muster von Starrköpfigkeit. Er verschanzte sich bei jeder Frage nach den Ursachen der Staatskrise hinter Schablonen der Parteidisziplin, hinter Vermächtnissen des antifaschistischen Widerstandskampfes, die gerade die Parteioberen durch realitätsferne Politik zu nassen Lumpen verkommen ließen. Ausgerechnet dieses Buch, es hieß *Um jeden Preis. Im Spannungsfeld zweier Systeme*, mußte in der Privatisierungsphase des Verlages dafür herhalten, mir das eigene Fell zu gerben. Ich hatte veranlaßt, daß es ein werbewirksames Titelbild bekam. Die Treuhandchefin Birgit Breuel war darauf abgebildet aus der Zeit ihres niedersächsischen Ministeramts, an einem großen runden Tisch im Verhandlungsgespräch mit Günter Mittag, in der Tischmitte die Standarten der Bundesrepublik und der DDR. Das Titelbild empfand man in der Treuhandspitze als Fauxpas, wie man fortan jeden historischen Sachverhalt, der mit der DDR in Beziehung stand, als Verstoß gegen das neu geltende Gesetz der Unkenntlichmachung dieses deutschen Landstrichs verstand, das man als neue Staatsdoktrin paraphiert hatte. Es sollte 1991 als Grund für meinen Hinauswurf aus dem Aufbau-Verlag benutzt werden, was aber mißlang, weil man sich an der moralischen Stärke des Verlages die Zähne ausbiß. Aufbau war eben viel mehr als ein Titelbild, das den neuen Mächtigen nicht gefiel. Der Verlag hatte, bei allen Ausblutungen, nach den Kulturveränderungen auf dem DDR-Buchmarkt, nach dem Wegbrechen des sogenannten sozialistischen Wirtschaftsgebiets, nach den irritierenden Aperçus der Treuhand über die Linksbürgerlichkeit des Aufbau-Programms, nach den nicht abreißenden Sottisen der westdeutschen Konkurrenz und Medien einschließlich der Branchenblätter (besonders erbärmlich) über die Vergeblichkeit unserer Anstrengungen, am Leben zu bleiben, ein Programm über die Wende gerettet, das nicht nach Ermattung aussah. Zu den alten Reihen und Bibliotheken, die ihn über Jahrzehnte hinweg stark gemacht hatten, stießen neue hinzu. Allein deren Aufzählung beschreibt das Maß an Zuversicht, das das Unternehmen nach der Wende beherrschte. Eine Reihe *Aufbau Sachbuch* verpflichtete den weithin anerkannten deutschen Buchkünstler Juergen Seuss, den Künstlerischen Leiter der Büchergilde Gutenberg in Frankfurt/Main, zu ihrem Gestalter. Der Verlag – das sage ich ruhigen Gewissens – legte Bände vor wie Werner Mittenzweis *Die Mentalität des ewigen Deutschen*, eine Studie über die nationalkonservativen Dichter 1918–1947 oder die bereits erwähnte Geschichte des Malik-Verlages, wie Igor Trutanows Bericht aus einem geheimen sowjetischen Testgelände unter dem Titel *Die Hölle von Semipalatinsk* oder die Biographie Franz Fühmanns *Ein deutsches Dichterleben* von Hans Richter, die nicht nur inhaltlich attraktiv waren, sondern seither als prägende Muster der deutschen Buchkunst ausgangs des 20. Jahrhunderts angesehen werden.

Geschmacksbildende Literatur, die sich den bedürfnislosen Übungen der Massenunterhalter entziehen wollte und der zunehmenden Nivellierung des Geschmacks entgegentrat. Ich glaube, neben der großen Tradition des Verlages war dies ein Grund mehr für den bis zum Frühjahr 1991 residierenden Präsidenten der Treuhandanstalt, Dr. Detlev

Rohwedder, den Aufbau-Verlag in ein Triumvirat von Unternehmen zu stellen, denen man die Zukunft sichern mußte. Das Dreiergespann hieß für ihn Carl Zeiss Jena, die DEFA Filmgesellschaft in Potsdam-Babelsberg und der Aufbau-Verlag Berlin. Es war ein Moment im Geschichtsverlauf, wo man Leuten begegnete, die Geist und Macht in Personalunion verkörperten, ähnlich den prächtigen Gestalten, die nach 1945 aus der Emigration zurückgekehrt waren und aus dem Intellektuellenbezirk hinüberwechselten in das Reich der Politik, dort nicht zurechtkamen, kollabierten oder pervertierten. Nach der Wende war die Spanne kurz, wo das missionarische Element, der Kulturauftrag für die Einheitswerdung, im Bewußtsein waren, aber dann verkam der Umsturz in reiner Profitmacherei. Ich glaube, das läßt sich, was die Treuhand betrifft, am Übergang von Detlev Rohwedder zu Birgit Breuel gut personifizieren. Als ich dem Treuhandchef, zusammen mit meinem Programmchef Dr. Gotthard Erler, das erste Mal zum Gespräch am preußischen Kamin gegenübersaß und mit dem Wirtschaftspolitiker, dem gebildeten Jongleur, literarische Bälle hin- und herwarf, hatte man das Gefühl, daß die schwierige Sache der Überführung des DDR-Eigentums in Privathand in guten Händen lag. Unter der Ägide von Birgit Breuel hatte man immer das Gefühl, daß man zur Beute wurde. Vielleicht war es nicht pure Kaffeesatzleserei, wenn man vermutete, daß Rohwedder gerade wegen seiner intellektuellen Physiognomie verschwinden mußte, daß ihn gerade deshalb die Kugel niederstreckte, um seine Verheißungen zu beenden, die DDR-Wirtschaft und die kulturelle Leistung, die damit zusammenhing, als Konkurrenten anzunehmen, nicht als Beutegut. Als Verleger wollte ich Rohwedder eine Art Autobiographie entlocken, ein Kulturbild, Auffassungen über das schwierige Geschäft, das er betrieb, etwas zusammenzuführen, das sich wie Feuer

und Wasser zueinander verhielt, die Vermählung der diametral entgegengesetzten Produktionsverhältnisse in der
DDR mit denen in der Bundesrepublik. Der Brief, den er
an mich abschickte, um das Vorhaben, das er eine Zeitlang
als verführerisch empfunden hatte, aus Gründen fehlender Muße endgültig zu verneinen, datierte vom 26. März
1991. Als dieser am 2. April 1991 bei mir ankam, war Detlev Rohwedder tot.

Das Frühjahr 1991. Durch das Land zogen Karawanen
von Glücksrittern. Es wurde besichtigt, was nicht niet- und
nagelfest war. Betriebe, Häuser, Wohnungen, Grundstücke
am Meer und in den Bergen. Bei Aufbau meldeten sich
Leute mit clownesken Ansichten und ohne Verstand. Die
Treuhand schickte jeden vorbei, der ein paar kecke Sprüche aufzusagen wußte. Manchen mußte man erst erklären,
was ein Verlag war, aber man wollte ihn kaufen. Seriöse
Partner kamen auch. Die Holtzbrinck-Gruppe in Gestalt
von Werner Schoenicke, einem sachkundigen seriösen
Herrn, der die Holtzbrinck-Buchverlage dominierte, in
einer italienisch geprägten Villa auf einem der Stuttgarter
Hügel residierte. Heiner Hugendubel kam nach Berlin. Wir
sprachen viele Stunden über den Verlag und seine Aussichten auf dem gesamtdeutschen Buchmarkt. Hugendubel bedrückte zur selben Zeit noch ein anderes Investitionsvor-
haben in der Schweiz. Ich versuchte, alle Interessenten
abzuwehren, die etwas mit dem Verlags- oder Buchhan-
delsgeschäft zu tun hatten, ob sie Suhrkamp, Holtzbrinck
oder Hugendubel hießen. Ich verneinte die Abgabe von Ta-
schenbuchrechten an Rowohlt und Luchterhand. Nur der
Deutsche Taschenbuch Verlag in München (dtv) blieb außerhalb der Angstgegner. Machte man mit ihm Geschäfte,
blieb man, wer man war, und er blieb, wer er war. Mir hatte
sich aus langer Beobachtung das Modell Suhrkamp ins Bewußtsein geschrieben. Verlagspartner, fremdes Geld wa-

ren nur dann gut, wenn sie stillblieben, wenn sie sich nicht anmaßten, ohne eigentliche Sachkenntnis das operative Geschäft zu beeinflussen. Aufbau brauchte gerade in dieser anstrengenden Zeit Ruhe und Gelassenheit, Eigensinn und Geduld. Diese Position war der Treuhandanstalt ein Dorn im Auge. Ihre Privatisierungswut war sprichwörtlich. Sie wollte die DDR-Betriebe verklopfen auf Teufel komm raus, so schnell die Pferde laufen konnten. Sie betrachtete mich als Saboteur dieses Konzepts. Mein Bestreben empfand sie als fragwürdig, Gesellschafter außerhalb der Branche zu suchen. Eines Tages wurde ich zu einem ihrer Personalchefs bestellt. Er sagte, es gäbe eine Formsache zu erledigen. Als Geschäftsführer des Aufbau-Verlags, der sich nach den Usancen der Nachwendezeit in ihrem Besitz befand, müßte ich noch ein Papier unterschreiben. Es würde in den Unterlagen fehlen. Ohne das Papier könnte ich nicht Geschäftsführer bleiben. Ich fragte, wie das Papier aussähe. Er sagte, es wäre vorbereitet. Die *Erklärung*, die er mir auf den Tisch legte, in aberwitziger Absicht, wie sich zeigte, war auf eine Unterschrift bedacht, die bestätigte, nie für die Staatssicherheit gearbeitet zu haben. Ich sagte ihm, ich möchte nicht unterschreiben. Ich hätte nie eine Erklärung unterschrieben, nur um meinen Posten zu behalten, nicht im alten System, und im neuen möchte ich das auch nicht. Er schlug mit der Handkante auf den Tisch und bezeichnete mich als undankbar. Den Verlag verleumdete er als eine Art linke Giftküche. Die Ehrenhaftigkeit des Verlegerberufs schien mir gefährdet, so wie damals, als die Beamten der Staatssicherheit vor mir saßen und mich in ihre Dienste stellen wollten, vergeblich. Es war 11 Uhr. Nachmittags 14 Uhr war ich entlassen. Die Order hieß, ich möchte den Verlag nicht mehr betreten. Die Anordnung kam mir lächerlich vor. In einer anschließenden Belegschaftsversammlung erläuterte ich das Geschehen. Am nächsten Tag kam ich an meinen Arbeitsplatz, als sei nichts passiert. Die innere Unruhe, die die Auseinandersetzung auslöste, kollabierte wenige Tage später von selbst, als der Aufbau-Verlag in Privateigentum überging und ein Beschluß der neuen Gesellschaft meine bisherigen Kompetenzen bestätigte. Es gab nur einen Unterschied. Ich bekam mehr Geld.

An dieser Stelle ist es vielleicht angebracht, etwas über die Allgemeingültigkeit dieses Einzelfalls zu sagen. Der Einzelfall war ein Massenvorgang. Sozialistischer Realismus andersherum, zeitversetzt. Ich kann nicht sagen, daß ich darüber jähzornig oder besonders empört gewesen wäre. Trotz vieler Berichte jener Tage aus Fabriken, Schulen, Universitäten und anderen Bildungseinrichtungen, aus Rechtsprechung und Medienwelt, aus Krankenhäusern und Kasernen, trotz zahlreicher verschnupfter oder aufbegehrender Niederschriften über Art und Folgen der großangelegten Evaluierung, die alles andere als eine fach- und sachgerechte Bewertung, sondern in Wirklichkeit eine Abwicklung war, wußte man, daß jeder Umsturz mit einem Austausch des leitenden Personals einherging, schon seit der Antike. Die Bundesrepublik spielte die historischen Würfel. Ihr Makel war, daß sie den Umbruch nicht vollzogen hatte. Er war ihr besorgt worden, auch von den Leuten, die jetzt dafür büßten. Das war die historische Ungerechtigkeit. Und es war eine so grandiose Verschwendung von intellektuellem Potential, wie sie vorher in der deutschen Gesellschaftsgeschichte wohl noch nicht stattgefunden hatte. Dies war möglich, weil die Akteure der Gewinnerseite, die Repräsentanten des Kapitalismus in der Bundesrepublik, selbst zu Getriebenen wurden, vorwärtsgetrieben von echten und falschen Freiheitskämpfern der Gegenseite, die, wenn sie in bundesrepublikanischen Landen gestanden und gewirkt hätten, als Putschisten gebrandmarkt worden wären. Es war eine verzwickte Gemengelage. Jammern war nicht angebracht. Wir wurden, die wir die DDR-Wirtschaft und -kultur in Gang gehalten hatten, ob Partei oder nicht, als die roten Bosse betrachtet. Und das waren wir auch. Wir hatten das Unternehmerblut. Aber wir hatten auch einen unbestechlichen Vorzug: Wir hatten die Dialektik. Wir wußten, daß die Welt sich veränderte, auf der Sieger- und der Verliererstraße. Wir wußten aus Erfahrung, daß herrschende Wirklichkeit nichts Bleibendes, kein starrer erratischer Block war und schon gar nicht alternativlos, wie bald darauf das Zeitalter der kapitalistischen Marktwirtschaft hingestellt wurde. Und wir hatten das soziale Gewissen, den Brocken Gerechtigkeitsempfinden, den ein jahrhundertelanger Kampf der Arbeiterschaft vor uns aufgetürmt und den eine Fußnote der Weltgeschichte, die DDR, in uns verwurzelt hatte. Vielleicht wurden wir, herausgerissen aus der Vollendung einer Utopie durch die Dämlichkeiten einer ungebildeten Herrschaftsclique, die Unternehmertypen des 21. Jahrhunderts, vielleicht wurden wir aus einer »Generation des Abschieds«, um einen Gedanken meines Lieblingsschriftstellers Wolfgang Borchert wieder aufzunehmen, zu einer Generation der Ankunft – »auf einem neuen Stern«.

38

Das Land – wie gesagt – war im Privatisierungsfieber. Im Frühjahr 1991 kam ein Interessent zu Aufbau, von dem man bisher noch nichts gehört hatte. Er kam auf Vermittlung von Hilmar Hoffmann, dem Kulturdezernenten der Stadt Frankfurt am Main, der von Dr. Ulrich Wechsler von der Suche des Aufbau-Verlages nach einem geeigneten Investor gehört hatte. Der Mann hieß Bernd F. Lunkewitz und war ein Frankfurter Immobilienmakler. Er war jung und unternehmenslustig. Er war *der* Wunschkandidat. Er verstand nichts vom Verlagsgeschäft, dafür war er ein reicher Mann. Sporen eines Urverständnisses für den traditionsreichen Verlag hatte er sich in der SPD erworben, die in der Weimarer Republik den Slogan *Bildung für alle* oder *Wissen ist Macht* gepflegt und den die Nachkommen noch nicht vergessen hatten. Er hatte einen nicht gerade konfliktarmen Lebensweg hinter sich. Er war in einer hessischen Wäscherei aufgewachsen. Als Student der Politik und Philosophie ohne Abschluß hatte er sich der 68er Protestbewegung angeschlossen, hatte in Frankfurt am Main die sozialistische *Rote Garde Bockenheim* gegründet, war in einem vergitterten Polizeiwagen gesehen worden, verfügte neben einem ausgeprägten Wirtschaftsinstinkt über einen erheblichen Zitatenschatz aus den ökonomischen Schriften von Marx, war in lebensphilosophischen Fragen bewandert und konnte auf theoretische Hintermänner verweisen. Nach eigenem Zeugnis hatte er seine erste Million an seinem Dienstherrn vorbei erwirtschaftet und meinte, daß die erste Million zu erwerben die schwerste Aufgabe sei, dann ginge es leichter. Vermögend war er offenbar unter Beihilfe des SPD-Politfilzes in Frankfurt am Main geworden, der auf den Jungunternehmer stolz war und ihm Hinweise auf lukrative Immobiliengeschäfte zuschanzte. Es war eine Lust, ihm zuzuhören, und ein Erlebnis war es, wie er seinen Besitz vorführte, eine Villa im Frankfurter Stadtteil Sachsenhausen, mit geräumigen Anlagen und schönen Aussichten. Das hatte etwas Feierliches. Man dachte an noble Mäzene aus alter Zeit, die ihre Ansichten freimütig mitteilten über das, was sie erworben hatten, über Gemälde und Bücher, architektonische Kleinode und Frauen. Manchmal schien in den Paradigmen des Besitzes freilich etwas entsetzlich Provinzielles auf. Sein Spagat zwischen

Marxismus und Kapitalismus, vermerkte einmal der *Münchner Merkur,* wirke aber gar nicht lächerlich, sondern eher exotisch und durchaus imagebildend. Ein treffendes Urteil.

Jedenfalls war Lunkewitz Aufbaus Wunschkandidat. Er war begeisterungsfähig und anfällig gegenüber den Schönheiten der Literatur, deren Bewertungen er eilfertig den Nachrichten seiner schönen jungen Frau entnahm, die wohl ein paar Semester Literatur studiert hatte und sich in der Schauspielkunst übte. Lunkewitz war in den Privatisierungsgesprächen ein gewiefter und zäher Verhandlungspartner gegenüber der Treuhand. Er war glücklich, als der Privatisierungsvertrag abgeschlossen werden konnte, und ich war stolz darauf, daß der Verkauf von Aufbau das wahrscheinlich sachgerechteste Geschäft im Verkauf des gesamten Ensembles der DDR-Verlage an Privateigner war. Die unseligen Eine-DM-Abmachungen, die man rundum wahrnahm, nur um die Verlage schnell an den Mann zu bringen oder sie namensgleichen Westpartnern einzuverleiben, hatten in den Abmachungen mit Lunkewitz keinen Platz. Der Aufbau-Verlag kostete ihn, bei Eintritt in die laufenden Verpflichtungen, ein paar Millionen, und das war dem Namen des Unternehmens, seiner Stellung im deutschen Verlagsgeflecht, dem Bestandsvermögen, dem Rechtefundus und den singulären archivalischen Beständen durchaus angemessen. Der Deal schien die Sicherheit in sich zu tragen, daß Aufbau der Suhrkamp des Ostens bleiben konnte, und ich glaube, daß Lunkewitz das bei seinem Einstieg auch wollte, ein Kulturinstitut, das weithin strahlte. Aufbau trug in seinem Verlagsverbund auch einige Zeitschriften bei sich, Blätter nobler poetischer und wissenschaftlicher Geistesarbeit wie die Zeitschrift *SINN und FORM,* die *neue deutsche literatur* (ndl), das Organ des Schriftstellerverbandes, die *MARGINALIEN* als Zeitschrift der Bibliophilen und die

Weimarer Beiträge, eine literaturwissenschaftliche Monatsschrift. Hinzu erwarb sich Lunkewitz die *Weltbühne*, jene berühmte Wochenschrift für Kultur und Politik, die Carl von Ossietzky durch die Stürme der Weimarer Republik geführt und in der Kurt Tucholsky den Ton angegeben hatte. Lunkewitz weinte vor Glück. Er fühlte sich in einer Nachfolge, die offenbar seinen politischen Anschauungen entsprach, linksbürgerlich, linksdemokratisch. Bald darauf kam er allerdings mit dem Einfall, aus der *Weltbühne* einen kleinen *Spiegel* zu machen, eine absurde Überlegung, aber diese kennzeichnete früh genug sein Talent zur Sprunghaftigkeit, zur fixen Idee. Er meinte, Christa Wolf müsse man überreden, einmal einen Kriminalroman zu schreiben, und er wollte, eigenartige Begrifflichkeit, bei Aufbau die sogenannte Strandkorbliteratur seßhaft machen. Ich dachte, dies seien gedankliche Fingerübungen des Anfängers, des Einsteigers in das Fach, und der Hektik der aufrührerischen Tage geschuldet, die auch den deutschen Buchmarkt durcheinandergebracht und den Druck vergrößert hatten, erfolgreich zu sein. Die Verlagsphilosophie der Alten, der Schutzheiligen unserer Zunft, der Samuel Fischer, der Kippenberg, der Kiepenheuer, der Kurt Wolff etc., den Leuten nicht nur zu geben, was sie verlangten, sondern vor allem was sie nötig hatten, hatte ja ohnehin längst ein verzerrtes Gesicht, und so war es nicht verwunderlich, daß ein Immobilienhändler seine warenkundlichen Befunde auch auf das Verlagsgeschäft zu übertragen versuchte. Auf dem sogenannten Markt rannten schon viele andere Kollegen nur irgendwelchen kurzfristigen Losungen nach, nicht mehr einem gebauten Programm. Dennoch kamen die locker-legeren Programm-»Anregungen« von Lunkewitz unerwartet. Anfangs hatte er vehement den Eindruck verbreitet, daß er nur der Reeder des Verlagsschiffs sei, ich als der Altverleger aber dessen Steuermann. Er wurde mit einer Schnelligkeit von der Verführung überrumpelt, in öffentlicher Belichtung stehen zu wollen, daß er vergaß, daß ihm das Hintergrundwissen dafür fehlte. Plötzlich agierte er wie ein Zitatenkünstler, der irgendwelche Verse auswendig gelernt hatte oder sich diese vorsagen ließ. Von seinem Frankfurter Stammsitz aus rief er in der Woche drei-, viermal an und gab die Anregungen seiner jungen Frau zum Besten, womit das Verlagsprogramm zu bereichern sei. Einmal fragte er, ob ich Sudermann kenne, ein andermal wollte er mir die Bedeutung des Grafen von Keyserling bekannt machen. Er schwor auf die amerikanische Kriminalliteratur, huldigte der zweiten und dritten Klassik. Seine Unsicherheit, wie der Verlag nach der Wende zu strukturieren sei, schlug in gedankliche Hektik um, die von einem literarisch weltfernen Unternehmensberater aus München zusätzlich befeuert wurde. Nach einer schrägen Telefonunterhaltung über die Literatur der zwanziger Jahre mußte ich ihm sagen, daß der Verlag durch sporadische Zurufe nicht zu leiten sei, nicht vor der Wende und nach der Wende auch nicht, ein offenbar verletzendes Bonmot, wie ich bald merkte. Aber es machten sich an dieser Stelle zwei grundverschiedene Unternehmensauffassungen und Programmvorstellungen bemerkbar. Ich wollte – und wiederhole mich – den Suhrkamp des Ostens, der Aufbau war. Lunkewitz wollte eine literarische Parfümfabrik, für alle etwas, mit schnellem Erfolg und vergänglichen Duftnoten.

Diese Blitzlichter auf die Lunkewitz'sche Einstiegsphilosophie ergeben nicht die Physiognomie seines zeitweiligen Verlegerdaseins. Die war facettenreicher. Lunkewitz war von schillerndem Charakter, und so schillerten auch seine verlegerischen Einfälle und Einlassungen in bunten Farben. Es gab kurze Phasen, wo man glaubte, er könnte den Rang von Aufbau im Ensemble der großen deutschen Literaturverlage, also in der Nachbarschaft von Suhrkamp, Hanser,

Rowohlt und S. Fischer, stabilisieren. Aber dazu fehlten ihm Glaube und Mut für ein *nachhaltiges* Literaturprogramm, das Aufbau in den Kästen hatte und das nach der Wende durch neue Reihen zu vervollkommnen und zu aktualisieren gewesen wäre. Vom Aufbau Taschenbuch Verlag war die Rede. Eine *Osteuropäische Bibliothek* startete mit den Zeit- und Selbstbetrachtungen des polnischen Bürgerrechtlers Jacek Kuroń, *Glaube und Schuld.* Eine neue Reihe, *Schicksale im 20. Jahrhundert,* hatte mit Titeln wie Ludwig Renns *Adel im Untergang,* dem Emigrationsroman von Konrad Merz, *Ein Mensch fällt aus Deutschland,* oder Sinaida Hippius' *Petersburger Tagebuch,* scharfzüngigen Aufzeichnungen aus den ersten Jahrzehnten des Jahrhunderts, ihre Spannweite auszudeuten versucht. Unter dem Slogan *Aufbau. Sachbuch* hatte der Verlag mit Büchern von Ulrich Faure, Werner Mittenzwei und anderen, wie bereits ausgeführt, aufsehenerregende Einzeltitel dem Buchmarkt anvertraut. Nach der Wende konnten nicht Beliebigkeit, sondern Anspruch, nicht Wohlfeiles, sondern nur Originelles und Solitäres das Fortbestehen sichern. Es hieß, nicht einfach mit dem Strom zu schwimmen, sondern auch gegen den Strom. Diese Unternehmensauffassung erforderte Geduld. Geduld gibt Ruhe, mahnte einmal Hermann Hesse. Das war nicht die Meinung des neuen Verlagseigners Lunkewitz und seines bewegungsbesessenen bayrischen Unternehmensberaters. Schnell wurden die auffälligen Kreationen wieder hintangestellt, die die buchkünstlerische Meisterschaft von Juergen Seuss und unser hauseigenes Gestalterteam unter Leitung von Heinz Hellmis in Szene gesetzt hatten. Heute, fünfundzwanzig Jahre danach, sieht keiner mehr an diesen Aufbruchleistungen vorbei, dem Aufschrei gegen die Nivellierungssucht, der das der Bundesrepublik angeschwemmte Land DDR ausgesetzt war. Manche der Kreationen von damals, darunter *Die schwarzen Bücher* von Rütten & Loening mit preziösen literarischen Angeboten von Anna Seghers, Carl Hauptmann, Victor Hadwiger oder Georg Heym, von weißen Bauchbinden umspannt und in bedruckte Papiere verpackt, sind heute gesuchte Kleinodien auf dem Antiquariatsmarkt. Gut, die Zeiten waren nicht danach. Tausend Steuertipps, Dr. Oetkers Koch- und Backratschläge oder Merians Reiselustigkeiten waren die gefragteren Artikel.

Was den Privatisierungsprozeß des Verlages aus dem literarischen Umfeld heraushob, waren die Mysterien der neuen Rechtsauffassung, die man eigenartigerweise als Dienerin politischer und wirtschaftlicher Interessen empfand. Ungemütlich wurde es gleich zu Beginn, als die Treuhandanstalt die Immobilie des Aufbau-Verlages in der Französischen Straße 32 aus dem Gesellschaftsvermögen entfernte und in Bundesvermögen umwandelte, weil man vorgab, die Französische Straße würde später zur Regierungsmeile gehören und bedürfte deshalb eines besonderen Schutzes. Der Verkauf des Verlages erfolgte also ohne das stramme Zubrot der ihm seit 1945 gehörenden Immobilie. Ein für unser Verständnis ungesetzlicher Akt, das Gesellschaftsvermögen zu spalten, den Bernd F. Lunkewitz als geschulter Immobilienhändler freilich für sich auszunutzen wußte. Er beobachtete aufmerksam die Fingerübungen der Behörden. Als er nach vorgeschriebener Frist, ich glaube, es waren vier oder sechs Wochen, feststellte, daß die Immobilie im Katasteramt nicht in Bundesvermögen umgehoben worden war (ein Versäumnis der Treuhandjustitiare), verkaufte er als Aufbau-Eigner die Immobilie für die sprichwörtlich gewordene 1,– DM an eine Tochtergesellschaft seiner Immobilienfirma namens BFL (Bernd F. Lunkewitz) in Frankfurt am Main. Als die Treuhand dahinterkam, war juristisch nichts mehr zu machen. Lunkewitz hatte den Aufbau-Verlag für den Einsatz von ca. vier Millionen DM erworben. Die Immobilie verkaufte er, um die eigenwillige Rechtsauffassung der Treuhand zu befriedigen, für neun Millionen an die Treuhand zurück. Im Handumdrehen hatte er fünf Millionen gewonnen. Unser DDR-Verstand bekam ein Musterbeispiel dafür geliefert, wie man sich gegenseitig überlistete und – daß Gewinnsucht nicht strafbar war. Wenn man diese noch dazu hinter Verarmungsängsten versteckte und als bedauerungswert Gebeutelter in der aufgewühlten Nachwendelandschaft lustwandelte, wie es Bernd F. Lunkewitz prächtig verstand, konnte man sogar eine Strategie daraus entwickeln. Die Jahre danach hat Lunkewitz all dies zu einer Art Unterhaltungsspiel verfeinert, das sich durch mannigfaltige Prozesse schlängelte, um über die Treuhandanstalt an immer neues Geld heranzukommen, bis er sich in den eigenen Netzen verfing und Aufbau Insolvenz anmeldete. Lunkewitz hat für die Öffentlichkeit von sich ein Bild zu entwerfen gewußt, als wäre er in der Privatisierungsphase arglistig getäuscht worden (was nach vieler, auch meiner Meinung nicht stimmte) und als sei er der große Verlierer, der in den Verlag Millionen investieren mußte.

Wenn man ein Flaggschiff steuern wollte, mußte man es unter Dampf halten, das gehörte zu jeder Unternehmerphilosophie. Lunkewitz wollte der Reeder sein. Lunkewitz hatte etwas gewonnen. Jetzt mußte er es instand halten. Das war kein DDR-Problem mehr. Daß er nicht genug profitiert hatte, konnte er nicht behaupten. Den Fünf-Millionen-Coup des Immobilientauschs habe ich angesprochen. Ein anderes »Geschäft« muß noch zur Sprache kommen. In Leipzig war der traditionsreiche Kiepenheuer-Verlag, der in den 20er Jahren das geistige Profil der Weimarer Republik mitbestimmt und sich nach dem Zweiten Weltkrieg in Weimar und Leipzig zu einem literarisch anspruchsvollen

Unternehmen entwickelt hatte, im Juli 1991 privatisiert worden. Der langjährige literarische Geschäftsführer Friedemann Berger und ein Verlagsökonom hatten einen Management-buy-out-Vertrag mit der Treuhand ausgehandelt, Ostdeutsche beide, und für den Erwerb mehrere Hunderttausend DM vereinbart, von denen 150 000 DM in private Haftung gingen. Das Jahr darauf kam der Verlag in Finanzierungsnöte, was die Inhaber veranlaßte, wichtige Archivalien an ein Münchner Auktionshaus zu verkaufen, um Gehälter und Außenstände zu bezahlen, kein schöner, aber juristisch wohl kaum anfechtbarer Vorgang. Dies führte die Treuhand zu einer Kurzschlußreaktion. Plötzlich empfand sich die Behörde als Bewahrerin von deutschem »Kulturgut«. Berger und sein Mitgesellschafter wurden aus dem Hause gejagt, der Privatisierungsvertrag als ungültig erklärt. Es wurde angekündigt, den Verlag neu zu verkaufen. Als er später wieder zur Privatisierung ausgeschrieben wurde, kam Bernd F. Lunkewitz ins Spiel. Er schloß in Absprache mit der Treuhand den Verlag der Aufbau-Verlagsgruppe an, zahlte dafür einen symbolischen Preis und erhielt von der Treuhand eine Anschubfinanzierung von mehreren Millionen DM. Auf der illustren Spielwiese der Nachwendezeit waren es immer wieder dieselben Akteure, denen das Geld in die Taschen floß. Der Osten blieb meistens draußen vor der Tür.

Derweil mühten sich die Verbandsfunktionäre des Frankfurter Börsenvereins in ihren Sonntagsreden damit ab, dem Buchgewerbe unter »kommunistischer Gewaltherrschaft« auch die letzten Blinkzeichen auszureißen. Botschaften, die Frau Dorothee Hess-Maier, die Vorsteherin, 1992 ins Leipziger Gewandhaus rief, trieben vielen Beiwohnern ihrer Rede zur Leipziger Buchmesse die Blässe ins Gesicht. Ihr Hohelied auf die gewaltigen Leistungen des Westens, die honorigen Verdienste ihres Frankfurter Verbandes ließ sie ganz und gar vergessen, besser: bewußt unterschlagen, daß es in der »DDR«, die man am liebsten jetzt wieder »Sowjetzone« genannt hätte, auch Bücher und Verleger gegeben hatte und auch einen Börsenverein, die nicht nur Marionetten einer totalitär gesteuerten Verwaltung waren, tumbe Statisten verfehlten Lebens, die man nun mit dem Verlust der eigenen Biographien bestrafen wollte. Man tat wieder einmal so, als hätte man von Bonn aus oder von Frankfurt, wo der Börsenverein saß, die Einheit herbeigeführt, und war erstaunt, als das großdeutsche Getue von den zum Reden bestellten Dichtern Andrzej Szczypiorski aus Warschau und Günter de Bruyn aus Berlin mit freundlichem Eifer dahingehend konterkariert wurde, daß es nach der Aufhebung der politischen Spaltung in Europa noch genug zu ändern gäbe, auch in der westlichen Welt.

Unser Verstand war bereit, das Gute der Bundesrepublik, die Demokratie und Teile ihres Freiheitsverständnisses (nicht die ungezügelte Freiheit des Geldes), in unser Gesellschaftsverständnis zu implantieren, aber offenbar gab es nur das »Prinzip Hoffnung«, nicht dessen Realisation. Denn was schnell zu beobachten war, war Altbekanntes. Die neue Herrschaft huldigte der gleichen Realitätsferne wie die alte. Bücher gab es massenhaft, und neue Verlage – kein Wunder nach den zweifelhaften Regularien der DDR-Kulturpolitik – schossen wie Pilze aus dem Boden, aber die große Überzahl davon waren Stätten der Selbstausbeutung, häufig Einmannbetriebe ohne Geld, ohne Erfahrung. Die Statistik wurde von den Verbandsfunktionären benutzt wie ein Wunder des Aufstiegs (wie in der DDR). Dabei war die Buchproduktion in den neuen Ländern zusammengeschrumpft auf ein Minimum. Leipzig war von einer Weltstadt des Buches zum Buchdorf mutiert, stand nun an 26. Stelle der Verlagsstädte in Deutschland und konnte den Rückfall lange nicht wettmachen. Zwei Jahrzehnte später noch mußte Christoph Links in einer respektablen Arbeit über *Das Schicksal der DDR-Verlage* konstatieren, daß Leipzig noch immer abgeschlagen auf Platz 16 der deutschen Verlagsstädte rangierte. Die Stadt hatte alles eingebüßt, was sie zum Musterknaben in der DDR und davor in der Welt gemacht hatte. Der Insel-Verlag war verschwunden, das berühmte Leipziger Archiv nach Frankfurt entführt, Kiepenheuer war Aufbau einverleibt und inzwischen fast Hungers gestorben. Das Bibliographische Institut, Brockhaus, Teubner etc. waren unter die Dächer der westdeutschen Häuser gleichen Namens geschlüpft. Fachverlage hatten ganz ins Gras gebissen oder waren – entmannt – in größeren Gruppen aufgegangen. In Berlin war es nicht anders. Birgit Breuel und ihre Treuhandmannschaft hatten in kurzer Frist ganze Arbeit geleistet. Schnell war man die leidige Sache los, die Angst, daß sich in den DDR-Verlagen ein kritisches Potential gegen die kapitalistische Gesellschaftskunst formieren könnte, das nach Gegenentwürfen suchte, nach einem »dritten Weg«. Es war nicht nur ein Wirtschaftsumbau – der notwendig war –, es war ein Gleichschaltungsritual ersten Ranges, das da ablief, ein Meisterstück der Unterwerfung unter falschem Namen.

39

Was der Zaubermeister Bundesrepublik nach der Wende aus der Flasche herausholte, war ein altes Kunststück aus den Jonglierkästen der marxistischen Geschichtsschreibung. An dem, was man ablöste bzw. übernahm, durfte kein gutes Haar gelassen werden. Man hatte eine historische Schuld wieder gutzumachen, die man 1945 auf sich geladen hatte, als man das alte Reich weitgehend unversehrt in das neue der Bundesrepublik mit hinüberschleppte, es aber vertuschte. Damals wäre alles andere zur Kapitalismuskritik ausgeartet.

Diese Existenzangst löste der neue Umbruch von 1989/90 nicht aus. Jetzt konnte man drauflosschlagen auf das politische und gesellschaftliche Unwesen, das nach dem Krieg aus den Untiefen der eigenen Gewaltherrschaft herausgewachsen war – als Gegenmodell –, das freilich selbst wieder Gewalt schuf, offenbar die Begleiterscheinung eines jeden Vorgangs, wenn Unterdrückte, Ausgeschaltete, Entrechtete zur Macht kommen. Jetzt konnte er sich wieder austoben, der Antikommunismus alter Prägung, der alles zu delegitimieren suchte, selbst den eigenen Verstand. Der FDP-Politiker und zeitweilige Außenminister Klaus Kinkel hatte es auf den Nenner einer Staatsräson gebracht, die DDR zu delegitimieren, wo man auch ging und stand. So wurden selbst die besten gesellschaftlichen Erfahrungen im Bildungswesen, in der Vorschulerziehung, der Gesundheitsorganisation und -vorsorge, der Praxisnähe der Schulbildung, der Landwirtschaftsorganisation in die Quartiere der sog. »kommunistischen Propaganda« geschmuggelt. Als man diese Erfahrungen nach ein, zwei Jahrzehnten aufgrund eigener Unzulänglichkeiten wieder hervorkramen mußte, wurden sie als eigene Erfindungen ausgegeben oder nach Schweden oder Finnland oder sonstwohin stationiert, um sie nur ja nicht als längst erfolgreiche Gesellschaftserfahrung der DDR auszuweisen. Das hatte man davon, daß man die deutsche Geschichte, die deutsche Kulturgeschichte nicht als einheitlichen Block begriff, als gemeinsame Hypothek, als Lust und Last gesammelter Erfahrungen in zwei deutschen Provinzen, die zeitweilig auseinanderstrebten und wieder zusammengefunden hatten. Das waren nicht die einzigen historischen Albernheiten, die die deutsche Nachwendepolitik – unter Ausschaltung eines intellektuellen Diskurses, der aus vielen »Welt«-Anschauungen hätte beschickt sein können – beging. Diese ganzen geistigen Fehlleistungen wurden verhüllt unter einem einzigen Schlagwort: *Solidarpakt.* Darunter tauschte man das Debakel der intellektuellen Versöhnung aus gegen die DM.

Eine Verlegercrew wollte die deutsche Einheit anders angehen, als es die große Politik besorgte. Wir wollten in unsere gegenteiligen Erfahrungen hineinhören. Wir wollten uns gegenseitig die Popel aus der Nase ziehen. Wir wollten ergründen, was wir im deutsch-deutschen Literaturbetrieb erlebt hatten, wie wir es mit diesen oder jenen Augen sahen, was des Teufels war und was von den Engeln kam. Wir waren vier Verleger, die Bausteine für eine gesamtdeutsche Betrachtung der Buch-, Verlags- und Literaturgeschichte sammeln, Zuckungen des Literatur-, Kunst- und Wissenschaftsbetriebs speichern, aufschreiben wollten, was wir über Jahrzehnte hinweg wahrgenommen hatten. Siegfried Unseld, der Frankfurter Suhrkamp-Verleger, Heinz Friedrich, Chef des Deutschen Taschenbuch Verlags (dtv) in München und Präsident der Bayrischen Akademie der Künste, Hans Marquardt, langjähriger Reclam-Chef in Leipzig, und ich waren alte Hasen in der Verlagswelt. Wir waren von den Strapazen betroffen und von den Vorzügen gesegnet, die einem ein langes Verlegerleben in geteilter Welt auferlegt hatten. Wir konnten Markt- und Planwirtschaft vergleichen, wir wußten, wie Geld die Phantasie anstachelte oder lahmlegte, wir kannten die Vorzüge des individuellen Büchermachens und die Verheißungen der Globalisierung. Wir glaubten eine Antwort zu haben, ob schöne Bücher noch zeitgemäß waren und blieben. Wir wußten, wie der Markt die Bücherwelt auffrischte oder sie verwahrloste. Unsere Verlegerbiographien waren mit deutscher Nachkriegsgeschichte befrachtet und mit deutscher Literaturgeschichte auch, wie sie unterschiedlicher nicht hätte wahrgenommen werden können. Heinz Friedrich hatte in seinem Buch *Aufräumarbeiten* beschrieben, wie alles anfing, Glossen und Kommentare zu vierzig Jahren Literaturbetrieb in der Nachkriegszeit schon geliefert und das solitäre Modell des Deutschen Taschenbuch Verlags ins Leben gehievt, das einen fast genossenschaftlichen Anflug hatte. Siegfried Unseld hatte in tausend Facetten schon Verlegerleben belichtet und die Autoren zu Heiligen emporgehoben. Hans Marquardt hatte bei Reclam Leipzig ein phantasiereiches Verlagsmodell entwickelt, das Volkstümlichkeit und die elitäre Kraft der Literatur sinnstiftend miteinander verband. Mich hatten tausend Wasser gewaschen als Verleger zwischen Ost und West. In mehr als hundert Aufsätzen hatte ich Wahrnehmungen aus der deutschen Verlags- und Buchhandelsgeschichte festgehalten. Nun konnten wir loslegen. Aber freilich, wie das so ist, wenn vier Deutsche an einem Tisch sitzen, einen davon wird das Unbehagen befallen. Und so begann der unterschiedliche Verlauf der deutschen Geschichte Hans Marquardts Gemüt zu bedrücken. Er dachte an den Bruder in Hamburg, an die Doppelbiographien der Familie, an die Gunst Springers gegenüber dem einen, die Gunst der DDR gegenüber dem anderen, an die Verwicklungen im Frontenverlauf des Kalten Krieges, an die Beobachtungsposten der Stasi und des BND, die die in den Genen verwandten, durch Ideologien feindlich gewordenen Brüder auf beiden Seiten im Visier hatten. Er wollte das Vorhaben nicht mehr favorisieren. Heinz Friedrich bedauerte den Rückzug in einem Brief an mich als vertane Chance.

Trübsal und Heiterkeit wechselten einander ab. An einer Stelle Niederlage, an anderer Erfolg. Durch die Buchläden marschierte in dieser Zeit ein pfiffiger Allerweltskerl aus der Niederlausitz und arbeitete sich hoch bis zum literarischen Liebling der Saison. Esau Matt hieß der Held in Erwin Strittmatters Romantrilogie *Der Laden*, die schon seit 1983 ein großes Publikum gefangennahm und nun, 1992, mit dem dritten Teil vollendet wurde. Jetzt betrat das Ziehkind des launigen Autors, das ab 1919 die Welt zu betrachten begann, die Jahre nach dem Zweiten Weltkrieg und verwickelte uns mit neuen wundersamen Geschichten in unsere eigene Lebenszeit. Die Identifikation mit den Wahrheiten und Lügen des fiktiven Jahrhundertspaziergängers trieb die Leute zu Hunderten in die Veranstaltungssäle, wo Strittmatter las, um ihm seine Weisheiten authentisch abzulauschen. Nach Auftritten in Berlin, Weimar, Erfurt und Suhl (dort allein 700 Besucher) zog die Lesekarawane nach Leipzig weiter in die Connewitzer Buchhandlung von Peter Hinke, eine Reverenz an einen der eifrigsten und eigensinnigsten Buchhändler der wieder aufblühenden Messestadt. Er empfing den Pferdenarren Strittmatter mit einem Nachkommen aus dessen einstmaliger Araberzucht. Als er das Pferd in den Buchladen führen ließ, war der Teufel los. Strittmatter weinte vor Glück. Die Originalität seiner Einfälle, die er im Roman *Der Laden* vorführte, fand ihre Entsprechung in den Organisationsmodellen seiner Leseveranstalter. Diese ergaben sich aus der Beobachtung von Strittmatters Leben. Der begnadete Geschichtenerzähler freute sich über nichts mehr als über skurrile oder gar obskure Einfälle, weil das offenbar dem eigenen Talent entsprach. Als ich zu seinem 75. Geburtstag wie die fröhlichen Buchkolporteure verflossener Jahrhunderte mit einer Spankiepe erschien, vollgestopft mit seinen eigenen Büchern, und die manigfaltigen Titel ausrief wie ein Gemeindediener als letzte Information über die Gesellschaft und als beste Handelsware, war er ganz aus dem Häuschen. Er liebte das Vergangene mehr als das Vergängliche. Ein Zentnersack voll Hafer, den ein Schriftstellerkollege auf krummem Buckel heranschleppte, war ihm mehr wert als eine ganze Parfümfabrik, aus der sein Werk gegebenenfalls mit den lieblichsten Düften beträufelt werden konnte. Innerhalb von acht Wochen wurden 50 000 Exemplare des Romans verkauft und Nachschub bis zum 70 000 vorbereitet.

Ein halber Sieg. Wir schrieben den Herbst 1992, und noch immer beteiligten sich die alten Bundesländer nicht an den Bestsellern des Ostens. Die Verkaufszahlen dort blieben gering. Die Literaturkritik, wie sie Karl Corino großgezogen hatte, stellte Erzähler des Ostens von unbestreitbar hohem artistischem Rang als provinzielle Possenreißer, als heimattümelnde Hinterwäldler dar, wenn sie nicht in das Konzept politischer Dissidentenüberlegungen paßten. Die Verkrampfungen im deutschen Literaturbetrieb, wie sie das geteilte Deutschland hervorgebracht hatte, sollten sich offenbar nicht so schnell auflösen, wie man es erwartete. Es würde länger dauern, mußte man feststellen, bis Bücher ostdeutscher Verlage und Autoren, überhaupt Bücher aus Osteuropa die Spalten der westdeutschen Zeitungen und die Bücherschauen des Fernsehens bevölkerten, ihrer Bedeutung angemessen. Die Rezeption von Strittmatters *Laden* in der neuen Bundesrepublik Anfang der neunziger Jahre war ein exemplarischer Fall. Wir mußten die Bereitschaft erst wecken, das zum goldenen Literaturfonds Zählende, die Beschreibung von Schicksalswegen der geteilten Nation durch ostdeutsche Autoren, anzunehmen, ohne Vorbehalt. Strittmatter war ein Erzähler von altem Schrot und Korn, der unser Leben in mikrokosmischen Geschichten versteckte. Sie zu entziffern war für das Nacherleben in den neuen Bundesländern wertvoll.

Der Anfang der neunziger Jahre war ein Durchgangsstadium: Die Ignoranz – auf beiden Seiten – musste niedergestreckt und umgewandelt werden in Neugier, zum Schluß in Vertrauen. Wir durften die Kunstwerke der Andersdenkenden nicht nur – wie es Mode zu werden begann – umschlagen in flüssiges Geld, sondern mußten sie vor allem umheben in einen Zugewinn an Phantasie. Wir mußten – auf beiden Seiten – nicht nur neue Bücher sammeln, die wir durch die politischen Umstände bisher entbehrt hatten, wir mußten auch neue Autoren sammeln mit Ansichten, die uns bislang fremd geblieben waren. Wenn uns das nicht gelang, würden wir eines Tages über die zarte Pflanze der Demokratie nur weinen, wie es Wolfgang Koeppen in einer Betrachtung über die junge Bundesrepublik einmal versinnbildlicht hatte.

Ein Seelenzustand zu Beginn der neunziger Jahre. Zugleich Optimismus. Ich sprach über Strittmatters *Laden*. Der Bestseller, der Kassenschlager war mehr als ein Marktereignis. Es war ein Vorgang mit Symbolwert. Es war ein Zeichen für die Rückkehr des ostdeutschen Publikums zu »seinen Autoren«, die kaum drei Jahre zuvor ausquartiert worden waren, im schlimmsten Fall auf der sogenannten Müllkippe landeten. Selbst umstrittene, durch politische Urteile stigmatisierte Autoren und Bücher wurden wieder angenommen. Hermann Kants Memoiren unter dem Titel *Abspann*, von seinen Widersachern als irrlichternd und doppelgesichtig bezeichnet (aber so war das Leben), wurden auf Anhieb in 15 000 Exemplaren abgesetzt. Ein neuer Roman von Helmut Sakowski, dessen Fernsehdramatik wie *Wege übers Land* oder *Daniel Druskat* in der DDR ein Millionenpublikum gefunden hatte und der gewissermaßen als eine Art Illuminator des sozialistischen Aufbaus galt, eroberte sich mit einer überzeugend erzählten Familiensaga über ein mecklenburgisches Adelsgeschlecht samt Gegenspielern, den Katenbewohnern, sein Publikum zurück. *Die Schwäne von Klevenow* hieß das Buch. Man müsse den Autor »höchst differenziert« sehen, hatte Brigitte Reimann schon in DDR-Zeiten angemerkt. Er gab ein Beispiel dafür, daß Literatur und Kunst in alle Spalten der Gesellschaft hineinkriechen, daß sie Geschichte und Gegenwart durcheinanderwirbeln, Phantasie und wirkliches Leben, Glück und Trauer, daß wir Schuldner waren aller Zustände, die wir selbst mitgebären und selbst mitbegraben. Man konnte aus seinem Land auswandern, man konnte es aber nicht wegwerfen. Man konnte Vaterland oder Heimat nicht einfach von sich abspülen als Dreck der Geschichte. Man wurde ihn sowieso nicht los. Mit der DDR war es nicht anders. Literaten und Künstler, die sich ihr anverwandelt oder ihr entsetzt ins Gesicht geblickt hatten, konnte man nicht einfach aufteilen in Staatskünstler und Nonkonformisten, alle waren verbandelt mit dem Eigentlichen, dem eigenen Leben, durch das die Gesellschaften hindurchgingen auf ihrer Wanderschaft zu neuen Ufern oder zu neuen Abgründen. Diese Rätselhaftigkeiten zu erforschen war Sache der Literatur, das war es – so schien es mir –, was Sakowski besorgt hatte. Deshalb verdiente er einen Platz im Aufbau-Programm. Deshalb wurden seine neuen Romane ebenso bewundernd aufgenommen, wie man seine alten Geschichten bestaunt hatte, gesellschaftliche Umbrüche, verwandelt in Poesie. Ich staunte, wie Volksempfinden wieder einmal klüger war als Politik. Wo diese noch ausgrenzte, befand sich jenes schon in der Katharsis. Es läuterte den Schmerz verlorengegangenen Lebens, immer januskööpfig zu verstehen, in Versöhnungskraft, und der Verlag profitierte davon.

Die Jahresbilanz des Verlages machte sich indessen bei etwa 10 Millionen DM fest, einem Drittel, einem Viertel nur dessen, was in DDR-Zeiten in den Absatzbüchern stand, aber für die Verhältnisse ein durchaus bemerkenswertes Ergebnis. Trotzdem blieb die ökonomische Lage angespannt. Das Erscheinungsbild des Verlages hatte nichts Wesentliches eingebüßt. Wir waren über die Runden gekommen, auch wenn die Titelzahl von jährlich 300 bis 350 Titeln auf ca. die Hälfte zurückgegangen war. Einige Autoren des Hauses wanderten in westdeutsche Verlagsstädte ab, andere kamen nach Berlin. Der Wettbewerb um die beste Verlagsheimat umkreiste seit der Wende ein beträchtlich größeres Territorium. Die Aufbau-Verlagsgruppe zählte zu ihren literarischen Höhepunkten einen neuen Roman von Robert Merle, *Die gute Stadt Paris,* und den spannenden Inzest-Roman der Französin Sylvie Germain, *Das Medusenkind.* Von Boris Pasternaks *Doktor Schiwago* legte der Verlag eine neue Übersetzung von Thomas Reschke vor, die weithin belobigt wurde, freilich den Index des Buches in der DDR aus den 80er Jahren nicht vergessen machen konnte. Manche Zeitungen und Branchenclaqueure orakelten immer noch über den Aufbau Taschenbuch Verlag, den sie partout zum Flop herunterspielen wollten, der sich aber bereits zum Erfolgsmodell mauserte. Wir waren aus der Zeit der Mutmaßungen heraus, als die Meinungsverschiedenheiten über die Programm- und Geschäftspolitik zwischen dem Verlagseigner und mir unüberbrückbar zu werden schienen. Das Jahr 1992 strebte seinem Ende zu.

Aber gerade in jenen Tagen mußte ich einen Brief an Christoph Hein schreiben, der zu einem Dokument des Abschieds geworden ist. Ich zitiere daraus eine Passage, die sowohl eine Vorstellung vom Zerwürfnis als auch ein Bild von Nachwendeverhältnissen vermitteln kann. Es heißt dort am 10. September 1992:

In den letzten Monaten hat es viele gleichermaßen anregende wie anstrengende, in letzter Zeit häufiger zermürbende Debatten um die Programm- und Geschäftspolitik in der Gesellschaftergruppe gegeben, die am letzten Dienstag morgen – für mich dennoch höchst unerwartet – in einer persönlichen Aussprache zwischen Herrn Lunkewitz und mir mündeten, während der mich Herr Lunkewitz bat, doch einen Antrag für meinen Rücktritt zu stellen (Sie sehen, da hat sich gegenüber alten ZK-Zeiten in der Form nichts geändert). Ich mußte diese vorgeschlagene Selbstentmündigung freilich ablehnen, das versteht sich, aber andererseits entzieht dieser Vorgang jegliche Grundlage für eine weitere Zusammenarbeit zwischen dem Hauptgesellschafter und mir. Es scheint alles auf eine schnelle Vertragslösung hinauszulaufen.

Sie kennen mein Verlagsmodell. Aufbau soll ein literarischer Verlag und ein Autorenverlag bleiben mit einem Erscheinungsbild, das ein weltliterarisches ist und das viele literaturgeschichtliche Perioden schlaglichtartig oder systematisch belichtet. Aufbau als Verlagsgruppe hat in diesem Verlegermodell mehrere wichtige Standbeine: das Aufbau-Hardcover-Programm, den Aufbau Taschenbuch Verlag, ab Herbst 1992 ein Sachbuch-Programm und Rütten & Loening als buchkulinarische Spielwiese. Alles hat für sich genommen seine wesentliche Bedeutung, denn nur über die bewußte Segmentierung des Programms erreicht man im literarischen Verlag den ökonomischen Erfolg.

Wir wissen, lieber Christoph Hein, miteinander zu gut, wie unterschiedlich ein Literaturbegriff ausgelegt werden kann, und ich weiß, daß es höchst verworren ist, will man für einen Verlag die Herausgabe »anspruchsvoller Literatur« reklamieren. Ich weiß zum Schluß auch nicht, was das genau ist, aber ich möchte doch in dem Geheimbund bleiben, in dem Urteil und feeling zu Stoff und Ästhetik und Kultur des Buches am Ende die Formulierung hergeben: das ist anspruchsvolle Literatur.

Ein solches Verlagsmodell durchzustehen verlangt in heutiger Zeit Geschmack, Courage, Stehvermögen und Geld, und erst dachte ich, daß Herr Lunkewitz zum geistigen und ökonomischen Schirmherrn einer solchen Sache wie geboren sei. Ich mußte aber ziemlich rasch mit Beob-

achtungen Bekanntschaft machen, die mich irritierten. In öffentlicher Rede hören sich Herrn Lunkewitz' Verlagsinteressen wie feinsinnige, hoch- und wohltönende verlegerische Kabinettstücke an, bei zugezogenen Gardinen wird daraus aber zu rasch die kleinkarierte Kleinkrämerei, die nur noch den schnellen Gewinn – den schnellen, betone ich – im Auge hat. Für Augenmaß, für einen sensiblen literarischen und verlegerischen Organismus bleibt da wenig Raum, und Tagesinteressen verstellen den Blick für einen mittel- und langfristigen anspruchsvollen Programm-Kurs. Ich täte Lunkewitz unrecht, wenn ich dabei vergessen würde, daß es sein Geld ist und nicht das meine, was vorerst angelegt wird (und nicht weggeworfen, wie er es zu apostrophieren beliebt). Unruhe – nicht schöpferische, das ist etwas anderes – ist aber ein Vorspiel von Mißerfolg. Wenn die Kräfte so aufs Äußerste angespannt sind wie in unserem Verlag, bleiben selbstverständlich kontroverse Ansichten nicht aus. Das ist ein glücklicher Zustand und ein produktiver dazu, und außerdem ist es das Natürlichste von der Welt ...

Ich räume die Brücke ohne Schmerz, aber mit viel Wehmut, weil ich mir vorgenommen hatte und es zustande gebracht hätte, die Aufbau-Verlagsgruppe in wenigen Jahren auch ökonomisch an die Seite der angesehenen Literaturverlage zu führen, zu der sie ohnehin und seit langem gehört.

Ich drücke Ihnen die Hand als meinem Autor, mit dem ich durch manchen Sturm (die »DDR-Stürme« sind vor allem gemeint) gegangen bin, und grüße in Ihnen als Sprecher des Autorenrates meine ganze Autorenmannschaft. Ich wollte für meine diesjährige Pressekonferenz am 24. September und für die sich anschließende Frankfurter Buchmesse einen Slogan ausgeben: »Qualität hat einen Namen: Aufbau-Verlag Berlin und Weimar«, und nun wünsche ich mir einfach, daß Autoren und Verlagsteam diesem Verlegeretikett treu bleiben.

Was werde ich tun, wenn der Abschied vollzogen ist? Ich werde mich ausruhen, das ist nötig, und bestimmt bleibe ich der Branche treu. Der Teufel weiß, wie die Mühlen mahlen, aber schon über Nacht gibt es neue Angebote, und dann gibt es für mich eine neue Hauptsache: den weiteren Aufbau des Verlages Faber & Faber.

Ich grüße Sie herzlich.

Ihr Elmar Faber

Damit ging mein zweites Verlegerleben (nach Edition Leipzig) zu Ende. Ich erhielt eine Abfindung. Die stattliche Belohnung steckte ich ohne Zögern sofort in den eigenen Verlag Faber & Faber. War ich unbelehrbar? Aus dem Paradies, für das ich das Verlegerleben hielt, ließ ich mich nicht vertreiben. Ich glaubte, dem Garten Eden noch ein Stück Land hinzugewinnen zu können. Den Sündenfall führte dieser Entschluß nicht im Programm. Den sollten andere besorgen. Mein baldiges vorzeitiges Rentenalter kündigte sich durch einen Schuldspruch an. Als Chef des Aufbau-Verlages galt ich als staatsnah. Ich hatte an einer von der neuen Macht ausgedachten Obergrenze verdient. Die Rentenausschüttung wurde gedeckelt. Es trat eine kuriose Situation ein. Bald ein Vierteljahrhundert hatte ich die bekanntesten DDR-Verlage geführt oder dominiert. Bald bekam ich aus der Crew der DDR-Verleger dafür die niedrigsten Rentenbezüge. Ich war nur einer von vielen Ostdeutschen, die nicht von dem profitierten, was sie selbst erarbeitet hatten, aber ohnehin waren ja die Ostdeutschen die Bevölkerung in Europa, der am wenigsten von dem Land gehörte, das sie bewohnten. Bitterkeit? Nein! Aber den Spruch Bertolt Brechts »In mir habt ihr einen, auf den könnt ihr nicht bauen«, behielt ich im Gepäck.

40

Wieder ein paar Tage Ursprung. Wieder ein paar Nächte
Heimat. Mein drittes Verlegerleben begann. Ein neues Kapitel Leben in deutscher Sozietät. Nach dem Kapitalismus
in seiner schlimmsten Ausformung, dem Faschismus, kam
der Sozialismus. Erst in begeisterungsfähiger Um- und Auf-
bruchphase, dann im Niedergang, in selbstverschuldeter
Perversion. Nun wieder Kapitalismus, genannt Soziale
Marktwirtschaft. Ein Leben in Spannung beschrieben oder
prophezeiten allein die Begriffe. Das Leben war noch bunter. Am schlimmsten waren die Übergänge. Eine Ver-
schnaufpause konnte guttun.

Über den Thüringer Bergen standen die Sternbilder der
nördlichen Halbkugel und streuten zusammen mit einer
schmalen Mondsichel ein kaltes Licht in die Schluchten.
Ich dachte an Eichendorff, den Romantiker, der in verletzlichen Versen die Seele von der Natur hatte hinüberwan-
dern lassen ins Philanthropische oder umgekehrt: »Und
meine Seele spannte / weit ihre Flügel aus, / flog durch die
stillen Lande, / als flöge sie nach Haus.« Wohin sollte die
Reise gehen?

Am Morgen schraubte sich die Lerche mit tausend Flü-
gelschlägen in kolossale Höhen und holte alle Farben des
Himmels in ihre jubilierenden Lieder. Ich dachte, als sie
aus dem betörenden Gesang herunterstürzte, an das lächerliche Quartier, in dem sie großgezogen worden war, an
die kleine Erdmulde am Feldrain, der sie einmal halbnackt
ausgeliefert war. Ich dachte, wie hoch sie aus dem geringsten Winkel hinaufstieg in blaue Fernen, um zu musizie-
ren und die Welt zu beglücken, als sei sie in einem Him-
melbett geboren. Selbst ihre jähen Abstürze schienen nur
das eine Ziel zu haben, sich wieder emporzusingen. Ich bestaunte die Natur und dachte an mich selbst.

Auf den Feldrainen bogen sich unter der Fülle ihrer schwarzen Früchtedolden die Holunderbüsche zur Erde und riefen die Vögel des gesegneten Landstrichs zu sich. Die Beeren mußten für viele Arten schmackhaft sein. Die Büsche waren Gasthäuser für Durchreisende und Wiederkehrende. Manche Besucher, die Amseln, die Grasmücken und andere beerensüchtige Vogelarten, schienen Stammgäste in den sagenumwobenen Büschen zu sein, die schon die alten Griechen und Römer als gute Hausgeister angerufen hatten.

Ach ja, der Holunder. Wenn er blühte, sah er wie hingetupft aus in anderes Busch- und Baumwerk, leuchtend schwankende weiße Kronen im vielzackigen Geäst. Bildete er ganze Hecken an Wiesen- und Ackerrändern, dachte man an eine Abteilung Kavallerieoffiziere, zum feierlichen Appell angetreten, grüne Uniform, weiße Mützenkappen. Mir fielen die verrückten Begängnisse ein, wenn Großvater aus den schwarzen Beeren den Holunderwein kelterte, wenn er das schmackhafte Gebräu abzog aus den großen Glasballons, in denen das verführerische, durchsichtig glänzende Getränk zur Reife gebracht wurde, und die kräftigsten Männer damit torkeln machte. Ich dachte daran, wie wir Kinder den Frohsinn der Alten bemusterten, indem wir Sprüche hersagten, von denen wir nicht wußten, wo wir sie aufgelesen hatten: »Siehst du die Dame dort im Tal? Du irrst, es ist ein Wäschepfahl« oder »Oma fährt im Hühnerstall Motorrad« oder »Dunkel war's, der Mond schien helle, als ein Auto blitzeschnelle langsam um die Ecke fuhr« oder »Unsre Katze, die hat Junge, sieben an der Zahl, sechs davon sind Hunde, das ist ein Skandal«, verrückte, verzückte Verse allesamt. Später fand man sie in der Sammlung eines berühmten Berliner Bibliotheksdirektors namens Horst Kunze wieder. Das lustige Hausbuch hatte er dem ehemals ebenso berühmten Ernst-Heimeran-

Verlag in München anvertraut, dessen Erben das Verlagsgeschäft zu strapaziös wurde, weshalb sie es für ein kleines
Schloß in Österreich eintauschten. Die verrückten Verse
der Nonsensdichtung überdauerten die Jahrhunderte. Sie
waren nicht einzutauschen gegen Schlösser und Berge von
Gold, nur gegen Frohsinn und Heiterkeit. Die Sammlung
fand ich übrigens später köstlich ergänzt durch Peter Rühm-
korfs Band *Über das Volksvermögen – Exkurse in den literarischen Untergrund,* aus dem bei den Kindern der Wirt-
schaftswunderzeit bestimmt wieder eine Menge anderer
Verse hängenblieben und dessen Herausgeber ich verehrte, seitdem ich 1960 seinem Erstlingswerk *Irdisches
Vergnügen in g* begegnet war. Seine Wahrheiten mit
»Wurmstichen« lobte er auch einmal in einen Gruß hinein,
den er mir nach einer strapaziösen Rundumlesereise und
offenbar nach einem Auftritt in einem Geldinstitut zukom-
men ließ. »Es grüßt der Sänger aller Klassen, der Barrika-
den und der Bausparkassen« lautete die freundliche Zueignung des Blattes, dazu die Tintenstiftzeichnung eines
rasenden Literaturkolporteurs im Rühmkorf-Look.

Den Holunderwein des Großvaters umtanzten wir mit
dem herrenlosen Nonsens, seinen Sprüchen und Liedern,
als hätten wir ihn selbst gebraut. Mode und lustig war auch
die Erbsensprache. Rerbse, Erbse, Serbse, Erbse war die aus-
wuchernde Abkürzung für den abgekürzten noblen Vorna-
men Therese, der einer spillrigen Nachbarin angetauft war.
Freilich, als wir tiefer eintauchten in des Volkes poetische
Speisekammer, fuchtelten die Alten wehrlos mit den Fäusten in der Luft herum. Heimlich amüsierten sie sich über
die derben Brocken, die sonst als kindliche Geheimnisse
tief in uns verschlossen waren: »Apfelsine, Banane, in der
Ecke steht ein Mann, Apfelsine, Banane, er lockt die Weiber an, Apfelsine, Banane, er nimmt sie mit nach Haus, Apfelsine, Banane, er zieht sie nackig aus« usw. Ein betrunke-

ner Onkel, um die kindliche Keckheit zu überspielen, grölte daraufhin in kraftvollen Tönen das Lieblingslied der Zechbrüder aus sich heraus: »Wütend wälzte sich im Bette Kurfürst Friedrich von der Pfalz«.

Draußen zwitscherten die Schwalben auf den Drähten. In ersten Versammlungen besprachen sie die Rückreise nach dem Süden und die Flugrouten, die sie wählen wollten.

Zugvögel.

Jetzt, fünfzig Jahre später, war mein Dorf auch nur noch ein Nest voller Zugvögel. Überallhin schwärmten Männer und Frauen aus, um Arbeit zu finden, nach Hessen, nach Bayern, nach Baden-Württemberg, bis nach Österreich und in die Schweiz. Arbeit machte die Menschen glücklich, wie Sisyphos, wenn er den Stein den Berg hinaufwälzte, auch wenn dieser immer wieder herunterrollte. Sogar mit unnützer Arbeit hatte der antike Rebell die Götter besiegt, wie der Franzose Albert Camus es in einem glanzvollen Essay behauptete. Arbeit machte glücklich, auch wenn sie noch so weit entfernt war. Keine Arbeit machte unglückliche Menschen.

Mein Dorf verkümmerte. Es blutete aus.

Jetzt kümmerte sich kaum einer mehr um die rührenden Alltagsverdrehungen, um die feschen Sprüche und Ungereimtheiten, mit denen wir Kinder unsere Tage verkürzt hatten. Wenig wußten wir damals, woher die Verse kamen, wohin sie gingen, warum sie dem Gedächtnis entfielen. Das amerikanische Jahrhundert hatte andere Gewohnheiten in die Berge getragen, andere Redensarten dem jungen Volk vermählt, die wahrscheinlich nicht so lange lebensfähig waren wie die seit Generationen überlieferten. Alles war jetzt geil und cool, super, fetzig, in und out. Kaum mehr als dreihundert Vokabeln brauchte die Jugend noch, um ihre Bedürfnisse und Gefühle in Worte zu fassen. Es ging um Essen und Trinken, Reisen und Shoppen, um ein paar Fetzen um den jungen Leib. Traten Erwachsene hinzu, vergrößerte der Wortschatz sein schmales Gerüst um ein paar festgezurrte Sinnbilder, um Steuern oder Immobilien, ob man jene zahlte oder unterschlug, ob man diese erwarb oder liegenließ. Die Welt zu beschreiben, bilderreich, in schillernden Facetten, wurde das Vergnügen kleiner Bruderschaften, die die Sprache als Kunstobjekt bewahren wollten. In der Alltagskommunikation steckte bald jedes zweite Wort voller Falschheit. Fort war die vertraute, liebliche, sanft anstößige Poesie. Selbst die Lieder waren andere geworden. Sobald man aus alten Liedertruhen etwas hervorholte, sang oder zitierte, wurde man mitleidig belächelt. Die alten Weisen kamen den Kindern albern vor. Sie wandten sich ab, als schämten sie sich für Eltern und Großeltern, wenn diese etwas vortrugen, was der Zeit scheinbar nicht mehr angemessen war. Es war gleichgültig, ob es sich um geistliche Verse von Luther, Paul Gerhardt oder Matthias Claudius, um weltliche Tag- und Nachtgesänge von Storm, Heine oder Bertolt Brecht, um Lieder aus dem Freiheitskampf der Völker oder der Arbeiterschaft handelte. Das wurde unzeitgemäß.

Verrückte Zeitenwende oder – war es gar immer so? Hatten wir, die wir nun älter waren, nicht auch gelächelt, wenn uns Kindern die Altvorderen erzählten, daß ihre Familien sich von einem einzigen eingelegten Hering eine ganze Woche ernährt hatten? Fünf Tage lang die nackten Kartoffeln in die Brühe gestippt, am sechsten Tag den Hering in Stücke geschnippelt und viele Mäuler damit gestopft. Nur der siebte Tag, Gott war gnädig und gefällig, fiel üppiger aus. Da gab es Kartoffelklöße und gestreckten Braten, mit getrockneten Zwetschgen gespickt. Beides hatte man aus dem eigenen Stall und dem eigenen Garten.

Nirgends, so schien es mir, waren die Wandlungen des

Jahrhunderts so spürbar wie in meinem Dorf, das ich wie in einer gläsernen Kugel sah, mit Spiegelungen aus den letzten einhundertfünfzig Jahren. So weit reichte die Welt zurück, die ich zu übersehen glaubte, angeknüpft an die Erzählungen der Urgroßmutter, der Großeltern, von Vater und Mutter, dazu das eigene Leben. Ich sah in die runzligen Gesichter der kleinen Ackerbauern, der Holzfäller, der Pflanzfrauen, der Heimarbeiter hinter den Glasbläser- und Maltischen, sah ihre krummen Rücken und morschen Beine, hörte, wie sie die Dreschflegel ins Korn schlugen, sah, wie sie die Wäsche bleichten, wie sie ihre Kinder in Spankörben mit aufs Feld trugen. Ich sah die Kuh- und Pferdegespanne über die steinige Dorfstraße holpern, den Pflug sich in die braune Erde graben, die Egge das Feld glattstreichen, hörte den Gesang der Sensen, wenn sie ins nasse Gras fuhren oder die goldgelben Getreidefelder niederstreckten, roch den wilden Kümmel und schmeckte den Sauerampfer, wenn er die durstige Kehle zeitweilig zufriedenstellte. Ich hatte die Ablösung der Gaslaternen durch das elektrische Licht beobachtet, in den Straßen und der heimischen Stube, hatte Plumpsklo gegen Wassertoilette eintauschen sehen, hatte Großvater und Großmutter die lustige Geschichte erzählen hören vom ersten Auto, das durch die Dorfstraße ratterte, von dem ein paar Leute glaubten, es sei ein lederner Schweinestall. Vorbeigeflogen kamen die kirchlich-weltlichen Kirmesfeste und die Geländespiele der Hitlerjugend, das wertlose Papier der Lebensmittelkarten, die Verdunkelungsrollos, die Spendendosen des nazistischen Winterhilfswerks, die Plakate vom Kohlenklau und die Losung »Pst! Feind hört mit!«. Verrottet oder achtlos fortgeworfen war das alte Blechspielzeug, der bunte hüpfende Stieglitzvogel, der schnurrende Kreisel, das prächtige Feuerwehrauto, signalfähig, und das blecherne Laufrad, das man an einem Stecken führte und an dem ein Drahtstab in die Speichen griff, daß es laut klingelte. Verschollen waren die Hundekanonen und die anderen skurrilen Scherzartikel, die Stuhlknaller und Quetschhüte mit Harmonikamusik, die nach einem lustmachenden Katalog der Firma Curt Fahrenkamm aus Leipzig C1 bestellt wurden und Mensch und Tier ängstigten.

Ich dachte an den großen Umbruch nach 1945, die fremden Soldaten und die fremden Sprachen, an das neue Völkergemisch nach den Umsiedlungen aus Polen und der Tschechoslowakei, an die neuen roten Banner und die neuen Losungen. Ich bestaunte rückerinnernd die schweren Maschinen und Traktoren auf den Feldern, die neuen Weideflächen mit den Gästekühen aus fremden Ställen, hörte den Krawall der Wismutkumpel in den Wirtsstuben, nahm teil am launigen Plausch mit den Sommerfrischlern, die ein gewerkschaftlicher Feriendienst ins Dorf spülte und das karge Nest in einen Höhenluftkurort hochjubelte. Ich sah einen gewissen Wohlstand einkehren und die Not sitzenbleiben, wenn es um Schiefer oder Farbe, Bau- und Brennstoffe ging, sozialistischer Alltag. Flatternde Spruchbänder konnten auftauchen mit ungewöhnlichen, leichtfertigen Losungen: »Stürmt die lichten Höhen des Sozialismus« oder »Macht den Doppelsprung zur Volksbewegung«. Dieser fahrlässige Klamauk trübte die Stimmung der Leute nicht. Mehr schimpfte man über einen willkürlich versetzten Grenzstein, über ein Hundegekläff, über die trockenen Sommer, die den Pilzen die Aufzucht vermiesten. Lustig machte man sich über Ulbricht und Adenauer und stampfte seine Kartoffeln wie eh und je zu dem unnachahmlichen festen Brei, den man Zampe nannte. Die Kartoffelsuppe gehörte zum Samstag, die Kartoffelklöße zum Sonntag. Der liebe Gott hatte es so bestimmt. Die Rituale verschönerten die Tage, machten sie erträglicher oder ließen sie erstarren zu Gewohnheiten, die danach verlangten, nicht mehr beachtet zu werden. Das Dorf beherbergte Leute, die sich nicht mehr als dreißig Kilometer von dem kleinen Flecken entfernt hatten. Die großen Kriege trugen einige in Landstriche hinaus, die sie nur aus Kalendergeschichten kannten.

Die Festung, die das Dorf bildete, hatte in den letzten Jahrzehnten morsche Stellen bekommen, durch die einige ihrer Bewohner der Enge entkamen und sich mit der großen weiten Welt versöhnten. Dorfkinder waren Ärzte in den Städten geworden, Professoren und Dozenten an Universitäten, Ingenieure in bekannten Fabriken, Zeitungsleute und Verleger. Der Atem der Zeit hatte kleine Windstöße durch die zerklüftete Landschaft getrieben und die Neugier vergrößert. Das Automobil war nicht mehr die einsame eiserne Kreatur von ein paar Bessergestellten. Die Reiselust hinterließ ihre flüchtigen Wahrnehmungen und schwemmte ein paar Sandkörner Weltwissen in die wasserdurchrauschten Täler. Kurz und gut: Das Dorf war weltoffener geworden und doch – ein eigenartiges Doppelwesen – versteckt geblieben hinter den Bergen. Von den Revolutionen des Jahrhunderts wurden die Grausamkeiten kolportiert, nicht das Fortschreiten der Geschichte. Immer nur glaubte man, die Torheiten der Städte zu büßen. Auch die neue Revolution hatte man nicht gemacht, war aber von ihr verschluckt worden. Verschluckt von den prallen Angeboten, die Schaufenster und Regale bunt schillern ließen, verschluckt von halsbrecherischer Reklame, verschluckt von Werbern, Wahrsagern und Betrügern, verschluckt von den Brachen der Landwirtschaft und Kleinindustrie, die enttäuschte, nörgelnde Frauen und Männer zurückließen, die nichts anderes zu tun hatten, als sich die Geschichten ihrer Generationen und das Schicksal ihrer Sippen zu erzählen. Aberglaube und Mißgunst, Krisen und Kriege, Politik und Gewalt, Chaos und Vernunft, Glück und

Trauer hockten nebeneinander und führten ins Paradies oder in die Hölle, vertauschten Sünde und Sühne, Vergangenheit und Gegenwart. In den Köpfen gingen die Chroniken der Gräßlichkeiten und der Glückseligkeiten spazieren und schrieben an einer Zeittafel, die nicht in den Annalen der herrschenden Geschlechter stand. Das Dorf hatte Heiden und Heilige hervorgebracht, Lumpen und Verbrecher, Wohltäter, fleißige Arbeiter und fleißige Unternehmer, Krumme, Bucklige und Gertenschlanke, welche, die lange, und welche, die keine Schatten warfen, und alle unter demselben Stück Himmel, einem Dekolleté freilich nur aus dem großen Gewölbe, das zwischen die Berge paßte, in die das Dorf eingezwängt war.

Merkwürdig, wie in Zeiten des Umbruchs reflektiert wurde, in unendlichen Folgen. Das Kind, eine Insel der Neugier, wie lange war das her? Der Mann, eine Insel der Erinnerung, auf der die vielen Platz suchten, die eine Schatzinsel daraus machen wollten, auf der man mit seiner Vergangenheit im Gespräch blieb.

Das »Dorf am Abgrund«, in das ich hineingeboren worden war, stand wieder an einer Wegscheide, für deren Markierung man wieder Menschheitsthemen heranholte: Freiheit und Demokratie. Alles wie gewohnt und austauschbar. Freiheit mußte satt machen, Demokratie mündig. Und ohne Solidarität, die Gleichheit herstellte, waren beide nichts wert, aber gerade die Solidarität war auf dem besten Wege, zu einem »Soli« zu verkümmern. Konnte die Revolte, die sich in den Städten zugetragen hatte, diesen Dreiklang aus den Tagen der Französischen Revolution nicht wiederbeleben, würde sie als armseliges Luder in die Geschichtsbücher eingehen. Sie mußte etwas leisten, was schwer zu leisten war. Sie mußte Bürgerlichkeit wiederherstellen, das verschüttete Wesen aus seinen historischen Verzweiflungen abholen in eine neue Gerechtigkeit.

Bitterböse Geschichten hatten sich zugetragen, seit ich das Dorf meine Heimat nannte. Aus dem Dorf waren Menschen verschwunden und nie wieder aufgetaucht. Die einen hatte ein Zirkus mit sich fortgerissen, andere waren Opfer ihrer »Führer-wir-folgen-dir«- Vergangenheit geworden, die sich offenbar nur in einem sibirischen Strafgefangenenlager rekapitulieren ließ. Die zurückgebliebenen Frauen vergifteten sich mit Gas. Seltsam entstellte Gesichter barg man aus dem tödlichen Gemisch. Eine Talsperre hatte ein Wildwasser gebändigt, es nützlich gemacht für öffentliche Angelegenheiten. Das Dorf versprach sich etwas Wundersames davon. Man träumte von einem Erholungsparadies, weiße Segel in den bergigen Winden, würzige Waldluft, Scharen von lebenstrunkenen Spaziergängern auf theaterreifen Bergpfaden. Es wurde nichts daraus. Dafür stürzten andere Wassermassen von den Bergkuppen in die Täler, zerrissen und zerklüfteten das Erdreich, als wäre ein Riese wütend gewesen über das Weltgeschehen und hätte mit wuchtigen Schlägen die Erde gespalten. Die Wasser quollen nicht aus dem Boden, sie lösten sich aus einem unbarmherzigen Himmel. Fruchtbare Wiesen und Weiden, von den Altvorderen dem Schiefer abgetrotzt, verwaldeten, weil sie nicht mehr gebraucht wurden. Vieh und Bauer kamen dem Landstrich langsam ganz abhanden. In hitzigen Sommern stachen verdorrte Halme wie Spießruten in die Luft, einsam, zerbrechlich. Die Einsamkeit unter den Dächern, ein Maß der Geschichte, war angewachsen. Wie alt sie war, hundert Jahre, zweihundert Jahre oder mehr, es war gleichgültig. Die jetzt waltete, war die Einsamkeit des Augenblicks, die der Revolution geschuldet war. Sie hatte Schicksale zertrümmert, andere wiederaufgebaut, Bande zerrissen und neue gefädelt, im Chaos Ordnung gesucht, in der Ordnung das Chaos befördert, Vergangenheit, Lebensgeschichten in Frage gestellt und beiseitegeworfen. An

einem winzigen Punkt des blauen Planeten, meinem klei-
nen Dorf mit nur ein paar hundert Seelen, waren die
Schicksale des halben Landes versammelt, als hätte sie ein
Brennglas zusammengerafft und zum Flimmern gebracht.
Hier begegneten sich die Erniedrigungen des Erdkreises,
wie sie Gabriel García Márquez in seine Romane, wie sie
der Türke Nâzim Hikmet in seine Gedichte geholt, wie sie
Gorki beschrieben, Pablo Neruda beobachtet hatte, und die
Erhöhungen, die Hochspannungen der Seele, wie sie einst
Hermann Hesse veranlaßt haben mußten, nach Monta-
gnola zu wandern, auf die Erhebung über dem Luganer
See, oder wie sie ein Dutzend Philanthropen auf den Monte
Verità gerufen hatten, den stillen sagenhaften Ort in As-
cona, um die Welt zu verbessern. Tatsächlich war am Schei-
telpunkt des Zeitgeschehens, den man die Wende nannte,
in meinem Dorf alles unterwegs, die kolumbianische Fin-
sternis und das festliche Licht vom Lago Maggiore, Verzweiflung, Niedergeschlagenheit, Hoffnung, Aufbruch,
Verwurzelung und Neugier, ein Gewimmel von Gefühlen
und Erwartungen, die nicht zu kanalisieren waren, schon
gar nicht durch ideologische Wegweiser.

Was blieb einem übrig in dieser Wildnis der Gefühle, als
sich – wenigstens zeitweilig – vom Menschen abzuwenden,
von seinen häßlichen Grimassen, seinen Kompromissen,
seinen opportunistischen Manieren, und sich der Natur
anzuverwandeln. Wie groß war doch das Spektakel, das die
Luftmassen veranstalten konnten, gegenüber den kleinen,
den kleinmütigen Trippelschritten der Menschen, wenn
sich die Wolken in die Bergspalten hineinquetschten und
plötzlich ganz verlassen dastanden, weil sie den Anschluß
an den Wolkenstrom verloren, die Sonne Löcher aufriß ins
gleißende Blau. Die hängengebliebenen Wolkenfetzen lagen
wie ein Federbett über den Berghängen. Die Wälder sahen
aus wie in Watte getaucht, drunter Sonne, drüber Sonne.

Teile meines Dorfes strahlten aus goldenen Gesichtern, als wären sie frisch gewaschen und blank gerieben worden. Diese Heiterkeit der Natur ließ sich vielleicht mitnehmen ins gewöhnliche Leben, das Spaß machen mußte, wer es auch belobigte oder befehdete.

41

Zurück in Berlin, begann also mein drittes Verlegerleben, ein ungezähmtes, ein ungewisses und ungesichertes, ein auffindbares, wünschte ich mir, wenn später deutsche Buchkultur und Verlagsgeschichte beurteilt werden sollten. Ich stieg langsam um ins 21. Jahrhundert, ohne den radikalen Anspruch, den ehemals die Kommunisten für das vergangene Jahrhundert vor sich hergetragen hatten: »Diese Welt wird unser sein!« Diese Welt konnte die eigene werden, wenn sie anders beschaffen war als die, die mir die Geschichte in die Wiege gelegt hatte. Die Welt war aber bislang eine Kegelbahn geblieben, auf der es donnerte, und diese Kegelbahn war unser Herz, wie eine Arabeske in Wolfgang Borcherts stakkativen Versen vermutete, die mir den Frühreifen zu einem meiner Lieblingsautoren hatten werden lassen. Dies hatte der junge Dichter niedergeschrieben, als ich mein bewußtes Leben begann, 1946, als sich Anzeichen eines politischen Selbstverständnisses einstellten über die Welt, die ich vorfand, und die war häßlich und grausam. Jetzt, bald ein halbes Jahrhundert danach, das ich in dem deutschen Teilstaat zwischen Elbe und Oder verbracht hatte, steckte Christoph Hein in einem Brief an den Leipziger Verleger Hans Marquardt seine Meditationen über die Teilungsgeschichte und unsere DDR-Befindlichkeit in die sarkastischen Sätze:

Es gab Leute, die waren nur in der DDR gut.

Es gab ehemalige Leute, die waren ehemals nur in der ehemaligen DDR gut.

Gab es Leute, die gut waren in der DDR?

Gab es Leute in der DDR?

und charakterisierte damit die Vergeblichkeit, die man unserem Leben aufschwatzen wollte.

Sie sind auf dem Territorium der DDR geboren? Was haben Sie dagegen unternommen?

Sie sind in der DDR geblieben?

Klären Sie uns auf! Wie sind Sie zu diesem Irrtum gekommen?

Die Albernheiten hatten kein Maß und kein Ende. Sie sprudelten aus den Beifahrern der Revolution, die plötzlich so taten, als hätten sie am Steuer gesessen, nur so heraus. Wieder einmal versuchten die Sieger, einem napoleonischen Gedanken Gestalt zu geben, wonach das Bild der Geschichte die Summe der Lügen sei, auf die sich die Gesellschaft nach Jahren einigen werde. Man sollte sich dafür schämen, daß man in der DDR gelebt und Karriere gemacht hatte, daß man zur Wissenschaftselite aufgestiegen war oder Kunst und Kultur gefördert, politische Überzeugungen manifestiert, andere Muster der Wirtschaftsführung als die kapitalistischen erprobt – oder gutgeheißen hatte. Es war fast unglaublich, aber der moderne demokratische Rechtsstaat konnte oder wollte nicht auf das altägyptische Ritual verzichten, die Kartuschen zu zerschlagen, in denen die Papiere vergangener Erfahrungen aufbewahrt wurden, weil sie gegebenenfalls einer Herrschaft etwas Lobenswertes nachsagten, das den neuen Pharaonen unangenehm war und Zweifel säen konnte über die Vollkommenheit des eigenen Systems. Durch Meutengeheul sei der Osten stumm geblieben, ließ sich Günter Grass vernehmen, und brachte damit wichtige Symptome der frühen Nach-wendegeschichte auf den Punkt. Ein militanter Enthüllungs-journalismus, Hand in Hand mit Politik und offizieller Ge-schichtsbetrachtung, versuchte bei vielen Ostdeutschen einen Seelenzustand herzustellen, als müßten sie ständig still dasitzen und auf ihre Untaten lauschen. Der deutsche »Unrechtsstaat« und der deutsche »Rechthaberstaat«, die im Kalten Krieg jahrzehntelang die Klingen gekreuzt hat-ten, hielten auch nach der Wende das politische Klima auf heißen Temperaturen und verschütteten die Möglichkeit zum Selbstzweifel, den auch die Sieger der historischen Auseinandersetzung für ihr Überlebensgepäck brauchten. Alles, was entstand, konnte zugrunde gehen, lehrte die Ge-schichte und überraschte Geburtshelfer und Totengräber mit der Erkenntnis, wie klein der Abstand mitunter zwi-schen diesen Ereignissen war.

Wieder dachte ich an 1945, als die Amerikaner gingen, die Russen kamen, als meine Thüringer Heimat ungewollt die Fronten wechselte im Machthunger der Alliierten, als ich – ein Junge noch – die Plätze tauschte zwischen Marx und Jesus, und ich dachte, was man hätte werden können, wenn man den Tauschbrüdern nachgelaufen, wenn die Fa-milie vielleicht selbst harte Münze im Tauschgeschäft ge-worden wäre, auch ohne blaues Blut in den Adern und ohne Kapitalstock in den zerrütteten ausgeraubten Ban-ken. Ich konnte mich auf einen Unternehmerposten in Frankfurt oder München denken, in eine Staatskanzlei, ein literarisches Feuilleton, ein Literaturhaus etc., Hauptsache, es hatte mit Kultur zu tun – und öffentlichem Ärgernis so-wieso. Wäre man derselbe geblieben in anderer Sozialisa-tion, oder bestimmte doch das Sein das Bewußtsein, wie es Marx angemerkt hatte, formten doch mehr die Umstände den Menschen als seine anthropologischen Anlagen? Hätte der Rollentausch aus denselben Menschen, die sich nach dem Umbruch als Bedrängte fühlten, dieselben Pharisäer gemacht, wenn sie auf der anderen Seite gestanden hätten, und aus den Pharisäern die Mutlosen und Gedemütigten, also die Vergeblichen? Ein absurdes Spiel der Gedanken, absurd wie die Realität, die aus der deutschen Geschichte eine Lüge machte, verfaßt von zeitweilig glaubwürdigen, weil mächtigen und bekannten Personen, die aus der Lüge wiederum eine, ihre »Wahrheit« herausstanzten. Für die Literaturgeschichte hatte Kasimir Edschmid den Vorgang einmal glänzend beschrieben: »Als jemand Paul Cassirer, der ein wahrlich ausgekochter Mann war, einer der bedeutendsten Kunstkenner der Welt, den Sturmgesang aller Bolschewiken, Alexander Blocks *Zwölf*, zum Verlag anbot, lehnte er ab, nicht aus politischen Gründen, sondern weil er das Gedicht für eine einfältige Ballade hielt.« Es war *seine* Wahrheit. Und »Victor Hugo, der noch unter dem Bourbonen Karl X. im Hofkostüm, den Degen an der Seite, zur Audienz erschien, nannte Rimbaud sofort *Shakespeare enfant*, während Prosper Merimée Goethe für einen großen Humbug hielt. Er schrieb an Turgenjew, *Wilhelm Meister* sei kunstlos und langweilig. Und Turgenjew antwortete, zwischen den Plattitüden Goethes seien immerhin Inseln. In der Tat, es ist eine vertrackte Welt, wenn man sich auf ihre Meinungen verläßt. Aber es kommt nicht auf die Meinungen an«, schrieb Edschmid in seinem Buch *Lebendiger Expressionismus*, sondern, füge ich hinzu, auf die Realitäten. Die Meinungen wechseln, die Realitäten bleiben. Das eine war und ist Sache des Augenblicks, das andere waren oder sind die Mühen der Zeit.

Also wollte man zufrieden sein, wo man gelebt hatte, mit der Sozialsation, in die man hineingefallen war. Leuchtende Tage waren es nicht. Aber weinen mußte man auch nicht, daß sie vergangen waren, wandelte ich einen auf einer Kreuzfahrt aufgelesenen Spruch für mich um, man konnte auch lächeln, daß man sie gelebt hatte. Irgendwann würde die Kulturgeschichte damit fertigwerden, mit den strapaziösen geistigen und materiellen Erfahrungen des Sozialismus, und die Verzerrungen auflösen, die »Meinungen« erzeugten im Unverständnis mit der deutschen Geschichte. Schließlich war meine Generation, wie es Franz Fühmann einmal ausdrückte, über Auschwitz zum Sozialismus gekommen. Und alles Nachdenken über unsere Wandlungen – im infamen 20. Jahrhundert –, meinte er, muß vor der Gaskammer anfangen. Auschwitz und die Gaskammern waren aber das Werk eines außer Rand und Band geratenen Kapitalismus, seine Form der Barbarei. Und deshalb mußte immer beobachtet werden, welche Untaten er verzapfen konnte. Es lag nicht außerhalb demokratischer Legitimität, auch über Gegenbilder nachzudenken. Man konnte schließlich alles anfechten, selbst die Schöpfungsgeschichte. Die DDR, auch wenn man sie aus vielerlei Gründen nicht wiederhaben wollte, war eine »interessante« Republik, ein soziales und gesellschaftspolitisches Experiment, eine Fußnote der Weltgeschichte vielleicht nur, wie Stefan Heym meinte, aber manchmal machten die »Erläuterungen« klüger als ein ganzer Text.

Unbestritten blieb über alle gesellschaftlichen Systeme hinweg die Macht der Bücher. Zog man die Bilanz der Schönheiten und Infamitäten des Verlegerlebens, des Literatur- und Buchmarktes in geteilter deutscher Zeit und in der einigen Republik, bemerkte man schnell, daß die deutsche Kulturgeschichte der letzten Jahrhunderthälfte ein sich fortwährend gegenseitig anregender und widersprechender Strom war, mit gewollten und ungewollten Folgen. Man merkte aber auch rasch, daß die Tugenden, die einem an den unterschiedlichen Ufern vorgespielt wurden, mitunter die eigentlichen Laster waren und sind – oder umgekehrt. Im Westen – die Freiheit des Wortes, im Osten – die

Kraft der Literatur. Im Westen – die Heiligkeit des Marktes, im Osten der vormundschaftliche Staat. Im Westen das Geld, im Osten – die Phantasie. Im Westen – die großen Buchkonzerne, im Osten – die kleinen Literaturwerkstätten. Im Westen – die Trivialisierung des Geschmacks – im Osten – seine Verfeinerung. Im Westen – die wirtschaftliche Zensur, im Osten – die politische. Als das – zur Wende – alles übereinanderstürzte, hatte man einen Moment lang das Gefühl, als könnte die Begegnung der beiden Sozialisationen Vorzüge und Verzerrungen der Systeme ausgleichen und umverwandeln in neue Nachdenklichkeit und leise Vernunft – als Rückgriff auf eine große buchhändlerische Vergangenheit. Man wollte aber nicht hinter sich blicken. Es blieb, wie es war. Aus dem Westen nichts Neues. Aus dem Osten jeder Gedanke ein Anschlag des Teufels. Man dachte gar nicht daran, die Beliebigkeitsgeneration zurückzuholen in die Sänften des gebildeten Bürgers, das Bildungsbürgertum wieder zur treibenden Kraft der Gesellschaft zu machen, nicht die gestylten Bank- und Wirtschaftsbosse, deren Interessen sich mehr auf ihre Boote und Yachten, ihre Immobilien und Liebschaften richteten statt auf die Gefilde der humanistischen Bildung, auf die Aufklärung der Nation. Die Chance der Wende, den Aufeinanderprall unterschiedlicher Gewohnheiten, zu nutzen für eine neue Gesellschaftsmoral, für eine neue deutsche Republik, blieb ungenutzt. Eine unverzeihliche Unterlassungssünde, die sich Jahrzehnte danach in der Sturzgeburt des Turbokapitalismus als das eigentliche Krankheitsbild des Unternehmertums im 21. Jahrhundert entlarven sollte. So zog die Karawane, die der Westen durch die Lande trieb, dahin auf den ausgetrampelten Pfaden. Im Osten nisteten sich die Filialketten ein, verdrängten hier – wie schon dort – die kleinen Läden und deren missionarischen Eifer. Die Buchhändler wurden nun auch im Osten Souffleure schaustellerischer Literaturkritik, Nachbeter vorgefertigter Meinungen, Secondhandshops der sogenannten Bestsellerindustrie. Die »Anzüge«, die sie jetzt verkauften, hatte ihnen nicht irgendeine Partei, sondern Reich-Ranicki und ein paar andere Lob- und Trauerredner der Literatur verpaßt, und – was besonders auffiel – die geborgten Weisheiten wurden von der Stange weg gehändelt, ohne dass man einmal selbst angefaßt hatte, ob man englischen Zwirn oder irgendwelches Grobzeug zwischen den Fingern hielt. Plötzlich schlugen die Leute ihren eigenen Überzeugungen ins Gesicht. Aus Lesern, Fanatikern, Vermittlern von Lieblingsautoren und Lieblingstexten wurden Händler im Mainstream festgezurrter Werbeslogans.

Und was die Verleger betraf – als Zunft, nicht als Eigenheit –, so mußten auch sie mit der Ironie weiterleben, mit der sie Kasimir Edschmid schon 1961 bedacht hatte, als er feststellte, »mit welch athletischer Anstrengung sie alle fünf Jahre eine neue Generation entdecken lassen (die Abstände haben sich inzwischen beträchtlich verkürzt!) – und ... allmählich fast jedes Buch, und sei es mit dem Verstand eines Säuglings geschrieben, in völlig selbstverständlich gehandhabter industrieller Konfektion anzeigen. Es geschieht bei übersetzten Werken in der Regel mit Hinweis auf Kritiken in ausländischen Zeitungen, die der Leser nicht kennt, und auf Beurteiler, deren Urteilsvermögen er nicht abzuschätzen vermag – und dies auf Umschlagklappen, die niemand liest.«

Was aber der wahrscheinlich größte Verlust der ersten Wendejahre war, war das weitgehende Stummbleiben der Literatur gegenüber den Gebrechen der Gesellschaft, die sich im Triumphgeheul ihrer neuen Einheitswerdung ohnehin gegen jede Kritik abriegelte. Die Literatur hatte sich abgearbeitet am real existierenden Sozialismus und seinen Verwerfungen, das schien zu genügen. Jetzt hatte sie es noch mit den Krebsgeschwüren des besiegten Systems zu tun, der Stasi und anderen Kraken der Staatsgewalt, die im öffentlichen Bewußtsein ein Muster von Diktatur für die DDR heraufzubeschwören hatten, das der Nazi-Diktatur nahekam. Die Geschichts- und Literaturreporter (und ihre teilhaftigen Auftraggeber) der Nachwendezeit merkten gar nicht, zu welcher Gleichstellung das von Kapitalismus und Sozialismus führte und welchen Bärendienst man damit den neuen Verhältnissen erwies. Diese Einäugigkeit verstellte der Literatur zeitweilig den Blick auf die großen Löcher im Bewußtsein der Menschen, die sie eigentlich mit Ahnungen von Urteilskraft darüber ausfüllen sollte, daß auch der Kapitalismus keine vollkommene Gesellschaft, sondern veränderungsbedürftig war. Dieses stinkfeine affirmative Gesellschaftsverständnis – ohne Dialektik – war nichts Neues und machte einen Teil der Literaten und Verleger im Nachwendetrubel zu einer Art von Staatsdienern offener und verschleierter Provenienz. Wenn sich Literaten, Künstler und Verleger im Sozialismus so verhielten, wurden sie gebrandmarkt. Jetzt waren die Stillhalter, die Bejaher und Bejubler des Kapitalismus die feinen Leute. Nun sage noch einer, Geschichte könne sich nicht wiederholen, sogar mit verträumten Gesichtern. Ich mußte an die Nachricht denken, die mir, als Aufbau-Chef, Siegfried Unseld geschickt hatte, als die Hoffnung noch groß war. »Lieber Herr Faber«, schrieb er, »zum 3. Oktober 1990 drängt es mich, Ihnen zu sagen: Wir haben nun nach 40 Jahren unterschiedlicher Geschichte einen gemeinsamen Raum, den wir zusammen, von den jeweiligen Voraussetzungen ausgehend, erfinderisch, kritisch und solidarisch und zukünftig auch europäisch ausfüllen sollten. Ich freue mich auf dieses Miteinander. Siegfried Unseld.«

Welche Größe! Kam sie noch aus dem Mittelpunkt oder schon vom Rande der einheitstrunkenen Gesellschaft? War diese Nachricht ein Gruß an unsere Zukunftspotentiale, oder war es bereits ein Traum der Vergangenheit, ein aufrüttelnder Zwischenruf zwischen den Untergängen? Mußten wir uns auf Sitten und Gewohnheiten einrichten, die die politischen Akteure schon verdorben hatten?

Wir waren Verleger in schwieriger Zeit. Das wußten wir. Die Neugier war groß, ob wir standfest bleiben konnten oder taumeln würden in ein neues unsicheres Jahrhundert.

Quellennachweis

»Ballade von der Unzulänglichkeit menschlichen Planens«, »Erinnerung an die Marie A.«, »Lob der Dialektik«, aus: Bertolt Brecht, Werke. Große kommentierte Berliner und Frankfurter Ausgabe, Band 11: Gedichte 1. © Bertolt-Brecht-Erben/Suhrkamp Verlag 1988.

»Legende von der Entstehung des Buches Taoteking auf dem Weg des Laotse in die Emigration«, aus: Bertolt Brecht, Werke. Große kommentierte Berliner und Frankfurter Ausgabe, Band 12: Gedichte 2. © Bertolt-Brecht-Erben/Suhrkamp Verlag 1988.